THÉORIE GÉNÉRALE

DES

INTERDITS EN DROIT ROMAIN

EXPOSITION DÉTAILLÉE

DES INTERDITS POSSESSOIRES

PAR

E. MACHELARD

AVOCAT A LA COUR IMPÉRIALE, PROFESSEUR A LA FACULTÉ DE DROIT DE PARIS.

PARIS

AUGUSTE DURAND, LIBRAIRE,

RUE DES GRÈS, 7, ET RUE TOULLIER, 1.

1865

THÉORIE GÉNÉRALE

DES

INTERDITS EN DROIT ROMAIN

OUVRAGES DU MÊME AUTEUR :

Des Obligations naturelles, en droit romain. 1860, 1 fort vol. in-8.   7   »

Dissertation sur l'Accroissement entre les héritiers testamentaires et colégataires aux diverses époques du droit romain. — Étude sur les lois
Julia et Papia, en ce qui concerne la caducité. 1860, in-8. . . .   5   »

Étude sur la Règle Catonienne, en droit romain. 1862, in-8.   2   »

Paris. — Imprimé par E. Thunot et Cᵉ, 26, rue Racine.

THÉORIE GÉNÉRALE

DES

INTERDITS EN DROIT ROMAIN

EXPOSITION DÉTAILLÉE

DES INTERDITS POSSESSOIRES

PAR

E. MACHELARD

AVOCAT A LA COUR IMPÉRIALE, PROFESSEUR A LA FACULTÉ DE DROIT DE PARIS.

PARIS

AUGUSTE DURAND, LIBRAIRE,
7, RUE DES GRÈS, 7.

1864

THÉORIE GÉNÉRALE

DES INTERDITS EN DROIT ROMAIN

EXPOSITION DÉTAILLÉE

DES INTERDITS POSSESSOIRES

PRÉAMBULE.

La matière des interdits en droit romain est assurément une de celles qui offrent un sujet d'étude des plus intéressants. Au point de vue historique, rien de plus curieux que cette forme particulière de procédure, dont l'origine remonte à des temps reculés, et qui la dernière a conservé une forte empreinte du système des *legis actiones*. Quels besoins ont fait introduire cette forme, encore en pleine vigueur à l'époque des grands jurisconsultes ? C'est un problème qui a donné lieu à bien des conjectures, et qu'il est peut-être impossible de résoudre avec certitude. Parmi les diverses applications que reçurent les interdits, celle qui avait trait au règlement de la possession se présente comme ayant été la plus fréquente. C'est par ce côté que la théorie des interdits romains se lie au droit actuel, comme l'une des sources

1

qui ont servi à formuler les principes sur lesquels reposent nos actions possessoires.

Nous ne nous attacherons à développer que cette fonction des interdits, qui est, à n'en pas douter, la plus féconde en enseignements pour l'intelligence des lois françaises. Toutefois, en nous bornant à exposer les règles des interdits qu'on a habitude d'appeler possessoires, nous ne négligerons pas les institutions purement romaines qui ont de l'affinité avec notre sujet. C'est ainsi que l'examen de l'interdit *Quorum bonorum* nous fournira l'occasion de parler de l'*usucapio lucrativa*, et du conflit qui existait entre l'*hereditas* et la *bonorum possessio*.

Avant d'aborder spécialement le sujet que nous avons en vue de traiter, quelques idées générales sur la nature des interdits nous semblent indispensables. Nous croyons utile également de signaler les principales divisions que recevaient chez les Romains les interdits pris dans leur ensemble, afin de mieux apprécier le caractère de ceux que nous étudierons ensuite avec détail. Nous aurons enfin, pour compléter l'introduction à notre travail, à émettre notre opinion sur la signification et le but de cette forme particulière de procédure.

PARTIE GÉNÉRALE.

CHAPITRE Iᵉʳ.

CARACTÈRES DES INTERDITS.

Les commentaires de Gaïus (IV, §§ 139 et suiv.) nous font connaître ce qu'étaient les interdits à l'époque classique. Ils consistaient en une intervention spéciale du magistrat, qui, dans certains cas, interposait directement son autorité pour mettre fin aux contestations. *Certis igitur ex causis Prætor aut Proconsul principaliter* [1] *auctoritatem suam finiendis controversiis interponit, quod tum maxime facit cum de possessione aut quasi-possessione inter aliquos contenditur.* Dans ce but, il émettait un ordre, soit pour prescrire, soit pour défendre de faire telle chose; *et in summa aut jubet aliquid fieri aut fieri prohibet.* Les formules conçues en termes solennels, dont le magistrat usait en ces circonstances, étaient précisément ce que l'on appelait *interdicta* ou *decreta. Formulæ autem verborum et conceptiones quibus in ea re utitur interdicta decretave vocantur.* Cette double appellation, ajoute Gaïus (§ 140), servait à séparer les ordres prohibitifs, pour lesquels aurait dû être réservée l'expression *interdicta*, des ordres impératifs, qui auraient dû recevoir le nom de *decreta* [2].

---

[1] Les auteurs ne sont pas d'accord sur le sens du mot *principaliter.* Mühlenbruch, *Heinecc. Antiq.*, p. 725, note c; Schmidt, *Das Interdiktenverf.*, p. 6, note 8, etc., entendent par là l'intervention du magistrat au début de l'affaire, *principio litis.* D'autres, avec plus de raison suivant nous, par exemple Bethmann Hollveg, *Gerichtsverf.*, p. 385, pensent que l'idée de Gaïus est d'indiquer le rôle principal que joue l'ordre du magistrat, comme base du règlement de la contestation.

[2] L'étymologie du mot *interdictum* a divisé les commentateurs. Je laisse

Pour rédiger ces formules, le Préteur n'attendait pas qu'il surgît des contestations entre les citoyens. Il faisait entrer dans la composition de son édit les diverses formules dont l'usage avait révélé la nécessité, et qui pour la plupart nous ont été conservées dans le livre XLIII des Pandectes. Elles y figuraient à l'état de modèles, pour apprendre à chacun dans quels cas le magistrat interviendrait. Ce n'était qu'au fur et à mesure des besoins qui se produisaient en fait que le magistrat détachait de l'ensemble de ces ordres réglés à l'avance celui dont l'occasion demandait la mise en pratique, pour le transformer en un ordre efficace, applicable au profit ou à la charge de telle personne, grâce à la substitution des noms réels des parties intéressées aux noms fictifs que contenait l'Édit. Ainsi, les noms de *Lucius Titius*, que l'on rencontre dans les interdits, n'avaient d'autre utilité que de servir à construire la formule dans son entier, de même que dans les actions on supposait le débat élevé entre *Aulus Agerius* et *Numerius Negidius*.

L'interdit n'existait, à proprement parler, qu'autant qu'il se traduisait en un ordre actuel, allant saisir un individu déter-

de côté l'opinion d'Hotomann, suivie cependant par Pothier, mais qui n'a guère aujourd'hui de partisans; opinion d'après laquelle la particule *inter* n'aurait d'autre valeur que d'indiquer la force de l'ordre émané du Préteur. — Si de bons esprits s'en tiennent à l'explication donnée par Justinien (*inter duos dictum*), elle est loin d'avoir trouvé généralement faveur. Elle a été plusieurs fois critiquée par Cujas, qui voit dans l'*interdictum* un *interim dictum*, une décision provisoire, ainsi qualifiée, soit parce qu'elle laisserait la possibilité d'une décision différente au pétitoire (ce qui n'est pas toujours exact), soit parce qu'elle ne doit subsister définitivement qu'autant que celui qui a sollicité l'interdit obtiendrait gain de cause. Cette étymologie est défendue par des auteurs modernes, notamment par Schneider, *Subsid. Klag.*, p. 143, note 79. — Pour moi, je serais tenté de croire que le mot *interdictum* fut employé d'abord dans son sens ordinaire, comme synonyme de défense, ce qui faisait que certaines personnes refusaient de l'appliquer aux ordres non prohibitifs. Mais l'expression se généralisa de bonne heure, abstraction faite de la nature de l'ordre, ce qui ressort déjà du langage de Cicéron, qui qualifie d'interdit l'ordre tendant à une restitution, et de celui de tous les jurisconsultes, de Gaïus lui-même, qui subdivise les interdits en trois classes. Cet usage s'explique par cette circonstance que les ordres prohibitifs étaient les plus fréquents. Aussi, la forme particulière de procéder que nous étudions reçut-elle le nom d'*interdicere*, appliqué à l'acte de la partie qui y recourait. Voy. L. 6, *Ne quid in loc. public.* (43,8); L. 1, § 22, *De aq. quot.* (43, 20). Or, quand on disait du particulier qui usait de cette procédure: *interdicit*, cela ne pouvait s'entendre ni d'une décision rendue *inter duos*, ni d'une décision intérimaire et provisoire.

miné, pour lui imposer une obligation dans l'intérêt de celui qui a sollicité l'interdit. Tel est le sens de cette proposition d'Ulpien : *Interdicta omnia, licet in rem videantur concepta, vi tamen ipsa personalia sunt ;* L. 1, § 3, *De interd.* (43, 1). Tous les interdits ont le caractère d'être personnels, parce qu'ils énoncent toujours un sujet désigné, qui doit obéir à ce qui lui est prescrit par le magistrat. La chose est évidente, quand la formule est conçue de façon à ne se comprendre que comme s'adressant à quelqu'un qui y est dénommé, par exemple dans cette formule : *Unde vi tu illum dejecisti.* Mais il en est de même pour les interdits qui, par leur rédaction dans l'Édit, se présentent comme *in rem concepta*, sans préciser quelqu'un qui soit atteint par l'ordre, notamment l'interdit *ne quid in loco sacro* (43, 6), formulé de la sorte : *In loco sacro facere, inve eum immittere quid veto.* L'ordre abstrait, qui figure généralement dans l'Édit, ne prend vie, et n'engendre une obligation qu'à la condition de s'adresser à un individu qui s'est mis en position d'encourir l'application de l'ordre émis par le magistrat, en vue de faire cesser un trouble à lui dénoncé.

Quand le Préteur intervenait par la voie d'un interdit, à l'occasion de faits positifs, afin de régler un débat qui avait éclaté, il s'exprimait en parlant aux parties intéressées, le plus souvent à une seule, si l'interdit était simple, quelquefois à toutes deux, au cas d'interdit double. Sur ce point, comme on l'a fait remarquer, l'interdit se séparait nettement de l'action. Là où une action était donnée, le magistrat s'adressait au juge pour l'autoriser à condamner ou absoudre, tandis que dans l'interdit le langage du magistrat était dirigé, soit vers l'une des parties, soit vers les deux à la fois.

Enfin cet ordre actuel du magistrat, émis dans la forme que nous venons d'indiquer, n'était qu'un ordre conditionnel, qui ne devait produire une obligation, et amener une condamnation qu'autant que les faits allégués pour obtenir l'interdit seraient reconnus fondés en réalité. Le Préteur les sous-entend comme base de la prescription qu'il formule ; mais une vérification de leur existence, de la part d'un juge ou de la part de récupérateurs, sera nécessaire pour faire aboutir l'interdit à un résultat efficace. *Nec tamen*, dit Gaïus, § 141, *cum quid jusserit fieri, aut fieri prohibuerit, statim peractum est negotium, sed ad judicem recuperatoresve itur.* Les parties entrent alors dans le *jus ordinarium,* dans la pratique du système formulaire. La suite du § 141 ne laisse pas de doutes à cet égard; *et ibi editis formulis quæritur an aliquid adversus Prætoris edictum factum sit, vel an factum non sit quod is fieri jusserit.*

En résumé, l'interdit n'était qu'un moyen de préparer une instance ordinaire, un préalable à observer pour introduire un procès où la question soumise au juge était celle de savoir s'il avait été contrevenu à l'ordre rendu par le magistrat. Cette mise en jeu de la procédure usuelle à la suite de l'interdit n'avait pas échappé à certains auteurs anciens, qui avaient découvert le véritable état des choses en s'appuyant sur divers textes des Pandectes qui l'indiquent clairement[1]. Cependant l'opinion qui réunissait autrefois les suffrages les plus importants tendait à faire rentrer complétement les interdits dans la *cognitio extraordinaria.* Cujas (*Obs.,* V, 17), en cherchant à caractériser les interdits, s'exprime d'une manière assez vague, et qui prouve qu'il se faisait une idée peu nette de la matière. Dans ses commentaires sur le Code [2], il énonce nettement cette idée qu'au moyen des interdits le magistrat réglait lui-même la possession, sans constituer un juge, ce dernier ne devant intervenir que quant au débat sur la propriété; et il déclare que ceux qui entendent autrement la paraphrase de Théophile la comprennent mal. Tel n'était pas l'avis de Vinnius, qui gourmande durement Théophile à ce propos, et lui reproche d'être tombé dans une erreur profonde : *totoque judicio fallitur Theophilus.* Notre Pothier s'était laissé égarer par ses guides ordinaires, et il enseignait également [3] que le magistrat statuait ici lui-même, sans qu'il y eût nomination d'un juge.

---

[1] V. L. 15, § 7; L. 21, pr., *Quod vi aut clam* (43, 24); L. 1, § 41, *De vi* (43, 16), et surtout L. 1, § 2, *Si vent. nom.* (25, 5).

[2] T. IX, c. 1137, édit. de Naples.

[3] Pandect. Justin., § 15, *De interd.*

CHAPITRE II.

PROCÉDURE PRÉALABLE A L'ÉMISSION DE L'INTERDIT.

Pour avoir un interdit, il fallait s'adresser au magistrat qui avait le droit d'émettre un ordre de cette nature. A Rome, c'était le Préteur urbain ou pérégrin; dans les provinces, c'était le Proconsul, G., IV, 139. Le *Præses* ou *Rector provinciæ* est souvent indiqué dans les Constitutions impériales comme délivrant les interdits [1]. Ulpien, L. 1, § 6, *De off. præf. urb.* 1, 12), nous dit que le Préfet de la ville pouvait émettre certains interdits.

Quant aux pouvoirs des magistrats municipaux, les renseignements nous manquent. Bien que leur compétence eût été considérablement réduite sous le régime impérial, ils avaient, dans les limites de cette compétence, la *jurisdictio*, le droit d'organiser une instance, et par conséquent de délivrer les interdits qui se traitaient d'après le *jus ordinarium*. En 395, une Constitution des empereurs Honorius et Arcadius, L. 8, C. Th., *De jurisd.* (2, 1), défend de porter devant les Présidents les causes peu importantes, notamment l'interdit appelé *momentariæ possessionis* [2].

L'émission de l'interdit avait lieu contradictoirement, après les explications fournies au magistrat par les deux parties. La nécessité de la présence du demandeur n'est pas contestable; c'est lui qui vient solliciter le Préteur, et qui doit lui faire connaître à quelle occasion il réclame son intervention. Il n'est pas douteux également que l'adversaire ne dût comparaître *in jure;* c'est à lui uniquement que l'ordre s'adresse dans les cas les plus ordinaires, à moins que l'interdit ne soit double. Les §§ 164 et 165, comm. IV de Gaïus, supposent bien cette présence de l'adversaire, en indiquant ce qu'il doit faire sur-le-

---

[1] *De interd.* (8, 1), L. 1 et 2; *Quor. bon.* (8,2), L. 2; *Uti possid.* (8, 6), L. *un.; De lib. exh.* (8, 8), L. 2 et 3.

[2] Cette partie de la constitution d'Honorius et Arcadius a fourni au Code de Justinien la loi 8, *Unde vi* (8, 4).

champ, s'il veut éviter les *sponsiones pœnales*. L'étymologie, exacte ou non, donnée par Justinien au mot *interdictum*, vient encore à l'appui de cette vérité, qui ressort aussi de la paraphrase de Théophile, Instit., IV, 15, pr., où il nous dit que les parties allaient trouver le Préteur et lui exposaient l'affaire.

Il fallait donc, pour obtenir un interdit, comme pour obtenir une formule d'action, recourir à la *vocatio in jus*. En cas de contumace de l'adversaire, ou, s'il était absent et que personne ne vînt défendre pour lui, il y avait lieu à une *missio in bona :* *in bonis ejus eundum est*, L. 3, § 14, *De hom. lib. exhib.* (43, 29), de même que si quelqu'un se dérobait aux poursuites de celui qui voulait se faire délivrer une formule d'action (L. 7, § 1, *Quib. ex caus. in possess.*, 42, 4).

La faculté d'agir par procureur, qui était la règle sous le système formulaire, existait également en matière d'interdits. Divers textes des Pandectes supposent cette faculté. Ainsi la loi 35, § 2, *De procur.* (3, 3), indique à quelle condition un procureur peut obtenir, soit une action, soit un interdit. La loi 62, *eod. tit.*, dit qu'un mandat spécial n'est pas nécessaire pour postuler un interdit. Il y avait toutefois exception en ce qui concernait l'interdit *De liber. ducend.* Ce n'était que *cognita causa* que cet interdit était accordé pour autrui, L. 40, pr., *dict. tit.* En outre, dans les interdits populaires, suivant l'usage observé dans les actions de cette nature, L. 5, *De pop. act.* (47, 23), le demandeur ne pouvait procéder par procureur. — La même latitude d'avoir un procureur était admise à l'égard des défendeurs, L. 39, pr., *De procur.;* L. 3, § 14, *De hom. lib. exh.* Cette faculté était même plus étendue, puisqu'elle n'était pas écartée dans les actions populaires, *Dict.* L. 5.

Les parties étant présentes devant le magistrat, examinons ce qui va se passer *in jure*. Ici se continue l'assimilation que nous avons déjà constatée entre la procédure des interdits et celle des actions.

Celui qui sollicite un interdit expose ses prétentions, et réclame en conséquence la délivrance de tel interdit.

Quelquefois il n'y aura pas de difficulté pour faire droit à cette demande; c'est ce qui arrivera si le postulant allègue des faits qui, d'après les prévisions de l'Édit, autorisent la res-

source d'un interdit, si en outre il est prêt à fournir la preuve
de ces faits, et si enfin il rencontre une dénégation de la part
de son adversaire. Ainsi Aulus Agerius soutient qu'ayant vis-à-
vis de Numerius Negidius une possession non vicieuse, il a été
expulsé violemment par ce dernier; celui-ci nie l'expulsion,
ou prétend, comme il pouvait le faire au temps des jurisconsultes, que la possession était vicieuse à son encontre : dans
cette hypothèse, le magistrat n'hésitera pas à délivrer l'interdit
Unde vi. Ou bien Aulus Agerius soutient qu'il est régulièrement
en possession, et qu'il est troublé par Numerius Negidius; celui-
ci prétend, au contraire, que la possession lui appartient : dans
ces circonstances, la concession de l'interdit *Uti possidetis* va
d'elle-même.

Le débat *in jure* amènera de suite un résultat opposé, la
dénégation de l'interdit, si nous renversons les suppositions
admises tout à l'heure. Les faits, fussent-ils prouvés, ne se
prêtent point à un interdit; c'est un fermier qui se plaint d'être
troublé dans sa jouissance. Le réclamant, au lieu d'être en
mesure d'établir ses allégations, désespérant d'en faire la
preuve, recourt à la conscience de son adversaire, et lui défère
le serment. Cette ressource est possible à l'occasion de la prétention à un interdit, comme à l'occasion de la prétention à
une action, suivant la loi 3, § 1, *De jurej.* (12, 2). L'adversaire
s'empresse de prêter serment; il n'y aura pas d'interdit, de
même qu'il n'y aurait pas d'action. Le défendeur ne veut-il ni
jurer ni référer le serment, il est considéré comme ayant
avoué, L. 38, *De jurej.* Le résultat serait le même, si les faits
allégués étaient spontanément reconnus par la partie adverse;
on appliquerait la règle : *confessus in jure...,* que la loi 6, § 2,
De confess. (42, 2), étend à la matière des interdits. Il peut,
sans doute, y avoir lieu à nommer un juge pour procéder à
une estimation ; mais, si l'affaire ne se prête pas à une semblable mesure, les voies de contrainte seront autorisées; L. 1,
§ 1, *De tab. exh.* (43, 5).

Il se peut que le débat *in jure* ne tourne pas aussi court,
pour aboutir immédiatement soit à la délivrance de l'interdit,
soit à la dénégation de l'interdit ou à des moyens d'exécution
qui le rendent inutile. Dans certaines circonstances, la mission
du magistrat se compliquera, et ce n'est qu'après une *causæ*

cognitio qu'il se résoudra à accorder ou à refuser l'interdit.

Cette *causœ cognitio*, dont le résultat décidera de l'interdit, sera ordinairement motivée par des considérations relatives au demandeur; quelquefois elle deviendra nécessaire, à raison des prétentions du défendeur.

Demandeur. — Déjà, en mentionnant l'admissibilité des procureurs en matière d'interdits, nous avons vu que l'interdit relatif à l'exercice de la puissance paternelle, *De liberis ducendis*, n'était accordé à un procureur qu'après une *causœ cognitio*. Le même interdit exigeait de la part du magistrat, quand la personne dont l'état se trouvait en question était impubère, une appréciation de la moralité des parties litigantes; et la loi 3, § 4, *De lib. exhib.* (43, 30), nous dit que, si ces parties sont suspectes, le magistrat statuera sur la garde de l'impubère, et ajournera le débat jusqu'à l'époque de la puberté [1].

La mission du magistrat devient plus délicate, si le demandeur ne se trouve pas dans l'une des hypothèses précises qui ont été déjà pourvues d'un interdit, mais dans une situation analogue, et qu'il sollicite par des motifs d'équité l'extension à son profit d'un interdit ancien ? qui sera étendu, donné *utilement*, ce qui est en définitive la création d'un interdit nouveau. Le magistrat prend ici un rôle approchant de celui du législateur. Les mœurs romaines lui accordaient ce pouvoir; mais il est évident que ce n'est qu'après un examen de l'affaire qu'il se résoudra à user de cette faculté.

Nous devons cependant faire observer que ce droit pour les magistrats est contesté par quelques personnes. Sans doute, dit-on, il a existé anciennement; mais il leur a été retiré par la loi Cornélia de 687, qui défendit au Préteur de modifier son Édit pendant le cours de sa magistrature, de telle sorte qu'en cas de lacune il se serait trouvé réduit à l'impuissance. Cette

---

[1] En cas de délivrance de l'interdit, s'il s'agissait d'un impubère ou d'une femme même pubère, le magistrat devait régler pour la durée du procès la garde de l'impubère ou de la femme, L. 3, § 6, *eod. tit.* — Quand il y avait plusieurs prétendants à l'interdit *De homine libero exhibendo*, le Préteur avait à examiner quel était celui qui avait le plus de titres à l'obtenir, ou qui offrait le plus de garanties, L. 3, § 12, *De hom. lib. exh.* (43, 29). Cette appréciation se présentait en général à l'occasion des actions populaires, L. 2, *De pop. act.* (47, 23).

manière d'entendre la loi Cornélia est contredite par l'histoire
des progrès du droit romain. Des textes nombreux nous prouvent que le magistrat n'hésitait pas, quand il croyait la chose
opportune, à étendre une action déjà existante, ou même à
créer une action entièrement nouvelle. Ce dernier cas est l'application la plus fréquente de l'action dite *in factum*. Nous
trouvons à l'occasion des interdits, comme pour les actions,
la dénomination d'interdits *utiles*, c'est-à-dire étendus par
voie d'analogie. A propos d'un cas nouveau, le magistrat
pouvait émettre un interdit inusité jusqu'alors, de même qu'il
pouvait créer une action. Ainsi, dans la loi 15, *Ad exhib.*
(12, 4), Labéon prévoit une hypothèse où, pour autoriser la
concession, soit d'un interdit, soit d'une action, il invoque
uniquement l'équité [1].

Le préalable d'une *causæ cognitio* sera encore nécessaire
pour concéder un interdit, si le demandeur ne se trouve pas
dans les conditions régulières pour l'obtenir, mais qu'il ait
perdu cette situation par un motif qui lui permet de solliciter
une *restitutio in integrum.* Ici le Préteur n'innove pas; il ne
fait que l'application de son Édit, en accordant l'interdit, grâce
au préalable d'une *restitutio.* On rencontre un exemple de ce
procédé dans la loi 1, § 9, *De itin. act.* (43, 19). Il s'agit d'un
interdit prohibitoire, protégeant la possession d'une servitude
de passage; la condition sous laquelle il compète est que le
demandeur ait usé de la servitude dans le cours de l'année qui
précède l'interdit, et cela pendant trente jours au moins. En
fait, cet exercice n'a pas eu lieu depuis plus d'un an, au moment
où l'interdit est réclamé; seulement l'exercice a été impossible
à raison d'une inondation. Ulpien admet pour ce cas que le
Préteur accordera une *restitutio in integrum,* basée sur cette
clause générale de l'Édit : *si qua mihi justa causa esse videbitur* [2]. L'Édit ne prévoyait pas expressément la restitution *ob
inundationem.* Aussitôt après, le jurisconsulte indique un autre
motif de restitution, qui était, au contraire, spécialement contenu dans l'Édit, savoir la violence.

---

[1] V. aussi le cas rapporté L. 9, § 1, *De damn. inf.* (39, 2).

[2] L'interdit sera délivré, dit le jurisconsulte, *repetita die,* c'est-à-dire en
reportant en arrière l'époque à laquelle la possession est exigée. *Repetere*
signifie *rejeter dans le passé;* la *cautio repetita die* est un billet avec an-
tidate, L. 3, *De fid. instr.* (22, 3).

Pour arriver à réparer le préjudice subi, le Préteur modifie
la teneur ordinaire de l'interdit; au lieu de s'exprimer ainsi :
Quo itinere HOC ANNO... *usus es...*, il dira : SUPERIORE ANNO. Telle
sera la rédaction, si le Préteur a vérifié le motif de *restitutio*,
et s'est convaincu de sa réalité. Le juge n'aura pas à s'en occuper. Toutefois cette vérification peut donner lieu à un débat;
l'adversaire soutient qu'il n'y a pas eu inondation, et que c'est
par négligence que le demandeur n'a point exercé le passage
hoc anno. Habituellement une appréciation de l'exactitude du
motif de restitution serait embarrassante pour le magistrat; alors
il ne restituera qu'hypothétiquement, en ,subordonnant l'efficacité de la restitution à un examen dont sera chargé le juge de
l'interdit. La formule sera ainsi construite : *Quo itinere superiore anno usus es, si propter inundationem hoc anno uti non
potuisti;* le juge aura à rechercher, non-seulement s'il y a eu
possession l'année précédente, mais en outre si, dans le cours
de la dernière année, la possession a été impossible. La loi 15,
§ 5, *Quod vi aut clam* (43, 24), fournit encore un exemple
d'interdit accordé moyennant une *restitutio in integrum*.

Dans les textes que nous venons de citer, on voit apparaître
à chaque fois l'annalité, cette condition essentielle dans notre
droit pour les actions possessoires. S'il était vrai, en droit romain, que, pour obtenir un interdit, il fallût toujours se pourvoir
devant le magistrat avant le laps d'une année, depuis le moment
où le droit à l'interdit a pris naissance, nous aurions à signaler
cette circonstance, en exposant les règles générales sur la
concession des interdits. Mais il était loin d'en être ainsi. Les
Romains distinguaient des interdits perpétuels et des interdits
temporaires, qui étaient aussi qualifiés *annua*, L. 1, § 4, *De
interd.* (43, 1); encore s'agissait-il d'une année *utile*. Nous
aurons à revenir sur ce point en traitant des divisions des
interdits. Quant à présent, nous nous bornerons à faire observer qu'à Rome il n'était pas de l'essence d'un interdit d'être
réclamé dans le délai d'une année, puisqu'il y en avait qui
étaient perpétuels. Plus tard nous nous occuperons de la question de savoir si l'on peut poser en cette matière une règle absolue.

Défendeur. — La nécessité d'une *causæ cognitio*, préalable-
ment à la délivrance de l'interdit, peut aussi être occasionnée

par les prétentions du défendeur, à raison des exceptions qu'il sollicite. A ce sujet des distinctions doivent être faites.

Il y a des exceptions qui sont inhérentes à tel interdit, et qui n'ont pas besoin d'être réclamées; *perpetuo insunt*, dit la loi 1, § 5, *Uti possid.* (43, 17); d'autres, au contraire, n'y sont ajoutées qu'autant qu'elles sont invoquées. C'est à tort qu'on a prétendu quelquefois que le jeu des exceptions était étranger aux interdits. Bien des textes en parlent à leur occasion; et nous voyons les jurisconsultes discuter pour savoir si telle exception sera accordée ou non. Il n'y a pas de difficulté ordinairement, s'il s'agit d'une exception dont l'efficacité est usuelle; le magistrat l'ajoutera, sauf au défendeur à établir qu'elle est fondée. Un pacte, par exemple, est invoqué : nous trouvons cette exception mentionnée dans la loi 1, § 10, *De op. nov. nunt.* (39, 1). Il en est de même, si le défendeur soutient qu'il y a eu chose jugée, cas cité dans la loi 1, § 4, *De liber. exhib.* (43, 30). Quelquefois, néanmoins, l'admissibilité d'une exception usitée sera décidée à la suite d'une *causæ cognitio*, ainsi qu'il est dit dans la loi 3, § 13, *De hom. lib. exh.* (43, 29).

Remarquons enfin qu'il y a des exceptions qui ne sont pas consacrées par l'Édit (*in edicto propositæ*), mais que le Préteur a la faculté d'accorder après examen (*causa cognita accommodat*). Cette distinction que fait Gaïus, IV, 118, à l'occasion des actions, doit être étendue aux interdits. Sur ce point le champ le plus large était ouvert au magistrat romain. Ulpien, L. 1, § 6, *Ne quid in flum. public.* (43, 13), après avoir indiqué une hypothèse où la question de savoir si une exception devait être accordée avait divisé les esprits, ajoute que l'opinion à laquelle on s'est arrêté est que le Préteur en décidera suivant les circonstances; *hoc tamen jure utimur ut Prætor ex causa æstimet an hanc exceptionem dare debeat.*

Nous en avons dit assez pour faire comprendre comment le magistrat, avant de se décider à émettre un interdit, pouvait avoir à examiner des questions quelquefois assez graves, ce qui ne lui permettait pas toujours de se prononcer immédiatement. Aussi ne pouvons-nous adhérer à la doctrine de certains auteurs [1], qui enseignent que le *vadimonium* n'était pas usité

---

[1] *Sic* Zimmern, § 71. Schmidt, p. 233, incline à rejeter le *vadimonium*.

en matière d'interdits. Gaïus, IV, 184, nous dit que, si l'affaire ne se terminait pas le jour même devant le magistrat, le défendeur devait s'engager à se représenter à tel jour. Il est clair que la nécessité de remettre le règlement de l'affaire peut se présenter à l'occasion des interdits, ce qui rend indispensable l'emploi du *vadimonium*. D'un autre côté, pour savoir s'il résistera à un interdit comme à une action, le défendeur a besoin peut-être de réfléchir, de se renseigner ; il obtiendra alors un délai, moyennant *vadimonium*.

En dernière analyse, si le magistrat se résout à donner un interdit, se bornait-il à émettre un ordre oral, ou le consignait-il par écrit ? Bien que ce point soit controversé, nous ne doutons pas qu'à l'exemple de ce qui se passait pour les formules d'actions, il n'y eût également ici une rédaction écrite. L'interdit pouvait se compliquer par l'addition de parties extraordinaires, destinées à augmenter ou à restreindre les pouvoirs du juge qui interviendra plus tard : celui-ci a besoin de connaître exactement la teneur de l'ordre dont il aura à vérifier l'observation ou l'infraction. On a dû renoncer de bonne heure à l'usage primitif de simples formules orales. Cela pouvait suffire dans le système des *legis actiones*, quand il s'agissait de *verba* réglés invariablement à l'avance ; mais ce n'était pas là ce qui se pratiquait en matière d'interdits.

CHAPITRE III.

PROCÉDURE POSTÉRIEURE A L'ÉMISSION DE L'INTERDIT.

L'émission d'un interdit ne termine pas le rôle du magistrat pour ouvrir celui du juge, comme le fait la délivrance d'une formule. Au moyen d'une formule d'action, le demandeur acquiert la possibilité de faire condamner son adversaire ; et ce n'est que pour l'exécution de la condamnation qu'il aura à revenir devant le magistrat. Au contraire, celui qui a reçu un

interdit n'a pas encore tout ce qu'il lui faut pour obtenir satisfaction. Il y a désormais ordre de restituer, d'exhiber, de
s'abstenir. Sans doute le défendeur peut obtempérer à cet ordre ;
s'il en est ainsi, le demandeur a atteint son but. Mais assez
souvent l'ordre ne sera pas exécuté, le défendeur se flattant de
n'être pas dans les conditions de cet ordre, ou se refusant de
mauvaise foi à faire ce qu'il sait être obligé de faire. Pour
triompher de cette résistance, le demandeur a besoin d'établir
que l'interdit n'a pas été observé ; la vérification de ce point
sera l'objet d'une instance, qui suivra la marche ordinaire, qui
sera renvoyée à de simples particuliers, tantôt à un *judex*,
tantôt à des *recuperatores*, Gaï., IV, 144. Or, pour avoir des
juges, on doit s'adresser au magistrat. Faudra-t-il aller encore
in jure pour se faire délivrer une formule ; et quelle sera la durée
de l'entr'acte ? Y a-t-il des délais avant lesquels le *judicium* ne
puisse être sollicité, ou après lesquels il serait trop tard pour
l'implorer ?

Sur la première question, il faut tenir compte d'une distinction
qui jouait un rôle important dans la procédure des interdits.
Gaïus, IV, 141, nous apprend que cette procédure avait lieu tantôt *cum pœna*, tantôt *sine pœna*. La *pœna* était inévitable dans les
interdits prohibitoires, facultative dans les autres. Il revient sur
cette distinction §§ 162 et suiv., et il nous fait connaître comment
la *pœna* pouvait être écartée. Pour cela, il fallait solliciter une
formule arbitraire, c'est-à-dire une formule dans laquelle le
juge ne condamnait qu'à défaut de restitution ou d'exhibition [1].
Seulement on devait avoir le soin de demander un *arbiter* avant
de quitter le magistrat ; sinon, il était trop tard, et désormais,
comme dans les interdits prohibitoires, il était impossible d'é-
chapper au péril des *sponsiones pœnales*.

La faculté de réclamer une formule arbitraire était-elle réciproque, ou n'appartenait-elle qu'au défendeur ? Les opinions
sont partagées ; cependant les auteurs les plus graves concèdent
avec raison ce droit également au demandeur. Sans doute

---

[1] Tel était le caractère des actions arbitraires, qui en même temps confé-
raient au juge le pouvoir d'ordonner une satisfaction, *jussus* dont l'exécution *manu militari* offrait en ces matières une opportunité à peu près
indiscutable. Supposez qu'il s'agisse de rétablir la circulation sur la voie
publique, la facilité de la navigation, de faire cesser la séquestration d'un
homme libre, d'autoriser le chef de famille à emmener ses enfants, etc.

Gaïus, § 163. présente le défendeur comme celui qui implorera la formule arbitraire [1]; et l'on peut être porté à interpréter de la même manière le § 165, où il est dit qu'à défaut de réclamation d'un *arbiter*, le demandeur provoquera les *sponsiones pœnales*. Cela s'explique, parce que c'est en effet ce qui arrivera le plus souvent; habituellement c'est le demandeur qui a le plus de confiance dans son droit, et qui sera disposé à tirer de sa position tous les avantages possibles; mais le texte de Gaïus est positif pour accorder au demandeur la faculté de recourir à une formule arbitraire.

C'est la conclusion qu'on peut induire avec certitude du § 163, dans sa dernière partie, où il est dit que le demandeur lui-même peut agir *sine pœna*, à moins que le *judicium calumniæ* ne lui soit opposé. Cette restriction ne doit pas être entendue en ce sens, que le défendeur, en opposant le *judicium calumniæ*, privât le demandeur des avantages de la formule arbitraire. La pensée de Gaïus est que le demandeur peut, à son gré, éviter les *sponsiones pœnales*. Sur ce point il est traité comme le défendeur; seulement il n'est pas assuré d'échapper à toute *pœna*, parce qu'il a à redouter le *judicium calumniæ*, qui, en cette matière, avait une gravité particulière. Ce *judicium* était une arme offerte uniquement au défendeur: celui-ci, dans toutes les actions, nous dit Gaïus, IV, 175, avait le droit de soumettre son adversaire à ce *judicium*, ce qui l'exposait à payer ordinairement le dixième, en matière d'interdits le quart du montant du litige, s'il était prouvé que les poursuites avaient eu lieu par esprit de chicane. C'est là un danger auquel le demandeur ne peut se soustraire, s'il plaît au défendeur de l'y soumettre. Ce que Gaïus veut dire c'est donc ceci: le demandeur est libre d'écarter les *sponsiones pœnales*, mais il ne peut échapper absolument à toute *pœna*, quand l'adversaire provoque le *judicium calumniæ*.

Du reste, l'application de ce *judicium* avait donné lieu à une controverse, que rapporte Gaïus, § 163; et l'existence de cette controverse sert à démontrer que la faculté pour le demandeur de réclamer une action arbitraire est incontestable. Voici quelle est cette controverse: il y en avait qui pensaient que le défendeur, en sollicitant une formule arbitraire, s'a-

---

[1] V. aussi le *fragm. Vindob.*, § 8.

vouait vaincu, et ne pouvait prétendre au *judicium calumniæ*.
Bien que cette opinion ait été rejetée, elle a eu ses partisans;
par suite le *judicium calumniæ* était douteux, quand le défendeur demandait un *arbiter*. D'un autre côté, si l'on procédait *per sponsionem*, le péril attaché à cette forme de procéder
excluait le *judicium calumniæ*, Gaïus, IV, 181. Quel était donc
le cas où ce *judicium* était admis sans difficulté? Il ne reste
que celui où le demandeur faisait choix de la formule arbitraire, et enlevait ainsi à son adversaire l'avantage de la *restipulatio pœnalis*.

Cet aperçu nous explique en même temps comment Gaïus
s'exprime de façon à nous présenter le défendeur comme étant
celui qui recourait en général à la formule arbitraire. Le
demandeur avait intérêt à préférer la procédure *per sponsionem;*
il soumettait par là son adversaire au péril qu'il subissait lui-
même, et il le désarmait du *judicium calumniæ*, qui n'avait
rien de réciproque. Le défendeur, au contraire, avait avantage
à choisir la formule arbitraire, puisqu'il échappait au danger
des *sponsiones*, en se réservant, dans le système qui a prévalu,
la ressource du *judicium calumniæ*.

Demandons-nous, maintenant, quel était le motif de cette
différence de procédure, et pourquoi on n'usait d'indulgence
qu'autant que la formule arbitraire était réclamée sur-le-
champ.

Ce second point est celui dont il nous paraît le plus facile
de rendre compte. Nous croyons certain que dans l'origine
tous les interdits étaient assujettis à la procédure *per sponsionem*. Nous reviendrons sur cette idée, quand nous nous
occuperons des causes qui ont fait établir les interdits. Nous
aurons à constater qu'ils remontent jusqu'à l'époque des *legis
actiones*, et que sous l'empire de ce système de procédure les
sponsiones fournissaient un moyen de vider le débat. Quand une
fois le système formulaire fut en vigueur, et que le magistrat
eut plus de latitude, on se débarrassa des rigueurs des *sponsiones* pour deux classes d'interdits. Ce tempérament était
déjà admis au temps de Cicéron [1]; toutefois cette faveur ne fut
accordée qu'à celui qui se montrait disposé à terminer promp-

---

[1] *Pro Tullio*, ch. 53.

tement l'affaire. Il y a ordre de restituer ou d'exhiber : sans aller jusqu'à dire que celui qui sollicite un *arbiter* s'avoue vaincu, on doit lui tenir compte de son empressement à obéir, s'il est prouvé que l'ordre est bien fondé.

Quant à l'autre point, il est plus délicat et a suscité diverses explications.

Des auteurs considérables[1] s'accordent à soutenir que dans un interdit restitutoire ou exhibitoire, celui qui laisse engager l'instance n'a pas contrevenu à l'ordre du magistrat. En plaidant il n'entend pas, dit-on, désobéir, mais seulement faire juger le mérite de l'ordre rendu. Dans un interdit prohibitoire, l'infraction à l'ordre du magistrat serait au contraire éclatante, parce qu'il ne pourrait y avoir condamnation que pour des faits postérieurs à l'émission de l'interdit. Nous aurons occasion d'examiner si cette doctrine est exacte à propos d'un interdit prohibitoire, l'interdit *Uti possidetis*. Mais dès à présent nous répondrons qu'il est faux de prétendre que la contravention à l'ordre du magistrat n'existe pas en dehors des interdits prohibitoires. Elle a lieu dans tous les interdits, puisque la question posée au juge est précisément, comme le dit Gaïus, § 141, de savoir si l'ordre a été enfreint. Le magistrat a prescrit de restituer ou d'exhiber. L'adversaire soutient que cet ordre ne l'atteint pas, et il résiste à son exécution jusqu'à ce que le juge prononce ; il est évidemment convaincu de désobéissance. — Au point de vue de l'immoralité, elle peut être bien plus grande dans un interdit restitutoire (*Unde vi*), ou exhibitoire (*De homine libero exhibendo*), que dans un interdit prohibitoire. Je prétends que vous n'avez pas la possession d'un fonds ou d'une servitude, je puis le soutenir de très-bonne foi ; pourquoi ne pas me permettre d'éviter la *pœna sponsionis*, si je suis disposé à accepter sur-le-champ un *arbiter*[2] ?

Suivant M. Maynz[3], on aurait voulu punir la témérité de celui qui, par l'obtention d'un interdit prohibitoire, gênerait indûment la liberté du défendeur, en l'obligeant de s'abstenir

---

[1] Huschke, *De caus. Sil.*, p. 6 ; Zimmern., § 71, note 15 ; Keller, *Zeitsch. für geschicht. Rechtsw.*, t. XI, p. 309 ; Schmidt, p. 263.

[2] V. en ce sens M. Ortolan, t. III, n° 2328, note 4.

[3] *Éléments de droit romain*, t. I, p. 367.

jusqu'au jugement à intervenir de faire tel ou tel acte, ce qui aurait été bien plus grave que d'élever la prétention à une restitution ou à une exhibition mal fondée. Cette distinction nous sourit peu; un interdit prohibitoire, quand il est sollicité à tort, n'est pas plus gênant que tout autre interdit; il n'impose pas, en général, la nécessité de s'abstenir à celui qui est assuré de son bon droit. Si quelquefois, comme nous le verrons, à la suite d'un interdit prohibitoire, la possession intérimaire était enlevée à celui qui avait droit à cette possession, il obtenait de ce chef, à titre de peine, une réparation indépendante de la peine résultant des *sponsiones*.

En définitive, nous ne voyons rien de mieux à dire, si ce n'est que là ou il est question de restitution ou d'exhibition, la formule arbitraire permettant, au moyen de l'exécution du *jussus*, de donner satisfaction entière, il n'y avait aucune utilité à conserver les *sponsiones*. Au contraire, quand il s'agit de réparer le tort causé à quelqu'un qui a été empêché de faire ce qu'il avait le droit de faire, il est impossible d'effacer le mal causé dans le passé. Le procédé d'une condamnation restant indispensable, on ne retrancha rien des rigueurs qui accompagnaient cette ressource de la condamnation. Ajoutons que les cas auxquels s'appliquent les interdits prohibitoires sont ceux où les violences sont le plus à redouter. La menace d'une peine a été sans doute un moyen d'engager les parties à bien réfléchir avant de s'exposer à un débat pour des faits qui peuvent facilement occasionner des rixes, des collisions.

Si nous supposons que la nomination d'un *arbiter* n'a pas eu lieu immédiatement après l'émission de l'interdit, soit que cette procédure plus simple ne fût pas autorisée, soit qu'elle ait été dédaignée par les intéressés, les *sponsiones* seront forcées; il faudra revenir devant le magistrat pour les conclure, et recevoir un juge chargé de décider quel est celui qui a encouru la peine. Cette nouvelle comparution *in jure* devait-elle s'effectuer aussitôt qu'il plaisait au demandeur, ou devait-il laisser un certain temps à son adversaire pour se conformer à l'interdit, pour réaliser la restitution ou l'exhibition prescrite? Les détails nous manquent à ce sujet; nous voyons seulement, dans la loi 4, § 2, *De hom. lib. exhib.* (43-29), que pour cet interdit aucun délai n'était accordé, d'où l'on peut conclure qu'il était loisible au magistrat, hors ce cas, de faire conces⸗ sion d'un délai.

D'un autre côté, pouvait-on laisser dormir indéfiniment l'interdit, sans le faire suivre d'une action ? Ici encore les textes fournissent peu de documents, ce qui se conçoit, la question n'ayant plus d'intérêt dans le droit de Justinien. Néanmoins, un passage des Sentences de Paul, IV, 7, § 6, limite à une année le temps pendant lequel il y a faculté d'agir après l'obtention de l'interdit *De tabulis exhibendis*. Cette décision de Paul a souvent été considérée comme étant en opposition avec ce que dit à propos du même interdit Ulpien, L. 3, § 16, *De tab. exhib.* (43, 5) : *Interdictum hoc et post annum competere constat.* Cujas, qu'a suivi Pothier, pense qu'on doit ajouter une négation dans la loi 3; d'autres ont rejeté comme faux le texte de Paul, qui aurait été altéré par les compilateurs du *Breviarium*. Une conciliation fort simple, proposée par Schmidt [1], consiste à distinguer entre le droit de solliciter l'interdit, point de vue sous lequel il serait perpétuel, et celui d'agir une fois l'interdit délivré (*interdicto reddito*, dit Paul), droit qui se prescrirait par une année. Comme il n'y a aucune raison de faire de cette prescription annale une particularité propre à l'interdit *De tabulis exhibendis*, nous sommes porté à généraliser la règle pour l'appliquer à tous les interdits. Schmidt invoque dans le même sens la loi 1, pr. *Uti possid.* (43, 17), suivant laquelle on ne pouvait agir *pluris quam quanti res erit intra annum*. Mais l'interprétation donnée ainsi à cette loi est fort contestable, comme nous le verrons en traitant l'interdit *Uti possidetis*.

Quand les parties retournent devant le magistrat pour organiser la procédure dite *cum pœna* ou *cum periculo*, il y a d'abord une *sponsio* [2] de la part de celui qui a obtenu l'interdit : celui-ci provoque son adversaire à lui promettre telle somme, dans le cas où il aurait enfreint l'ordre du Préteur, Gaï., IV, 165. Le dé-

---

[1] P. 119.

[2] L'emploi de la *sponsio* proprement dite n'est pas essentiel, ce qui exclu‑ rait les *peregrini* de la participation aux interdits. Une *promissio* serait tout aussi efficace. D'après la loi 7, *De verb. sign.* (50, 16), le mot *sponsio* est un terme générique qui comprend toute stipulation, quelle que soit la formule dont on a fait usage.

fendeur est tenu de répondre, sinon il est considéré comme ayant avoué. De son côté, le défendeur fait une *restipulatio*, à laquelle le demandeur est tenu de répondre à son tour, sous peine de se voir refuser une action.

Les *sponsiones* une fois conclues, le magistrat nomme un juge ou des récupérateurs chargés d'examiner laquelle des parties est débitrice envers l'autre de la somme promise conditionnellement par chacune, ce qui fait l'objet de deux *condictiones certi*, où les rôles de demandeur et de défendeur sont alternatifs.

N'oublions pas que dans les interdits les *sponsiones* avaient un caractère pénal; elles étaient empruntées à l'usage antique, conforme aux mœurs romaines, sur la manière d'introduire un procès. Elles rappelaient le pari qui s'engageait sur l'action *sacramenti*. Seulement la peine était ici dans l'intérêt privé, comme elle l'était dans l'action *creditæ pecuniæ*. Quant au montant de la *sponsio*, il est tout à fait inconnu. Était-il fixe, ou variait-il suivant l'importance de l'affaire? La dernière supposition est la plus vraisemblable, et sans doute il appartenait au magistrat d'en régler la quotité.

Enfin le gain du procès sur les *sponsiones* n'aboutissant qu'à l'obtention d'une peine, celui qui avait sollicité l'interdit, dans le cas où il triomphait sur sa *sponsio*, avait encore une autre action, qui lui procurait, à défaut de satisfaction en nature, une condamnation au principal, Gaï., IV, 165.

CHAPITRE IV.

PRINCIPALES DIVISIONS DES INTERDITS.

§ 1er. — Interdits restitutoires, exhibitoires, prohibitoires.

La division la plus importante, indiquée en première ligne (IV, 142), par Gaïus, qui la qualifie de *principalis*, reproduite sous la dénomination de *summa* par les rédacteurs des Insti tutes, § 2, *De interd.* est celle qui présente les interdits comme étant tantôt restitutoires, tantôt exhibitoires, tantôt prohibitoires. Ulpien, qui donne la même division, L. 1, § 1, *De interd.,* y ajoute un quatrième terme, en signalant aussi des interdits mixtes, qui seraient à la fois prohibitoires et exhibitoires.

Cette distinction, tirée de la nature de l'ordre contenu dans l'interdit, exerçait, nous le savons, une influence sur la procédure à employer. Attachons-nous d'abord à déterminer la portée des interdits dans lesquels l'ordre était celui de restituer.

Interdits restitutoires. — Ici la formule était toujours celle-ci : *restituas.* Mais cette expression avait un double sens : tantôt il s'agissait de faire avoir un ou plusieurs objets à quelqu'un ; tantôt il s'agissait de rétablir des choses dans leur ancien état.

Pour le premier sens, il n'est pas question uniquement de rendre à quelqu'un ce qu'il avait d'abord, comme dans les interdits *recuperandæ possessionis.* Il peut être cas aussi de procurer à quelqu'un ce qu'il n'a jamais eu, comme dans les interdits *adipiscendæ possessionis.* Enfin l'interdit peut avoir indifféremment l'un ou l'autre de ces buts, comme dans les interdits qualifiés doubles sous ce rapport, *tam recuperandæ quam adipiscendæ possessionis,* dont parle la loi 2, § 3, *De interd.*

Le deuxième sens du mot *restituere* est celui de rétablissement d'un ancien état de choses. Ce rétablissement devait-il avoir lieu aux frais du défendeur, ou suffisait-il qu'il laissât rétablir ? On distinguait à cet égard si le défendeur était l'auteur[1] des ouvrages qu'il fallait détruire, ou s'il n'en était que détenteur. Les lois 2, § 43, *Ne quid in loc. publ.* (43, 8), 22 *De op. nov. nunt.* (39, 1), 7, pr., et § 1, 13, §7, 14, 15, pr., et § 1, *Quod vi aut clam* (43, 24, contiennent des applications de cette distinction, qui doit être généralisée.

L'obligation de *restituere* emportait aussi la nécessité de tenir compte des dommages-intérêts, comme il est dit dans les lois 15, § 7, *Quod vi aut clam,* et 4, § 2, *De aquâ et aq. pluv.* (39, 3). C'est là également une règle qui doit être gé-

---

[1] On traitait comme l'auteur même celui qui avait ordonné de faire, ou qui avait ratifié ce qui avait été fait pour son compte.

néralisée, suivant la loi **81**, *De verb. sign.* (50, 16). Aussi l'interdit est-il encore possible à ce point de vue, nonobstant le rétablissement effectué, l. 4, § 3, *De aquâ et aq. pluv.*; L. 11, § 4, *Quod vi.*

En ce qui concerne les fruits, nous trouvons un principe, qui semble bien posé d'une façon absolue dans la loi 3, *De interd.*, principe d'après lequel les fruits, en matière d'interdits, ne seraient dus qu'à partir de l'émission de l'interdit, et non pour une époque antérieure. Ce principe est en outre confirmé par une application qui en est faite à l'occasion de l'interdit *De precario*, L. 8, § 4, *De prec.* (43,26), ainsi que par une exception qui y serait apportée relativement à l'interdit *Unde vi*, dans la loi 1, § 40, *De vi* (43,16).

Néanmoins l'exactitude de cette doctrine a donné lieu à difficulté. En effet, à propos de l'interdit fraudatoire, la loi 25, § 4, *Quæ in fraud. cred.* (42,8) s'écarte de la règle donnée par Ulpien, en obligeant à la restitution des fruits antérieurs, sauf cette restriction que l'obligation n'atteindrait que les fruits pendants au moment de l'aliénation frauduleuse. Sur ce point, l'interdit fraudatoire (la loi 25 est empruntée à un ouvrage de Vénuléius sur les interdits) se séparerait de l'action Paulienne ou révocatoire, dans laquelle les fruits perçus devraient être restitués sans cette distinction, suivant la loi 10, § 20, *Quæ in fraud.* Cujas[1] explique la différence entre l'interdit fraudatoire et l'action Paulienne comme un hommage rendu à la règle contenue dans la loi 3, *De interd.* Unterholzner[2] distingue entre le défendeur de bonne et celui de mauvaise foi. Il vaut mieux dire avec Schmidt[3] que l'on s'était attaché littéralement aux expressions de l'interdit, qui exigeait pour la restitution que les choses aliénées fussent *in bonis debitoris* (V. L. 10, pr. et § 9), ce qui n'avait plus de raison d'être observé sous Justinien, où les formules d'interdits avaient disparu.

Ce n'est pas tout. Paul, dans la loi 38, *De usur.* (22, 1), s'occupe de la question de savoir dans quelles actions personnelles il y a lieu à la restitution des fruits perçus avant l'instance, comme le prouvent les divers exemples qu'il cite. On y ren-

---

[1] T. IV, c. 1319.
[2] Schuldverh, t. II, p. 97.
[3] P. 42.

contre au § 4 l'action révocatoire, au § 5 l'interdit *Unde vi*, et de plus, au § 11, l'interdit *Quod vi aut clam*.

Faut-il admettre que Paul avait une doctrine contraire à celle d'Ulpien, et qu'il faisait découler de l'obligation de *restituere* la nécessité de tenir compte des fruits antérieurs? On pourrait être tenté de le croire, d'après un autre texte de Paul, relatif à la portée du mot *restituere*, la loi 173, § 1, *De reg. jur.* (50, 17); mais, d'un autre côté, la loi 246, § 1, *De verb. sign.* (50, 16), dit que la *restitutio* constitue uniquement une affaire d'interprétation, *tota juris est interpretatio*. Or il semble qu'en général l'*interpretatio* fut celle énoncée dans la loi 3. Ulpien est effectivement bien formel. Paul lui-même ne cite que trois interdits, qui se ressemblent en ce qu'ils supposent une violence ou une fraude, et il fait observer, L. 38, § 4, *De usur.*, qu'à l'occasion de l'interdit *Unde vi* l'expression *restituere* doit s'entendre avec une *plena significatio*.

Interdits exhibitoires. — Ces interdits sont peu nombreux; on en compte quatre. Il s'agit dans l'un, *De tabulis exhibendis* (D., 43, 5), de l'exhibition d'une chose; dans les trois autres, *De homine libero exhibendo* (D., 43, 29), *De liberto exhibendo* Gaï., IV, 162, *Instit.*, § 1, *De interd.*, *De liberis exhibendis* (D., 43, 30), de l'exhibition d'une personne. Pour exhiber, il suffit de produire la chose ou la personne, de manière qu'elle puisse être examinée, L. 3, § 8, *De hom. lib. exh.*; L. 3, § 8, *De tab. exh.*, tandis que pour restituer il faut se dessaisir. Cette distinction est faite dans la loi 22, *De verb. sign.* A part l'interdit *De hom. lib. exh.*, destiné à protéger la liberté individuelle, *tuendæ libertatis causa*, L. 1, *h. t.*, l'interdit prohibitoire, comme l'action *ad exhibendum*, sert habituellement de préparatoire à un autre procès. Ainsi l'interdit *De liberis exhibendis* était suivi de l'interdit *De liberis ducendis*, L. 3, § 1, *h. t.*

Interdits prohibitoires. — Dans ces interdits, les seuls auxquels dût s'appliquer proprement, suivant certains esprits, la dénomination d'interdits, l'ordre consistait à défendre à l'adversaire de faire quelque chose. Cet ordre pouvait avoir pour but d'imposer l'obligation de s'abstenir de tel ou tel acte, **par** exemple de bâtir sur un terrain public, de changer le cours de l'eau, etc. Ici la formule était simplement : *veto*. L'ordre pouvait aussi avoir pour effet de ne pas empêcher l'adversaire de faire quelque chose, ce qui était indiqué par les expressions *vim fieri veto*. Était-il permis de recourir à un interdit prohibitoire, à raison d'une simple appréhension, avant qu'il n'y eût eu quelque acte positif? Une réparation ne pouvait-elle être obtenue que pour des troubles postérieurs à l'émission de l'interdit? Ce sont là des points controversés, sur lesquels nous reviendrons en examinant l'interdit prohibitoire *Uti possidetis*.

Interdits mixtes. — Nous avons vu qu'Ulpien, dans la loi 1, § 1, *De interd.*, ajoute à notre décision un quatrième terme, en signalant des interdits qu'il appelle mixtes, à raison de ce qu'ils seraient à la fois prohibitoires et exhibitoires. Quels étaient les interdits ayant ce caractère? Les textes des Pandectes n'en fournissent aucun exemple. Cujas [1] invoque, pour expliquer la pensée d'Ulpien, la loi 3, § 1, *De lib. exh.;* mais on n'y trouve autre chose que la mention d'un interdit prohibitoire *De liberis ducendis*, faisant suite à un interdit exhibitoire *De liberis exhibendis*, ce qui constitue deux interdits séparés, et non un seul et même interdit. Nous sommes assez enclin à souscrire à la conjecture de Schulting [2], qui propose de lire *restitutoria* au lieu de *exhibitoria*. C'est en effet le même Ulpien qui fait observer que certains interdits prohibitoires peuvent avoir l'effet d'interdits restitutoires. Il le dit d'abord, pour l'interdit *De aqua quotidiana*, dans la loi 1, § 1, *De aq. quot.* (43, 20). Ceci s'explique, parce qu'il suffit pour triompher dans cet interdit d'avoir usé de l'eau une fois dans l'année qui précède, de sorte que l'interdit sera restitutoire, si le demandeur avait perdu la possession. Ulpien s'exprime de la même manière, L. 3, § 2, *ne vis fiat* (43, 4). La formule, que nous ne connaissons pas, de l'interdit donné au *missus in possessionem* suffisait sans doute, soit à protéger la possession troublée, soit à faire recouvrer la possession perdue [3].

Après cette division générale des interdits, les rédacteurs

[1] *Obs.*, IV, 11.

[2] *Notæ ad Pandect. sub h. l.*

[3] Nous verrons, en étudiant les règles de l'interdit *Utrubi*, telles qu'elles étaient à l'époque des jurisconsultes, que cet interdit, prohibitoire dans sa forme, pouvait au fond amener un effet restitutoire.

des Instituts de Justinien, de concert avec Gaïus, présentent
une autre division tirée du but auquel ils tendent, selon qu'ils
font acquérir, conserver ou recouvrer la possession. Il n'y a là,
en réalité, qu'une subdivision de certains interdits, que nous
laisserons de côté pour le moment, parce que c'est là précisément le sujet que nous aurons à traiter dans notre partie spéciale. Quant à la troisième division, que l'on rencontre également dans Gaïus et dans Justinien, d'après laquelle les interdits
seraient tantôt simples, tantôt doubles, nous nous bornerons à
dire, en quelques mots, quelle est la portée de ce point de vue.
La règle ordinaire est que les interdits sont simples, ce qui signifie que les rôles de demandeur et de défendeur sont bien
distincts, et que chacun de ces rôles appartient exclusivement
à l'une des parties. Quelquefois, cependant, il en est autrement :
les deux contendants sont à la fois demandeur et défendeur.
Une condamnation est possible indistinctement à la charge de
l'un ou de l'autre ; on dit alors que l'interdit est double. Cette
particularité ne se rencontre que pour certains interdits prohibitoires, notamment dans les interdits *Uti possidetis et Utrubi.*
Nous aurons à voir, en étudiant en détail ces interdits, quelles
étaient les conséquences de cette duplicité, et quelles complications de procédure elle entraînait.

Les jurisconsultes romains connaissaient encore pour les interdits d'autres divisions, dont il est nécessaire de s'occuper,
parce qu'elles jettent du jour sur l'ensemble de cette matière.

§ 2. — Interdits *in præsens* ou *in præteritum relata.*

Cette distinction est faite par Ulpien, dans la loi 1, § 2, *De
interd. Interdictorum quædam in præsens, quædam in præteritum referuntur.* Le jurisconsulte cite à l'appui des exemples :
*in præsens, ut Uti possidetis, in præteritum, ut De itinere actu-
que, De aqua æstiva.*

L'interdit *Uti possidetis* est appelé *in præsens,* parce que le
demandeur doit invoquer un état de fait actuel ; pour y réussir,
il faut, en effet, posséder *interdicti tempore.* Il en était de même
dans l'interdit *De superficiebus,* qui n'était qu'une imitation de
l'interdit *Uti possidetis,* et dont on trouve la formule dans la
loi 1, pr., *De superf.* (43, 18). Dans l'interdit *Quod vi aut*

clam, bien qu'il dût s'entendre régulièrement de travaux *præ-sentis temporis,* existant encore au moment où le plaignant ré-clamait, nous voyons cependant, dans la loi 11, § 4, *Quod vi* (43, 24), que Julien passait par-dessus cette considération, et autorisait l'interdit à l'effet d'obtenir des dommages-intérêts, malgré l'enlèvement des travaux.

L'interdit est, au contraire, *in præteritum relatum,* quand le demandeur se base sur un état de fait passé, qui n'existe plus au moment où l'interdit est délivré. C'est ce qui a lieu d'abord, nous dit Ulpien, à l'occasion de l'interdit *De itinere actuque;* la formule, rapportée L. 1, pr. (43, 19), se contente d'un usage exercé dans le cours de l'année. La loi 1, § 2, explique qu'il suffit pour triompher de prouver un usage embrassant un *modicum tempus,* trente jours au moins, sans qu'il soit nécessaire que cet usage existe encore à l'instant de l'émission de l'interdit; de la sorte, celui qui, en réalité, ne possède pas *interdicti tempore,* peut réussir, en se fondant sur des actes de possession antérieurs, ce qui fait dire à Ulpien que cet interdit *tuetur eum, licet eo tempore, quo interdictum redditur, usus non sit.* La relation à des faits passés est encore plus claire dans l'autre interdit cité par Ulpien, celui *De aqua æstiva.* La condition de cet interdit est d'avoir exercé la conduite d'eau pendant l'été écoulé, *priore æstate,* L. 1, § 29, *De aq. quot. et æst.* (43, 20); si le plaignant n'avait usé de la servitude que dans le cours de l'année où il agit, il devrait recourir à un interdit utile, L. 1, § 36. Le demandeur n'a donc pas besoin de se fonder sur un état de choses actuellement subsistant; ce qu'il invoque, c'est une possession ancienne, qui peut remonter à dix-huit mois, et même jusqu'à deux ans, ainsi que l'explique Ulpien, L. 1, § 34.

§ 3. — Interdits temporaires ou perpétuels.

Quand il s'agit de savoir pendant combien de temps un interdit peut être réclamé à partir du moment où le droit de le réclamer a pris naissance, la réponse à cette question peut être fournie par la teneur même de l'interdit, et dépendre des conditions auxquelles il est soumis. Ainsi, là où l'interdit exige une possession actuelle, lorsqu'il est *in præsens relatum,* il est clair qu'il ne peut plus être réclamé, dès que la possession a cessé [1]. De même, quand l'interdit, bien que *in præteritum relatum*, était subordonné à la condition d'une possession exercée dans l'année courante, *hoc anno*, comme l'interdit *de itinere* [2], il ne pouvait plus être réclamé, s'il s'était écoulé plus d'une année depuis le dernier acte de possession. L'année s'entendait ici de l'année du calendrier. La règle était la même à l'égard de l'interdit *De aqua æstiva*, sauf l'extension du délai, puisqu'ici l'on tenait compte des faits de possession remontant à plus d'une année, à la *prior æstas*, mais sans pouvoir aller au delà, ce qui était également pratiqué à l'occasion de l'interdit *De rivis*, L. 1, pr. (43, 21). Il y avait enfin quelque chose d'analogue dans l'interdit *Utrubi*, la recevabilité de cet interdit dépendant autrefois, ainsi que nous l'expliquerons, de cette circonstance que le plaignant n'eût pas laissé acquérir à son adversaire, dans le cours de l'année, une possession plus longue que celle qu'il avait eue lui-même. Le droit d'user de cet interdit pouvait, suivant les cas, beaucoup varier quant à sa durée; il fallait mesurer sa diligence sur la longueur de la possession dont on avait joui dans le cours de l'année.

En dehors de ceux qui obéissaient à des règles spéciales, les interdits, au point de vue de la durée du droit de les réclamer, se divisaient en interdits temporaires ou annaux, et en interdits perpétuels. Cette division est indiquée par Ulpien, L. 1, § 4, *De interd.: Interdictorum quædam annalia sunt, quædam perpetua.* Il s'agit ici de l'année utile, pour le calcul de laquelle il faut défalquer les jours néfastes, et tenir compte du temps pendant lequel le plaignant n'a pu exercer son droit, par exemple une absence justifiée. Voyez L. 1, pr., *De div. temp. præscr.* (44, 3).

Nous trouvons cette limite de l'annalité énoncée dans les termes de l'interdit fraudatoire, L. 10, pr., *Quæ in fraud. cred.* (42, 8). Qu'il soit question d'une année utile, c'est ce

---

[1] Nous nous demanderons plus tard si l'interdit *Uti possidetis* ne pouvait pas être employé, malgré la possession perdue, alors qu'il était dirigé contre un adversaire qui n'avait qu'une possession vicieuse relativement au plaignant.

[2] L'interdit *De aqua quotidiana*, L. 1, pr. (43, 20), l'interdit *De fonte*, L. 1, pr. (43, 22), ne protégeaient également que la possession exercée *hoc anno*.

que l'on peut induire des lois 6, § 14, et 10, § 18, *eod. tit.* L'interdit *De vi non armata*, distinct à l'époque des jurisconsultes de l'interdit *De vi armata*, était soumis à la même restriction, L. 35, *De oblig.* (44, 7), L. 1, § 39, *De vi* (43, 16); et ce dernier texte déclare positivement qu'il s'agit de l'*annus utilis.* L'interdit *Quod vi aut clam* devait également être exercé avant l'expiration de l'année depuis l'achèvement des travaux, L. 15, § 4 (43, 24); et comme l'année doit être prise utilement, le § 6 reconnaît que celui-là n'est pas déchu au bout d'une année qui a été absent pour service public. Quand le délai dans lequel il fallait user de l'interdit annal était écoulé, il restait encore une action possible jusqu'à concurrence de ce dont l'adversaire s'était enrichi, *de eo quod pervenit*, L. 4, *De interd.*

Le caractère de perpétuité est, au contraire, expressément signalé pour un certain nombre d'interdits. C'est ce que nous avons déjà vu quant à l'interdit *De tabulis exhibendis*, L. 3, § 16 (43, 5); et nous avons concilié ce texte avec un passage des Sentences de Paul, IV, 7, § 6. On rencontre des dispositions formelles, en ce qui concerne la perpétuité, à l'égard de maints autres interdits, parmi lesquels nous nous bornerons à signaler l'interdit *Ex operis novi nuntiatione*, L. 20, § 6 (39, 1), l'interdit *Ne quid in loco publico*, L. 2, § 44 (43, 8), l'interdit *De precario*, L. 8, § 7 (43, 26), l'interdit *De migrando*, L. 1, § 6 (43, 32).

Il reste néanmoins un assez grand nombre d'interdits sur lesquels les textes sont muets. La question qui s'élève est celle de savoir comment ils doivent être traités, s'il faut les ranger parmi les interdits temporaires ou parmi les interdits perpétuels. Ce qui nous paraît le plus raisonnable, c'est d'appliquer ici la règle contenue dans la loi 35, *De oblig.* (44, 7), d'après laquelle les actions honoraires (et tel est le caractère des actions basées sur un interdit) n'étaient données en principe *post annum* qu'autant qu'elles avaient pour but une *rei persecutio*, par opposition à celles qui tendaient à une *pœnæ persecutio*. On peut remarquer, en effet, que les trois interdits pour lesquels nous avons constaté plus haut la qualité d'être annaux supposent un délit de la part du défendeur; en dehors de cette condition, c'est l'idée de perpétuité qui doit prévaloir, par exemple pour l'interdit *Quorum bonorum*.

Cette conclusion est cependant contestée, notamment par

Schmidt [1], qui fait prédominer la règle de la perpétuité, pour tous les interdits à l'occasion desquels la restriction à l'annalité n'est pas mentionnée formellement. Cet auteur objecte que l'interdit *De vi armata*, bien que pénal, était perpétuel. On peut expliquer cette dérogation par la nécessité où se trouva de bonne heure la législation romaine de réprimer avec sévérité les violences à main armée. — L'auteur objecte encore que l'interdit *De precario* était donné à perpétuité, et qu'il atteignait cependant celui qui avait cessé de posséder par dol. On peut répondre que les rapports entre le concédant et le concessionnaire à précaire étaient appréciés plutôt suivant les règles des obligations conventionnelles que suivant celles des obligations *ex delicto;* et nous verrons, en examinant l'interdit *De precario*, qu'en cette matière l'idée d'un contrat finit par être acceptée. Du reste, Schmidt fait observer avec raison que, si les actions populaires étaient limitées *intra annum*, L. 8, *De pop. act.* (47, 23), la prescription annale n'atteignait point les interdits populaires, ce qui est dit à l'égard de l'interdit *Ne quid in loco publico*, L. 2, § 34, et 44 (43, 8), et de l'interdit *De homine libero exhibendo*, L. 3, § 15 (43, 29).

§ 4. — Division des interdits quant à leur objet.

Si l'on examine les interdits par rapport aux objets auxquels ils s'appliquent, on peut constater qu'ils embrassaient une sphère assez étendue. Deux fragments, l'un d'Ulpien (L. 1, pr., *De interd.*), l'autre de Paul (L. 2, § 1, *eod. tit.*), s'occupent de ce rapport, et subdivisent à cet égard les interdits, sans reproduire la même classification.

Le point de départ des deux jurisconsultes est cependant le même. Ils commencent l'un et l'autre par faire des interdits deux masses, la première relative aux choses divines, la seconde relative aux choses humaines : *De divinis rebus, aut de humanis*, dit Ulpien; *vel hominum causa, vel divini juris*, dit Paul.

Quant à la subdivision de la seconde masse, celle relative aux choses humaines, Ulpien et Paul ne suivent pas le même

---

[1] P. 122 et suiv.

système. Voici, en regard l'une de l'autre, les deux classifica-
tions proposées :

SUIVANT ULPIEN,	SUIVANT PAUL,
Les interdits *de rebus hominum* se-raient tantôt *nullius*, tantôt *alicujus*.	Les interdits *hominum causa* se répartissent en quatre classes :
Sont *nullius* les interdits relatifs aux personnes libres, afin d'obtenir leur exhibition, ou d'exercer le droit de les emmener.	1° *Publicæ utilitatis causa* : tels sont les interdits relatifs aux lieux publics ;
Quant aux interdits *alicujus*, ils seraient tantôt *publica*, tantôt *singulorum*.	2° *Sui juris tuendi causa* : par exemple l'interdit *de liberis exhibendis ;*
Les interdits *publics* ont trait aux lieux publics, aux routes, aux fleuves.	3° *Officii tuendi causa ;* ce caractère appartient à l'interdit *de homine libero exhibendo ;*
Enfin les interdits *singulorum* peuvent s'adresser à une universalité, comme l'interdit *Quorum bonorum*, ou ne concerner qu'un objet particulier, comme l'interdit *Uti possidetis*, etc.	4° *Rei familiaris causa.* Cette dernière catégorie comprend tous les autres interdits (*reliqua*), qui sont donnés *hominum causa.*

La classification adoptée par Paul nous semble plus satisfaisante que celle d'Ulpien. Les *reliqua interdicta,* pour lesquels
Paul ne donne pas d'exemple, sont ceux relatifs aux biens, au
patrimoine. Ils correspondent à cette subdivision des interdits
qualifiés *alicujus* par Ulpien, parmi lesquels il en est qui sont
dits *singulorum.* On a quelque difficulté à saisir la distinction
faite par Ulpien entre les interdits *singulorum* et ceux *alicujus*,
expressions qui paraissent synonymes. Comme interdits *alicujus*, Ulpien cite ceux relatifs aux lieux publics, aux fleuves
publics, qu'il oppose sous la dénomination d'interdits *alicujus*
aux interdits *nullius.* Mais précisément les choses publiques
étaient tenues pour *res nullius* (Gaïus, II, 11). Aussi les interdits qui avaient pour objet les lieux publics étaient-ils populaires, ouverts à tous, *cuivis ex populo.* C'est pourquoi Paul les
sépare des interdits *rei familiaris.* Il n'y a pas ici exercice
d'un droit privé. Le but de ces interdits, c'est la *publica utilitas,*
suivant Paul, expression qui les caractérise mieux que celle-ci :
alicujus. D'un autre côté, Ulpien appelle interdits *nullius*
ceux qui tendent à l'exhibition de personnes libres. Or, quand
un père réclame l'exhibition de ses enfants en puissance, un
patron l'exhibition de son affranchi, il n'est guère exact de

voir là l'exercice d'un droit *nullius*. La puissance paternelle, le patronage ont leur titulaire déterminé. Sans doute, il n'y a pas là un élément du patrimoine proprement dit. Aussi Paul les place-t-il en dehors des interdits *rei familiaris ;* seulement il y voit avec raison la sanction d'un droit, qui, sans être pécuniaire, constitue une prérogative propre au plaignant, de sorte qu'il peut dire qu'ici quelqu'un agit *sui juris tuendi causa*. — Enfin, quand celui qui sollicite un interdit ne veut pas défendre un droit qui lui soit personnel, quand il prend en main la cause de cette liberté d'un homme libre qui est injustement détenu, j'aime mieux dire avec Paul qu'il agit *officii tuendi causa*, pour accomplir un devoir, que de mettre cet interdit au nombre de ceux *nullius*, seule place qui lui reste dans le système d'Ulpien.

§ 5. — Interdits populaires ou privés.

A l'instar des actions dont quelques-unes étaient populaires, il y avait aussi des interdits populaires. L'interdit populaire était ouvert à tout citoyen capable de postuler pour autrui. (L. 1, *De pop. act.* (47,23) ; il avait pour but l'intérêt public ; *jus suum populi tuetur*, L. 1, *eod. tit.* L'interdit privé n'appartenait, au contraire, qu'à celui dont l'intérêt particulier avait été lésé [1].

Les interdits *rei familiaris* étaient tous des interdits privés ; mais il ne faudrait pas croire qu'en dehors de ceux-là tous les autres fussent populaires. Ainsi, dans les interdits *De divinis*

---

[1] Un fragment de Paul, L. 14, *De injur.* (47, 10), sans doute altéré maladroitement par les compilateurs, pourrait faire croire, contrairement à des témoignages incontestables, que les interdits exigeaient toujours un intérêt privé. *Ad privatas enim causas accommodata interdicta sunt, non ad publicas*, telle est la doctrine que les rédacteurs de Justinien mettent dans la bouche de Paul. Le jurisconsulte avait d'abord énoncé cette idée que l'interdit *Uti possidetis*, et probablement ajoutait-il l'interdit *Unde vi*, pouvaient s'appliquer à une portion du rivage de la mer sur laquelle un particulier aurait acquis un *jus proprium*. Vraisemblablement il avait dit, en faisant allusion à ces deux interdits : *accommodata sunt hæc interdicta...* Les compilateurs, ne faisant mention que de l'interdit *Uti possidetis*, ont supprimé le mot *hæc*, sans prendre garde qu'ils transformaient ainsi en une proposition générale ce que Paul n'avait exprimé que pour tels interdits.

rebus, l'interdit *Ne quid in loco sacro* était populaire, tandis que les interdits *De locis religiosis* étaient privés. Parmi les interdits *De rebus hominum*, étaient populaires les interdits que Paul qualifie *publicæ utilitatis*, de même que ceux *officii tuendi :* rentraient, au contraire, dans les interdits privés ceux qui étaient donnés *sui juris tuendi causa.*

Du reste, l'intérêt privé pouvait être en jeu dans un interdit pour l'exercice duquel l'intérêt public aurait d'ailleurs suffi, par exemple, quand il y a entreprise sur la voie publique, et qu'un particulier en éprouve un préjudice personnel. Dans ce cas, l'interdit prenait un caractère privé. Il était donné de préférence à celui dont l'intérêt était lésé, L. 3, § 1, *De pop. act.* Il lui était permis d'agir par procureur, à la différence de ce qui se pratiquait dans les actions populaires, L. 42, pr.; L. 45, § 1, *De procur.* (3, 3). Une condamnation au *quanti interest* se comprenait sans difficulté; et nous la trouvons mentionnée dans la loi 2, §§ 34 et 44, *Ne quid in loc. public.* (43, 8). — Là où l'intérêt personnel du demandeur n'était pas lésé, les Romains ne repoussaient pas l'expédient d'une condamnation pécuniaire. Nous lisons dans la loi 3, § 13, *De hom. lib. exhib.* (43, 29), que le défendeur a pu subir la *litis æstimatio* plutôt que d'exhiber, sauf qu'il s'expose à voir délivrer de nouveau contre lui l'interdit, soit au profit de la même personne, soit au profit d'un tiers, sans avoir le droit d'invoquer l'exception *rei judicatæ.* Cependant il est à croire qu'en pareille matière l'exécution forcée du *jussus judicis*, à la suite d'une formule arbitraire, devait être de préférence employée. Cette exécution forcée est indiquée dans un texte de Julien, qui ne peut être suspecté d'interpolation. Il y est dit que celui qui a construit dans un lieu public sera contraint à démolir; *alioquin*, fait observer le jurisconsulte, *inane et lusorium Prætoris imperium erit.*

§ 6. — Interdicta rei persecutionem continentia, vel non.

Nous nous occuperons enfin, en négligeant d'autres divisions secondaires des interdits, d'une dernière division, qui nous amène au but spécial de notre sujet. Cette division, présentée par Paul, L. 2, § 2, *De interd.*, signale certains interdits comme *rei persecutionem continentia*, sans indiquer, au moins d'une manière directe, quelle est l'antithèse de cette qualité. Elle ressort néanmoins clairement des derniers mots du texte, où le jurisconsulte met en regard les interdits qui *proprietatis causam habent*, et ceux qui *possessionis causam habent*.

Dans la pensée de Paul, l'expression *rei persecutio* n'est pas opposée à celle-ci : *pœnæ persecutio*. Elle a pour synonyme ce que Paul appelle *proprietatis* ou *veluti proprietatis causa*. L'inversé de la *rei persecutio* est fourni par la *possessionis persecutio*.

Cette distinction se résume à celle si connue aujourd'hui, qui consiste à opposer le pétitoire au possessoire. Quand un interdit a pour but *rei persecutionem*, ou, en d'autres termes, soit *proprietatis*, soit *veluti proprietatis causam*, le droit lui-même est définitivement tranché; il y a chose irrévocablement jugée, ainsi que l'exprime la loi 1, § 4, *De lib. exh.* (43, 30), à l'occasion d'un interdit fort grave, au moyen duquel a été mis en question le droit de puissance paternelle, dont l'existence se trouve ainsi péremptoirement réglée. Quand l'interdit est d'une autre nature, quand il a trait à la *possessionis causa*, la décision qui est rendue n'a qu'une force provisoire, parce qu'elle laisse subsister la possibilité d'une décision sur la propriété au profit de la partie qui a d'abord succombé. Le triomphe obtenu ne sera peut-être que transitoire et éphémère. C'est ce que les Constitutions du Bas-Empire veulent exprimer, quand elles parlent du *momentum possessionis*.

Comme exemple d'interdit relatif à la *proprietatis causa*, Paul cite l'interdit *De itinere actuque privato*. En cette matière, les Romains connaissaient deux interdits, dont il est traité aux Pandectes, liv. XLIII, tit. 19. Le premier, dont la formule est contenue L. 1, pr., qu'on peut appeler *De itinere utendo*, ne saurait être celui auquel le jurisconsulte fait allusion, puisqu'il est dit L. 1, § 2, qu'ici le juge n'aura pas à rechercher si le droit de servitude existe, mais seulement s'il y a eu possession régulière et suffisante pendant l'année. On ne doit pas douter qu'il s'agisse de l'interdit *De itinere reficiendo*, dont la formule conservée dans la loi 3, § 11, contenait ces mots : *ut tibi jus est*. Le § 13 fait ressortir la différence qui sépare ces deux interdits, dont le dernier ne compète qu'à celui qui prouve que la servitude lui appartient.— L'interdit *De aqua ex castello ducenda* (V. sa formule L. 1, § 38; 43, 20) offrait le même caractère de *rei persecutio*. Aussi le § 45, en précisant la portée de l'interdit, fait-il observer que la question **du** droit au fond s'y trouve vidée, et qu'il n'y a plus de prétention possible pour celui qui a succombé : *interdicto totum finitur*.

Passant aux interdits qui *veluti proprietatis causam conti-nent*, Paul indique d'abord les interdits *De locis sacris et religiosis*. — Nous avons peu de documents sur les interdits relatifs aux *loci sacri*. La loi 1, § 3 (43, 6), dit que la surveillance en appartient à ceux qui *œdes sacras curant*. On reconnaissait cependant aussi, paraît-il, des *sacra privata* (V. L. 9, § 1, *Ad leg. Jul. pecul.*; 48, 13). Dans tous les cas, le demandeur devait prouver que le *locus* était *sacer*. Cette question était jugée définitivement sur l'interdit. C'était là ce qui constituait la *veluti proprietatis causa*, un droit de propriété n'étant pas ici possible. — Pour les interdits *De locis religiosis*, celui qui se plaignait d'être empêché d'inhumer dans un terrain était tenu d'établir qu'il avait le droit de le faire : *inferre jus est*, L. 1, pr., *De mort. infer.* (11, 8). S'agissait-il d'un *locus purus*, la faculté d'user de l'interdit reposait sur le *jus dominii*, et soulevait par conséquent véritablement une *causa proprietatis*, L. 1, § 2, *eod. tit.* [1]. S'agissait-il, au contraire, d'un *locus religiosus*, il fallait écarter l'idée d'un droit de propriété, puisque le terrain se trouvait *extra patrimonium*. Cependant le droit d'y faire une inhumation pouvait appartenir à quelqu'un, à titre de droit de famille, de droit héréditaire, L. 5 et 6, D., *De relig.* (11,7); L. 4, 8, 13, C., *eod. tit.* (3, 44). La preuve d'un pareil droit formait ce que Paul appelle *veluti proprietatis causa*.

Il n'y a également qu'une *causa veluti proprietatis*, continue le jurisconsulte, quand l'interdit est employé *sui juris tuendi causa*. Tel est l'interdit *De liberis exhibendis*. Bien qu'il ait été souvent prétendu que chez les Romains la puissance paternelle

---

[1] Ce texte donne l'interdit *De mortuo inferendo* au *dominus proprietatis* en ajoutant qu'il peut être exercé à l'occasion d'un terrain profane, *quod etiam de loco puro competit*. On pourrait s'étonner de ne pas voir appliquer ici l'interdit *Uti possidetis*, puisqu'il s'agit d'un terrain faisant partie du patrimoine du demandeur, et dont il est empêché d'user à son gré, ce qui constitue un trouble à la possession. Mais il y avait des cas (V. L. 2, § 7; L. 43, *De relig.*, § 11, 7) où il était permis au propriétaire, bien que son droit sur la chose ne fût pas complet, de forcer, soit l'usufruitier, soit le copropriétaire, à souffrir qu'un terrain fût consacré à une sépulture.

était calquée sur la puissance dominicale, le langage de Paul proteste contre cette assimilation, démentie par d'autres témoignages. L'idée de propriété sur leur personne était incompatible avec la qualité d'hommes libres reconnue aux fils de famille. Mais le demandeur devait établir qu'il avait la *potestas,* L. 1, pr., et § 1, *De lib. exhib.* (43, 30); et ce qui était jugé sur ce point était, comme nous l'avons dit plus haut, définitivement jugé.

A l'inverse de ces interdits, pour lesquels la décision qui intervient fixe irrévocablement le droit des parties, et qui sont qualifiés *rei persecutionem continentia,* il y en a qui n'ont trait qu'à la possession, dans lesquels la perte du procès n'entraîne pas un préjudice irréparable, l'existence du droit pouvant être établie plus tard dans l'instance au pétitoire. C'est là le caractère ordinaire des interdits *rei familiaris.* Cependant Paul fait observer que ce caractère ne leur appartient pas d'une manière absolue, et qu'il en est qui font exception à la règle : *ut non sit mirum, si quæ interdicta ad rem familiarem pertinent proprietatis, non possessionis causam habeant.*

Nous pensons qu'il faut faire rentrer dans la classe des interdits qui *rei persecutionem non continent* tous les interdits appelés ordinairement possessoires, sans distinguer s'ils ont pour but de faire acquérir la possession, de la conserver ou de la faire recouvrer. Nous verrons néanmoins que pour les interdits *adipiscendæ possessionis,* notamment pour les interdits *Quorum bonorum* et *Salvianum,* il y a une controverse sérieuse sur la véritable portée qui doit leur être assignée. Toutefois il n'est pas difficile de signaler des interdits *rei familiaris* qui sont en même temps *rei persecutoria.* C'est ce que nous avons déjà eu occasion de constater relativement à l'interdit *De itinere reficiendo,* et à l'interdit *De aqua ex castello ducenda.* Il faut en dire autant de l'interdit *De tabulis exhibendis,* où la décision rendue nous paraît également revêtue d'un caractère définitif. Nous sommes disposé à admettre aussi que l'interdit *De arboribus cædendis* (43, 30) était au nombre de ceux qui impliquaient une *proprietatis causa.* La preuve d'un droit de propriété était exigée de la part du demandeur, Paul, Sent., VI, 6, § 13. Il pouvait cependant être exercé, *utilement* sans doute, par l'usufruitier, L. 1, § 4 (43, 30).

Avant de passer en revue les différents interdits possessoires, nous nous arrêterons un instant à examiner comment peut s'expliquer la particularité qu'offre en droit romain la procédure des interdits.

CHAPITRE V.

ORIGINE ET SIGNIFICATION DES INTERDITS.

La complication de la procédure suivie à l'occasion des interdits présente assurément quelque chose de bizarre. Pourquoi cette nécessité d'obtenir d'abord du magistrat un ordre spécial, à la suite duquel on revenait demander un juge? Les hypothèses dans lesquelles fonctionnaient les interdits étant prévues et réglées dans l'Édit, n'eût-il pas été plus simple de nommer immédiatement un juge chargé d'examiner si telle partie de l'Édit avait été violée?

Diverses explications ont été proposées ; mais il y a toujours là un problème dont la solution certaine nous paraît difficile, et sur lequel il faut se contenter d'admettre la conjecture qui offre le plus de vraisemblance.

Le système défendu par Savigny, qui l'a emprunté à Niebuhr, rattache l'origine des interdits aux concessions faites sur l'*ager publicus*. Ici, le droit de propriété manquant au concessionnaire, qui n'avait qu'une simple *possessio*, le magistrat aurait dû créer un mode particulier de protection. Cette opinion est loin de rendre compte d'une manière complète de la procédure des interdits, qui avait un domaine beaucoup plus vaste. Le droit des concessionnaires de l'*ager publicus* devait avoir une assiette plus fixe que celle qui lui aurait été ménagée, s'ils n'avaient eu d'autre ressource que la voie des interdits ; enfin, la garantie que méritait le fait de la possession, indépendamment du droit de propriété, pour les biens qui ne faisaient pas partie de l'*ager publicus*, a dû, de bonne heure, préoccuper le magistrat romain. Aussi le système de Savigny ne compte-t-il guère, croyons-nous, de partisans aujourd'hui.

Un second système, qui remonte aux Glossateurs, que suivaient en général les anciens commentateurs, auquel la découverte des Institutes de Gaïus a porté un coup sensible, sans que néanmoins il soit encore complétement abandonné, consiste à voir dans la procédure des interdits une procédure sommaire, offrant l'avantage d'une plus grande célérité. D'un autre côté, il aurait suffi pour réussir d'administrer une semi-preuve ; mais, en revanche, on n'aurait abouti par là qu'à obtenir une décision provisoire, susceptible d'être anéantie à la suite d'un examen ultérieur sur le fond du droit, où cette fois une preuve complète aurait été exigée.

L'avantage de la célérité, attribué à la procédure des interdits, est maintenant contredit, au moins en ce qui concerne l'organisation de l'instance, par les commentaires de Gaïus, d'où il résulte qu'une double comparution *in jure* était ordinairement nécessaire. Une fois l'instance organisée, il est possible et même vraisemblable que la décision devait être rendue promptement. La force des choses l'exigeait ainsi, à raison de l'urgence que présentaient un grand nombre de questions vidées au moyen des interdits. La mention des *recuperatores*, que l'on voit fonctionner en cette matière, a été avec raison interprétée comme un indice de célérité, cette sorte de juges apparaissant en général à l'occasion des affaires qui sollicitent une solution rapide. Néanmoins, à l'époque des jurisconsultes, il est impossible de citer aucun texte qui nous fasse connaître comment les procès qui s'engageaient par la voie des interdits devaient être jugés d'une façon plus expéditive. A une époque postérieure, quand il n'y eut plus d'interdits à proprement parler, nous trouvons des Constitutions du Bas-Empire qui dégagent les interdits des nécessités de la *litis denuntiatio*[1], avec les délais qu'elle entraînait. Toutefois cette abréviation n'était pas un privilége réservé aux matières qui rentraient dans le domaine des interdits. On a aussi invoqué en faveur de cette opinion une Constitution du Code Théodosien[2] qui proscrivait l'appel au sujet de l'interdit *Quorum bonorum*, afin, est-il dit,

---

[1] Cette manière d'introduire une instance ne remonte pas avant Marc-Aurèle. On ne saurait, par conséquent, en tirer aucun argument pour expliquer l'origine des interdits.

[2] L. 22, *Quor. appell.* (11, 36).

de ne pas faire perdre à cette mesure l'avantage de la célérité en vue duquel elle a été inspirée. Mais il n'y a là qu'une décision spéciale, dont la durée n'a été que transitoire, puisqu'elle a été repoussée par les compilateurs de Justinien. L'appel est donc le droit commun en matière d'interdits; il est en effet mentionné dans plusieurs textes [1].

La dispense d'une preuve complète se liait à cette idée qu'il n'y avait à la suite d'un interdit qu'une décision provisoire. Il était impossible, en effet, d'admettre qu'une décision définitive pût être rendue sur une semi-preuve. Or nous savons que la base de ce raisonnement était fausse, puisqu'il existait beaucoup d'interdits contenant *proprietatis,* et non pas seulement *possessionis causam.* Même en ne s'occupant que des interdits possessoires, il n'est aucun texte duquel on puisse induire que l'on s'écartât ici de la règle générale, qui exige que le demandeur établisse entièrement sa prétention. Celui qui plaide sur la possession doit, pour triompher, convaincre le juge de son bon droit; il y a, en cette matière, comme ailleurs, chose irrévocablement jugée; seulement elle ne porte que sur ce qui était en question, sur la possession. La propriété n'a pas été mise en cause; elle reste tout à fait en dehors du débat, suivant la maxime : *nihil commune habet proprietas cum possessione.*

Des auteurs modernes, Bethmann [2], Schneider [3], Puchta [4], placent la clef du système des interdits dans les sévérités particulières à cette procédure. On voulait, disent-ils, intimider les plaideurs, les punir de leur témérité: de là les *sponsiones pœnales;* et pour asseoir ces *sponsiones,* il fallait un ordre du magistrat, dont l'infraction autorisât une répression. Cette rigueur éclatait encore dans la gravité inusitée que prenait en ces circonstances

---

[1] V. L. 12, § 7, C., *De ædif. priv.* (8, 10); L. 5, C., *Quor. appel. non recip.* (7, 65). Cependant une Constitution de Valentinien, Théodose et Arcadius, en 386, conservée par Justinien, L. unic., *Si de mom. possess.* (7, 69), avait supprimé l'effet suspensif de l'appel dans les débats relatifs à la possession, ce que M. Schmidt, p. 339, restreint à tort, croyons-nous, à l'interdit *Unde vi.*

[2] *Gerichtsverf.,* p. 390.

[3] *Subsid. Klag.,* p. 139.

[4] *Instit.,* t. II, § 169.

le *judicium calumniæ.* — Nous répondrons d'abord que le taux de la *sponsio* et de la *restipulatio* est ignoré, et que rien ne prouve qu'il ne dépendît point des parties de la modérer, si elles étaient d'accord pour le faire. D'une autre part nous avons vu qu'on s'était débarrassé de bonne heure pour beaucoup d'interdits des *sponsiones,* qui dès lors ne constituaient pas un élément nécessaire à cette procédure. Sous la procédure extra-ordinaire, il n'y avait plus de *pœna,* ce qui prouve que les questions pour lesquelles on usait autrefois d'interdits pouvaient se résoudre sans l'adjonction d'un élément pénal. Enfin, même sous le système formulaire, le préalable d'un interdit n'était pas indispensable pour qu'il y eût une *pœna,* puisque Gaïus, IV, 171, nous indique des formules qui exposaient les plaideurs à une *sponsio pœnalis,* comme l'action *certæ creditæ pecuniæ,* et l'action *constitutæ pecuniæ.*

Nous ne passerons pas sous silence une opinion particulière, développée dans une thèse de doctorat présentée en 1860 à la Faculté de Paris par M. Barckausen. L'auteur de cette thèse voit dans les interdits un moyen imaginé pour arriver à une exécution forcée en nature, et éviter les inconvénients de la condamnation pécuniaire. Sans doute ces inconvénients se présentent d'une manière plus frappante à l'occasion de la plupart des matières réglées par des interdits que partout ailleurs. Mais les documents historiques démentent la conjecture proposée par M. Barckausen, puisque le remède aurait été antérieur au mal. Les interdits sont, en effet, contemporains du système des *legis actiones,* sous l'empire duquel était admise la condamnation en nature, Gaïus, IV, 48. Le même jurisconsulte est d'ailleurs formel, IV, 163, pour mentionner à l'occasion des interdits l'emploi de la condamnation pécuniaire, à défaut de restitution ou d'exhibition. Nous concevons bien que l'exécution du *jussus manu militari* fût autorisée dans les actions qui suivaient les interdits ; mais nous sommes persuadé qu'il en était de même à l'égard des actions ordinaires, et nous n'apercevons aucune raison qui puisse justifier une différence.

Après avoir rejeté les divers systèmes que nous avons énoncés, nous croyons devoir nous rallier à l'explication la plus adoptée, d'après laquelle les interdits auraient été pratiqués pour combler les lacunes du droit civil, et fournir un moyen d'action là où celui-ci n'en accordait point.

En ce qui concerne les interdits relatifs à la possession, il n'est guère douteux que, dans l'origine, il n'existait de droit d'action que pour une prétention à la propriété. Sous les *legis actiones*, le règlement de la possession n'était pas séparé du règlement au fond, ou du moins ne donnait pas lieu à une instance particulière. C'était au magistrat qu'il appartenait de statuer d'abord sur la possession intérimaire, Gaïus, IV, 16. Nous trouvons, pour un interdit possessoire spécial, l'interdit *De precario* qui nous occupera plus tard, indiqué dans la loi 14, *De precar* (43, 26), le motif qui l'a fait introduire; et ce motif est parfaitement en harmonie avec l'opinion que nous embrassons. Paul nous dit, en effet, que le droit civil était muet pour régler cette situation. *Interdictum de precario merito introductum est, quia nulla eo nomine juris civilis actio esset.*

L'utilité des interdits exhibitoires se présente sous le même aspect, ce qui ressort de la loi du 13, *Ad exhib.* (10, 4). Il s'agit de faire cesser la séquestration d'un homme libre. Le jurisconsulte nous apprend qu'un interdit (l'interdit *De homine libero exhibendo*) sera donné contre l'auteur de cette détention arbitraire, l'action *ad exhibendum* étant ici inapplicable, à défaut d'un intérêt pécuniaire : *quia hæc actio ei creditur competere cujus pecuniariter*[1] *interest.* Le droit civil n'accorde pas cette action là où quelqu'un n'est pas lésé dans une partie de son patrimoine. Supposez, au contraire, que la question qui s'élève soit celle de savoir si un individu est libre ou esclave; ici va s'engager un débat concernant le *dominium* de l'un, la liberté de l'autre, mettant en jeu des droits reconnus de bonne heure par la législation civile, puisque la loi des Douze Tables fixait le taux du *sacramentum* dans la *causa liberalis,* Gaï., IV, 14. La ressource d'un interdit sera écartée, parce que le droit commun fournit un moyen d'agir. *Recedendum erit ab hoc interdicto, et agenda causa libertatis. Etenim recte placuit tum demum hoc*

---

[1] Le texte des Florentines porte, il est vrai, *peculiariter;* mais nous ne faisons pas difficulté d'admettre, sur la foi des Basiliques, la correction proposée par Cujas, et généralement suivie.

interdictum locum habere, quoties quis pro certo liber est, L. 3 § 7 (43, 29).

Quand les interdits étaient employés pour protéger les choses divines, les lieux religieux ou publics, on comprend encore qu'un ordre du magistrat fût nécessaire, pour autoriser une condamnation en cas d'infraction à cet ordre, puisqu'il n'y avait pas lésion d'un intérêt privé.

Ce n'est pas à dire qu'il ait existé en droit romain aucune époque où l'on ait pu impunément violer les tombeaux, dégrader la voie publique, séquestrer un homme libre, expulser violemment le possesseur qui n'était pas propriétaire, etc... Dès qu'il y a eu des magistrats, ils ont dû s'occuper de donner satisfaction à tous ces intérêts. Seulement, dans l'origine, ils statuaient probablement par eux-mêmes, en vertu de leur *imperium*. Plus tard, afin de se débarrasser d'une vérification gênante, ils émettaient un ordre, pour établir une règle là où elle n'était pas fournie par le droit civil, et chargeaient un juge de décider sur l'application de cette règle. Le préalable d'un ordre spécial pour chaque affaire était indispensable, tant qu'on ne reconnut pas au Préteur la faculté d'émettre des ordres généraux. Cet usage fut néanmoins conservé, quand une fois ce pouvoir ne fut plus contesté.

On ne peut douter que les interdits ne soient très-anciens, et contemporains des *legis actiones,* système de procédure qui a duré jusqu'à la loi *Æbutia,* dont la date incertaine se place vraisemblablement avant le commencement du VIIe siècle de Rome. Assurément les occasions de débats sur les matières du domaine des interdits remontent à une époque bien plus reculée; le bon sens le dit. Cicéron parle plusieurs fois des règles tracées par les interdits comme existant depuis fort longtemps. Il est facile de voir que les Préteurs ont modelé la procédure des interdits sur celle des *legis actiones.* On y trouve l'emploi du pari, ce mode antique d'engager un procès à Rome, qui figure encore à l'origine du système formulaire dans la *formula per sponsionem.* La *sponsio* était un moyen d'amener l'application d'une *legis actio,* d'autoriser une *condictio* depuis la loi *Silia.*

Le pouvoir Prétorien fit des progrès grâce à l'adoption du système formulaire. Le magistrat put créer des actions à son gré, ce qu'il fit ordinairement en usant de la ressource des *formulæ in factum*. Désormais il aurait pu donner une action de cette nature, au lieu de délivrer un interdit suivi d'une action. Cependant il continue à émettre un ordre pour chaque contestation, pour n'arriver qu'ultérieurement à la concession d'une action. Pourquoi a-t-il persisté à se conformer à un procédé qui n'avait plus rien d'indispensable ?

On pourrait se borner à répondre que les Romains n'aimaient pas à changer leurs habitudes, et que chez eux les vieilles formes se maintenaient en pratique, bien qu'elles n'eussent plus de raison d'être. On a dit cependant qu'un ordre spécial du magistrat était plus efficace, et devait produire plus d'effet que l'ordre général écrit dans l'Édit. Cette considération est peu décisive ; car, en supprimant l'ordre préalable distinct, et en délivrant de suite une action, le Préteur l'aurait basée sur telle partie de l'Édit, qui, par l'application qu'il en faisait, devenait un ordre particulier. On a dit aussi qu'il s'agissait souvent de matières d'un intérêt supérieur, où l'examen du magistrat devait être toujours réservé. Mais l'intervention du magistrat n'aurait pas cessé par l'abrogation du préalable de l'interdit, cette intervention continuant à s'exercer pour la délivrance de l'action.

Au fond, nous pensons qu'il faut reconnaître que du moment où, dans deux classes d'interdits, une formule arbitraire put être donnée immédiatement, en écartant le péril des *sponsiones*, l'interdit n'avait plus de sens, puisque aucune peine directe n'était attachée à son infraction. C'était, comme le remarque Puchta[1], un premier pas fait pour l'abolition des interdits. Nous avons essayé d'expliquer plus haut pourquoi les interdits furent maintenus sérieusement, avec une sanction pénale, quand l'ordre avait un caractère prohibitoire.

La preuve qu'au temps des jurisconsultes ce rouage des interdits était devenu à peu près inutile, c'est que nous voyons souvent concourir alternativement avec la voie d'un interdit la ressource d'une action *in factum*. Leur domaine paraît bien être le même ; et suivant l'observation de Schmidt[2], ce serait une vaine tentative que d'essayer de circonscrire le genre d'affaires qui doivent être réservées à la procédure des interdits, pour les

---

[1] *Inst.*, t. II, § 169.
[2] P. 304.

séparer de celles qui devraient être décidées au moyen d'actions *in factum*. Il nous suffira de citer quelques exemples qui font ressortir le parallélisme des deux moyens.

Le droit romain connaissait un interdit *De mortuo inferendo* (D., 11, 8); mais la loi 9, *De relig.* (11, 7), nous dit qu'il est loisible à celui qui est empêché de faire une inhumation, de laisser là l'interdit et de recourir à une action *in factum*. — Un interdit était à la disposition de quiconque avait été gêné dans son droit de jouissance de la voie publique; cependant, d'après le témoignage de Paul, Sent., V, 6, § 2, une action était également ouverte dans le même cas : *Ut interdictum ita et actio proponitur, ne quis via publica aliquem prohibeat.* — Si quelqu'un avait obtenu une *missio in possessionem*, il pouvait réclamer un interdit afin de se protéger dans cette position, L. 4, pr., *Ne vis fiat ei* (43, 4); mais le Préteur offrait aussi pour la même hypothèse un *judicium in factum*, dont parle la loi 1, pr., *eod. tit.* Aussi, dans le cas de *missio in possessionem damni infecti nomine*, c'est l'action *in factum* que l'on trouve mentionnée, L. 4, § 2, L. 15, § 36, *De damn. inf.* (39, 2), pour garantir les droits du *missus*. Des créanciers veulent critiquer les actes frauduleux faits par leur débiteur; ils ont la ressource d'un interdit fraudatoire, dont la teneur nous a été conservée par la loi 10, pr., *Quæ in fraud. cred.* (42, 8); mais ils ont également la voie d'une action *in factum*, dont les conditions sont tracées L. 1, pr., *eod. tit.* ; et les interprètes se sont épuisés en efforts infructueux pour déterminer l'applicabilité distincte de chacun de ces moyens.

D'un autre côté, tandis que le procédé si commode et si élastique des actions *in factum* venait souvent supplanter les interdits, nous voyons la *cognitio extraordinaria* envahir le même domaine à l'époque classique. Si le locataire d'un bâtiment, l'*inquilinus*, veut, après avoir payé sa *pensio*, enlever ses meubles, et qu'il éprouve quelque obstacle, il existe en sa faveur un interdit *De migrando* (43, 32). Mais Ulpien, L. 1, § 2, h. t., nous apprend que de son temps cet interdit était peu usité, et que le magistrat statuait lui-même sur ces difficultés : *Cui rei etiam extra ordinem subveniri potest; ergo infrequens est hoc interdictum.* On comprend aisément pourquoi il en était ainsi. Il y a là une affaire urgente qui s'accommode mal des lenteurs de la procédure ordinaire. Cepen dant c'est le même jurisconsulte qui repousse l'emploi de la *prætoria potestas,* et conseille la voie d'un interdit, dans l'hypothèse où une femme, ayant obtenu la *missio in possessionem ventris nomine,* aurait laissé par dol un tiers se mettre en possession, et où il s'agirait de faire cesser cet état de choses. *Coget autem eum decedere non prætoria potestate vel manu ministrorum, sed melius et civilius faciet, si eum per interdictum ad jus ordinarium remiserit,* L. 1, § 2, *Si vent. nom.* (25, 5).

Il est assez embarrassant de trouver un principe qui serve à décider dans quels cas la procédure par interdit était obligatoire, et devrait tenir en échec l'*extraordinaria cognitio.* S'agit-il de quelqu'un qui rencontre une résistance pour l'exécution d'un envoi en possession *fideicommissi servandi causa,* il peut sans doute recourir à un interdit : *Aut si quis volens uti interdicto, consequens erit dicere interdictum locum habere,* L. 3, pr., *Ne vis fiat.* (43, 4); mais, ajoute Ulpien, auquel appartient encore ce texte, il est mieux ici que le magistrat assure lui-même l'exécution de la *missio in possessionem,* dût-il pour cela recourir à l'emploi de la force publique. *Sed melius erit dicere extra ordinem ipsos jure suæ potestatis exsequi oportere decretum suum, nonnunquam etiam per manum militarem.* On peut dire, il est vrai, qu'il est question de fidéicommis, c'est-à-dire d'une matière qui rentrait régulièrement dans le domaine de la *cognitio extraordinaria* [1]. Néanmoins, la voie d'un interdit était possible en cette occasion, de l'aveu d'Ulpien ; et d'ailleurs les légataires, qui participaient au bénéfice de la même *missio in possessionem,* paraissent aussi avoir le droit de négliger la ressource d'un interdit, pour obtenir une mise en possession effective *per viatorem aut per officialem Præfecti, aut per magistratus,* comme le dit encore Ulpien, L. 5, § 27, *Ut in poss. legat.* (36, 4).

Toujours est-il qu'au temps d'Ulpien, dans diverses hypothèses où l'interdit aurait pu être employé, on évitait les complications de cette procédure, pour y substituer le mode plus expéditif de l'*exsecutio extraordinaria,* de même que souvent des actions *in factum* étaient données là où anciennement on usait de la voie des interdits. Concluons de là

____
[1] Gaïus, II, 278; Ulp. Reg., tit. 25, § 12.

qu'à l'époque des grands jurisconsultes, l'heure des interdits était passée, comme le dit Schmidt[1]. Les besoins qui les avaient fait établir n'existaient plus. Ils fonctionnaient sans doute encore, par suite du respect que montraient les Romains pour leurs anciennes institutions. Mais il n'y avait plus là qu'une forme vieillie, dont on tendait à se débarrasser de jour en jour.

[1] P. 310.

PARTIE SPÉCIALE.

INTERDITS POSSESSOIRES.

Nous nous attacherons désormais exclusivement à la subdivision des interdits indiqués par Gaïus, IV, 143, et reproduite par Justinien, au § 2, *Instit.*, *De interd.* Cette subdivision ne concerne, suivant nous, que les interdits ayant trait uniquement à la possession. Elle est présentée comme ayant seulement trois branches, soit par Gaïus, soit par Justinien, selon qu'il s'agit de faire acquérir la possession à celui qui ne l'a jamais eue (*adipiscendæ possessionis causa*), de faire maintenir ou conserver la possession (*retinendæ*), enfin de la faire recouvrer (*recuperandæ*). Paul, L. 2, § 3, D., *De interd.*, en exposant la même division, y ajoute une quatrième branche, relative à des interdits qui auraient pour but tantôt de faire recouvrer, tantôt de faire acquérir la possession (*tam recuperandæ quam adipiscendæ*).

La manière dont s'exprime Paul pourrait faire croire que l'ensemble des interdits possessoires correspond à celui des interdits qualifiés *rei familiaris.* Ce serait une erreur, démentie par le même jurisconsulte, qui, dans le paragraphe précédent, signale l'interdit *De itinere reficiendo* comme mettant en question le droit même de servitude, et soulevant ainsi une *proprietatis causa* au lieu d'une simple *possessionis causa.* Nous avons vu qu'il en était de même pour l'interdit *De aqua ex castello ducenda,* ainsi que pour certains autres interdits, qui étaient néanmoins *rei familiaris.* Ce qu'il y a de vrai, c'est que la plupart des interdits appelés *rei familiaris* se bornent à faire résoudre une question de possession. Ceux qui entraînent une décision sur le fond du droit, sur la propriété, sont en petit nombre; encore verrons-nous que, pour les interdits *adipiscendæ possessionis*, le système qui les restreint généralement à un débat sur la possession est loin d'être universellement admis.

<hr>

CHAPITRE Ier.

INTERDITS *ADIPISCENDÆ POSSESSIONIS.*

Observations préliminaires.

Le caractère des interdits appartenant à cette classe, ainsi que nous l'apprennent Gaïus, IV, 144, et Justinien, § 3, *Instit.*, *De interd.*, consiste en ce qu'ils profitent exclusivement à celui qui, n'ayant jamais eu la possession, désire l'obtenir : *Ei tantùm utile est qui nunc primum conatur adipisci rei possessionem.* Par conséquent, celui-là qui ayant déjà possédé aurait perdu cette position, ne pourrait pour la ressaisir prétendre au secours d'un interdit de cette nature : *Itaque, si quis adeptus possessionem amiserit, desinit ei id interdictum utile esse.* Force lui serait de recourir à un interdit *recuperandæ possessionis*, s'il se trouvait dans les conditions voulues pour l'exercer.

Quant aux interdits qui avaient la qualité dont nous nous occupons, Gaïus cite d'abord, § 144, l'interdit *Quorum bonorum*, cité également aux Institutes ; il signale ensuite, au § 145, un interdit donné au *bonorum emptor* sous la dénomination de *possessorium*, et au § 146, un interdit appelé *Sectorium*, dont pouvait user le *sector*, c'est-à-dire celui qui avait acheté des biens vendus par le peuple. Ces deux interdits sont passés sous silence par Justinien comme étant tombés en désuétude. En quatrième et dernier lieu, Gaïus, au § 147, mentionne l'interdit Salvien, que nous retrouvons aux Institutes de Justinien. En consultant le texte de Paul que nous avons déjà cité, L. 2, § 3, *De interd.*, nous voyons encore figurer parmi nos interdits, indépendamment des deux qui ont été conservés aux Institutes, un autre interdit sous cette qualification : *Quo itinere venditor...* De même Ulpien, L. 1, § 1, *Quod legat.* (43, 3), caractérise l'interdit *Quod legatorum* comme étant au nombre des interdits *adipiscendæ possessionis.* Nous ne nous arrêterons pas à rechercher s'il n'existait point encore quelques autres interdits du même genre [1]. Nous n'avons pas d'ailleurs l'intention d'examiner en détail chacun des interdits précédemment indiqués; nous nous bornerons à étudier l'interdit *Quorum bonorum* et l'interdit Salvien.

§ 1er. — Interdit Quorum bonorum.

Cet interdit est celui qui ouvre la liste des interdits soit aux Pandectes, soit au Code. Un titre lui est consacré dans chacune de ces compilations; mais ces deux titres sont fort brefs. Le Digeste (43, 2) ne contient que deux fragments; le Code (8, 2) ne renferme que trois Constitutions. Nous avons en outre sur cet interdit quelques renseignements fournis par les Commentaires de Gaïus et par les Institutes de Justinien : encore la seconde de ces sources n'est-elle que la copie de l'autre. En somme, les documents qui sont à notre disposition se réduisent à peu de chose. Aussi ne faut-il pas s'étonner des vives controverses auxquelles a donné lieu cet interdit.

Remarquons d'abord que nous connaissons la teneur précise de l'interdit qui était émis à cette occasion. Ces termes nous ont été conservés par la loi 1, D., *Quor. bon.* [2]. Le nom donné à l'interdit était emprunté, suivant l'usage, aux premiers mots employés pour formuler l'ordre qui était délivré. Nous voyons en outre que cet interdit faisait partie de ceux qui étaient dits restitutoires.

A qui compète-t-il? — Des termes de la formule il est facile de déduire quelle personne avait droit à cet interdit : il n'était offert qu'à celui qui avait obtenu du magistrat la *bonorum possessio.* Ce point est confirmé par Gaïus, IV, 144, et par Justi-

---

[1] V. sur ce point Löhr, *Archiv. für civil. prax.*, t. XII, p. 91.

[2] *Ait Prætor : Quorum bonorum ex edicto meo illi possessio data est : quod de his bonis pro herede, aut pro possessore possides, possideresve, si nihil usucaptum esset : quod quidem dolo malo fecisti uti desineres possidere, id illi restituas.*

4

nien, § 3, *De interd.* (*quorum possessio alicui data est*). Peu importe que le demandeur ne puisse prétendre à la succession que *jure prætorio*, ou qu'il y soit appelé *jure civili*, en qualité d'*heres.* Seulement, dans ce dernier cas, il ne peut réclamer l'interdit qu'autant qu'il a sollicité la *bonorum possessio*, suivant la remarque expresse de Gaïus, III, 34, qui ajoute que telle est la seule utilité de la *bonorum possessio*, quant à l'héritier d'après le droit civil.

Pour quels objets? — Le texte de l'interdit nous fixe également sur les objets à l'égard desquels il pouvait être exercé : il s'agit des choses faisant partie des *bona* laissés par un défunt (*quod de his bonis*). Cependant l'ensemble des *bona* n'est pas compris tout entier dans la sphère de l'interdit. Celui-ci n'atteint que les choses susceptibles de possession (*possides*), restriction formellement contenue dans la loi 2, qui ne soumet à une attaque en vertu de l'interdit que les possesseurs d'objets corporels (*tantum corporum possessores*), et non les *juris possessores*, les débiteurs héréditaires qui se prétendraient libérés à titre d'héritiers. Ajoutons que, d'après le but de l'interdit, comme nous l'avons vu, les choses même corporelles dont le *bonorum possessor* aurait acquis, puis perdu la possession, ne pouvaient être poursuivies par la voie de l'interdit *Quorum bonorum.*

Contre qui? — Nous trouvons enfin dans les termes de la formule l'indication des défendeurs possibles sur cet interdit. Ils sont au nombre de quatre :

1° Celui qui possède *pro herede.* Gaïus et Justinien mentionnent cette première application; toutefois Gaïus fait rentrer sous cette désignation soit l'héritier véritable, soit l'héritier putatif, tandis que Justinien ne parle que de ce dernier.

2° Celui qui possède *pro possessore.* Cette position était celle de l'individu qui possédait sans aucun titre (*sine causa*, dit Gaïus), sans aucun droit (*nullo jure*, dit Justinien), soit quelques objets héréditaires, soit toute l'hérédité. C'était celui qui, interrogé sur la cause de sa possession, ne pouvait répondre autre chose, si ce n'est : *possideo, quia possideo*, L. 12, *De her. pet.* (5, 3). Nous aurons à revenir, dans le courant de ce travail, sur la *possessio pro possessore.*

3° La troisième hypothèse où quelqu'un était exposé à subir l'interdit *Quorum bonorum* est indiquée dans la formule par ces mots : *possideresve, si nihil usucaptum esset.* La détermination de cette hypothèse offrait autrefois une énigme pour les commentateurs. Le sens qui se présente assez naturellement étant celui-ci : qu'il s'agit d'une perte de possession à la suite d'une usucapion, il semblait impossible de placer cette usucapion dans la personne du défendeur, puisque l'usucapion consolide la possession au lieu de la faire perdre. Aussi entendait-on généralement la chose du cas où un tiers aurait usucapé, et où le défendeur aurait eu la négligence de laisser accomplir l'usucapion contre lui. Cette interprétation ne pouvait s'accorder avec cette circonstance que la formule prévoyait une dernière application de l'interdit, en y soumettant celui qui s'était dépouillé de la possession par dol, disposition inutile s'il y avait eu responsabilité de la simple faute. Depuis la découverte des Commentaires de Gaïus, l'explication de ce n° 3 est devenue facile. Nous savons maintenant que pendant long-temps l'*usucapio pro herede*, possible même pour les immeubles au bout d'une seule année, de la part d'un possesseur même de mauvaise foi, le mettait à l'abri des poursuites de l'*heres* ou du *bonorum possessor*, ce qui ne fut supprimé que sous Hadrien, par un Sénatus-consulte mentionné par Gaïus, II, 57. Désormais, l'*usucapio pro herede* restant inoffensive à l'égard de l'ayant droit à la succession, le possesseur des choses héréditaires, bien qu'il ne fût plus un simple *possessor,* mais un *dominus,* demeura exposé à l'interdit, sans pouvoir invoquer l'usucapion. C'est à cette situation que font allusion ces mots, qui furent dès lors ajoutés à la formule : *possideresve, si nihil usucaptum esset* [1].

4° Enfin celui qui a cessé de posséder par dol est considéré comme possédant encore, suivant la règle : *dolus pro possessione est.* Il n'échappe pas à l'interdit *Quorum bonorum,* de même qu'il n'échapperait pas à la pétition d'hérédité ou à la revendication [2].

---

[1] V. Savigny, *Verm. schrift.,* t. II, p. 229.

[2] Savigny, *loc. cit.,* p. 228, fait observer que cette partie de la formule : *quod quidem...* n'a pas pour but de préciser l'hypothèse précédente, à laquelle on ne doit point la rattacher, comme pourrait le faire croire le mot *quidem,* qu'il faut remplacer par *que,* en lisant : *quodque* au lieu de : *quod quidem,* suivant une conjecture de Doneau, autorisée, dit Savigny, par certains manuscrits. Il s'agit d'un cas nouveau, de la *ficta possessio.* — Le

En rapprochant l'interdit *Quorum bonorum* de la *petitio hereditatis*, on trouve une grande analogie entre ces deux voies. Sans doute elles diffèrent quant à leur fondement : l'interdit a pour base la qualité de *bonorum possessor* conférée par le Préteur, tandis que la pétition d'hérédité repose sur la prétention à la succession reconnue par le droit civil. Mais quant au but des deux actions, il semble au premier abord qu'il y a identité, parce qu'elles tendent l'une et l'autre à la restitution des choses héréditaires, et qu'elles atteindraient les mêmes personnes. Les textes nous disent, en effet, que la pétition d'hérédité peut être intentée contre celui qui possède *pro herede* ou *pro possessore.* En ce qui concerne les deux autres sortes de défendeurs que nous avons rencontrés à l'égard de l'interdit *Quorum bonorum,* ils n'échapperont pas non plus à la pétition d'hérédité. On ne saurait douter que, depuis le sénatus-consulte d'Hadrien, l'usucapion *pro herede* ne fût impuissante vis-à-vis de l'héritier tout aussi bien que vis-à-vis du *bonorum possessor;* d'un autre côté, il est incontestable que le demandeur en pétition d'hérédité peut attaquer celui qui a cessé de posséder par dol, puisque c'est précisément à l'occasion de cette action qu'a été introduite la règle *dolus pro possessione est,* L, 20, § 6, *De her. pet.* (5, 3).

Cependant un examen attentif ne tarde pas à faire reconnaître que la pétition d'hérédité a une sphère plus large que l'interdit *Quorum bonorum :* elle compète effectivement non seulement contre ceux qui possèdent des choses corporelles, mais encore contre les *juris possessores,* contre les débiteurs héréditaires, qui se prétendraient libérés en qualité d'héritiers, L. 13, § 15, *De her. pet.* Nous pensons aussi, avec M. de Vangerow[1], que l'héritier, qui aurait perdu la possession d'objets héréditaires, pourrait agir par la pétition d'hérédité contre celui qui les détiendrait *pro herede.*

La pétition d'hérédité nous apparaît donc comme ayant plus de portée que l'interdit *Quorum bonorum :* par conséquent, si le *bonorum possessor* eût été réduit à la voie de l'interdit, il

même auteur ajoute avec raison que si Gaïus se borne à mentionner les deux premiers cas d'application de l'interdit *Quorum bonorum,* cela tient à ce que ce sont les seuls qui aient de l'importance.

[1] *Lehrb. der Pand.,* t. II, § 505.

aurait été moins bien traité que l'héritier. Toutefois cette infériorité de position n'existait pas en réalité, puisque, à l'époque des jurisconsultes, suivant la loi 2, *De poss. her. pet.* (5, 5), le *bonorum possessor* avait obtenu une pétition d'hérédité utile, dite possessoire, qui lui procurait les mêmes avantages que la pétition directe dont usait l'héritier : *Per quam hereditatis petitionem tantumdem consequitur bonorum possessor quantum superioribus civilibus actionibus heres consequi potest.*

D'une autre part, si le *bonorum possessor,* grâce à la *petitio possessoria,* est mis de pair avec l'héritier quant à l'énergie de l'action qu'il peut employer, ce dernier ne se trouve pas circonscrit à l'exercice de la *petitio hereditatis.* Nous avons vu que l'interdit *Quorum bonorum* était également à la disposition de l'*heres,* pourvu qu'il eût le soin de demander le titre de *bonorum possessor,* ce qui, nous a dit Gaius, lui est utile afin de pouvoir user de l'interdit.

Il y a donc nécessité de séparer l'interdit *Quorum bonorum* soit de la *petitio directa,* soit de la *petitio possessoria.* Ces deux voies, cumulées dans les mêmes mains, ne peuvent pas être identiques dans leurs effets, sans quoi chacune des deux eût rendu l'autre inutile. Mais alors se présente la question de savoir quel avantage offrait l'interdit à celui qui, soit comme *bonorum possessor,* soit comme *heres,* pouvait intenter l'une ou l'autre des deux *petitiones,* dont la portée était plus ample que celle qui appartenait à l'interdit.

La solution de ce problème a donné lieu à de vives controverses, qui subsistent encore.

Premier système. — D'après l'exposé que nous avons fait de la question, on pressent que nous ne pouvons nous rallier à un premier système, défendu avec beaucoup d'énergie par un jurisconsulte de regrettable mémoire, par Savigny[1]. Ce système, trop simple, supprime la difficulté en confondant l'interdit avec la *petitio.* Dans l'origine, prétend Savigny, le Préteur

---

[1] Cette théorie, développée en 1825, *Zeitschrift für gesch. Rechtswiss.,* t. V, p. 1 et suiv., et défendue en 1828, t. VI, p. 229 et suiv., contre les critiques qu'elle avait soulevées, a été reproduite par l'auteur en 1850, *Verm. schrif.,* t. II, p. 216 et suiv., avec des observations supplémentaires.

aurait imaginé l'interdit *Quorum bonorum* pour tenir lieu au *bonorum possessor* de la *petitio hereditatis*, qui lui faisait défaut. Quand une fois la *petitio possessoria* eut été introduite, l'interdit *Quorum bonorum* n'aurait plus eu de raison d'être ; il n'y avait entre les deux voies qu'une différence insignifiante dans la procédure, différence qui n'existe même plus dans le dernier état du droit. Par conséquent, si les rédacteurs de Justinien ont conservé les deux moyens, c'est parce qu'ils ne se rendaient pas bien compte des choses ; car l'interdit *Quorum bonorum* n'est que la *petitio possessoria* sous un autre nom [1]. — Une pareille théorie est évidemment inadmissible. Ce n'est pas sous Justinien seulement, c'est aussi à l'époque classique que les deux voies sont présentées comme existant simultanément. Il est clair également que, dans ce système, il est impossible d'expliquer l'extension que reçut au profit de l'*heres* l'interdit *Quorum bonorum*. L'argument principal de Savigny, d'après lequel, le droit à la succession étant décidé à l'occasion de l'interdit, il y aurait eu lieu à l'exception *rei judicatæ* lors de la *petitio* qui aurait renouvelé le même débat, cet argument peut être écarté, si l'on établit, comme nous essayerons de le faire, que ce qui est jugé sur l'interdit est une autre question que celle qui est vidée par la *petitio*.

Deuxième système. — Un second système, qui compte des partisans considérables, consiste à dire que l'interdit avait sur la *petitio* cet avantage qu'il faisait obtenir au demandeur la possession des choses héréditaires, à la seule condition de prouver que ces choses avaient été *possédées* [2] par le défunt, tandis que la *petitio* eût exigé la preuve d'un droit de *propriété* appartenant au *de cujus*. Cette opinion n'est pas particulière à la détermination du domaine respectif de l'interdit *Quorum bonorum* et de la *petitio hereditatis :* elle devrait servir encore à expliquer d'autres hypothèses où nous voyons la voie d'un interdit concourir avec celle d'une action proprement dite, par exemple la portée de l'interdit fraudatoire par rapport à celle

---

[1] P. 235 et suiv.

[2] On a invoqué en ce sens la loi 1, *Cod. Theod., Quor. bon.* (4, 21), reproduite en partie par Justinien dans la loi 3, *Cod. Just., eod. tit.* Nous aurons dans la suite à apprécier la valeur de cette Constitution.

de l'action Paulienne. Pour triompher, a-t-on dit, au moyen de l'interdit fraudatoire, il suffisait de démontrer que le *fraudator* avait la possession des objets frauduleusement aliénés. L'action Paulienne, au contraire, aurait été plus exigeante ; ici le succès eût dépendu de la preuve faite d'un droit de *propriété* chez le débiteur[1].

Cette distinction ne nous paraît pas plus exacte dans un cas que dans l'autre. Quand les créanciers de quelqu'un établissent que leur débiteur a fait une aliénation en fraude de leurs droits, il importe peu que l'objet aliéné fût seulement en la possession du débiteur, ou qu'il en eût la propriété. Les créanciers sont assurément plus fondés à tirer parti de cet élément du patrimoine du débiteur, tel qu'il est, que l'acquéreur *conscius fraudis*, sauf le risque qu'ils courent de se voir dépouillés par le véritable propriétaire. Concevrait-on que les créanciers fussent obligés de démêler quelles sont les choses qui appartenaieut réellement au débiteur, quelles sont celles dont il n'avait que la possession, afin de faire rescinder les aliénations, tantôt par la voie de l'action Paulienne, tantôt par la voie de l'interdit fraudatoire ? Ne serait-il pas bizarre que le défendeur à l'action Paulienne, convaincu d'avoir aidé le débiteur à frustrer ses créanciers, pût repousser ceux-ci en disant : Je n'ai pas traité avec un propriétaire, et je garderai ce que je détiens, parce que ma complicité dans la fraude n'a pas été démontrée à la suite d'un interdit ? Comment l'action Paulienne, qui fait tomber les actes émanés même d'un propriétaire, resterait-elle inefficace à l'égard de la transmission d'un droit moins étendu[2] ?

---

[1] Cujas, *Comm. in lib.* 49 *Digest. Salv. Jul.*, t, VI, c. 375, établit ainsi la différence : *Interdictum fraudatorium revocat possessionem, Pauliana actio revocat dominium.*

[2] Si telle n'est pas, à notre gré, l'utilité de l'interdit fraudatoire par opposition à l'action Paulienne, nous avouons que nous sommes assez embarrassé pour la préciser. Nous avons déjà cependant constaté précédemment (V. p. 23) une différence assez peu raisonnable entre ces deux voies quant à la restitution des fruits. Nous scrions enclin à penser que l'interdit est plus ancien que l'action Paulienne, et qu'il fut abandonné quand se furent développées les règles de cette action, ce qui expliquerait le peu de documents que nous possédons sur cet interdit. Rappelons-nous ce que nous avons dit plus haut (p. 43) de la substitution des actions *in factum* à la mise en pratique des interdits. Il n'y a sans doute ici qu'une application de ce procédé.

Les explications n'ont cependant point manqué. Ainsi Unterholzner

De même que l'action Paulienne n'exigeait pas, suivant nous, la preuve de la propriété chez le débiteur des objets aliénés frauduleusement, de même la *petitio hereditatis* ne devait pas imposer au demandeur l'obligation de démontrer que son auteur était propriétaire, pour obtenir la restitution des choses possé-

(*Schuldverh.*, t. II, p. 141) a proposé de dire, par analogie avec l'interdit *Quorum bonorum*, qui ne s'appliquait qu'aux choses corporelles, que l'interdit fraudatoire ne pouvait atteindre que les objets corporels aliénés, et que, s'il s'agissait de l'aliénation d'un droit, de la remise d'une dette, par exemple, l'interdit restait impuissant. — Nous avons peine à croire que cette particularité, qui tenait, comme nous le verrons, au caractère primitif de la *bonorum possessio*, doive être étendue à l'interdit fraudatoire. La loi 96, pr., *De solut.* (46, 3), l'un des rares textes qui font mention de l'interdit fraudatoire, l'applique précisément à l'aliénation d'une créance. Dans tous les cas, l'action Paulienne aurait atteint non-seulement les actes qui tombaient sous le coup de l'interdit, mais d'autres encore, ce qui aurait rendu celui-ci inutile.

Suivant Schmidt, p. 309, l'interdit fraudatoire aurait été exercé par un créancier agissant isolément, tandis que l'action Paulienne n'aurait appartenu qu'au curateur agissant au nom de la masse des créanciers. Cette différence ressortirait de la comparaison de la loi 1, pr., *Quæ in fraud.* (42, 8), avec la loi 10, pr., *eod. tit.*, où il faudrait lire, ainsi que l'avait déjà proposé Accurse, *illi* au lieu de *illis*, correction qui serait justifiée par la suite du texte : *actio* EI. — Sans doute, à l'occasion de l'interdit fraudatoire, il n'est pas fait mention formelle du *curator ;* mais est-ce une raison pour lui en refuser l'exercice? D'un autre côté, si l'action Paulienne est attribuée positivement au *curator*, c'est parce que régulièrement elle sera intentée par lui ; mais elle ne paraît pas refusée à un créancier isolé, la loi 1 s'exprimant ainsi : *Curatori bonorum, vel ei cui de ea re actionem dare oportebit.*

Quant à la distinction entre le pétitoire et le possessoire, elle ne nous semble aucunement admissible, bien qu'elle ait été indiquée par Cujas, *Comment. in lib.* II, *Resp. Papin., sub L.* 96, *pr., De solut.*, t. IV, c. 1319. Après avoir qualifié l'action Paulienne comme étant une revendication, Cujas fait observer que l'interdit fraudatoire n'a trait qu'à la possession. *Actio Pauliana vindicatio est rei...; interdictum autem fraudatorium revocat possessionem.* Il ajoute même cette proposition complétement fausse, dont on trouverait du reste la réfutation dans maints endroits de ses ouvrages : *Interdicta omnia sunt de possessione, non de proprietate. Ergo,* conclut-il, *interdictum fraudatorium est de possessione.* — N'est-il pas évident que le défendeur à l'interdit, dont la fraude aura été justifiée, et qui devait par suite restituer la possession, ne saurait prétendre, sans qu'il y eût contradiction et démenti donné à la chose jugée, ressaisir au pétitoire la chose qui a été reconnue aliénée frauduleusement? Aussi ne trouvons-nous nulle part l'interdit fraudatoire mis au nombre des interdits possessoires, et nous n'hésitons pas à le ranger parmi les interdits qui *proprietatis causam continent.*

dées par son adversaire. La raison en est facile à donner. La question qui s'agite sur la *petitio hereditatis* est celle de savoir lequel du demandeur ou du défendeur a le droit de se substituer au défunt pour tout ce qui composait les *bona*, le patrimoine du défunt. Du moment où le demandeur établit que c'est lui qui est l'héritier, il s'ensuit que celui qui prétendait à tort à cette qualité doit rendre sans distinction tous les objets qui rentraient dans l'*universum jus defuncti*. Peu importe que ce dernier ne fût qu'un possesseur. Si c'est moi qui suis héritier, et non vous, vous ne pouvez plus retenir les choses, même simplement possédées par le défunt, et dont vous vous étiez emparé, parce que vous souteniez être son représentant. C'est la conséquence que l'on peut tirer de la loi 19, *pr.*, *De her. pet.*, qui fait porter la restitution même sur les choses dont le défunt n'était ni propriétaire ni possesseur, mais dont il avait la responsabilité à la suite d'un commodat ou d'un dépôt. Le § 2 de la même loi étend la pétition d'hérédité aux objets sur lesquels le défunt n'avait qu'un droit de rétention et non d'action : par exemple, s'il avait juré que son adversaire n'était pas propriétaire. Enfin, la loi 13, § 11, *eod. tit.*, décide que la pétition d'hérédité embrasse les choses que le défunt possédait *pro possessore*.

Cette portée donnée à la pétition d'hérédité ne souffre aucune difficulté, quand le débat s'élève entre deux individus dont chacun se prétend héritier exclusivement à l'autre, quand le demandeur rencontre pour adversaire quelqu'un qui possède *pro herede*. La légitimité de la *petitio hereditatis* est plus difficile à expliquer, alors que le défendeur possède *pro possessore*. Il semble ne pas se poser précisément en rival du demandeur, puisqu'il se contente de dire : Je possède, parce que je possède, et qu'il n'élève pas de prétention à l'hérédité. Suivant les commentateurs les plus célèbres [1], celui qui refuse d'alléguer aucun titre de possession doit être présumé posséder à titre d'héritier. Ne pas préciser pourquoi l'on possède, c'est tacitement prendre la qualité d'héritier. Cette réponse nous a toujours paru peu satisfaisante. Voilà un possesseur inquiété par quelqu'un qui sou-

---

[1] V. Cujas, *Comment. in tit. Cod. Quorum bonorum*, t. IX, c. 1146 ; Doneau, *De jur. civ.*, lib. XIX, cap. 12, n° 25.

tient que cette possession s'applique à des choses dépendant d'une hérédité qui lui appartient, et qui veut forcer son adversaire à expliquer comment il possède. Ce dernier n'est-il pas recevable à tenir le langage suivant : « J'ignore si vous êtes en réalité héritier de telle personne, et je n'entends point le contester. Ce que je conteste, c'est que votre auteur eût le droit de me dépouiller de ce que je possède. Il n'était qu'un usurpateur, un *prœdo*, comme je le suis moi-même ; seulement, j'ai l'avantage de la possession : *In pari causa melior est causa possidentis*. S'il vivait encore, votre auteur serait obligé de recourir à la revendication pour triompher contre moi. Vous êtes, dites-vous, en son lieu et place ; faites ce qu'il aurait dû faire, prouvez que vous êtes propriétaire ».

Il nous semble que l'explication véritable de ce point doit être empruntée d'abord à l'ancienne institution de l'*usucapio pro herede*. En droit romain, il fut admis pendant longtemps qu'après l'ouverture d'une succession, chacun pouvait traiter les choses héréditaires dont la possession était vacante, comme étant en quelque sorte *res nullius*. Le premier venu était autorisé à se faire le continuateur du défunt, en ce sens que, par un an de possession, il acquérait la propriété des objets héréditaires au moyen de l'usucapion dite *pro herede*. Celui-là qui profitait du décès de l'ancien possesseur pour s'emparer des choses possédées par celui-ci, empiétait donc sur le droit de l'héritier véritable, et aspirait à se poser en héritier. Quand une fois le péril résultant de l'*usucapio pro herede* eut été écarté, la faculté d'attaquer par la pétition d'hérédité les possesseurs sans titre de choses héréditaires fut maintenue avec raison, comme moyen de parer à l'inconvénient dérivant de cette règle que la possession du défunt ne se transmettait pas par voie de succession à son héritier, L. 23, *pr.*, *De acq. vel amitt. posses.* (41, 2). Permettre au possesseur dépourvu de tout titre de renvoyer l'héritier à l'exercice de la revendication, c'eût été lui imposer une condition plus mauvaise que celle qu'aurait eue le défunt à la suite d'une usurpation. De son vivant, si quelqu'un se fût emparé de ce qu'il possédait, il aurait eu la ressource des interdits possessoires, sans être tenu de prouver sa propriété. L'héritier ne pouvait user de ces interdits, puisque la possession de son auteur ne lui passait pas, et que l'hérédité incapable de posséder ne pouvait acquérir des interdits de cette nature. La pétition d'hérédité fournissait en pareil cas le moyen de protéger l'intégralité de la succession contre des usurpations devenues plus faciles en fait par suite de la mort de l'ancien possesseur. Elle suppléait à la lacune résultant de l'impossibilité où était l'héritier de recourir aux interdits possessoires, de même que nous les voyons se substituer à d'autres actions que le défunt aurait pu exercer, notamment à l'action *Quod metus causa*, L. 14, § 2, *Quod met. caus.* (4, 2).

Troisième Système.—Il est un troisième et dernier système qui nous paraît devoir être admis. Ce système, qui était autrefois dominant, qui depuis les Glossateurs jusqu'à nos jours a trouvé de nombreux partisans, que Cujas, Doneau et tant d'autres ont défendu, consiste à ne voir dans l'interdit *Quorum bonorum* qu'un moyen provisoire, n'ayant trait qu'à l'obtention de la possession, sauf débat ultérieur quant au fond du droit par la voie de la pétition d'hérédité. Dans cette opinion, on ajoute ordinairement que la procédure de l'interdit était plus rapide, et qu'on s'y contentait d'une preuve incomplète. Nous verrons plus tard s'il faut accepter ces deux derniers traits de la physionomie donnée à notre interdit. Occupons-nous d'abord du caractère principal qui lui est attribué.

Nous croyons que ce système est le seul qui rende compte des particularités que présente cette matière. De plus, il est parfaitement en harmonie avec le but assigné à cet interdit par sa qualification, but qui est de faire obtenir la possession, *adipiscendæ possessionis causa* [1]. Aussi tous les textes le placent-ils à côté des interdits *retinendæ* ou *recuperandæ possessionis*. S'il est certain que dans ces derniers le débat ne concerne que la possession, pourquoi en serait-il autrement dans l'interdit *Quorum bonorum?* Savigny [2] a critiqué la dénomination de possessoires donnée aux interdits *adipiscendæ possessionis*, parce que cette épithète ne conviendrait, dit-il, qu'aux interdits qui ont pour fondement une possession préexistante.

---

[1] Gaï., IV, 144 : *Ei tantummodo utile est qui nunc primum conatur adipisci rei* POSSESSIONEM. — L. 1, § 1, D., *Quor. bon.* : *Et est adipiscendæ* POSSESSIONIS *universorum bonorum.* — L. 1, C., *eod. tit.* : *Interdicto Quorum bonorum non aliter* POSSESSOR *constitui poteris.*

[2] *Traité de la possession*, § 35.

Sans doute telle n'est pas la base des interdits *adipiscendæ possessionis*, qui n'appartiennent, nous le savons, qu'à celui qui n'a pas encore possédé. Mais, en prenant l'expression *possessoires* à un autre point de vue, en l'appliquant à la portée de la décision qui intervient, ce terme n'a rien qui répugne aux interdits *adipiscendæ possessionis*, du moment où il sera vrai qu'ils ne procurent que l'avantage de la possession, avantage qui peut disparaître par l'effet d'une décision contraire sur le fond du droit.

Examinons la portée des autres interdits qui ont également le caractère d'être *adipiscendæ possessionis*, et voyons à quoi ils tendent. Nous laisserons de côté pour le moment l'interdit Salvien, parce que le résultat qu'il assure est aussi l'objet d'une controverse; mais, quand nous l'étudierons, nous aurons à admettre la même conclusion qu'à l'égard de l'interdit *Quorum bonorum*. Nous trouvons chez Paul, L. 2, § 3, *De interd.*, la mention d'un interdit *adip. possess.* décrit de la sorte : *Quo itinere venditor usus est, quominus emtor utatur, vim fieri veto.* Il s'agit de l'interdit *De itinere utendo*, interdit où le débat ne roulait certainement que sur la possession, suivant la loi 1, § 2, *De itin. act.* (43, 19). Le précédent propriétaire du fonds dominant, troublé dans la possession de la servitude, aurait eu un interdit prohibitoire, *retinendæ possessionis causa*. S'il a vendu, et que son acquéreur soit empêché de passer, ce dernier pourra, en établissant la possession de son auteur, obtenir la possession, qui ne se transmet pas, à la différence de la propriété, ni au successeur universel ni au successeur particulier. Dans l'espèce, l'interdit *De itin. act.* jouera le rôle d'un interdit *adip. poss.*; V. L. 3, §§ 7 et suiv. *dict. tit.* Mais évidemment l'acquéreur n'obtiendra ainsi que le bénéfice de la possession de la servitude, et ne sera point assuré de n'en être pas dépouillé plus tard par l'exercice de l'action négatoire. — La qualité d'interdit *adip. poss.* appartient également à l'interdit *Quod legatorum*, nous dit Ulpien, L. 1, § 1, *h. t.* (43, 3). L'héritier, par cette voie, se fera mettre en possession des choses dont les légataires se sont emparés sans son consentement. Toutefois les légataires ne perdent ainsi que l'avantage de la possession; et l'héritier, qui a triomphé sur l'interdit, n'en sera pas moins obligé de relâcher aux légataires les objets légués, à la condition par ceux-ci d'établir leur droit aux legs, qui n'a pas été apprécié lors de l'interdit. C'est ce qu'exprime Ulpien, L. 1, § 2, en ajoutant : *Redigit igitur (Prætor) ad heredem per hoc interdictum ea quæ legatorum nomine possidentur, ut perinde legatarii possint eum convenire.* — Quant aux interdits *possessorium* et *sectorium*, ils n'étaient sans doute que des imitations de l'interdit *Quorum bonorum.* Le *bonorum emtor* et le *sector* étàient deux espèces de successeurs *per universitatem.* Ils avaient besoin d'un moyen pour obtenir la possession à l'instar du *bonorum possessor;* et probablement des actions *utiles* leur étaient données comme à celui-ci pour débattre le fond du droit.

La restriction que nous assignons aux effets de l'interdit *Quorum bonorum* explique pourquoi il n'était pas applicable aux objets dont la possession avait été acquise, puis perdue. Si le système de Savigny était exact, si l'interdit eût mis en question d'une manière définitive le droit même à la succession, sans qu'il y eût eu la ressource d'une *petitio,* il serait difficile de comprendre qu'un simple accident de fait eût pu anéantir le droit du *bonorum possessor.* S'il ne s'agit, au contraire, que de l'avantage de la possession, un interdit *adipiscendæ* peut être écarté sans inconvénient, parce qu'il sera remplacé par un interdit *recuperandæ possessionis.* Il n'y aura que substitution d'un moyen possessoire à un autre. Est-il trop tard pour ressaisir la possession, la voie du pétitoire restera du moins ouverte.

Enfin, dans le système que nous adoptons, rien de plus simple que la différence précédemment signalée entre l'interdit *Quorum bonorum* et la *petitio hereditatis* sur ce point que l'interdit n'atteignait pas les *juris possessores.* Ici le défendeur ne possédait point, dans le sens propre du mot, et la voie du possessoire était dès lors impuissante. Il fallait recourir à un débat portant sur un droit de créance, chose non susceptible de possession. Ce débat devint possible pour le *bonorum possessor,* quand une fois il fut pourvu de la *petitio possessoria,* formée à l'image de la *petitio directa.* Mais il n'est pas douteux que ce moyen ne lui fut accordé que longtemps après l'introduction de l'interdit *Quorum bonorum.*

Le système qui circonscrit à la possession le débat que soulève l'interdit *Quorum bonorum* est d'accord avec une conjecture assez probable, relative à l'origine de la *bonorum possessio*, conjecture déjà favorisée par ce nom même de *possessio*. Dans le principe, a-t-on dit, la *bonorum possessio* n'était destinée qu'à régler provisoirement le fait de la possession des objets héréditaires, jusqu'à ce qu'une décision fût rendue sur le droit à l'hérédité. Le Préteur entendait seulement fournir un secours à ceux qui en apparence étaient appelés à la succession; il n'intervenait que *confirmandi juris civilis gratia*. Dans ce but, il accordait la *bonorum possessio* d'abord à celui qui pouvait produire un testament que l'on dût croire régulier, testament revêtu des cachets de sept témoins, et, en l'absence de testament, à celui qui, en vertu de la loi, devait arriver à la succession. La *bonorum possessio secundum tabulas* et celle *unde legitimi*, la deuxième à défaut de la première, sont indiquées par Cicéron [1]. Le Préteur aurait fait ensuite un pas de plus en appelant à la succession des personnes qui n'étaient pas autorisées à y prétendre d'après le droit civil. Il agissait ici *supplendi juris civilis gratia*; c'est ainsi qu'il donnait la *bonorum possessio* au plus proche cognat, ce qui était déjà pratiqué sous Cicéron [2], ou au conjoint. On ne trouve, au contraire, dans Cicéron la mention d'aucune *bonorum possessio* destinée à corriger le droit civil, *emendandi juris civilis gratia*.

Cette seconde application de la *bonorum possessio* élevait l'institution au-dessus d'un simple fait transitoire, en lui donnant la valeur d'un droit définitif. Toutefois la succession prétorienne ne se trouvait pas encore en collision avec l'hérédité, avec la succession gouvernée par le droit civil. Ce ne fut que plus tard que le conflit éclata, quand la *bonorum possessio* fut, dans certains cas, accordée contrairement au droit civil, notamment *unde liberi* ou *contra tabulas* au profit des émancipés, ce qui n'aurait eu lieu qu'au temps d'Auguste [3]. Régulièrement, le

---

[1] *In Verrem*, lib. 1, cap. 44 : *Posteaquam jus Prætorium constitutum est, semper hoc jure usi sumus : si tabulæ testamenti non proferrentur, tum uti proximum quemque potissimum heredem esse oporteret, si is intestatus mortuus esset, ita secundum eum possessio daretur. Quare hoc sit æquissimum facile est docere : sed in re tam usitata satis est ostendere omnes antea jus ita dixisse, et hoc vetus edictum translatitiumque esse.* V. aussi cap. 45.

[2] *Pro Cluent.*, cap. 15 et 60.

[3] Telle est l'opinion de Fabricius, qui a développé particulièrement la

prétendant, qui ne pouvait invoquer que les dispositions de l'Édit, aurait dû succomber en présence de celui qui avait en sa faveur le droit civil. Aussi la ressource d'une exception de dol aurait été nécessaire pour assurer le triomphe du premier. Au moins voyons-nous dans Gaïus, II, 120, que c'était grâce à ce moyen que des héritiers institués par un testament auquel manquaient certaines formalités pouvaient repousser, en vertu d'un rescrit d'Antonin, la *petitio hereditatis* intentée par les héritiers légitimes.

Devenu le rival quelquefois heureux de l'héritier civil, le *bonorum possessor* ne fut plus réduit à n'avoir qu'une jouissance intérimaire de la succession. Déjà l'interdit *Quorum bonorum*, qui n'avait trait qu'à la possession, lui ménageait la facilité d'obtenir un droit irrévocable, tant que resta efficace l'*usucapio pro herede*, au moyen de laquelle la propriété même des immeubles héréditaires était acquise au bout d'une année. Mais on ne s'arrêta point là : une voie pétitoire fut créée pour le *bonorum possessor*, à l'exemple de la *petitio directa* qui compétait à l'héritier civil. Ce fut la *possessoria petitio*, destinée à vider le fond du droit, et non pas seulement la question de la possession.

Après l'introduction de la *possessoria petitio*, le *bonorum possessor* se présente comme ayant à sa disposition deux moyens. Il en était de même chez l'*heres* qui pouvait, à côté de la *petitio directa*, se procurer la ressource de l'interdit *Quorum bonorum*, en sollicitant du Préteur la *bonorum possessio*. Tâchons de démêler quel était pour chacun d'eux l'avantage que lui offrait la voie provisoire de l'interdit, tandis qu'il aurait pu recourir immédiatement à la voie radicale et définitive de la *petitio*.

Bonorum possessor.—Celui-ci pouvait rencontrer deux classes d'adversaires : 1° ceux qui prétendaient à l'*universum jus defuncti* en vertu du droit civil, les *possessores pro herede*; 2° ceux qui s'étaient emparés sans aucun titre d'objets particuliers dépendant de l'hérédité, les *possessores pro possessore*.

théorie que nous venons d'indiquer (*Ursp. und Entwick. der bon. poss.* Berlin, 1837), théorie qui compte de nombreux partisans en Allemagne. Nous n'avons pu consulter sur ce point que le résumé de cette doctrine présenté par M. de Vangerow, *Lehrb. der Pand.*, t. II, § 398.

A l'égard des premiers, la *possessoria petitio* les atteignait, puisqu'elle était modelée sur la *petitio directa*, laquelle était donnée contre ceux qui possédaient *pro herede;* elle avait même plus de portée que l'interdit, puisqu'elle compétait aussi contre les *juris possessores.* Toutefois, s'il est vrai que la procédure des interdits était plus avantageuse à raison des chances de lucre qui s'y rattachaient et de ses allures plus rapides, s'il est vrai également que le droit définitif de conserver la succession n'y était pas discuté, le *bonorum possessor*, sauf le péril d'une éviction ultérieure quand s'élèverait le débat au pétitoire, avait intérêt à préférer l'usage de l'interdit.

A l'égard des seconds adversaires, la *petitio possessoria* pouvait sans doute être employée ; elle aurait même eu pour effet de contraindre à une restitution ceux qui se seraient emparés sans titre des objets héréditaires dont le *bonorum possessor* aurait perdu la possession. Mais, s'il est exact que la procédure des interdits présentât la chance d'un bénéfice particulier et s'expédiât avec plus de célérité, si, d'un autre côté, le débat sur la propriété devait être ajourné pour être vidé plus tard, le *bonorum possessor* avait encore intérêt à opter pour l'interdit *Quorum bonorum.*

Heres. — Pour l'héritier civil, l'interdit *Quorum bonorum* devait également avoir quelque utilité, *aliqua utilitas*, suivant les expressions de Gaïus, III, 34. Lui aussi, il pouvait avoir à combattre les deux mêmes classes d'adversaires; et dans le cas où la procédure de l'interdit lui offrait une arme plus dangereuse et plus active, dans le cas où elle réduisait le débat à un point plus simple que celui qui eût été agité par la voie pétitoire, il pouvait être tenté de la préférer.

Il nous reste donc à voir quels étaient en général les avantages de la procédure des interdits, et quelles étaient spécialement les preuves qui devaient être faites sur l'interdit *Quorum bonorum*, par opposition à celles qui étaient admises à l'occasion de la *petitio.*

Particularités de la procédure des interdits. — Il est incontestable qu'au temps des jurisconsultes la voie des interdits offrait au plaideur confiant dans son droit l'appât du bénéfice que procurait au vainqueur la *sponsio pœnalis.* Il est vrai que notre interdit étant restitutoire, la procédure *cum periculo* pouvait être ici évitée, grâce à la réclamation d'une formule arbitraire. Mais alors disparaissait le retard qu'eût amené la nécessité d'une seconde comparution *in jure*, qui était alors écartée ; et si le demandeur était, au contraire, exposé à l'inconvénient résultant de cette complication, il était du moins, en triomphant, indemnisé par le profit qu'il retirait de la condamnation pénale subie par son adversaire.

Une fois l'instance réglée, il est très-raisonnable de supposer qu'elle devait être promptement menée à fin, bien qu'il soit difficile, nous l'avons dit, de préciser, pour l'époque classique, en quoi consistaient les moyens d'accélération. Ce qui nous paraît assez probable, c'est que l'emploi des récupérateurs jouait ici un rôle important. Un grand nombre de textes relatifs aux récupérateurs [1] conspirent à démontrer que les affaires qui leur étaient soumises étaient jugées avec rapidité. Si l'on fait attention à cette circonstance que, dans les institutions romaines, il n'y avait que deux sessions, l'une en hiver, l'autre en été, deux *actus rerum* [2], pendant lesquels fonctionnaient régulièrement les *judices selecti*, tandis qu'un *judicium recuperatorium* pouvait sans doute être organisé à toute époque, les récupérateurs pouvant être pris en dehors de l'*album judicum*, on arrivera volontiers à cette conclusion que le caractère d'une justice plus expéditive, si généralement attribué à la procédure des interdits, constitue une conjecture qui n'est pas dépourvue de vraisemblance. Dans le fait, était-il possible d'attendre l'époque d'une session pour faire cesser des abus souvent intolérables, pour éviter les rixes et les voies de fait que chaque jour de retard pouvait faire éclater dans les affaires appartenant au domaine des interdits, dont le but, il ne faut pas l'oublier, est ainsi caractérisé par Gaïus : *finiendis controversiis?*

C'est dans le même esprit que nous voyons, sous le Bas-

---

[1] Cic., *Pro Tullio*, cap. 10 : *Et recuperatores dare, ut quamprimum res judicaretur.* — Plin., Ep. III, 20 : *nam in recuperatoriis judiciis... quasi repente adprehensi.* — Gaï., IV, 185 : *Recuperatoribus suppositis... is protinus a recuperatoribus in summam vadimonii condemnetur.* — Tous les auteurs, qui se sont occupés de l'histoire du droit romain, concourent à présenter sous cet aspect les récupérateurs. V. Zimmern, § 17 ; Walter, 3ᵉ édition, n° 697 ; Keller, *der Römisc. civilpr.*, § 3, etc.

[2] Gaï., II, 279.

Empire, parmi les affaires dispensées des lenteurs qui accompagnaient la *litis denuntiatio*, figurer les interdits, suivant la loi 6, *Cod. Theod.*, *De denunt.* (2, 4), Constitution d'Arcadius et Honorius, en 406, dont un lambeau a passé au Code de Justinien, L. 4, *De interd.*[1]. — En ce qui touche notre interdit *Quorum bonorum*, le désir de ménager une prompte solution, et de prolonger le moins possible le débat, avait même conduit les Empereurs Valentinien, Valens et Gratien à supprimer la faculté d'appel[2], mesure trop radicale rejetée par Justinien. Est-il besoin de faire observer que cette Constitution est incompatible avec le système de Savigny, d'après lequel la décision rendue sur l'interdit eût entraîné décision définitive sur le droit des parties? Qui pourrait croire que l'on eût jamais songé, s'il s'était agi d'un intérêt aussi grave, à refuser au vaincu la ressource d'un nouvel examen?

Preuve exigée du demandeur, objections possibles de la part du défendeur. — Nous arrivons à la partie la plus délicate de cette matière, à la détermination de la preuve exigée chez le demandeur, et à l'appréciation des moyens qui peuvent lui être opposés.

Relativement au premier point, nous nous sommes déjà expliqué sur le mérite de la doctrine fort ancienne, et souvent reproduite, qui consiste à se contenter d'une preuve incomplète. C'est ce qu'enseignaient déjà les Glossateurs, Azon, Bartole; et cette opinion a été adoptée par la plupart des anciens auteurs. Nous estimons que c'est avec raison que Savigny a combattu la théorie, d'après laquelle le juge de l'interdit *Quorum bonorum* aurait dû seulement *summatim cognoscere*. Il y aurait là, en effet, une dérogation à la règle de bon sens, qui veut qu'une cause ne puisse être gagnée qu'autant que le bon droit du demandeur est nettement établi. Sans doute le droit romain connaissait des hypothèses où le juge était dispensé de baser sa décision sur une conviction entière. C'est ainsi que, dans l'action *ad exhibendum*, la loi 3, § 9, *h. t.* (12, 4) permet

---

[1] *Si quis quodlibet interdictum efflagitet, ruptis veteribus ambagibus...*
[2] En 374, L. 22, *Cod. Theod.* (11, 36), *Quor. appell. non recip.* : *In interdicto Quorum bonorum, cessat licentia provocandi, ne quod beneficio celeritatis inventum est subdatur injuriis tarditatis.*

au juge de *summatim cognoscere an ejus intersit;* et le § 13 du
même fragment dit que l'examen des exceptions qui offriraient
trop de difficulté devra être ajourné : *Si obscurior, vel quæ
habeat altiorem quæstionem, differendam in directum judicium.*
De même, quand il s'agit d'accorder des aliments, la loi 5, § 8,
De agnosc. liber. (25, 3), autorise le juge à *summatim cognoscere super ea re.* Mais il est impossible d'alléguer des textes
qui admettent ce tempérament quant au degré de preuve à
l'occasion de l'interdit *Quorum bonorum,* ce qui suffirait pour
écarter cette prétention. Nous voyons, au contraire, qu'ils
sont positifs pour imposer au demandeur la charge d'une
preuve, qui est présentée comme devant être absolue. C'est ce
qui ressort des termes de la loi 1, C., *h. t.* (8, 2).

*Hereditatem ejus, quem patrem tuum fuisse dicis, petiturus,
judicibus, qui super ea re cognituri erunt, de fide intentionis
allega. Quamvis enim bonorum possessionem ut præteritus agno-
visti, tamen interdicto Quorum bonorum non aliter possessor
constitui poteris quam si te defuncti filium esse, et ad hereditatem
vel bonorum possessionem admissum probaveris.*

Il n'y a rien là assurément qui puisse faire soupçonner qu'une
preuve incomplète serait suffisante. Il s'agit d'un fils qui se
plaint d'avoir été omis dans le testament de son père. Les
empereurs Sévère et Antonin répondent au postulant qu'il doit
édifier les juges sur la sincérité de ses allégations. En vain
a-t-il obtenu du Préteur une *bonorum possessio contra tabulas*
sous prétexte d'omission ; il aura à justifier qu'il a bien le droit
d'invoquer le bénéfice de cette *bonorum possessio,* parce qu'il
est effectivement le fils du défunt [1].

Cette Constitution nous fixe en même temps sur ce qui doit
être prouvé de la part du demandeur. Il faut d'abord qu'il ait
réclamé la *bonorum possessio,* ce qui est dit également dans
la loi 2 (*h. t.*), ce que nous apprend aussi (III, 34) Gaïus, suivant lequel l'héritier civil ne peut user de l'interdit qu'autant
qu'il a satisfait à cette condition. Mais *l'agnitio* de la *bonorum*

---

[1] On lit dans la Constitution : *Hereditatem vel bonorum possessionem,*
ce que Cujas entend avec raison comme s'il y avait : *vel potius.* Sans doute il
était question d'un émancipé qui ne pouvait prétendre, par suite d'une pré-
térition, qu'à la *bonorum possessio* et non à l'*hereditas.* Celle-ci d'ailleurs
n'était pas mise en jeu, comme nous le verrons tout à l'heure, à propos de
l'interdit *Quorum bonorum.*

possessio ne suffit pas pour réussir. Il est un second point à établir, sur lequel un débat sérieux peut s'élever. En effet, la *bonorum possessio* était en général donnée *de plano,* sans qu'il y eût de la part du magistrat examen de la légitimité des droits de l'impétrant. Cet examen devait, au contraire, être fait par le juge, puisqu'il avait à vérifier si l'interdit avait été violé. Or, il ne l'aurait pas été si la *bonorum possessio* attribuée ne se trouvait pas conforme aux règles de l'Édit, la formule contenant ces mots : *ex edicto meo.*

Le juge nommé à la suite de l'émission de l'interdit avait donc à rechercher si les avantages de la *bonorum possessio* pouvaient être réclamés par le demandeur. Toute *bonorum possessio* devait être sollicitée dans un certain délai ; peut-être, dans l'espèce, ce délai n'avait-il pas été observé. S'agissait-il d'une *bonorum possessio secundum tabulas;* elle ne pouvait s'appuyer que sur un testament régulier d'après le droit prétorien. Ce testament devait émaner d'une personne qui eût la *testamenti factio,* au moment où elle avait disposé de ses biens et au moment où elle était décédée; il fallait en outre qu'il fût revêtu des cachets de sept témoins qui eussent les qualités requises pour jouer ce rôle, de sorte que leur incapacité pouvait faire obstacle à la validité de la *bonorum possessio.* S'agissait-il d'une *bonorum possessio ab intestato, Unde liberi, Unde legitimi, Unde cognati;* elle n'était due qu'à celui qui était au nombre des *liberi* (d'où la nécessité d'établir sa filiation, indiquée dans la loi 1, C., *h. t.*), ou à celui qui avait la qualité d'agnat, qu'une *capitis minutio* aurait pu faire perdre, ou enfin à celui qui justifiait le lien de cognation par lequel il était uni au défunt.

Tant qu'il ne sera question que de la régularité de la prétention du demandeur à se dire *bonorum possessor,* l'adversaire sera admis à critiquer cette prétention. Elle n'a pas été appréciée contradictoirement par le magistrat, et dès qu'il se trouve un contendant, il faudra qu'elle subisse l'épreuve de cette appréciation qui a manqué jusqu'alors. Mais à ce titre de *bonorum possessor,* allégué et justifié, le défendeur veut-il opposer son droit à l'hérédité, à la succession civile, il n'y sera pas recevable. Le débat doit être circonscrit au point de savoir à qui appartient la *bonorum possessio.* Peut-être l'adversaire, battu sur ce terrain, sera-t-il fondé à paralyser les effets de la *bonorum possessio,* en invoquant sa qualité d'héritier.

Pour triompher en vertu de cette qualité, force lui sera de recourir à la *petitio hereditatis*, qui lui permettra d'évincer le *bonorum possessor*. C'est là ce qui pouvait arriver à l'époque des jurisconsultes, où la distinction de la *bonorum possessio cum re* ou *sine re* est indiquée dans divers textes.

L'indépendance que nous établissons entre l'interdit *Quorum bonorum*, destiné à régler la possession de la succession, et la *petitio,* ayant pour but de régler le fond du droit, est précisément ce qui légitime la qualification de possessoire que nous donnons à cet interdit. Il y avait, pour l'ensemble des choses héréditaires corporelles, une situation analogue à celle qui se produisait incontestablement quand il s'agissait d'un objet particulier. Dans ce dernier cas, un débat était bien admis au point de vue de la possession exclusivement, sans qu'il y eût, comme nous le disons, cumul du petitoire ; et le véritable propriétaire était exposé à succomber dans cette lutte sur laquelle il aurait vainement essayé de se prévaloir de sa qualité de propriétaire. L'interdit *Quorum bonorum* a justement pour effet d'introduire la même distinction relativement aux ayants droit à une succession. La possession en cette matière, comme en général, n'est réglée que par le droit prétorien ; le bénéfice n'en appartient qu'aux successeurs que ce droit couvre de sa protection. La législation civile ne fournit de moyens que pour faire reconnaître le droit même à l'hérédité. De là l'utilité pour l'héritier de recourir aux dispositions de l'Édit, de se faire conférer le titre de *bonorum possessor*. Non-seulement il pourra de la sorte obtenir par la voie prétorienne l'avantage de la possession, s'il lui manquait ; mais en outre, fût-il en possession, il sera assuré de s'y maintenir, et enlèvera ainsi à ses adversaires une arme qu'ils auraient employée contre lui en sollicitant la *bonorum possessio* qu'il aurait dédaignée.

Les bases de cette doctrine se trouvent dans les Commentaires de Gaïus. Il nous dit, IV, 144, que l'interdit *Quorum bonorum* compète tout aussi bien vis-à-vis celui *qui heres est*, que vis-à-vis celui *qui putat se heredem esse,* ce qui nous autorise à conclure que le titre d'héritier est impuissant à paralyser l'interdit dans les mains du *bonorum possessor*. Il y aurait, en effet, contradiction à donner une action contre celui-là qui est en position de pouvoir l'écarter. Sans doute le succès du *bonorum possessor* ne sera pas toujours définitif ;

peut-être sera-t-il réduit à n'être qu'un *possessor sine re*. Mais ce résultat ne sera atteint que par un débat ultérieur ; l'*heres*, dépouillé par le jeu de la *bonorum possessio*, ne ressaisira la victoire qu'au moyen de la *petitio hereditatis*. Aussi, dans les différents exemples cités par Gaïus, III, 36 et 37, nous présente-t-il toujours le *bonorum possessor* comme étant évincé, grâce à l'exercice de cette action.

Il importe cependant de faire observer que l'interdit *Quorum bonorum* n'est pas l'unique moyen dont dispose le *bonorum possessor*. On a fini par lui reconnaître aussi une *petitio* dite *possessoria*, qui mettait en question, non plus uniquement la prérogative temporaire de la possession, mais définitivement le droit absolu à la succession. Or, dira-t-on, si celui qui a demandé la *bonorum possessio* ne possède pas, pourquoi se soumettra-t-il à un double débat en prenant la voie de l'interdit, et n'ira-t-il pas de suite au fond des choses en recourant à la *petitio possessoria ?* Si son adversaire n'a qu'un droit d'hérédité inférieur, le *bonorum possessor*, par la *petitio possessoria*, abrégera la lutte, puisqu'il n'aura qu'une victoire à remporter. Si le droit de l'héritier est au contraire supérieur au droit du *bonorum possessor*, il est inutile de se ménager un triomphe qui doit être éphémère, dont les effets s'évanouiront bientôt.

La première hypothèse est assurément celle où l'interdit *Quorum bonorum* devait être ordinairement employé contre l'héritier. Il y a, par exemple, un testament conforme au droit prétorien, mais dans lequel le défunt a omis d'accomplir la *mancipatio familiæ* ou de procéder à la *nuncupatio testamenti*. Depuis un rescrit d'Antonin, mentionné par Gaïus, II, 120, l'institué n'a plus à redouter la *petitio hereditatis*, qu'il repoussera par une exception de dol. Sans doute il lui serait loisible d'user de la *petitio possessoria*, en écartant par une réplique de dol l'exception tirée du titre d'héritier que lui opposerait son adversaire. Mais il peut préférer s'en tenir à l'exercice de l'interdit *Quorum bonorum*, dont la procédure présentait, doit-on présumer, certains avantages. Il lui suffira d'obtenir la possession, sans engager le débat sur le fond du droit. Désormais il jouera le rôle de défendeur au pétitoire, où il n'a pas à craindre de succomber.

Dans l'hypothèse inverse, quand l'héritier doit réussir en

dernière analyse par la voie du pétitoire, il est certain que le *bonorum possessor* n'avait pas un intérêt sérieux à dépouiller provisoirement un adversaire auquel il sera obligé de rendre ce qu'il a obtenu. Néanmoins, au temps des jurisconsultes, le *bonorum possessor* pouvait se ménager par la voie de l'interdit ce triomphe passager. Tant pis pour l'héritier qui a négligé de demander en temps utile la *bonorum possessio;* il aura à établir la preuve de son droit d'hérédité contre un adversaire nanti de la possession. En fait, cette situation devait se présenter rarement; et sans doute l'interdit n'était mis à profit que là où l'issue du débat au pétitoire pouvait être douteuse. Nous ne méconnaissons point que ce conflit entre deux droits de succession, dont l'un ne procurera qu'un succès transitoire, peut donner lieu à critique, et nous aurons à nous demander si un pareil résultat est encore possible sous Justinien.

Envisageons maintenant la portée du débat qui va s'engager à la suite de l'interdit *Quorum bonorum*, quand le demandeur est en présence d'un simple *possessor pro possessore*. — La preuve qui incombe au demandeur est ici la même que vis-à-vis le *possessor pro herede;* elle devra également porter sur ces deux points que la *bonorum possessio* a été réclamée, et que celui qui l'a obtenue était en position d'y prétendre. L'adversaire sera admis à combattre sur ces deux points les assertions du demandeur. Mais pourra-t-il exciper d'un droit de propriété? S'il veut se défendre en alléguant qu'il est propriétaire, sera-t-il reçu à en faire la preuve?

Dans notre système, suivant lequel le domaine de l'interdit se restreint à cette question : qui doit posséder? de sorte que le demandeur n'obtient gain de cause qu'au point de vue de la possession, nous devons décider que le juge n'a point à se préoccuper de savoir si le défendeur est propriétaire. De même que le *possessor pro herede* ne peut invoquer sa prétention à l'*universum jus defuncti*, réservée à la *petitio hereditatis,* de même le *possessor pro possessore* n'aura pas la faculté d'échapper à l'interdit *Quorum bonorum*, en s'appuyant sur un droit à la propriété des choses qu'il possède, sauf à le faire apprécier au moyen de la *rei vindicatio.* Le possessoire et le pétitoire ne seront pas cumulés, qu'il s'agisse d'un adversaire prétendant à l'universalité, ou prétendant seulement à tel objet isolé.

Savigny a combattu la doctrine d'après laquelle l'exception *dominii*, pour parler le langage des commentateurs, serait exclue en cette matière. Il soutient que si le défendeur déclare être propriétaire, cette simple allégation suffit pour le mettre à l'abri de la pétition d'hérédité ou de l'interdit, sans qu'il ait besoin d'établir la vérité de son affirmation. C'est uniquement par la voie de la revendication qu'il pourrait être inquiété. En effet, dit-il, ceux-là seuls sont passibles soit de la *petitio hereditatis*, soit de l'interdit *Quorum bonorum* qui possèdent *pro herede* ou *pro possessore*. Ici il n'est pas question de la première de ces causes de possession. On ne saurait davantage faire rentrer cet adversaire dans la seconde catégorie, qui suppose quelqu'un ne pouvant alléguer aucune raison de sa possession, et se bornant à répondre : *possideo quia possideo*. Ce défendeur explique sa possession, en répondant qu'il est propriétaire. Si l'on doit soustraire à la pétition d'hérédité ou à l'interdit celui qui possède *pro emtore, pro donato*, etc. (L. 4, C., *In quib. caus. cess.*, 7, 34), à plus forte raison doit-il en être de même à l'égard de celui qui possède comme *dominus*, et qui ne se prétend pas seulement *in causa usucapiendi*.

Faisons observer d'abord comment doit être entendue, suivant nous, cette règle que celui qui possède *justo titulo* échappe à la pétition d'hérédité ou à l'interdit. Cela n'est vrai qu'à la condition par lui d'établir qu'il se trouve en réalité dans cette position. Il serait trop commode d'écarter la pétition d'hérédité ou l'interdit, si l'on en était quitte pour dire : Je possède en vertu d'un juste titre, et si l'on pouvait ainsi contraindre le demandeur à prendre la voie plus délicate de la revendication, qui exige pour réussir la preuve, souvent difficile, d'un droit de propriété. Le demandeur en pétition d'hérédité ou celui qui a obtenu l'interdit *Quorum bonorum* soutient que son adversaire possède sans titre, bien que ce dernier allègue qu'il en existe un en sa faveur. La pétition d'hérédité ou l'action *ex interdicto* sera délivrée; et le possesseur n'évitera de succomber qu'autant qu'il justifiera avoir effectivement un titre.

Toutefois, nous sommes forcé d'admettre que le possesseur *in causa usucapiendi* sera absous des poursuites dirigées contre lui à la suite de l'interdit, en démontrant qu'il a un juste titre de possession. Ne semble-t-il pas dès lors nécessaire d'accorder la même situation à celui qui est en mesure de prouver qu'il a un droit encore meilleur, un droit de propriété, et n'y a-t-il pas inconséquence à lui refuser la faculté d'administrer cette preuve ?

Nous répondons que la position faite à ceux qui possèdent en vertu d'un juste titre, grâce auquel ils sont soustraits à l'interdit *Quorum bonorum*, n'a rien qui ne s'explique très-bien, si l'on envisage le but de cet interdit, qui est de faire acquérir au *bonorum possessor* la possession des choses héréditaires. On veut lui ménager le moyen d'appréhender ce que possédait le défunt. C'est au successeur prétorien que doit régulièrement passer cette possession par l'effet de l'interdit *Quorum bonorum*, qui écarte les entreprises faites sur la succession depuis son ouverture. Mais si le *bonorum possessor* se trouve en présence de quelqu'un qui peut prétendre, lui aussi, à la possession d'une chose héréditaire, et qui s'est procuré loyalement cette possession, il y a alors un conflit entre deux ayants droit à la possession. Ce conflit doit être vidé au profit de celui qui possède *ex justa causa;* et ce n'est plus par la voie de l'interdit, mais seulement par la voie de la revendication, que le *bonorum possessor* pourra triompher.

Telle n'est pas la condition de celui qui, après la mort du possesseur, s'est emparé de son chef d'un objet possédé par le défunt. En vain dira-t-il que cet objet lui appartient, et offrira-t-il de le prouver; il a eu le tort de se faire justice à lui-même. Que serait-il arrivé s'il eût agi de la sorte du vivant du possesseur? Il aurait été obligé de restituer sur la simple preuve de sa possession faite par le défunt, et il n'eût pas été écouté en invoquant son droit de propriété. L'interdit *Quorum bonorum, adipiscendæ possessionis,* rendra au successeur le même service qu'eussent rendu au défunt les interdits *retinendæ*[1] ou *recuperandæ possessionis.* Quant à la question de propriété, elle sera ajournée, et vidée au moyen d'une revendication dans laquelle le *bonorum possessor* jouera le rôle de défendeur.

Cette séparation du possessoire et du pétitoire se trouve nettement formulée dans une Constitution des Empereurs *Arcadius*

---

[1] Nous verrons plus tard qu'un interdit *retinendæ possessionis* pouvait être exercé par celui qui en fait n'avait pas la possession *interdicti tempore.*

et *Honorius*, qui a passé en grande partie du Code Théodosien à celui de Justinien, où elle forme la loi 3, *Quor. bon.* [1]. Dans l'espèce, il n'y avait pas lieu à un débat sur le droit à la succession. La défunte ayant laissé des consanguins, il est clair, comme le texte le déclare, que le mari ne pouvait, à défaut de testament, élever des prétentions à la succession de sa femme. Aussi sera-t-il contraint, par la voie de l'interdit, de relâcher ce dont il s'est emparé, réserve faite de ses droits au pétitoire, qui doivent être l'objet d'une instance particulière, *secunda actione proprietatis non exclusa.* En remontant à la Constitution originaire, qui figure au Code Théodosien (L. *un.*, *Quor. bon.*, 4, 21), on voit que l'interdit a pour fonction d'empêcher qu'il ne soit porté aucune atteinte à l'état de possession, tel qu'il existait à la mort de l'auteur [2]. Ce que le *bonorum possessor* peut se faire restituer, c'est l'ensemble de ce qui était possédé par le défunt au moment de son décès. Sans doute il n'est pas assuré de conserver la totalité de ces choses, parmi lesquelles il peut y en avoir dont un tiers soit propriétaire. C'est une question qui sera vidée plus tard, à la suite d'une revendication intentée contre le *bonorum possessor.* En vain Savigny essaye-t-il de dire que le défendeur à l'interdit est libre d'ajourner cet examen, mais qu'il pourrait à son gré le provoquer immédiatement, en usant de ce moyen pour résister à l'interdit. Les termes de la Constitution repoussent évidemment cette interprétation. La portée de l'interdit y est très-nettement précisée; il n'a trait qu'à la possession, sur laquelle il doit être statué le plus promptement possible, *omnibus frustrationibus amputatis.* Le but ne serait pas atteint, s'il fallait s'arrêter à apprécier quant à présent le droit de propriété invoqué par l'adversaire.

Les Constitutions relatives à l'interdit *Quorum bonorum*, que

---

[1] *Constat virum à bonis intestatæ uxoris superstitibus consanguineis esse extraneum, cum prudentium omnia responsa, et lex ipsa naturæ successores eos faciant. Ergo jubemus, ut omnibus frustrationibus amputatis, per interdictum Quorum bonorum in petitorem corpora transferantur, secunda actione proprietatis non exclusa.*

[2] La Constitution débute par cette phrase qu'ont omis de reproduire les compilateurs de Justinien : *Quid tam planius quam ut heredibus traderentur quæ in ultimum usque diem defuncti possessio vindicasset, etiamsi quod possit tribui de proprietate luctamen.*

nous rencontrons à la fin du IVᵉ siècle, nous montrent que cet
interdit ne pouvait avoir que le caractère d'une mesure provisoire. C'est à la même époque à peu près que l'on voit supprimer en cette matière la faculté d'appel, et repousser nettement
l'allégation d'un droit de propriété de la part du défendeur.
Seulement nous croyons exact de dire que les motifs de cette
restriction du terrain assigné à l'interdit ne sont plus alors les
mêmes que dans l'origine. Il n'est pas rare que les institutions
changent d'utilité avec le temps, et qu'elles se maintiennent
dans un but autre que celui qui les avait fait introduire. Nous
avons vu qu'à son point de départ l'interdit *Quorum bonorum*
ne concernait que la possession, parce que le Préteur se borna
d'abord à régler la possession des choses héréditaires; par
suite, ceux auxquels était offert l'interdit ne pouvaient prétendre qu'à la possession. Quand le *bonorum possessor* eut obtenu un droit absolu à la succession, quand on l'eut assimilé à
l'héritier sur lequel il l'emportait souvent, il ne fut plus réduit
à se poser uniquement comme un prétendant à la possession.
Dès lors, s'il se trouvait en conflit avec un adversaire qui soutenait avoir le droit de recueillir le patrimoine du défunt, n'é-
tait-il pas naturel de vider en une fois le débat avec lui? Quelle
utilité y avait-il à plaider d'abord sur la possession, puis sur
le droit définitif à la succession?

Au temps des jurisconsultes, le règlement de la préférence
entre le *bonorum possessor* et l'héritier civil n'était pas encore
définitivement arrêté. Il existait plus d'une hypothèse où le
bonorum possessor devait craindre d'engager la lutte sur le fond
du droit; et, dans ces cas, l'interdit *Quorum bonorum* lui
offrait la faculté d'appréhender la possession, et d'attendre
l'attaque qui serait dirigée contre lui au moyen de la pétition
d'hérédité. Mais sous Justinien où l'on disait : *Cœpit in unam
consonantiam jus civile et prætorium jungi* (*Instit.*, lib. II,
tit. 10, § 3), l'ordre de prééminence entre les successeurs pré-
toriens et les successeurs civils se trouve fixé. Aussi les Institutes de Justinien ne s'expriment plus comme les Commentaires
de Gaïus; l'interdit *Quorum bonorum* n'est donné que contre
l'héritier putatif, non contre le véritable héritier.

A nos yeux, si les compilateurs avaient eu la puissance de
discerner quelles étaient les institutions qui avaient fait leur
temps, ils auraient dû supprimer le jeu de l'interdit *Quorum*

bonorum entre deux individus qui se disputent une succession à laquelle ils prétendent l'un et l'autre. Il n'y a là qu'une question à résoudre, savoir quel est celui dont le droit est le meilleur. Pourquoi deux instances successives? Celui qui a le droit en sa faveur doit être également autorisé à triompher, soit au possessoire, soit au pétitoire. Le fondement de l'action est toujours le même, qu'il s'agisse simplement de la possession ou du fond. Si j'ai fait juger que j'ai qualité pour obtenir la possession des objets héréditaires, y a-t-il lieu à apprécier une seconde fois cette qualité pour l'attribution définitive de la succession? Remarquons que la procédure des interdits n'a plus rien de spécial depuis l'abolition de l'*ordo judiciorum.* L'ordre préalable du magistrat n'existe plus, puisque c'est le magistrat lui-même qui décide. Les *sponsiones pœnales* ont disparu. Il n'y a plus de récupérateurs dont la mission soit de statuer plus promptement. Le maintien de l'interdit *Quorum bonorum,* en vue de régler provisoirement la possession de la succession, entre deux contendants qui aspirent à l'*universum jus defuncti,* peut donc être considéré, non-seulement comme une superfétation, mais encore comme une complication dangereuse. Elle expose, en effet, à une contrariété de décisions, puisqu'il est possible que celui qui aura été reconnu avoir le droit de représenter le défunt, quand il ne s'agissait que de la possession, succombe ensuite au pétitoire contre le même adversaire, auquel il ne pourra opposer l'exception de chose jugée, à raison de ce que ce n'est point le même intérêt (*eadem res*) qui fait l'objet du second procès. D'ailleurs l'isolement du possessoire est-il compatible avec la dernière doctrine, suivant laquelle l'interdit *Quorum bonorum* ne compète plus désormais contre le véritable héritier? Le défendeur est donc admis à écarter les poursuites du *bonorum possessor* en établissant sa qualité d'héritier; et s'il invoque avec succès dès ce moment, comme il peut le faire, son titre d'héritier, n'y aura-t-il pas nécessairement une décision définitive [1]?

En ce qui concerne le *possessor pro possessore* en lutte avec

---

[1] Notre droit français n'a jamais adopté la distinction consacrée par le droit romain, et pas plus autrefois qu'aujourd'hui il n'a autorisé entre les prétendants à une succession un double débat, l'un relatif au point de savoir à qui appartiendrait la possession de la succession, l'autre ayant trait à la faculté absolue de conserver la succession.

le successeur civil ou prétorien, l'interdit *Quorum bonorum*
conservait, au contraire, son utilité. Il ne s'agit plus ici de deux
rivaux qui prétendent tirer leur droit de la même source, chacun d'eux se disant exclusivement habile à se substituer au
défunt. L'un veut avoir tous les éléments du patrimoine, tel
qu'il était au décès; l'autre entend détacher de ce patrimoine
un ou plusieurs objets, sans invoquer néanmoins le droit de
représenter le défunt. Un débat restreint au possessoire se comprend ici. Le défunt possédait-il; troublé ou expulsé de son
vivant, il aurait pu par la voie des interdits défendre la position
qu'il occupait. L'entreprise sur la possession n'a eu lieu qu'a-
près son décès; l'héritier, qui ne succède pas à la possession,
a besoin d'un interdit spécial pour maintenir le *statu quo* lors
du décès, pour faire respecter l'intégralité du patrimoine au
point de vue de la possession. S'il réussit, il aura prouvé seulement que son auteur avait le droit de posséder, et il n'im-
plique pas contradiction qu'il succombe ensuite au pétitoire,
comme la chose était possible à l'égard de celui qu'il re-
présente.

La voie d'un interdit *adipiscendæ possessionis* est naturellement propre à faire vider la question qui s'agite entre le suc-
cessible et le *possessor pro possessore*. Si la *petitio hereditatis*
se prêtait aussi à cette fonction, c'était là une anomalie, puisque
les prétentions des deux parties ne se rencontraient pas. Il est
étrange que le même moyen amène la reconnaissance, tantôt
d'un droit définitif, tantôt d'un simple droit de possession.
Nous avons expliqué les raisons qui dans l'origine justifièrent
l'application de la *petitio hereditatis* à l'encontre du *possessor
pro possessore*. Mais ces raisons avaient depuis longtemps disparu dans le dernier état du droit. Il eût été parfaitement raisonnable de dire que l'interdit *Quorum bonorum* n'était utile
que contre le *possessor pro possessore*, tandis qu'à l'égard du
possessor pro herede la voie régulière eût été seulement celle de
la *petitio*, sans qu'il fût permis d'essayer d'abord ses forces au
moyen de l'interdit, en se réservant la faculté de recommencer
la même lutte sur le terrain du pétitoire.

Appendice au § 1er.

Usucapion lucrative.

En traitant de l'interdit *Quorum bonorum*, nous avons rencontré dans les termes de cet interdit la mention de l'usucapion; et nous avons vu qu'il s'agissait de l'usucapion *pro herede*, ce qui ne pouvait être soupçonné par les anciens commentateurs, dépourvus de documents sur le caractère exorbitant de cette usucapion, documents qui ne nous ont été fournis que par la découverte des Commentaires de Gaïus. Il existe bien, aux Pandectes (41, 5), et au Code (7, 29), deux titres consacrés à ce sujet; mais ils sont l'un et l'autre assez laconiques, et même le titre du Code semble conçu plutôt de façon à proscrire qu'à légitimer cette sorte d'usucapion.

Les Commentaires de Gaïus nous ont appris quelle était primitivement l'énergie de l'usucapion *pro herede*, qui déjà de son temps avait été fort ébranlée par un sénatus-consulte rendu sous Hadrien. Il n'est pas sans intérêt d'examiner les règles de cette institution, parce qu'elle a laissé des traces dans la compilation de Justinien, dont plusieurs textes ne peuvent être bien compris si l'on n'a des notions exactes sur les particularités de l'usucapion *pro herede*. Nous aurons à voir quelle était la valeur qui lui appartenait encore depuis Hadrien et dans le dernier état du droit. C'est dans cette matière enfin que nous trouverons la véritable origine d'une maxime qui a passé dans notre législation, quant à l'impossibilité d'intervertir soi-même la cause de sa possession.

Voici les renseignements que nous donne Gaïus, II, §§ 52 et suiv., au sujet de l'usucapion *pro herede*. Elle n'exigeait pas la bonne foi, et elle s'appliquait aux choses héréditaires dont l'héritier n'avait pas pris possession. Elle était de plus favorisée en ce sens qu'une année de possession suffisait même à l'égard des immeubles. La raison en était que, dans le principe, l'usucapion portait sur l'hérédité, envisagée comme étant au nombre des *cæteræ res*. La loi des Douze Tables, en effet, après avoir exigé deux ans de possession pour les *res soli*, avait ajouté que les autres objets s'usucapaient au bout d'un an; et comme l'hérédité n'était pas *res soli*, on l'avait rangée parmi les *cæteræ res*. Plus tard, on renonça sans doute au premier point de vue quant à la portée de l'usucapion, qui fut restreinte aux objets particuliers possédés ; néanmoins l'usucapion continua à être annale relativement aux immeubles. Gaïus assigne deux motifs pour expliquer l'anomalie de cette usucapion qu'il qualifie d'*improba*. Le premier est emprunté à des considérations religieuses ; les anciens, qui tenaient beaucoup à l'observation des *sacra*, voulaient qu'il fût fait promptement adition d'une hérédité, afin d'abréger l'interruption des *sacra : Voluerunt veteres maturius hereditates adiri, ut essent qui sacra facerent, quorum illis temporibus summa observatio fuit.* L'autre motif était profane ; il était tiré de l'intérêt des créanciers, qui avaient besoin de savoir à qui s'adresser pour obtenir le payement de ce qui leur était dû : *Ut et creditores haberent a quo suum consequerentur.* Il suit de là que l'usucapion *pro herede,* dans sa portée primitive, entraînait la charge des obligations héréditaires, ce qui est confirmé par Cicéron [1]. Quand elle ne constitua plus qu'un moyen d'acquérir à titre particulier, cette conséquence dut disparaître. L'usucapion *pro herede* n'était désormais qu'une façon de dépouiller l'héritier, sans qu'il y eût profit pour les créanciers et pour la religion ; on voit d'ailleurs, au langüge de Gaïus, que de son temps les *sacra* avaient perdu leur prestige. Une réforme de cette *improba usucapio* était nécessaire ; elle ne fut accomplie qu'à moitié par Hadrien, qui se contenta de mettre les héritiers à l'abri des effets de l'usucapion, sans l'abolir toutefois. Gaïus termine, en signalant, § 58, la possibilité de l'usucapion *pro herede,* au cas où il existe un héritier nécessaire, proposition dont le véritable sens présente quelques difficultés.

Essayons de résumer les conditions auxquelles était assujettie l'usucapion *pro herede.*

Première condition. — Il fallait que le propriétaire fût décédé. *Pro herede ex vivi bonis nihil usucapi potest, etiamsi possessor mortui rem fuisse existimaverit,* dit la loi 1, *Pro her.,* D. (41, 5) ; et la même doctrine est reproduite dans la loi 3, C., *De usuc. pro her.* (7, 29).

[1] *De legibus,* II, 19.

Devait-on admettre l'existence d'une *hereditas* et la faculté d'usucaper *pro herede*, quand au moment de la mort le défunt était immédiatement remplacé par un héritier nécessaire? D'une part Gaïus, II, 58, comme nous l'avons dit plus haut, fait observer que l'usucapion est autorisée, s'il y a un héritier nécessaire [1], ce qu'il répète au § 201 du Commentaire III. D'une autre part, la loi 2, C., *h. t.*, repousse l'usucapion *pro herede* là où il existe des héritiers siens [2]. Une interprétation assez commune chez nos auteurs modernes consiste à placer l'héritier nécessaire dans une situation exceptionnelle, en ce sens que l'*usucapio lucrativa* aurait été maintenue à son détriment. Il était plus coupable qu'un autre d'abandonner les biens, dit Étienne [3]; cet héritier n'a jamais inspiré une grande sympathie au législateur romain, ajoute notre collègue et ami, M. de Fresquet [4]. Nous pensons, avec la plupart des auteurs allemands [5], qu'il y avait eu controverse entre les jurisconsultes romains sur la question de savoir si l'existence d'un héritier nécessaire faisait obstacle à l'usucapion *pro herede,* et que cette question fut résolue par une distinction entre les héritiers nécessaires et les héritiers siens et nécessaires.

La difficulté était celle-ci : la non-interruption de propriété, qu'amène la présence d'un héritier nécessaire, permet-elle d'ouvrir la voie à l'usucapion *pro herede?* Les Romains disaient bien que les choses héréditaires étaient *res nullius*, Gaï., II, 9; mais cela n'était vrai qu'autant qu'il n'y avait pas encore d'héritier. Or tout intervalle pendant lequel les biens seraient sans maître disparaissait, quand l'appelé à la succession était un héritier nécessaire. Ici d'ailleurs faisait défaut l'un des motifs qui justifiaient, disait-on, l'usucapion *pro herede*, savoir le désir d'obtenir une prompte adition. Cependant ce ne fut qu'à l'occasion des héritiers siens que l'on se décida à supprimer

---

[1] *Et necessario tamen herede extante ipso jure pro herede usucapi potest.*

[2] *Nihil pro herede posse usucapi, suis heredibus existentibus, magis obtinuit.*

[3] *Instituts de Justinien*, t. I, p. 286, note 2.

[4] *Traité élémentaire de droit romain*, t. I, p. 250.

[5] Huschke, *Zeitsch. für Geschich. Rechtswiss.*, t. XIV, p. 167 et suiv.; Puchta, *Instit.*, § 239, note ff; Walter, *Geschichte des Röm, Rechts*, n° 670. — L'opinion que nous embrassons a été surtout développée par Huschke, *loc. cit.*

l'idée d'une *hereditas*, parce qu'ils ne faisaient que continuer une propriété qu'ils avaient déjà du vivant de leur auteur, ce qui ne pouvait s'appliquer à l'esclave institué par son maître. C'est ce qu'exprime très-bien Paul dans un texte fort connu, la loi 11, *De lib. et post.* (28, 2), qui commence ainsi : *In suis heredibus evidentius apparet continuationem dominii eo rem perducere, ut nulla videatur hereditas fuisse*[1].

Il ne s'agissait donc pas d'une restriction à l'application du sénatus-consulte d'Hadrien, mais d'un débat antérieur qui continua à subsister, parce que l'usucapion *pro herede* n'avait pas été abolie; on s'était contenté de déclarer qu'elle ne ferait pas obstacle à la pétition d'hérédité. Aussi, longtemps après, sous Dioclétien, voit-on présenter l'exclusion absolue de l'usucapion au cas d'héritiers siens comme une doctrine qui prévaut (*magis obtinuit*), tandis que, s'il n'y avait qu'un héritier nécessaire, l'opinion inverse était adoptée (*placuit*), Gaï., III, 201. Ce dernier passage ne favorise pas, quoi qu'on en ait dit, la conjecture suivant laquelle l'héritier nécessaire n'aurait pu invoquer le bénéfice du sénatus-consulte. Gaïus veut indiquer qu'il est quelquefois permis de s'emparer, sans commettre un *furtum*, d'une *res aliena*. C'est ce qui arrive si l'*heres necessarius* n'a pas encore pris possession, bien qu'il soit propriétaire dès le jour du décès. L'exclusion du *furtum* à l'égard des objets héréditaires non appréhendés était une règle générale, énoncée sans restriction, quelle que soit la qualité de l'héritier, dans la loi 1, § 15, *Si is qui lib.* (47, 4). Seulement, s'il s'agit d'un héritier externe, l'occupation faite par un tiers d'un objet héréditaire sera habituellement antérieure à l'adition sans laquelle l'héritier externe n'est point approprié des choses de la succession : cette occupation portera ainsi sur une *res nullius*, non sur une *res aliena*. Ce que Gaïus a l'intention de mettre en relief, c'est que l'usucapion est possible, bien qu'il

---

[1] On peut conjecturer, avec Huschke, d'après le langage de Paul (*evidentius*), qu'il opposait les héritiers siens aux héritiers nécessaires. — Une autre différence était observée entre le *suus heres* et le *necessarius heres*. La formalité de l'*apertura tabularum* était inutile pour investir de l'hérédité celui qui avait la qualité de *suus heres*, comme le prouvent les lois 3, § 4, *De her. inst.* (28, 5), et 3, C., *De jur. delib.* (6, 30), tandis que l'on peut induire de la loi 42, *De her. inst.*, que l'acquisition de l'hérédité pour l'*heres necessarius* exigeait l'*apertura tabularum*.

y ait un héritier nécessaire, et dès lors un maître. Le manuscrit contient une lacune, paraît-il, entre ces deux expressions : *possessionem* et *necessarius*, lacune que Huschke comble d'une manière assez plausible en intercalant le mot *licet*. Le jurisconsulte insiste sur cette circonstance déjà par lui signalée (II, 58) qu'en pareil cas l'usucapion est admise, quoiqu'il n'y ait pas vacance de l'hérédité : la raison de douter tenait à ce que, l'héritier se trouvant ici sur-le-champ investi des biens par la force du droit, l'état d'hérédité disparaissait à l'instant même où il se produisait, pour être remplacé par le patrimoine d'un homme vivant[1]. L'objection est présentée au § 58, où on lit : *et necessario tamen herede extante ipso jure*. Nous n'approuvons pas le sens proposé par Huschke pour les mots : *ipso jure*, qu'il rattache à ceux qui suivent : *pro herede usucapi potest*, ce qui signifierait qu'en droit l'usucapion est possible, mais qu'elle est susceptible de révocation.

Deuxième condition. — Celui-là seul pouvait usucaper *pro herede* qui avait la *testamenti factio*, selon la loi 4, D. *h. t.*: *Constat eum, qui testamenti factionem habet, pro herede usucapere posse.* Ce texte est tiré d'un commentaire de Paul sur la loi Julia et Papia ; et peut-être le jurisconsulte voulait-il indiquer que pour être apte à acquérir de la sorte, la *testamenti factio* suffisait, sans que le *jus capiendi* fût exigé.

Toutefois la *possessio pro herede*, et par suite l'usucapion basée sur une possession à ce titre, était interdite à l'esclave ; *servus pro herede possidere non potest*, dit la loi 3, § 4, *De usurp.* (41, 3). Cette règle ne doit pas s'entendre en ce sens que l'esclave, comme instrument de la volonté du maître, en appréhendant de fait les choses héréditaires *jussu domini*, ne pût procurer à celui-ci le bénéfice de l'usucapion *pro herede*.

---

[1] Cujas, *Comment. ad tit.*, D., *Pro her.*, t. I, c. 1143, avait touché la vérité, quand il disait, à propos de la loi 2, C., *De usuc. pro her.* : *Ea igitur bona, quasi viventis bona, pro herede usucapi non possunt;* mais il n'a point profité de ce point de vue pour fournir l'explication de ce texte, qu'il qualifie *satis difficile explicatu. Comment. ad tit. Cod. Unde liberi,* t. IX, c. 663. Suivant lui, la loi 2 signifierait que les *sui heredes* restant héritiers malgré leur abstention, les agnats ne pourraient prendre les biens et les usucaper *pro herede;* ils ne pourront les acquérir et les usucaper qu'à titre de *bonorum possessores.* Pothier, *Pandect. Justin., ad tit. Pro her.*, n° 3, note *a*, a répété cette interprétation.

Il ne s'agit que de la portée de l'acte que l'esclave accompli-
rait de son chef, indépendamment de l'ordre du maître. Tant
que l'usucapion *pro herede* fut considérée comme s'appliquant
à l'hérédité même, et comme entraînant l'obligation aux charges
héréditaires, il est clair que l'esclave ne pouvait, sans le
jussus domini, réaliser une acquisition de cette nature. Quand
l'usucapion ne concerna plus que des objets particuliers, l'esclave resta néanmoins impropre à posséder *pro herede*. Le
droit romain, en effet, n'admettait pas chez l'esclave une
possessio civilis ou *ad usucapionem*, L. 38, §§ 7 et 8, *De verb.
oblig.* (45, 1). Il y avait bien dérogation à ce principe relativement à l'esclave pourvu d'un pécule : celui-ci pouvait,
ex peculiari causa, posséder *inscio domino*, L. 44, § 1, *De acq.
poss.* (41, 2), et même usucaper, L. 44, § 7, *De usurp.* (41, 3).
Mais le pécule ne devait s'accroître que des choses possédées *ex
justa causa*, L. 24, *De acq. poss.*, caractère qui ne s'accordait
pas avec l'*usucapio pro herede* qualifiée d'*improba*. D'ailleurs
cette usucapion, dans son origine, supposait quelqu'un qui se
comportait comme héritier ; et l'on conçoit qu'un esclave, eût-
il ce *pusillum patrimonium* appelé pécule, ne fût pas autorisé
à prendre le titre d'héritier, ce qui ne pouvait convenir qu'à
un homme libre.

Troisième condition. — L'usucapion *pro herede* ne s'appliquait qu'aux choses *héréditaires, rem hereditariam*, dit Gaïus,
II, 52. Quant aux choses étrangères à l'hérédité, un titre particulier d'usucapion, conforme aux règles ordinaires, serait
nécessaire pour les acquérir. S'il s'agissait d'objets simplement
détenus par le défunt, ou possédés par lui sans qu'il fût *in
conditione usucapiendi*, l'héritier véritable ne pouvait lui-
même usucaper, parce qu'il succédait aux vices de son auteur,
L. 11, *De div. temp.* (44, 3), § 12, Inst., *De usucap.*: peu importe que l'héritier s'imagine que ces objets font partie de la
succession. Malgré sa bonne foi, l'usucapion est exclue suivant
la loi 4, C., *De usuc. pro her.* (7, 29.,), de même que la
præscriptio longi temporis, L. 4, C., *De præscr. long. temp.*
(7, 33). C'est à cette hypothèse qu'il faut rapporter la loi 1,
C., *h. t.*, qui commence ainsi : *Cum pro herede usucapio
locum non habeat...* L'Empereur Antonin veut dire: quand il
n'y a pas lieu à l'usucapion *pro herede*. Dans l'espèce, il s'agissait d'esclaves que la mère du postulant avait cru faire partie

d'une succession par elle recueillie, et que son fils avait continué à traiter comme tels.

On a souvent opposé à la doctrine contenue dans ces textes la loi 3, D., *Pro her. Plerique putaverunt, si heres sim, et putem rem aliquam ex hereditate esse, quæ non sit, posse me usucapere.* Pour éviter une antinomie, il faut supposer que le jurisconsulte a en vue un cas différent, qu'il est question d'objets à la possession desquels le défunt était étranger, de telle sorte que l'héritier ne soit pas le continuateur obligé du défunt. Il lui est alors permis d'usucaper, quand son erreur se fonde sur de justes motifs, d'après l'opinion indulgente sur la valeur du titre putatif soutenue par un certain nombre de jurisconsultes.

Quatrième condition. — L'usucapant devait avoir pris possession comme succédant au défunt. A cet égard diverses hypothèses sont à distinguer.

Première hypothèse. — Le défunt possédait par lui-même lors du décès, et après le décès nul n'a pris encore possession. C'est là le véritable domaine de l'*usucapio pro herede.* Chacun était autorisé, sans s'exposer à la peine du *furtum* (Gaï., II, 52; III, 201), à s'emparer des choses héréditaires dans cette situation, sauf s'il existait un héritier sien. Y eût-il un maître, parce qu'il y avait un héritier nécessaire, ou parce que l'héritier externe avait fait adition, tout possesseur faisait défaut, l'hérédité étant incapable de posséder et la possession n'étant acquise à l'héritier que par une appréhension effectuée, l'absence d'un possesseur mettait obstacle à la possibilité d'un *furtum*, L. 1, § 15, *Si is qui test.* (47, 4).

Deuxième hypothèse. — Du vivant du défunt, un tiers avait la possession ou la détention. Une chose héréditaire avait été donnée en gage ou prêtée, ou bien elle était entre les mains d'un usufruitier. En pareil cas, celui qui se serait emparé de cet objet eût commis un *furtum*; par suite, l'usucapion était déclarée impossible. *Hereditariæ rei furtum fieri Julianus negabat, nisi forte pignori dederat defunctus, aut commodaverat* (L. 68, *De furt.*, 47, 2); *aut in qua ususfructus alienus est* (L. 69, *eod. tit.*); *his enim casibus, putabat hereditariarum rerum fieri furtum, et usucapionem impediri* (L. 70, *eod. tit.*). Le même texte ajoute que l'action *furti* peut alors compéter à l'héritier. Elle lui appartiendrait, en effet, si le possesseur ou le détenteur n'étaient pas responsables du *furtum* qui aurait été commis sans qu'il y eût faute de leur part, ou si, devant en supporter la responsabilité, ils se trouvaient insolvables.

Troisième hypothèse. — Après le décès, quelqu'un a pris possession sans droit d'une chose héréditaire; il est dépouillé par un autre, la *res* devient *furtiva*, et, dès lors, l'usucapion est impossible. Toutefois, l'action *furti* n'appartiendra pas au *possessor pro herede*, bien que ce *furtum* lui ait nui en l'empêchant d'acquérir la propriété de ce dont il s'était emparé[1]. De même il y avait *vitium rei vi possessæ*, et désormais l'usucapion était interdite, si celui qui possédait un fonds *pro herede* en avait été expulsé par un tiers qui savait que le possesseur était sans droit. *Idem dicendum est in eo, qui eum expulit, qui pro herede possidebat, quamvis sciat esse hereditarium*, dit la loi 4, § 4, *De usurp.* (41, 3).

Quatrième hypothèse. — Après l'ouverture de la succession, l'héritier véritable avait déjà pris possession. La chose a cessé, même en fait, quant à la possession d'être héréditaire; il n'y a plus place à l'*usucapio pro herede*, Gaï., II, 52 ; III, 201.

La loi 29, *De usurp.*[2], contient une application remarquable de cette doctrine. L'espèce prévue par Pomponius est celle-ci. Quelqu'un qui était héritier unique, s'imaginant qu'il avait un cohéritier, livre à ce dernier pour partie les choses héréditaires. L'usucapion n'aura pas lieu, dit le jurisconsulte; et la raison en est que ce qui a été possédé par l'héritier ne saurait être usucapé *pro herede*. Il faut toutefois excepter le cas où, à la suite d'une difficulté soulevée sur la qualité du prétendu héritier, un arrangement aurait été arrêté à titre de transaction, ce qui fournirait une juste cause d'usucapion. Peu importe, du reste, la bonne foi de celui qui était regardé comme cohéri-

---

[1] C'est ce que décide Javolenus, L. 71, § 1, *De furt.* : *Ejus rei, quæ pro herede possidetur, furti actio ad possessorem non pertinet, quamvis usucapere quis possit, quia furti agere potest is cujus interest rem non subripi. Interesse autem ejus videtur qui damnum passurus est, non ejus qui lucrum facturus esset.* L'action *furti* n'était pas donnée au possesseur de mauvaise foi, L. 12, § 1, *eod. tit.*

[2] *Cum solus heres essem, existimarem autem te quoque pro parte heredem esse, res hereditarias pro parte tibi tradidi : propius est ut eas usucapere non possis, quia nec pro herede usucapi potest quod ab herede possessum est, neque aliam ullam habes causam possidendi. Ita tamen hoc verum est, si non ex transactione id factum fuerit. Idem dicimus, si tu quoque existimes te heredem esse : nam hic quoque possessio veri heredis obstabit tibi.*

tier ; le même motif, la possession appréhendée par le véritable héritier, mettra toujours obstacle à l'usucapion.

La manière dont Pomponius explique itérativement l'exclusion de l'usucapion offrait quelque chose de bizarre jusqu'à la découverte du caractère exceptionnel de l'usucapion *pro herede*. On pourrait s'étonner, d'un autre côté, que le jurisconsulte s'occupe d'écarter l'usucapion. Ne semble-t-il pas que le prétendu cohéritier, mis en possession par le véritable propriétaire, a dû acquérir immédiatement la propriété, sauf à être obligé de restituer au moyen de la *condictio indebiti*, puisque la tradition n'est basée que sur une erreur? Dans le fait, Paul, L. 36, *in fine*[1], *Fam. ercisc.* (10, 2), prévoyant une hypothèse semblable, dans laquelle l'héritier unique, sans y être contraint en vertu d'une condamnation[2], a spontanément procédé au partage des biens de la succession avec celui qu'il considérait à tort comme étant son cohéritier, accorde la *condictio indebiti*, admettant ainsi tacitement que le faux cohéritier s'est trouvé approprié à la suite de la tradition qui lui a été faite.

Nous croyons avec Huschke[3] qu'il est possible de concilier les lois 29 et 36, en raison de ce que les faits à l'occasion desquels ont été émises les deux décisions différentes ne sont pas les mêmes. Pomponius, dans la loi 29, ne suppose pas un partage effectué : l'héritier *ex asse* était seul en possession ; il fait participer à cette possession celui qu'il regarde comme son cohéritier. Il livre *pro parte*, porte le texte, les choses héréditaires. Il y a établissement d'une copossession, d'une jouissance commune, pour mettre le fait en harmonie avec ce que l'on croit être le droit. La tradition ne transfère pas la propriété, parce qu'il n'y a pas eu chez le *tradens* intention d'amener ce résultat. Il ne pouvait avoir cette pensée, puisqu'il considérait l'*accipiens* comme étant déjà propriétaire. Ce dernier n'a donc qu'une possession *pro herede* ; il sera tenu de la

---

[1] *Plane, si sine judice diviserint res, etiam condictionem earum rerum, quæ ei cesserunt, quem coheredem esse putavit qui fuit heres competere dici potest : non enim transactum inter eos intelligitur, cum ille coheredem esse putaverit.*

[2] Dans le cas où l'action *familiæ erciscundæ* aurait été intentée contre un faux cohéritier, Paul interdit toute répétition au véritable héritier, le payement ayant eu lieu *ex causa judicati*.

[3] *Loc. cit.*, p. 194, note 50.

petitio hereditatis. Les choses se sont passées autrement dans l'hypothèse qui est l'objet de la loi 36, *in fine.* Ici, les parties étaient sans doute l'une et l'autre conjointement en possession ; au lieu de recourir à l'action *familiæ erciscundæ* pour opérer un partage judiciaire, elles se sont entendues afin de faire cesser l'indivision, en réglant les lots de gré à gré. L'héritier véritable, quand il a abandonné à son prétendu cohéritier la possession exclusive de tels objets, a eu la volonté de lui transférer la propriété, et cet effet s'est produit malgré l'erreur qui a présidé à la tradition. Rigoureusement, toutefois, fait observer Huschke, il n'y a eu aliénation que pour une part, pour celle que l'héritier *ex asse* croyait lui appartenir dans les objets livrés. C'est dans cette mesure seulement que le faux cohéritier serait soumis à la *condictio,* puisque c'est dans cette mesure uniquement qu'il possède à titre d'échange, le partage n'étant qu'une sorte d'échange entre les cohéritiers. Pour la part, au contraire, que le faux héritier retient à titre d'héritier, il n'y a pas eu chez le véritable héritier intention de la faire acquérir à son adversaire, et ce serait la *petitio hereditatis* qui devrait être exercée relativement à cette part.

Cinquième hypothèse. — Celui qui prétend usucaper *pro herede* possédait déjà avant le décès, ou du moins avait la détention. Ici encore, l'usucapion *pro herede* était exclue en vertu de cette règle : *Nemo sibi ipse causam possessionis mutare potest,* règle qui paraît fort ancienne en droit romain et dont la mention dans la loi 3, § 19, *De acq. vel. amitt. possess.* (41, 2), est précédée de ces mots : *Illud quoque a veteribus præceptum est.* On aurait peine à comprendre l'utilité de cette maxime, si l'usucapion eût toujours exigé le juste titre et la bonne foi. Elle est, au contraire, facile à saisir, quand on l'applique à l'usucapion dite *lucrative.* Pour qu'il y eût place à l'usucapion *pro herede,* il fallait que le décès eût rendu la chose vacante. Nous avons vu précédemment cette usucapion interdite à l'égard des tiers, quand un objet héréditaire était possédé ou détenu par quelqu'un au moment du décès. Pareillement le possesseur ou le détenteur se fera obstacle à lui-même, et ne pourra, lui aussi, profiter de l'usucapion *pro herede.*

Dès lors, le possesseur d'un immeuble héréditaire qui, à l'ouverture de la succession, se trouvait *in causa usucapiendi,* mais qui avait besoin de deux ans de possession pour usuca-

per suivant les principes ordinaires, n'était pas autorisé, afin
d'accélérer le terme de l'usucapion, à se constituer *possessor
pro herede*. Il en était de même du simple détenteur, du fermier, du dépositaire qui, après la mort du bailleur ou du dé-
posant, aurait aspiré, pour acquérir la chose louée ou déposée,
à invoquer le bénéfice de l'usucapion *pro herede*. Les deux
hypothèses sont prévues L. 2, § 1, *Pro her.*, par Julien, qui
étend la prohibition de l'usucapion au détenteur tout aussi bien
qu'au possesseur : *Ut possessio non solum civilis sed etiam naturalis intelligatur.* Le même jurisconsulte développe de la
même manière la portée de notre règle dans la loi 37, § 1, *De
usurp.*, en réservant néanmoins la possibilité d'une interversion par une cause venant d'un tiers.

La loi 2, § 2, *Pro her.*, ne contient qu'une application de
cette doctrine. Une chose a été livrée à titre de donation par
un père à un fils qu'il avait sous sa puissance ; le fils de famille
n'a pu acquérir l'objet donné. Néanmoins, disait Servius, la
tradition a procuré au fils, du vivant même du père, la *possessio naturalis*, laquelle fera obstacle à l'usucapion *pro herede*,
soit pour la totalité, si le fils de famille donataire était exhérédé,
soit pour la part de ses cohéritiers, si ce fils était institué pour
partie[1].

---

[1] L'inefficacité de la donation, quand elle s'adressait de la part du père à
un enfant en puissance, était encore le droit en vigueur à l'époque de Papinien, à moins qu'il n'y eût confirmation expresse par testament. C'est ce
qui ressort des §§ 294 et 296 *Vat. Fragm.*, dans le premier desquels est
invoquée l'opinion de Servius pour exclure l'usucapion. Le § 295 *Vat.
Fragm.* contient dans le même sens une Constitution de Sévère et Antonin, datée de l'an 210. Plus tard, le défaut de révocation jusqu'au décès fut
admis comme entraînant la confirmation de la donation. A quelle époque
eut lieu cette réforme? Elle aurait été déjà pratiquée au temps de Paul, si
le texte du § 3, tit. XI, liv. V de ses Sentences est sincère. Mais il est fort
probable qu'il y a là une interpolation. Le droit nouveau commence à se
faire jour dans une Constitution de Valérien et Gallien, de l'an 257, qui est
devenue au Code de Justinien la loi 2, *De inoff. donat.* (3, 29). Il est consacré formellement par diverses Constitutions, de la fin du III° et du commencement du IV° siècle, rapportées aux *Vat. Fragm.*, §§ 274, 277, 278,
281. Il est consacré également par la loi 18, C., *Fam. ercisc.* (6, 36), émanée
de Dioclétien et Maximien. Il a enfin été reproduit par Justinien dans une
Constitution qui forme la loi 25, *De donat. int. vir.* (5, 16).
La portée de cette confirmation tacite souffre cependant quelque difficulté,
à raison du principe qui soumet les émancipés à la *collatio* de ce qui leur a
été donné par le *parens*, soit lors de l'émancipation, soit postérieurement,

Quelle est, dans le dernier état du droit romain, la valeur de cette règle, répétée souvent dans les Pandectes et au Code : *Nemo sibi causam possessionis ?...* Il est certain qu'elle a perdu toutes les applications qui en étaient faites autrefois afin d'écarter l'usucapion dite *lucrative,* depuis que cette sorte d'usucapion s'est trouvée abolie. Nous trouvons cependant la règle mise en pratique par les jurisconsultes postérieurs au sénatus-consulte d'Hadrien, pour interdire l'usucapion, même après la cessation de la cause qui faisait obstacle au juste titre, quand la possession avait commencé en vertu d'un titre qui n'était pas reconnu par le droit. Ainsi la donation était prohibée entre époux ; elle ne pouvait, en principe [1], fonder un titre apte à conduire à l'usucapion. *Si inter virum et uxorem donatio facta sit, cessat usucapio,* dit Paul, L. 1, § 2, *Pro donat.* (41, 6). Néanmoins, en pareil cas, la possession proprement dite, protégée par les interdits, L. 1, § 10, *De vi* (43, 16), n'était pas refusée au donataire, suivant l'opinion qui avait prévalu, L. 1, § 4, *De adq. vel amitt. possess.* (41, 2). La qualité de conjoint venait-elle à disparaître par l'effet du divorce, la possession du donataire restait ce qu'elle était *ab initio ;* elle ne devenait pas utile à l'usucapion, grâce à la règle que nous connaissons. Il aurait fallu que postérieurement au divorce, à une époque où désormais il n'y avait plus d'obstacle à la validité du titre *pro donato,* la donation eût été renouvelée. C'est ce que décide ensuite le jurisconsulte dans le même fragment : *Item si vir uxori rem donaverit, et divortium intercesserit, cessare usucapionem Cassius respondit, quoniam non possit causam possessionis sibi ipsa mutare. Alias ait post divortium ita usucapturam, si eam maritus concesserit, quasi nunc donasse intelligitur.* — Quand une fois la possession, même de mauvaise foi, prolongée pen-

L. 17, *in fine,* C., *De collat.* (6, 20). Serait-il juste que les fils de famille conservassent les biens donnés par l'ascendant, tandis que les frères ou sœurs émancipés seraient tenus du rapport ? D'un autre côté, la loi 13, C., *eod. tit.,* décide, entre deux sœurs succédant au père commun, que l'une d'elles ne peut garder par préciput la donation qu'elle a reçue du père, si elle lui a été faite pendant qu'elle était *filiafamilias.* Nous pensons, avec M. de Vangerow (t. II, p. 395), qu'il y a exception à la confirmation, quand le fils de famille donataire vient à la succession du donateur conjointement avec des frères ou sœurs.

[1] Nous ne nous arrêterons pas à indiquer les exceptions que comportait cette prohibition.

dant trente ans, fut considérée comme un moyen, sinon d'acquérir la propriété, au moins de repousser la revendication, la règle dut être appliquée pour empêcher le détenteur ou ses héritiers, le fermier, par exemple, ou ses ayants cause universels, nonobstant le défaut de payement des fermages, de se prévaloir de leur possession à l'effet d'invoquer la *præscriptio longissimi temporis.* C'est l'utilité que présente cette maxime dans notre droit français où la possession trentenaire est un mode d'acquérir sans titre ni bonne foi ; elle est consacrée aujourd'hui par les articles 2236, 2237, 2240 du Code Napoléon.

Demandons-nous enfin quels furent les effets du sénatus-consulte dont parle Gaïus, II, 57, quel est en dernière analyse le rôle qui est resté à l'usucapion *pro herede*, et qu'il faut lui reconnaître encore sous Justinien. Nous avons déjà fait observer que le sénatus-consulte n'avait pas anéanti radicalement l'usucapion, qu'il s'était borné à la déclarer révocable dans l'intérêt de l'héritier ou du *bonorum possessor*, en autorisant ceux-ci à se faire restituer les biens héréditaires, sans que l'usucapion pût leur être opposée : *Et ideo potest heres, ab eo qui rem usucepit hereditatem petendo, perinde eam rem consequi atque si usucapta non esset,* Gaï., II, 57. Les termes de l'interdit *Quorum bonorum,* tels que nous les donne Ulpien, auxquels les compilateurs de Justinien n'ont rien changé, supposent toujours qu'il y a acquisition de la propriété par usucapion, sauf qu'elle est impuissante à mettre celui qui est devenu *dominus* à l'abri de la pétition d'hérédité ou de l'interdit *Quorum bonorum.* Un siècle et demi après Hadrien, nous trouvons une constitution de Dioclétien et Maximien (L. 2, C., *De usuc. pro her.*), où il est dit qu'en présence de *sui heredes* l'usucapion *pro herede* est absolument impossible (*nihil usucapi pro herede posse*), ce qui n'aurait pas de sens, si tel était le droit commun, indépendamment de la qualité des héritiers. Toutefois il semble difficile d'admettre que celui qui s'emparait de mauvaise foi de biens héréditaires vacants ait pu les acquérir, depuis que cet acte exposa son auteur à une accusation particulière, *crimen expilatæ hereditatis,* introduite, paraît-il, par Marc-Aurèle (D., 47, 19), pour suppléer à l'action *furti,* qui, nous le savons, faisait défaut en pareille occurrence. La question des effets de l'usucapion doit donc se restreindre à ce qui concerne le possesseur de bonne foi, celui qui s'imagine être héritier, *qui putat se heredem esse.*

Si l'usucapion *pro herede* a subsisté dans cette hypothèse, dût-elle toujours être rescindée au profit de l'héritier réel, cette faculté d'usucaper ne sera pas sans avantage pour le possesseur qui aura usucapé. Qu'on le suppose en conflit avec un autre que le véritable ayant droit à la succession, il pourra user de la revendication. A-t-il aliéné après l'usucapion, il restera sans doute comptable envers l'héritier du prix qu'il a perçu, à raison duquel il est soumis à la pétition d'hérédité. Mais rigoureusement les tiers acheteurs, qui ont traité avec le propriétaire, ne pourront être inquiétés, puisque l'usucapion n'a pas été proscrite ; elle a seulement été déclarée inhabile à écarter la pétition d'hérédité ; c'est pour aplanir la voie à cette action, nous dit Gaïus, que l'usucapion est révocable.

Il est déjà très-grave d'admettre ce résultat; beaucoup d'auteurs cependant vont plus loin : ils soutiennent que le sénatus-consulte n'aurait atteint que l'*improba usucapio*, ce qui résulterait de la manière dont s'exprime Gaïus, II, 57 : *Sed hoc tempore etiam non est lucrativa ; nam ex auctoritate Hadriani senatus-consultum factum est, ut tales usucapiones revocarentur.* La portée de cette révocation se trouverait encore limitée par les derniers mots du § 56, où le jurisconsulte disait : *Nam sciens quisque rem alienam lucrifacit.* La position du possesseur, qui avait de justes raisons de croire qu'il était héritier, aurait été au contraire respectée ; n'y a-t-il pas, en effet, soit au Digeste, soit au Code, un titre spécial qui sanctionne l'usucapion *pro herede*, et peut-on en restreindre l'application au cas prévu par Pomponius dans la loi 3, D., *Pro her.*, où il s'agit d'une usucapion ayant pour but d'enrichir, non de dépouiller le véritable héritier? Cette doctrine serait enfin formellement énoncée dans la loi 33, § 1, *De usurp.*, qui admet comme régulière la possession *pro herede*, pourvu qu'il y ait une erreur plausible : *Hoc amplius, si justam causam habuerit existimandi se heredem vel bonorum possessorem domino extitisse, fundum pro herede possidebit.*

On ne peut nier que le langage de Gaïus ne favorise en apparence cette interprétation. Remarquons cependant que la pensée du jurisconsulte était de mettre en relief la bizarrerie que présentait dans l'ancien droit l'usucapion *pro herede*, offerte même au possesseur de mauvaise foi ; c'est en ce point surtout qu'apparaissait le caractère de *lucrativa* qui lui était assigné. Mais ce caractère ne lui faisait pas défaut à l'égard de celui qui s'imaginait être héritier. Lui permettre d'acquérir par un an de possession les choses héréditaires, fussent-elles immobilières, c'était assurément l'autoriser à *lucrum facere*. Le but du sénatus-consulte fut de mettre le véritable ayant droit à l'abri de cette usucapion, qui désormais ne pouvait plus porter obstacle à l'exercice de la pétition d'hérédité ou de l'interdit *Quorum bonorum* ; l'inanité de l'usucapion à l'encontre de ces actions ne saurait faire doute, puisque la formule de l'interdit, prévoyant tout aussi bien le cas de *possessio pro herede* que celui de *possessio pro possessore*, décide que la restitution doit avoir lieu nonobstant l'usucapion accomplie.

La même conséquence peut être tirée des termes du sénatus-consulte dit Juventien, conservés par Ulpien, L. 20, § 6, *De her. pet.*, sénatus-consulte qui fut proposé par Hadrien, et que l'on a conjecturé n'être autre que celui signalé par Gaïus au sujet de la révocation de l'usucapion lucrative. On y voit que le possesseur de bonne foi, bien qu'il ne possède plus les choses héréditaires qu'il aurait vendues, est néanmoins comptable du prix vis-à-vis de l'héritier. La règle suivie désormais, même à l'égard du possesseur de bonne foi, règle énoncée par Paul, L. 28, *De her. pet.*, est que tout lucre doit être enlevé à celui qui a possédé sans droit une hérédité : *Post senatus-consultum enim, omne lucrum auferendum esse tam bonæ fidei possessori quam prædoni dicendum est.* N'est-il pas évident que cette règle ne serait pas observée si, à raison de sa bonne foi, le défendeur avait été soustrait à la pétition d'hérédité en vertu de l'usucapion, et s'il avait pu conserver le bénéfice résultant de cette usucapion, pour laquelle un an de possession aura dû lui suffire, du moment où il n'a été rien changé à l'ancien droit en ce qui concerne le possesseur de bonne foi ?

La loi 33, § 1, *De usurp.*, nous touche peu : elle a été empruntée à Julien, qui l'écrivait sans doute avant l'émission du sénatus-consulte d'Hadrien, et qui n'avait en vue, comme le prouve l'ensemble du fragment, que d'indiquer les applications de la règle : *Nemo sibi causam...*, à une époque où elle n'avait pas encore perdu de son importance. Quant aux titres du Digeste et du Code relatifs à l'usucapion *pro herede*, il est impossible d'y trouver aucun texte qui établisse qu'au moyen de l'usucapion le possesseur de bonne foi des choses hérédi-taires cessera d'être exposé à subir la pétition d'hérédité. Les fragments du Digeste contiennent quelques vestiges de l'an-cienne *usucapio lucrativa*, particulièrement la loi 2 ; et ceux du Code, comme on l'a fait observer, semblent choisis plutôt de façon à écarter cette usucapion qu'à la légitimer.

A côté de cette absence de témoignages en faveur d'une usu-capion efficace au profit du possesseur des choses héréditaires, qui les a prises comme succédant au défunt, nous trouvons, à l'époque de Dioclétien, deux Constitutions positives qui s'ac-cordent à autoriser contre ce possesseur la pétition d'hérédité, même après le délai de la *longi temporis possessio*. C'est d'abord la loi 4, C., *In quib. caus.* (7, 34), qui sépare sous ce rapport les possesseurs à titre particulier des possesseurs *pro herede* ou *pro possessore*, à l'égard desquels la pétition d'hérédité, la *vindicatio successionis*, reste ouverte, sans qu'elle puisse être écartée par la *longi temporis præscriptio* [1], qui suppose néanmoins la bonne foi de la part de celui qui voudrait l'invo-quer. La même doctrine est en outre formulée dans la loi 7, C., *De pet. her.* [2], comme un point en dehors de toute contro-verse.

Le motif donné dans cette dernière Constitution pour rendre compte de l'inapplicabilité de la *longi temporis præscriptio*, savoir la nature *mixte* qui appartiendrait à la pétition d'héré-dité, laquelle ne serait pas purement une action réelle, mais en même temps une action personnelle, ce motif, disons-nous, a suscité diverses explications. Les uns y ont trouvé un sup-plément à ajouter à la catégorie des actions à la fois réelles et personnelles, caractère que les rédacteurs des Institutes, § 20,

---

[1] *Hereditatem quidem petentibus longi temporis præscriptio nocere non potest : verum his, qui nec pro herede, nec pro possessore, sed pro empto, vel donato, seu alio titulo res, quæ ex hereditate sunt vel fuerunt, possi-dent, cum ab his successio vindicari non possit, nihil hæc juris definitio nocet.*

[2] *Hereditatis petitionem, quæ adversus pro herede vel pro possessore possidentem exerceri potest, præscriptione longi temporis non submoveri nemini incognitum est : cum mixtæ personalis actionis ratio hoc respon-dere compellat. A cæteris autem tantum specialibus in rem actionibus vindicare posse manifestum est, si non agentis intentio per usucapionem vel longum tempus explosa sit.*

De action., s'étaient bornés à accorder à trois actions. On a cru justifier cette signification en disant que l'instance en pétition d'hérédité pouvait aboutir à la solution d'une question d'obligation, ce qui avait lieu quand le défendeur était un débiteur héréditaire qui se prétendait libéré par voie de confusion. La chose est possible sans doute; mais on conviendra que cet effet de la pétition d'hérédité est assez rare, et qu'il ne saurait être propre à qualifier cette action d'une façon générale. —Suivant Savigny[1], la pétition d'hérédité, bien qu'étant au fond une action *in rem,* serait néanmoins mélangée de personnalité, à raison de ce que la personne du défendeur est ici limitée, cette action n'étant pas donnée, à l'instar de la revendication, contre un possesseur quelconque. Nous ne voyons pas en quoi cette restriction est susceptible de modifier la portée de l'*intentio,* d'après laquelle doit s'apprécier la nature réelle ou personnelle d'une action. Or il est constant que l'*intentio* était ainsi conçue : *Si paret hereditatem actoris esse.* — Il est plus naturel d'expliquer la loi 7, C., *De pet. her.*, avec Cujas[2] et Doneau[3], en la rattachant à ce point de vue depuis longtemps signalé par Ulpien, L. 25, § 18, *De her. pet. : Petitio hereditatis, etsi in rem actio sit, habet tamen præstationes quasdam personales, ut puta eorum quæ a debitoribus sunt exacta, item pretiorum.*

Prenons garde, en effet, que dans la pétition d'hérédité les prestations personnelles n'ont pas simplement un caractère accessoire, rapport sous lequel elles se présentent en matière de revendication, où le défendeur qui succombe est non-seulement tenu de rendre la chose litigieuse, mais encore est souvent obligé de payer la valeur des fruits qu'il a recueillis, ou de réparer les dégradations qu'il a commises. La pétition d'hérédité n'exige pas chez le défendeur, soit la détention des choses héréditaires, soit la perte de leur possession par dol, qui équivaut à une possession effective. Bien qu'il n'ait plus entre les mains aucun des objets de la succession, dont il a disposé loyalement, qu'il a aliénés par exemple, les croyant siens, il suffit que le défendeur ait retiré un profit de la posses-

---

[1] *Traité de droit romain,* t. V, § 209, *in fine.*

[2] *Comment. in Cod. sub. h. l. t.*, IX, c. 172.

[3] *Comment. de jur. civ.*, liv. XIX, ch. XII, n° 3.

sion qu'il a exercée pour être soumis à une action de la part
de l'héritier, comme aussi il aura à restituer les sommes qu'il
a touchées des débiteurs héréditaires, quoique cet argent n'ait
jamais appartenu au défunt. Celui qui s'empare, fût-ce de bonne
foi, d'une hérédité à laquelle il n'a point droit, devient en
quelque sorte gérant de ce patrimoine vis-à-vis celui à qui il
appartient en réalité[1] ; et les obligations découlant de cette
espèce de *negotiorum gestio* ne disparaissent pas avec la détention en fait des choses héréditaires. Les valeurs primitives
se sont peut-être transformées en totalité; la nécessité d'établir le compte de la manière dont a été gouvernée l'hérédité
ne s'effacera point, sauf l'indulgence ou la sévérité dont on
usera envers le possesseur, selon qu'il aura été de bonne ou
de mauvaise foi. On conçoit que les auteurs de la loi 7 aient
pu voir dans cette situation l'existence d'un rapport d'obligation, et qu'en envisageant celui qui a été possesseur d'une
hérédité comme un débiteur comptable de son administration,
ils aient dit que l'action qui compétait contre lui avait de l'a-
nalogie avec une action personnelle.

Si nous comparons la nature du débat que soulève la pétition d'hérédité avec le rôle qui appartient, soit à l'usucapion,
soit à la *longi temporis possessio*, nous comprendrons comment
ni l'une ni l'autre de ces institutions n'avait prise sur la pétition d'hérédité. Usucaper, c'est acquérir par la possession.
Cette manière d'acquérir n'est donc applicable qu'à ce qui est
susceptible de possession. Dans l'origine, sans doute, l'idée

---

[1] En conséquence de ce point de vue, on décidait que si le possesseur de
bonne foi avait vendu avantageusement un objet héréditaire, qu'il aurait
ensuite racheté à bas prix, il n'en était pas quitte pour rendre la chose ; il
devait en outre restituer le bénéfice qu'il avait retiré par suite de cette opération. *Oportet igitur possessorem et rem restituere petitori, et quod ex
venditione ejus lucratus est*, L. 22, *De her. pet.* « Il en est de même, dit,
en analysant les lois romaines, Pothier (*Traité du domaine de propriété*,
n° 419), de toutes les autres espèces de profit que le possesseur a retirées
de la vente qu'il a faite des effets de la succession : ce possesseur, quoique
possesseur de bonne foi, ne peut les retenir, et doit les rendre à l'héritier,
sur la demande en pétition d'hérédité. » C'est ce qui arrivera, par exemple,
si le possesseur a touché le montant d'une clause pénale à raison d'un
retard dans le payement du prix, ou si, le pacte commissoire ayant été
encouru, le possesseur a gardé la chose vendue et bénéficié de la peine
convenue. V. L. 23, § 1, et L. 25, pr., *h. t.*

de possession était admise pour les droits aussi bien que pour les choses corporelles. Aussi Gaïus nous dit-il que celui qui se comportait comme héritier était d'abord considéré comme usucapant l'hérédité elle-même; et nous voyons dans le même auteur, IV, 17, que, sous le régime des actions de la loi, l'hérédité était matérialisée, et figurée *in jure* par l'apport de tel ou tel objet héréditaire, par analogie de ce qui se passait en matière de revendication. Cette idée de possession paraît également n'avoir pas été anciennement écartée à l'occasion des servitudes. Il faut bien qu'elles aient pu jadis s'acquérir par usucapion, puisque nous savons qu'une certaine loi Scribonia, dont la date est inconnue, vint supprimer ce moyen de constituer les servitudes, L. 4, § 29, *De usurp.* Il est vrai que le droit prétorien tenait compte ici de la possession, et donnait une action utile à celui qui avait usé d'une servitude. Mais il fallait que cet usage se fût continué *longo tempore,* par conséquent avec un caractère de durée bien plus considérable que celui dont se contentait l'usucapion.

Quand une fois eut prévalu ce point de vue, si souvent répété par les jurisconsultes romains[1], que les droits ne se prêtent point à une possession, que celle-ci n'a lieu qu'à l'égard des choses corporelles, l'hérédité fut mise en dehors du domaine de l'usucapion ; c'est pourquoi Gaïus nous apprend que l'on avait renoncé à placer l'hérédité sous le coup de l'usucapion, laquelle n'atteignait plus que les objets particuliers possédés effectivement. Il en devait être ainsi ; car l'hérédité est quelque chose d'incorporel, c'est un *nomen juris;* c'est l'ensemble de tout ce qui constitue le patrimoine d'un individu décédé, ensemble qui est transféré à une autre personne. Devenir héritier, c'est représenter le défunt pour l'universalité de ses biens, devenir propriétaire de ce dont il était propriétaire, créancier de ce dont il était créancier, et en revanche devenir débiteur de ce dont il était débiteur. La loi, ou la volonté de l'homme manifestée par un testament, faisaient des héritiers à Rome ; le temps ne faisait pas un héritier, pas plus qu'il ne faisait un créancier ou un débiteur.

On connaît la distinction des moyens d'acquérir *singulatim* ou *per universitatem.* Le temps, aidé de la possession, exercée

---

[1] L. 3, pr., *De adq. vel amitt. poss.,* L. 4, § 27, *De usurp.,* etc.

dans certaines conditions, avec titre et bonne foi, faisait acquérir des objets particuliers[1], non une universalité de biens, une succession. Si tel est le territoire de l'usucapion, il s'ensuit que celui qui s'était emparé d'une hérédité à laquelle il n'était pas appelé devait être exclu du bénéfice de l'usucapion. Il n'a pas possédé, en effet, *titulo singulari;* quelque plausible que fût son erreur, il n'avait qu'un titre putatif, admis avec peine pour acquérir *singulatim,* repoussé pour acquérir *per universitatem.* La législation romaine eût donc été conséquente aux principes qui gouvernaient l'usucapion, si elle eût dit : Celui qui posséde *pro herede,* malgré sa bonne foi, ne possède pas à un titre apte à l'usucapion. Ce qu'il possède, c'est l'hérédité, c'est-à-dire quelque chose qui ne se prête point à l'usucapion. L'influence des anciennes idées relatives à l'*usucapio pro herede,* subsista en ce sens que l'on ne cessa point d'admettre l'usucapion des objets isolés, tout en la rendant inoffensive à l'égard du véritable héritier. L'individu qui a possédé *pro herede* pendant le temps voulu pour l'usucapion n'est pas devenu héritier, mais seulement propriétaire d'objets particuliers ; encore cette propriété est-elle rescindée dans l'intérêt de celui qui prouvera *se heredem esse.* Que le possesseur ait conservé ou non ce qu'il a acquis, un débat sera possible contre lui à raison du profit qu'il a retiré de sa possession ; et nous avons vu comment la pétition d'hérédité avait pris le caractère d'une action personnelle.

Quant à la *longi temporis possessio,* elle devait également rester inefficace pour écarter la pétition d'hérédité. Elle s'appliquait sans doute à des choses incorporelles, mais seulement à des *singulæ res,* non à une *universitas.* La *longi temporis possessio* pouvait, en droit prétorien, procurer l'acquisition d'une sorte de propriété sur un objet particulier, un fonds provincial, l'acquisition d'un démembrement de la propriété, d'une servitude ; elle ne pouvait faire acquérir un ensemble de biens. La *longi temporis possessio* fournissait aussi une *præscriptio* contre certaines actions *de singulis rebus,* contre l'action hypothécaire, non contre la prétention à une universalité, contre la pétition d'hérédité. Celui qui avait possédé sans titre

----

[1] *Singularum rerum dominia nobis adquiruntur... usucapione... Ulp., Reg. tit. XIX,* § 2.

les choses héréditaires était envisagé comme un débiteur comptable, envers l'ayant droit à la succession, des avantages qu'il avait perçus; et il est certain que la *præscriptio longi temporis* n'a jamais été employée à éteindre les obligations.

Le seul adoucissement apporté à la position du possesseur de bonne foi, tenu de restituer quelque longue qu'eût été sa possession [1], consistait à limiter le montant de la restitution au profit qui subsistait encore entre les mains du défendeur. Tandis que le possesseur de mauvaise foi était traité avec une grande sévérité, qu'il était comptable non-seulement de ce qu'il avait pris en réalité, mais encore de ce qu'il avait négligé de prendre, ou de ce qu'il avait perdu par sa faute ou par son dol, qu'on le rendait responsable même des cas fortuits postérieurs à la litis-contestation (L. 40, pr., *De her. pet.*), le possesseur de bonne foi n'était tenu que jusqu'à concurrence de ce dont il s'était enrichi. Cette distinction avait sa base dans les termes du Sénatus-consulte Juventien [2]; et l'on en trouve diverses applications dans les fragments des jurisconsultes recueillis au titre *De her. pet.* [3]. Le possesseur de bonne foi eût-il dégradé, sans en tirer avantage, les choses héréditaires, on l'excusait en disant qu'il s'était cru autorisé à agir de la sorte : *Si quid dilapidaverunt, perdiderunt, dum re sua abuti putant, non præstabunt.* Avait-il employé les valeurs héréditaires à faire des libéralités, celles-ci étaient maintenues; et le donateur n'avait tout au plus à rendre que ce qu'il aurait reçu du donataire, comme s'il eût fait un échange. Le même point

---

[1] Ce n'est que depuis l'introduction de la prescription trentenaire, en 424, par Théodose le jeune, que le possesseur, de bonne ou de mauvaise foi, a été mis à l'abri de la pétition d'hérédité, grâce à une possession de trente ans. Cette *præscriptio* s'appliquait soit aux actions réelles, soit aux actions personnelles, sans distinguer si les actions réelles étaient *speciales* ou *de universitate. Sicut in rem speciales, ita de universitate, ac personales actiones ultra triginta annorum spatium minime protendantur*, L. 3, C., *De præscr. trig.* (7. 39).

[2] *Item eos qui bona invasissent, cum scirent ad se non pertinere, etiamsi ante litem contestatam fecerint quominus possiderent, perinde condemnandos quasi possiderent : eos autem, qui justas causas habuissent quare bona ad se pertinere existimassent, usque eo dumtaxat quo locupletiores ex ea re facti essent*, L. 20. § 6, *De her. pet.*

[3] V. L. 23, pr.; L. 25, §§ 11 et 16.

de vue était du reste appliqué aux fruits tout aussi bien qu'au capital. Le possesseur d'une hérédité n'était point traité comme le possesseur de bonne foi d'un objet particulier, à l'égard duquel on disait qu'il faisait les fruits siens en les percevant [1]. Ce qui était, en effet, l'objet de l'action, c'était la succession même, l'*universum jus*; et l'on admettait que les fruits devaient augmenter cette *universitas : Fructus autem omnes augent hereditatem, sive ante aditam, sive post aditam hereditatem accesserint*, L. 20, § 3.

Les ménagements observés à l'égard du possesseur de bonne foi, qui ne devait subir aucun dommage, n'exigeaient-ils pas que, s'il avait vendu et dissipé le prix de la vente, les acheteurs dussent échapper à la revendication exercée contre eux par l'héritier, afin de soustraire le vendeur au péril du recours en garantie? C'est une question très-controversée. Tandis que la loi 13, § 4, *De her. pet.*, soumet sans restriction à une éviction les acheteurs qui ont traité avec un vendeur de bonne foi, la loi 25, § 17, qui appartient cependant au même jurisconsulte, à Ulpien, semble bien favoriser l'opinion d'après laquelle la revendication de l'héritier devait être écartée, dans le cas où l'action en garantie des acheteurs exposerait à une perte le possesseur de bonne foi. On sait que cette question a divisé nos auteurs, et que la jurisprudence moderne s'est prononcée en général dans le sens de la validité des ventes faites par l'héritier apparent. Toutefois ce qui a entraîné cette décision, c'est bien plutôt l'intérêt que mériteraient les acheteurs que la faveur dont serait digne le possesseur qui a vendu. On s'est surtout appuyé sur des considérations d'utilité, et l'on a été jusqu'à investir le possesseur d'une hérédité d'une sorte de mandat qui l'autoriserait aux yeux des tiers à disposer des effets de la succession.

Pour compléter ce qui est relatif à l'ancienne usucapion lucrative, nous ajouterons quelques mots sur deux autres hypothèses, dans lesquelles l'usucapion était également admise de

---

[1] Nous tenons pour certain que telle était la règle suivie à l'époque des jurisconsultes, et nous laissons de côté la controverse relative au point de savoir quand a été introduite la restriction consistant à faire restituer au défendeur à la revendication les fruits non consommés.

la part de celui qui savait posséder la chose d'autrui, hypothèses qui nous ont été révélées par les Commentaires de Gaïus, II, 59 et suiv. Il s'agissait, dans l'un et l'autre cas, d'un ex-propriétaire qui recouvrait sa chose; de là le nom d'*usureceptio*.

1° *Usureceptio fiduciæ*. — La première hypothèse était celle de l'*usureceptio fiduciæ;* elle se contentait, à l'instar de l'*usucapio pro herede*, d'un an de possession, même pour les immeubles. Voici dans quelles circonstances se présentait cette sorte d'*usureceptio :* Quelqu'un avait consommé l'aliénation de sa chose au moyen d'une mancipation ou d'une *in jure cessio*, en accompagnant toutefois l'aliénation d'un contrat de fiducie, par lequel l'acquéreur s'engageait à rétrocéder plus tard ce qu'il acquérait maintenant. C'était ce qui se pratiquait autrefois, soit pour fournir une sûreté réelle à son créancier (il y avait alors *fiducia contracta pignoris jure*), soit pour donner à un ami, auquel on voulait confier la garde de ses biens, plus de pouvoirs relativement à ces biens (*quo tutius nostræ res apud eum essent*), en lui procurant la faculté d'exercer la revendication. Cette précaution de se dépouiller, pour investir un autre de la propriété, pouvait être prise à l'occasion d'une absence, en vue quelquefois de soustraire sa fortune aux atteintes d'un ennemi puissant.

Quand le contrat de fiducie avait été conclu *cum amico*, l'*usureceptio* était autorisée sans aucune restriction. L'aliénateur redevenait toujours (*omnimodo*) propriétaire, par un an de possession. Il ne réalisait, en effet, aucun lucre ; il y avait seulement dispense d'une rétrocession en forme. On peut même supposer que, dès l'instant où l'ancien *dominus* avait pris possession, la chose devait être pour lui *in bonis*.

Quand il y avait, au contraire, *fiducia contracta pignoris jure*, l'*usureceptio* n'était tolérée que sous une distinction. Le créancier avait-il été satisfait, le débiteur était toujours (*omnimodo*) admis à recouvrer la propriété par l'usucapion annale, la chose fût-elle immobilière. Ici encore il n'y avait aucun gain effectué par le débiteur. On ne faisait que lui faciliter le recouvrement d'une propriété à laquelle il avait droit, et qu'il eût pu contraindre le créancier à lui restituer, grâce à l'exercice de l'action *fiduciæ*. Eût-il conservé la possession en vertu d'un *precarium*, ou la détention par l'effet d'une *conductio*, le *precarium* ou la *conductio* se trouvaient anéantis par le payement opéré. Mais, à défaut de satisfaction fournie au créancier, l'*usureceptio* n'était possible qu'autant que le débiteur n'avait pas obtenu à la suite d'un *precarium* la possession de la chose aliénée, ou qu'il ne l'avait pas prise à bail du créancier : *Si neque conduxerit eam rem a creditore debitor, neque precario rogaverit ut eam rem possidere liceret*, Gaï., II, 60. Sinon, la règle : *Nemo sibi causam possessionis...* faisait obstacle à ce que le concessionnaire à précaire ou le *conductor* pût transformer sa possession de manière à la rendre apte à l'usucapion.

Une trace de cette interdiction de l'usucapion, en ce qui touche le *precarium*, s'est conservée dans la loi 16, *De oblig.* (44, 7), texte qui a été évidemment interpolé par les rédacteurs de Justinien, et dont une explication satisfaisante n'avait pu être fournie jusqu'à la découverte des Commentaires de Gaïus. Voici ce que Tribonien et ses collègues font dire à Julien :

Qui a servo hereditario mutuam pecuniam accepit, et fundum vel hominem pignoris causa ei tradiderat, et precario rogavit, precario possidet : nam servus hereditarius sicuti per traditionem accipiendo proprietatem hereditati adquirit, ita precario dando efficit, ne res usucapi possit ; nam et si commodaverit vel deposuerit rem peculiarem, commodati et depositi actionem hereditati adquiret. Hæc ita, si peculiare negotium contractum est : nam ex hac causa etiam possessio adquisita intelligi debet.

La solution que donne le jurisconsulte romain devient facile à saisir, si l'on suppose que l'esclave héréditaire, en prêtant de l'argent, s'était fait manciper un fonds ou un esclave par l'emprunteur, qui tout en aliénant avait exigé un contrat de fiducie, et qu'il était intervenu ensuite un *precarium*, par l'effet duquel l'emprunteur avait recouvré la possession de la chose aliénée. On comprend très-bien comment l'esclave, qui d'abord avait acquis par mancipation pour le compte de l'hérédité, a, en outre, par la conclusion d'un *precarium*, fermé au débiteur la ressource de l'usucapion, c'est-à-dire de l'*usureceptio*. Il n'est pas douteux que Julien avait écrit : *fiduciæ causa mancipaverat*, au lieu de : *pignoris causa tradiderat*, et un peu plus loin : *per mancipationem*, au lieu de : *per traditionem*. Les compilateurs, du temps desquels la *fiducia* et la *mancipatio* étaient tombées en désuétude, ont substitué aux faits supposés par Julien la mention d'un *pignus* et d'une tradition ; et ils n'ont pas pris garde qu'en dénaturant ainsi l'espèce traitée par Julien ils aboutissaient à lui prêter une décision erronée.

Effectivement, si l'emprunteur n'a fait qu'une tradition *pignoris causa,* il n'a pas perdu la propriété, et ne l'a pas transférée à l'hérédité, qui est représentée cependant comme ayant acquis par l'esclave (*proprietatem hereditati adquirit*). Pour que le débiteur eût besoin de l'usucapion à l'égard de la chose qu'il a livrée à titre de *pignus,* il faut admettre qu'elle ne lui appartenait point, qu'il était simplement un possesseur de bonne foi *in causa usucapiendi.* Or, en faisant tradition *pignoris causa,* le débiteur conservait néanmoins la possesion *ad usuca-pionem*[1], quand bien même il n'aurait pas en fait ressaisi la possession au moyen d'un *precarium, à fortiori,* si, par suite d'un *precarium,* il avait même la possession *ad interdicta*[2]. La circonstance d'un *precarium* rendrait donc l'usucapion plus naturelle, au lieu d'y faire obstacle. — D'un autre côté, l'accomplissement de l'usucapion, quand une chose a été engagée par un possesseur de bonne foi, semble plutôt favorable que nuisible aux droits du créancier dont elle consolide le *pignus.* Pour expliquer comment l'hérédité a intérêt à écarter l'usucapion, il faut sous-entendre, ainsi que l'a proposé Cujas[3], quoiqu'il n'y ait rien dans le texte de Julien qui le laisse soupçonner, qu'il s'agit d'une chose appartenant précisément à l'hérédité. C'est la seule manière d'essayer de donner un sens à la loi 16 telle qu'elle est conçue aux Pandectes. Mais alors la circonstance d'un *precarium,* dont le jurisconsulte fait ressortir l'importance, se trouve dénuée de valeur. Sans doute l'usucapion sera interrompue, si le propriétaire reçoit sa propre chose en *pignus* de la part de son débiteur qui était en train d'usucaper. Seulement alors c'est le contrat de *pignus* qui fera obstacle à l'usucapion, et le *precarium* devient indifférent. Telle est la doctrine, qui a pour garant le même Julien, dans la loi 33, § 5, *De usurp.* « *Si rem tuam, cum bona fide possiderem, pignori tibi dem ignoranti, desino usucapere.* » Le jurisconsulte ne pouvait avoir en vue cette hypothèse; autrement il aurait puisé le motif d'exclure l'usucapion dans le fait du

---

[1] L. 1, § 15, *De adq. vel amitt. poss.,* L. 16; L. 33, § 4, *De usurp.*
[2] Telle est la remarque que fait Julien, L. 36, *De adq. vel amitt. possess.*
[3] *Comment. in lib. Digest. Salv. Jul.,* t. VI, c. 84.

pignus, sans invoquer la convention d'un *precarium,* inutile pour produire un effet déjà réalisé.

Il n'est pas sans intérêt de remarquer que Julien parle d'un esclave ayant conclu une affaire à l'occasion de son pécule; aussi a-t-il soin de restreindre à ce cas la décision qu'il donne. Ce n'était que *ex peculiari causa* que l'esclave, hors le su du maître, qui dans l'espèce était incapable d'une volonté, pouvait acquérir la possession. On pourrait être tenté d'objecter que, si l'on doit substituer en réalité une mancipation *cum fiducia* au *pignus* accusé dans le texte des Pandectes, l'observation de Julien serait hors de propos, puisque l'esclave pouvait toujours, même à l'insu du maître, figurer activement dans une mancipation. Mais prenons garde qu'après la mancipation, au moyen de laquelle l'*hereditas* est devenue *domina,* il y a eu un *precarium,* qui pour être valable doit procurer au débiteur la possession. Il faut donc que cette possession ait été acquise de la part de celui qui concède à précaire, afin qu'il puisse la transférer. Or l'hérédité, nous l'avons dit, n'a pas l'aptitude à la possession. Mais cette capacité de posséder, nécessaire pour constituer un *precarium,* ne fait pas défaut chez l'esclave héréditaire, qui est pourvu d'un pécule, et qui, dans l'espèce, agissait *ex peculiari causa.*

En résumé, le seul cas où l'*usureceptio fiduciæ* constituait une usucapion lucrative était celui où le créancier non satisfait laissait posséder par son débiteur l'objet de la fiducie, sans le préalable d'une *conductio* ou d'un *precarium.* Pourquoi le créancier se trouvait-il alors dépouillé de la propriété qu'il avait acquise? Nous croyons qu'il faut expliquer ce résultat par une présomption de renonciation. Devenu propriétaire, ce créancier, s'il voulait sérieusement tirer parti de son droit, devait se ménager la possession de la chose aliénée. C'était une précaution qu'il prenait habituellement; et la revendication, qui était à sa disposition, lui fournissait le moyen d'obtenir cette possession, qui régulièrement lui était abandonnée au moment de l'aliénation. S'il se débarrassait de la garde de la chose, en la donnant au débiteur à titre de bail ou de *precarium,* son droit n'était nullement compromis. La possession lui restait, quand il y avait eu *conductio;* et bien qu'elle passât au débiteur en vertu du *precarium,* ce n'était là qu'une possession toujours révocable au gré du concédant, et dont le débiteur ne pouvait se prévaloir à l'encontre du créancier. Celui-ci laissait-il reprendre [1] au débiteur la possession de la chose aliénée, sans qu'il y eût une autorisation positive dérivant d'une *conductio* ou d'un *precarium*, le débiteur était censé agir du consentement tacite du créancier, et l'on voyait dans cet état de choses prolongé pendant un an la remise, sinon de la créance, au moins du droit de propriété qui lui servait de garantie, de même que la restitution du gage n'empêchait pas le créancier d'exiger le payement de la dette, L. 3, *De pact.* (2, 14). Quant à l'abréviation du temps requis ordinairement pour l'usucapion des immeubles, elle tenait sans doute à ce qu'on ne considérait pas comme une aliénation complète la mancipation faite avec contrat de fiducie. C'est pourquoi les Sabiniens, qui ne tenaient pour valable le legs *per præceptionem* qu'autant qu'il portait sur une chose appartenant au testateur, décidaient cependant qu'il était permis de léguer de la sorte un objet que le défunt aurait mancipé à son créancier *fiduciæ causa*, Gaï., II, 220. Pareillement l'aliénation avec fiducie que le testateur aurait faite à l'égard d'une chose qu'il avait léguée, n'entraînait point révocatiou du legs, Paul, *Sent.*, liv. III, tit. 6, § 16.

Quant à l'explication proposée par Huschke [2], elle nous paraît très-hasardée, nous ajouterons assez difficile à saisir. Suivant cet auteur, la mancipation *fiduciæ causa* ne pouvait porter que sur l'ensemble de la *familia,* qui aurait été inaliénable, et qui, envisagée comme étant au nombre des *cæteræ res,* à l'instar de l'*hereditas*, aurait dû être usucapable par un an. Il est malaisé de comprendre que quelqu'un aliène ce qui n'est pas aliénable, et qu'il usucape, s'il n'a pas aliéné. Les textes d'ailleurs sont fort clairs pour établir que la mancipation avec fiducie avait trait à des objets particuliers, et que la *familia* du mancipant restait étrangère à un pareil acte.

---

[1] L'*usureceptio* semble bien supposer une possession perdue, puis reprise. Gaïus, III, 201, fait mention de notre hypothèse comme exemple à l'appui de cette proposition qu'il est quelquefois permis OCCUPARE *rem alienam,* sans qu'il y ait un *furtum,* dont l'idée première est une *contrectatio,* un déplacement de la chose.

[2] Elle est développée assez longuement *Zeitschrift für geschicht. Rechtsw.,* t. XIV, p. 229 et suiv.

2° *Usureceptio ex prædiatura.* — Le seul document que nous possédions sur cette autre application de l'*usureceptio*, qui nous montre également un ancien propriétaire recouvrant par la possession une chose qu'il sait ne pas lui appartenir, consiste dans le fragment suivant des Commentaires de Gaïus, II, 61 : *Item si rem obligatam sibi populus vendiderit, eamque dominus possederit, concessa est usureceptio ; sed hoc casu prædium biennio recipitur et hoc est quod vulgo dicitur, ex prædiatura possessionem usurecipi ; nam qui mercatur a populo prædiator appellatur.* Ainsi, il y a eu vente au nom du peuple de biens qui lui étaient engagés. Si l'exproprié reprend possession de ces biens, il lui est permis d'en recouvrer la propriété au détriment de l'acquéreur, qui prend le nom de *prædiator*. Seulement on rentre ici dans la règle ordinaire quant à la durée de la possession pour l'usucapion des immeubles ; la possession devra se prolonger pendant deux années.

Il est assez difficile de rendre compte des motifs qui justifiaient cette usucapion, dont toute trace a disparu sous Justinien, et sans doute longtemps auparavant. Gaïus se contente de dire que cette faculté de ressaisir la propriété a été *concédée*, sans dire si cette concession était due à quelque disposition législative formelle, ou s'il n'y avait pas là, ce qui est plus probable, un droit reposant simplement sur la coutume. Il semble qu'une propriété acquise publiquement, sous la garantie de l'État, aurait dû être aussi stable que possible, l'État ayant intérêt à fournir sécurité à ses acquéreurs, afin de vendre plus avantageusement. Nous ne pouvons donc partager l'opinion d'après laquelle les *prædiatores* auraient été vus d'un mauvais œil, placés en quelque sorte hors la loi commune, à raison de la haine qu'ils inspiraient, et considérés comme indignes de la protection accordée en général à la conservation de la propriété. Nous trouvons plus acceptable la conjecture de ceux qui pensent que la conduite du *prædiator*, qui laisse l'exproprié se remettre en possession de ses biens vendus, était interprétée comme contenant l'aveu tacite d'un arrangement par suite duquel l'acheteur n'aurait agi que pour le compte du débiteur, avec promesse de lui restituer ses biens. On a soutenu aussi que l'efficacité de l'usucapion était subordonnée à la nécessité de désintéresser le *prædiator*. S'il en eût été ainsi, on ne comprendrait pas que Gaïus eût omis de signaler une condition aussi importante de cette *usureceptio*. La loi 9, *De rescind. vendit.* (18,₅5), a été invoquée comme portant sous ce rapport un vestige de cette ancienne *usureceptio*. Nous croyons qu'il n'existe aucune analogie entre l'espèce prévue dans cette loi 9 et l'*usureceptio ex prœdiatura* dont parle Gaïus. La loi 9 suppose, en effet, que les biens du débiteur d'une cité ayant été vendus à bas prix, paraît-il, ce débiteur a obtenu du magistrat la rescision de la vente, rescision dont la validité est subordonnée toutefois à la condition de désintéresser l'acheteur, ou, si celui-ci n'avait pas payé son prix, de rembourser à la cité tout ce qui lui était dû. C'est au moyen d'une rescision de la vente prononcée par le magistrat, et non par une simple possession, que le droit de propriété est ici rétabli. S'il est dit qu'après l'intervention du décret, le débiteur a seulement les choses *in bonis*, c'est que l'autorité du magistrat est insuffisante pour conférer la propriété quiritaire.

§ 2. — Interdit Salvien.

L'interdit Salvien est cité à côté de l'interdit *Quorum bonorum*, comme étant également *adipiscendæ possessionis*, soit par Gaïus, IV, 147, soit par les rédacteurs des Institutes, § 3, *in fine, De interd.* Le même caractère lui est assigné par Paul, L. 2, § 3, *De interd.* Gaïus et Justinien, qui ne fait que répéter Gaïus, s'accordent pour déterminer l'application de cet interdit; il s'agit des objets qui ont été engagés par le colon pour le payement des fermages : *De rebus coloni, quas is pro mercedibus fundi pignori futuras pepigisset.* En dehors de ce renseignement, nous ne trouvons sur cette matière, dans les compilations de Justinien, que des documents fort exigus. Il existe bien aux Pandectes un titre sous la rubrique : *De Salviano interdicto* (43, 33); mais il ne se compose que de deux fragments assez brefs. Quant au Code, la liste des interdits se termine, comme aux Pandectes, par un titre consacré à l'interdit Salvien (8, 9); mais le même titre est en outre relatif au *precarium*, et sur deux constitutions qui y figurent, la première seule concerne l'interdit Salvien.

Cette insuffisance des sources a occasioné des controverses multipliées sur les règles de notre interdit et sur sa véritable portée. Ici encore le point le plus délicat, comme pour l'interdit *Quorum bonorum*, consiste à dégager les fonctions propres à l'interdit Salvien, par rapport à celles de l'action Servienne, qui semble présenter absolument le même intérêt. Effectivement, si l'on rapproche le § 3, *De interdictis*, du § 7, *De actionibus*, aux Institutes, on est tenté de se demander si les deux voies ne font pas double emploi. Des auteurs considérables, Savigny notamment, ont répondu affirmativement à cette question. L'interdit Salvien n'aurait été que le point de départ; puis on serait arrivé à la création de l'action Servienne, qui aurait rendu l'interdit désormais inutile. Nous croyons devoir repousser cette opinion, comme nous l'avons déjà fait sur une difficulté analogue, en traitant l'interdit *Quorum bonorum*. Nous aurons par conséquent à déterminer le domaine spécial de l'interdit, de manière à le séparer de celui qui appartient à l'action Servienne.

Nous devons d'abord faire remarquer le rôle important que joue dans l'histoire du droit d'hypothèque chez les Romains le cas pour lequel ont été introduits l'interdit Salvien et l'action Servienne. On sait que, dans l'origine, le débiteur qui voulait fournir à son créancier une sûreté réelle transférait à celui-ci la propriété même de tel ou tel objet, sous l'engagement d'une rétrocession après satisfaction de la dette, et que pour se faire restituer ce qu'il avait aliéné, le débiteur était réduit à la ressource d'une action personnelle résultant du contrat de fiducie. Plus tard, le débiteur put, en conservant la propriété, ne se dépouiller que de la possession, qui passait au créancier par l'effet d'une tradition, ce qui constitua le *pignus* proprement dit, dont la pratique paraît remonter à une époque assez ancienne [1]. Cet expédient procurait moins de sécurité au créancier; il n'avait ni la propriété ni même un *jus in re*. La possession seule lui appartenait, et par suite la faculté d'user des moyens créés par le droit prétorien pour conserver ou recouvrer la possession ; mais s'il ne se trouvait plus dans les conditions voulues pour exercer les interdits possessoires, l'utilité du *pignus* disparaissait à raison du défaut de toute action réelle.

La dispense de la précaution d'une mise en possession com-

---

[1] Suivant Bachofen, *Das röm. pfand.*, chap. 1, n° 3, le *pignus* ne serait pas plus récent que l'aliénation avec fiducie.

mença dans les rapports du *colonus* avec le ***dominus fundi***. On le comprend facilement; la renonciation à la possession eût été impossible de la part du fermier, qui avait besoin, pour exploiter le fonds, de conserver ses meubles et instruments d'agriculture, seuls objets qu'il pût ordinairement engager. Aussi le Préteur se contenta-t-il, en pareil cas, de la convention, indépendamment d'une tradition. La dérogation était d'ailleurs peu sensible, parce que les objets engagés devaient être apportés sur le fonds (*invecta, illata*), ce qui constituait pour le propriétaire une sorte de possession. A côté de cette innovation, le Préteur créa à cette occasion un interdit spécial ayant pour but de faire acquérir en réalité la possession au *locator :* ce fut l'interdit Salvien [1].

Cette position du bailleur, quant aux choses apportées sur le fonds, habitua à le considérer comme ayant un droit sur ces objets, malgré l'absence d'une possession effective. Ce droit prit tellement faveur [2] qu'il fut bientôt accompagné d'une protection plus efficace que celle d'un interdit borné à l'obtention de la possession. Le *locator* reçut concession d'un *jus in re,* pour la création duquel une simple convention fut déclarée suffisante, progrès qui fut réalisé par le préteur Servius, au moyen de l'action dite Servienne. Les Préteurs subséquents, élargissant considérablement la voie qui avait été ouverte dans un cas particulier par l'action Servienne, en généralisèrent l'application au profit de tout créancier, pour cause

---

[1] Le nom que reçut cet interdit vient sans doute de celui du Préteur même par lequel il fut imaginé. L'époque à laquelle vivait ce Préteur Salvius est inconnue. C'est à tort que Cujas (*Comment. in lib. XLIX Digest. Salv. Jul.*, t. VI, c. 338, et *Comment. in tit.* 9, lib. VIII, Cod., t. IX, c. 1173) a attribué au fameux jurisconsulte Salvius Julianus l'introduction de notre interdit. La conjecture de Cujas a été justement réfutée par Bynkershoeck, *Observ.*, II, 24. — Nous ne doutons point que l'interdit Salvien ne soit antérieur à l'action Servienne, dont la date est également incertaine, mais qui se présente en droit romain bien longtemps avant Julien. On a quelquefois prétendu qu'un rapport inverse, quant à leur origine, devait exister entre ces deux voies. Suivant l'ingénieuse critique de Rudorff (*Zeitsch. für gesch. Rechtsw.*, t. XIII. p. 217), cela équivaut à prétendre que l'invention de l'arbalète est postérieure à celle des armes à feu.

[2] Les exemples de formules d'engagement donnés par Caton *De re rustica* nous prouvent que l'affectation au payement des fermages, quant aux objets garnissant les lieux, était un usage général observé de bonne heure à Rome.

quelconque, qui était convenu avec son débiteur, ou même avec un tiers, que tels objets seraient affectés (*res obligatæ*) au payement de la dette. L'action ainsi étendue devint l'action quasi-Servienne ou hypothécaire. Ce résultat, qui peut paraître exorbitant dans les idées romaines, de faire découler une action réelle uniquement d'un pacte, fut probablement aidé par l'usage assez fréquent, semble-t-il[1], de rétrocéder au débiteur, immédiatement sans doute, en vertu d'un *precarium*, la possession des objets qu'il engageait. On s'accoutuma à ne plus distinguer s'il y avait eu perte, puis reprise de la possession, ou si le débiteur avait toujours continué à posséder ; et le créancier obtint d'une manière uniforme la reconnaissance d'un *jus in re*, grâce seulement à une convention, eût-il négligé de se faire transférer la possession, puisqu'elle n'était pas conservée ordinairement par celui qui avait le soin d'exiger une tradition. En pratique, la circonstance d'une tradition devint indifférente au point de vue du droit à l'action réelle.

Un premier point controversé est la teneur de la formule usitée pour l'interdit Salvien. Elle ne nous est pas parvenue, ce qui est assurément la principale cause des divergences qui ont éclaté sur cette matière entre les Docteurs, divergences dont se plaignait Cujas (Obs. V, 24), et qui n'ont pas cessé de nos jours. Les essais n'ont pas fait défaut pour reconstruire cette formule ; ce travail avait été exécuté autrefois par Baron et Hotomann[2] ; et de nos jours la même tentative a été renouvelée, notamment en 1830, par Huschke[3], et plus tard,

---

[1] Ulpien, dans la loi 6, § 4, *De precar.* (43, 26), se pose la question de savoir si le *precarium* peut porter sur la propre chose du concessionnaire ; et il répond affirmativement, en donnant pour objet au *precarium* la possession, non la propriété, ce qui, fait-il observer, est souverainement utile, et se passe *journellement* entre créanciers et débiteurs relativement au *pignus* : *Mihi videtur verius precarium consistere in pignore, cum possessionis rogetur, non proprietatis. Et est hæc sententia etiam utilissima :* QUOTIDIE *enim rogantur creditores ab his qui pignori dederunt : et debet consistere precarium.*

[2] Favre, *De error. pragm.*, 58, 3, rapporte les formules proposées par ces deux jurisconsultes, en les désapprouvant l'une et l'autre.

[3] Studien, I, IV, p. 398. Cet auteur a fait une étude approfondie de l'interdit Salvien. Nous avons tiré grand profit de ce travail, quoique nous n'admettions pas toutes les solutions qui s'y trouvent.

en 1845, par Rudorff [1]. Chacun des deux a naturellement accommodé la rédaction qu'il adoptait à la doctrine par lui embrassée sur la portée de cet interdit ; et leurs doctrines étant loin d'être d'accord, on ne doit pas s'étonner des dissemblances qui existent entre les deux formes proposées. Huschke s'en est tenu au système d'Hotomann, qui rangeait l'interdit Salvien au nombre des interdits restitutoires. Rudorff, au contraire, dont l'opinion est suivie aujourd'hui par MM. de Vangerow [2] et Bachofen [3], le tient, comme l'avaient déjà fait Baron et Favre, pour un interdit prohibitoire. A l'appui de cette thèse, on a fait observer que les interdits, qui précèdent aux Pandectes l'interdit Salvien, étaient conçus sous la forme prohibitoire. La question avait de l'importance quant à la procédure à employer, puisque dans les interdits prohibitoires les *sponsiones pœnales* étaient inévitables. Au surplus, le but que poursuit l'interdit pouvait être atteint également par l'une ou par l'autre des deux formes. Qu'il y eût ordre de restituer, ou ordre de ne pas faire obstacle à l'appréhension d'une chose, le demandeur arrivait toujours à se mettre en possession. Rudorff interprète la loi 52, § 2, *De adq. vel amitt. poss.*, tirée du livre 1er de Venuleius sur les interdits, comme ayant trait à cette manière d'obtenir la possession, basée sur un ordre du magistrat, qui défend d'empêcher quelqu'un d'appréhender une chose. Le jurisconsulte romain fait remarquer que cette tournure de l'ordre est même plus efficace que celle qui se traduit en un *restituas*, et cela, dit Rudorff, à raison de la sanction qui se rattache à l'infraction de l'ordre, la procédure *cum periculo* étant ici forcée.

A qui appartenait l'interdit Salvien ? — Toutes les sources que nous possédons, Gaïus, Justinien, Théophile, s'accordent pour ne mentionner que le *dominus fundi*. C'est ce qui est encore confirmé par les lois 1 et 2, *De Salv. interd.* Nous pensons cependant, avec Huschke, que la qualité de *dominus* n'était pas indispensable, qu'il suffisait que le créancier eût le titre de *locator*, qu'ainsi un usufruitier ou un possesseur qui jouaient le

---

[1] Zeitsch., *loc. cit.*, p. 210.
[2] *Lerhb. der Pand.*, t. I, § 390.
[3] *Das Röm. pfand.*, p. 11.

rôle de bailleur, étaient fondés à user de cet interdit. Mais beaucoup d'auteurs anciens et modernes [1] admettent, à côté de l'interdit Salvien proprement dit, un interdit quasi-Salvien, au
profit de tout créancier hypothécaire, à l'imitation de l'action
quasi-Servienne. — Nous repoussons cette extension, parceque,
hors le cas qui parut au Préteur Salvius mériter une dispense,
le créancier devait régulièrement se prémunir de la possession
s'il voulait être à même d'user de la voie d'un interdit. Il y avait
sans doute une situation analogue dans celle du propriétaire
qui avait donné à bail des bâtiments d'habitation, et non un
fundus. Seulement ici la ressource d'un interdit était inutile,
le *locator* d'un *prædium urbanum* étant autorisé à retenir les
meubles apportés dans sa maison, en s'opposant à leur sortie
par voie de *perclusio,* de fermeture des portes, ainsi qu'il résulte de la loi 9, *In quib. caus. pign.* (20-2). L'*inquilinus* était
protégé contre l'abus de cette faculté au moyen de l'interdit *De
migrando,* qui lui permettait d'éviter de la part du *locator,* tout
obstacle à l'enlèvement des meubles non engagés, ou même des
meubles engagés, quand il avait satisfait à ses obligations. On
conçoit qu'un pareil expédient pour s'assurer la possession des
objets engagés n'était pas applicable aux *prœdia rustica.* De là
l'utilité de l'interdit Salvien, puisque, dans cette hypothèse,
on avait senti les inconvénients qu'il y aurait à exiger que le
fermier abandonnât la possession de son mobilier.

La doctrine contraire s'appuie sur les textes suivants :

1° La loi 2, § 3, *De interd.,* où Paul, en mentionnant l'interdit Salvien comme étant *adip. poss.,* s'exprime ainsi : *Salvianum quoque interdictum, quod est de* PIGNORIBUS, *ex hoc ge-
nere est.* Cet argument ne nous paraît avoir aucune portée; il
n'y a là, en effet, rien de précisé quant aux *pignora* à raison
desquels serait possible l'interdit Salvien, que partout ailleurs
nous voyons mis uniquement à la disposition du *locator;* aussi
les adversaires sont-ils obligés de recourir à la création d'un
interdit analogue, qu'ils appellent quasi-Salvien.

2° Paul, *Sent.,* liv. V, tit. 6, § 16 [2]. Le jurisconsulte fait ob-

---

[1] *Sic* autrefois Cujas; dans la jurisprudence récente, Thibaut, de Vangerow, Bachofen, etc.

[2] *Omnibus bonis quæ habet quæque habiturus est obligatis, nec concubina,
nec filius naturalis, nec alumnus, nec ea quæ in usu quotidiano habet,
obligantur : ideoque de his nec interdictum redditur.*

server qu'au cas d'engagement de tous les biens, il y a certains objets qui doivent êtrc considérés comme exceptés de l'engagement, et pour lesquels dès lors un interdit ne peut être sollicité. C'est en vertu de ce texte que Cujas [1] a conclu à la généralisation de l'interdit Salvien. Huschke sous-entend dans la pensée de Paul une *obligatio* de tous ses biens de la part d'un *colonus* au profit d'un *locator*. Nous croyous cette supposition inutile. La décision de Paul n'a rien de spécial au *dominus fundi;* elle se conçoit très-bien à l'égard d'un créancier quelconque, qui aurait exigé un *pignus* sur l'ensemble des biens, et qui aurait obtenu la possession, sauf à l'abandonner, suivant l'usage, au débiteur, moyennaut un *precarium*. Dans cette hypothèse, le créancier, quelle que soit la cause de la dette, est fondé à exercer les interdits destinés à protéger la possession; néanmoins, il y a certaines choses qui sont tacitement exceptées, et relativement auxquelles il ne pourra user de cette ressource.

3° La loi 1, C., *De precar.* (8, 9). Cette constitution de Gordien, sur laquelle nous aurons à revenir en examinant contre qui compétait l'interdit Salvien, semble accorder cet interdit contre tout débiteur, et par conséquent à tout créancier. Mais nous verrons que c'est là, à notre estime, une interprétation vicieuse; que l'empereur Gordien a voulu vraisemblablement énoncer cette condition que le débiteur devait être un *conductor* pour qu'il y eût lieu à l'interdit Salvien, et que c'est à raison du défaut de cette circonstance que le postulant est renvoyé à l'exercice de l'action Servienne, ou plutôt de l'action hypothécaire.

4° Enfin la loi 3, C., *De pignor.* (8, 14) [2]. On voit ici les empereurs Sévère et Antonin écarter l'idée de violence et l'application de la loi Julia, *de vi privata*, quand un créancier, non payé à l'échéance, se met en possession, conformément à la convention, des biens qui lui ont été hypothéqués régulièrement; toutefois, il doit s'adresser au magistrat. L'intervention de l'*auctoritas Præsidis* ayant pour but, dit la loi 3, de faire acquérir

---

[1] *Interpret. in Jul. Pauli recept. Sentent.*, lib. V, t. I, c. 483.

[2] *Creditores, qui non reddita sibi pecunia, conventionis legem, ingressi possessionem, exercent, vim quidem facere non videntur; attamen auctoritate Præsidis possessionem adipisci debent.*

au créancier la possession (*possessionem adipisci debent*),
MM. Rudorff et de Vangerow en induisent que le moyen d'atteindre ce résultat consistera en un interdit. Nous pensons qu'il s'agit de l'action hypothécaire, pour l'exercice de laquelle il fallait recourir au magistrat tout aussi bien que pour obtenir un interdit. On trouve des expressions analogues dans la loi 10, *eod. tit.*, où il est fait allusion, sans nul doute, à l'action hypothécaire : *Persequenti tibi pignora seu hypothecas... competentibus* ACTIONIBUS *Rector provinciæ auctoritatis suæ auxilium impartiri non dubitabit.* Quel est, en effet, le but auquel tend le créancier en intentant l'action hypothécaire ? Il veut se procurer la *possession* de la chose hypothéquée, afin d'être à même d'exercer le droit de vente qui lui appartient; aussi Papinien, L. 66, *pr.*, *De evict.*, 21, 2, caractérise-t-il ainsi la portée de l'action Servienne : *Hæc enim, et si in rem actio est, nudam tamen possessionem avocat.*

Sur quels objets ? — Suivant Gaïus et Justinien, l'interdit Salvien a trait aux choses du colon, qui par l'effet d'une convention ont été affectées au payement des fermages : *de rebus coloni, quas is pro mercedibus fundi pignori futuras pepigisset.*

Le demandeur était-il tenu de prouver que les choses affectées étaient la propriété du colon [1] ? C'est un point débattu par les auteurs, qui doit se décider selon le système que l'on adopte sur la portée de l'interdit Salvien, comparé à l'action Servienne. Nous aurons à nous en expliquer tout à l'heure.

Une convention expresse d'affectation est exigée par Gaïus et par Justinien. Il s'agit ici, en effet, de la location d'un *fundus ;* or les Romains, contrairement à nos usages, faisaient une distinction entre les *prædia rustica* et les *prædia urbana* quant au droit de gage appartenant au *locator* sur les meubles garnissant les lieux loués. Ils admettaient bien, si le bail concernait un *prædium urbanum*, c'est-à-dire des bâtiments d'habitation, que les choses apportées par l'*inquilinus* (*invecta, illata*) étaient tacitement frappées d'un droit de gage au profit

---

[1] Il ne nous parait pas douteux qu'un autre que le fermier pouvait consentir à l'affectation de sa chose pour la dette du *colonus*. Gaïus et Justinien n'entendent pas exclure la validité de cette convention; ils prévoient seulement *id quod plerumque fit.*

du bailleur. Mais il en était autrement quand la *locatio* avait pour objet un *prædium rusticum*; le droit de gage ne résultait alors que d'une convention formelle. Cette différence est clairement établie dans la loi 4, pr., *In quib. caus. pign.*, 20, 2 (V. aussi L. 5, C., *De locat.*, 4, 65). L'affectation tacite des *invecta* ou *illata* au cas de location d'un *prædium urbanum*, s'expliquait par la présomption que telle était la volonté des parties, conformément à l'usage général, L. 4, pr., *De pact.*, 2, 14. Sans cela, le *locator* d'un *prædium urbanum* eût été dépourvu de toute garantie. Le *locator fundi* trouvait, au contraire, une sûreté dans les fruits produits par le fonds, fruits à l'égard desquels on appliquait la règle d'une convention tacite de gage, suivant la loi 7, pr. *In quib. caus. pign.* Aussi peut-on se demander si l'interdit Salvien ne devait pas s'étendre aux fruits; et quoiqu'il n'existe sur cette question aucun texte positif à notre connaissance, l'affirmative nous semble devoir être naturellement adoptée. Ici encore s'appliquait l'idée d'une convention sous-entendue d'après les habitudes romaines, *ut adsolet fieri*, dit la loi 61, § 7, *De furt.*, 47, 2 ; et l'on ne voit pas pourquoi les effets qui découlaient d'une convention expresse n'auraient pas été également attachés à une convention supposée[1].

Indépendamment d'une convention, quelquefois sous-entendue, ne fallait-il pas que les objets à raison desquels pourra s'exercer l'interdit Salvien eussent été apportés sur le fonds? Bien que cette condition ne soit relevée ni par Gaïus ni par Justinien, elle est assez généralement admise. C'est ce qu'enseignaient autrefois Doneau et Favre, ce qui a été enseigné de nos jours par Huschke et par Rudorff. Cette doctrine repose sur le témoignage de Théophile, qui est positif[2]; elle est en outre indiquée par tous les textes des jurisconsultes qui nous sont parvenus sur cette matière. La loi première, *De Salv. interd.*, mentionne constamment la circonstance d'une *inductio* ou *illatio*, qu'on retrouve pareillement dans la loi 2, *eod. tit.*

Sur ce point, il est bon de faire observer que l'interdit Sal-

---

[1] Favre a longuement développé l'opinion contraire. La question est délayée en quatre chapitres, *De error. pragm.*, 61, 5 à 9.

[2] *Domino fundi datur adversus colonum qui pactus fuit ut bona omnia ab ipso in fundum invecta pro mercede sint oppignerata*, porte la traduction par Reitz de la paraphrase de Théophile.

vien aurait été plus exigeant que l'action Servienne. Peut-être, à l'origine, le *jus in re* concédé au *locator* n'était-il accordé, de même que l'interdit, qu'à la suite d'un apport réalisé des objets affectés. Mais quand une fois la simple convention fut reconnue suffisante pour engendrer au profit de tout créancier une action réelle sous le nom d'*action quasi-Servienne* ou *hypothécaire*, il n'y avait aucun motif raisonnable pour traiter le *locator* avec plus de rigueur quant à l'obtention du *jus in re*. Seulement la ressource de l'interdit Salvien, qui, suivant nous, demeura spéciale au *locator*, fut toujours attachée à cette condition que les *res obligatæ* eussent été *invectæ* ou *illatæ*.

Ceci nous explique pourquoi les jurisconsultes s'occupent de déterminer le caractère que doit présenter l'apport effectué. Il faut qu'il s'agisse d'un apport permanent; le fait d'une présence sur le fonds, qui ne serait que transitoire et temporaire, ne suffirait pas : *Ea sola, quæ, ut ibi sint, illata fuerunt*, dit la loi 7, § 1. *In quib. caus. pign.; Hoc animo inducti ut ibi perpetuo essent, non temporis causa accommodarentur*, dit la loi 32, *De pign. et hyp.* Sans doute il était habituel que le *colonus* se bornât à affecter ce qu'il apporterait sur le fonds; les lois 11, § 2, *Qui pot. in pign.*[1], et 14, *Quib. mod. pign. dist.*, nous fournissent des exemples d'affectation conçus avec cette restriction. En revanche, la circonstance d'un apport proprement dit n'était pas nécessaire pour les produits nés sur le fonds, pour les fruits par exemple, qui se trouvaient tacitement engagés, pour le part des esclaves amenés sur la ferme, non plus que pour les objets qui y auraient été confectionnés. La naissance de ces objets ou leur création sur les lieux même équivalait naturellement à un apport effectif. Aussi la loi 32, *De pignor. et hyp.*, contient-elle, à côté de la mention des *inducta, invecta, importata*, celle-ci : *ibi nata, paratave essent*.

---

[1] Cette loi décide que si un *colonus*, après avoir engagé généralement les meubles qu'il apporterait sur le fonds, hypothèque un objet à un autre créancier, et que l'apport de cet objet sur les lieux loués ne soit effectué que postérieurement, le *locator* sera primé par le créancier spécial. *Quia non ex conventione priori obligatur, sed ex eo quod inducta non est, quod posterius factum est.* La condition à laquelle est subordonnée l'hypothèque du *locator* étant potestative de la part du débiteur, elle n'aura pas d'effet rétroactif.

Contre qui se donnait l'interdit Salvien ? — Cette question a depuis longtemps divisé les auteurs. Les Commentaires de Gaïus ni les Instituts de Justinien ne s'expliquent à cet égard. Il n'en est pas de même de la paraphrase de Théophile, qui est bien formelle pour autoriser l'interdit contre tout possesseur[1]. C'est ce qui est encore fort nettement indiqué aux Pandectes, dans le titre *De Salv. interd.*, notamment loi 1, § 1, où l'on voit que l'interdit peut être intenté *adversus extraneum*. Dans le fait, la ressource de cet interdit, imaginé afin de garantir les intérêts du *locator*, contraint, à raison des inconvénients qu'entraînerait l'observation du droit commun, à laisser au fermier la possession des *res obligatæ*, ne fournirait qu'une protection bien précaire, si l'interdit n'atteignait que le débiteur, et s'il suffisait à ce dernier, pour le rendre inutile, de se dépouiller de la possession. Mais la difficulté qu'il y a d'attribuer une portée générale à cet interdit provient de la loi 1, C, *De Salv. interd.*, qui paraît effectivement ne l'accorder qu'à l'encontre du débiteur, sans qu'il y ait d'ailleurs à s'occuper du point de savoir s'il est débiteur en qualité de *conductor* ou à un autre titre[2].

La conciliation de ce texte avec le passage de Théophile et les décisions contenues aux Pandectes a beaucoup occupé les commentateurs. Il serait curieux peut-être, mais certainement inutile, de passer en revue tout ce qui a été écrit à ce sujet. A la suite de Thibaut, qui admet franchement une contradiction entre le Digeste et le Code, un grand nombre d'interprètes se sont ralliés à cette idée que le Code avait dérogé au Digeste, et font prévaloir dans le dernier état du droit la constitution de Gordien[3]. Dans l'ancien droit, Doneau, qui soutenait que

---

[1] Κατα παντος κατεχοντος.

[2] *Si te non remittente pignus, debitor tuus ea, quæ tibi obnoxia sunt, venundedit : integrum tibi jus est ea persequi, non interdicto Salviano (id enim tantummodo adversus conductorem debitoremve competit), sed Serviana actione, vel quæ ad exemplum ejus instituitur, utilis adversus emtorem exercenda est.*

[3] *Sic* M. de Vangerow, t. I, § 390, où l'on trouvera cités les auteurs qui partagent cette doctrine. — Thibaut, en 1828, *Archiv. für civ. prax.*, t. XI, p. 123 et suiv., a résumé les différentes opinions qui se sont produites, et ramené à six les théories, dont plusieurs se subdivisent dans leurs détails, qui ont été proposées pour l'explication de cette difficulté. Depuis lors une

l'interdit Salvien était donné même contre les tiers possesseurs, avait proposé de modifier le texte de la loi 1, en lisant : *conductoris rem debitorisve*, de sorte que l'empereur aurait voulu dire que l'interdit n'était possible, au moins d'une manière directe, qu'autant que l'objet affecté serait encore la propriété du débiteur ; sinon il aurait fallu recourir à un interdit *utile*, que Julien, en effet, L. 1, pr., *De Salv. interd.*, donne contre l'acheteur de l'*ancilla in fundo inducta* à raison du part né postérieurement à la vente. Mais il est clair que la portée de la loi 1 va jusqu'à la dénégation absolue de tout interdit, utile ou direct, puisqu'il y a renvoi à l'action hypothécaire. — Rudorff a tenté de rendre compte du rescrit de Gordien, en attachant une importance particulière à ces mots : *Te non remittente pignus*, lesquels signifieraient que le créancier a consenti à la vente, tout en se réservant son droit de gage, *salva causa pignoris sui*, cas prévu dans la loi 4, § 1, *Quib. mod. pign.* (20, 6). Le créancier aurait ainsi perdu la faculté d'user de l'interdit, mais non celle d'intenter l'action Servienne. Cette explication n'a guère trouvé faveur. Il est, en effet, arbitraire de supposer que le créancier qui s'était adressé à Gordien avait consenti à la vente, sous la réserve de son droit d'hypothèque. Il est dit uniquement que le créancier n'avait pas fait remise de son droit, sans quoi il eût été déchu même de l'action hypothécaire.—Nous croyons que le parti le plus simple est d'adopter l'interprétation présentée par Zimmern et développée par Huschke, tout en avouant que ce n'est pas celle qui s'offre le

septième théorie, imaginée par Rudorff, et dont nous disons un mot, est venue encombrer encore le terrain. — Celui qui a déployé le plus d'efforts sur cette controverse est Ant. Favre, qui n'a pas consacré moins de trois Décades (LVIII a LXI), à réfuter les erreurs qu'il reproche aux interprètes à l'occasion de l'interdit Salvien, au risque, qu'il n'a pas évité assurément, d'augmenter le nombre de ces erreurs. Son système est que les Pandectes ne contiennent rien qui autorise l'exercice d'un interdit contre un autre que le *colonus*, et il ne recule devant aucune conjecture pour plier les fragments à son système. Afin de donner une idée de la hardiesse avec laquelle le savant Président dénature les textes qui le gênent, il suffit de dire que, dans la loi 1, § 1, *De Salv. interd.*, où Julien dit à propos de deux bailleurs : *Singuli adversus extraneum* SALVIANO INTERDICTO *recte experientur*, Favre substitue ces mots : SERVIANA, NON INTERDICTO. Je renvoie le lecteur qui désirerait s'édifier sur la manière dont ce tour de force est opéré au commencement de l'*error* IV de la LVIIIe Décade.

plus naturellement. Il s'agirait, dans l'espèce, d'un créancier autre qu'un *locator*, comme le prouve la mention de l'action utile Servienne. Tout ce que veut dire Gordien, c'est que l'exercice de l'interdit Salvien suppose pour débiteur un *conductor;* les mots *conductorem debitoremve* doivent s'entendre copulativement, de même que s'il était écrit *debitoremque*. Sans doute les expressions *adversus conductorem* ne sont pas très-heureuses pour indiquer que la dette doit émaner d'une *conductio*, surtout en les rapprochant des derniers mots de la Constitution : *adversus emtorem*. Mais il ne faut pas s'attendre à rencontrer dans les Constitutions impériales, après Alexandre Sévère, la même précision de style, la même rigueur de langage que dans les jurisconsultes du bel âge du droit romain. D'un autre côté, quand nous voyons Théophile énoncer de la manière la plus positive que tout possesseur est soumis à l'interdit Salvien, quand tous les fragments des Pandectes s'accordent sans exception à le présenter comme dirigé contre les tiers, nous ne pouvons hésiter à préférer cette interprétation, commandée en quelque sorte par la nature même que devait avoir cet interdit pour offrir une utilité sérieuse [1].

La portée de l'interdit Salvien contre les tiers, qui ne nous paraît pas douteuse à l'époque des jurisconsultes, et que nous croyons avoir toujours subsisté, cette portée éclate surtout dans la loi 1, pr., *De Salv. interd.*, où nous voyons qu'il atteignait l'acheteur d'une *ancilla in fundo inducta*, même à l'égard du *partus*, qui serait né chez l'acheteur. Il est vrai que l'interdit semble ici n'être donné qu'*utilement*, ce que l'on explique ordinairement en disant qu'il n'y a eu pour cet objet ni apport, ni naissance sur le fonds équivalant à un apport. Nous aurons à nous demander si la pensée de Julien est bien d'expri-

---

[1] La tournure que les rédacteurs des Basiliques ont donnée à la Constitution de Gordien, rapportée liv. XXV, tit. 2, § 36, prouve bien que l'interdit Salvien a toujours été regardé comme exclusivement propre au *locator*, tandis que les autres créanciers hypothécaires n'avaient que la ressource de l'action quasi-Servienne. Cette opposition est mise en relief par les auteurs des Basiliques, qui s'expriment ainsi, suivant la traduction d'Heimbach, t. III, p. 72 : *Locator quidem actionem interdicti Salviani habet adversus res conductoris sibi obligatas : creditor autem actionem hypothecariam adversus res debitoris sui sibi obligatas.*

mer qu'il n'y a place qu'à un interdit *utile*. Favre n'est pas embarrassé pour mettre cette loi d'accord avec son système ; il sous-entend, ce que le texte ne laisse aucunement soupçonner, que la vente a été résolue au moyen de l'action rédhibitoire, et que la mère est retournée avec son enfant en la possession du *colonus*, conformément aux règles suivies en cette matière, L. 31, § 2, *De ædil. edict.* (21, 2).

La décision de Julien n'est-elle pas contredite par la loi 29, § 1, *De pign et hyp.*, dans laquelle Paul, tout en admettant que le part des esclaves engagées est lui-même frappé du droit de gage, exige, pour qu'il en soit ainsi, que la naissance ait eu lieu chez le débiteur? A défaut de cette circonstance, fait observer le jurisconsulte, la propriété du part n'ayant jamais appartenu au débiteur, le droit de gage est impossible [1]. Suivant Huschke, il faut distinguer si la conception est antérieure ou postérieure à l'aliénation ; le *partus* n'échapperait au gage que dans le dernier cas. Francke [2] critique cette distinction comme contraire au texte de Paul, qui ne s'attache qu'au moment de la naissance. Néanmoins, ajoute-t-il, le *locator* était traité avec une faveur particulière, mieux que ne l'était ordinairement le créancier hypothécaire. On avait voulu mettre le *dominus fundi* à l'abri de tout préjudice par suite des aliénations effectuées par le *colonus* sur les *res invectæ* ; ces aliénations étaient rescindées comme faites frauduleusement. On appliquait ici les principes des interdits restitutoires, particulièrement de l'interdit fraudatoire, d'après lesquels la restitution devait avoir lieu *cum omni causa*, et comprenait notamment le *partus*, L. 10, § 19 à 21, *Quæ in fraud.* (42, 8.) [3].

Cette analogie avec l'interdit fraudatoire, qui ne présente rien de choquant [4], nous paraît propre à justifier l'explication

---

[1] *Quod autem diximus etiam adgnata teneri... ita procedit, si dominium eorum ad eum pervenit qui obligavit, vel heredem ejus. Cæterum, si apud alium dominum pepererint, non erunt obligata.*

[2] *Civ. archiv.*, XXX, 6, p. 176.

[3] M. de Vangerow, qui regarde l'interdit Salvien comme prohibitoire, admet cependant pour exacte l'explication de Francke, basée sur la forme restitutoire attribuée par cet auteur à notre interdit. — V. ce que nous avons dit plus haut, p. 23, sur la portée des interdits restitutoires quant aux fruits ou autres accessoires.

[4] Peut-être, en effet, la fraude était-elle présumée, quand le *colonus* alié-

proposée par Huschke. La règle observée sur l'interdit fraudatoire était que la restitution devait porter sur tout ce qui était
in bonis fraudatoris au moment de l'aliénation. Or, si une
esclave avait été aliénée frauduleusement, il n'était pas douteux, dit Vénuléius, L. 25, § 5, *Quæ in fraud.*, que le part
conçu après l'aliénation ne dût rester à l'acquéreur ; mais il
suffisait que l'*ancilla* fût *prægnans* quand elle avait été aliénée,
pour qu'il y eût lieu à restitution du part. C'est ce que décide
le jurisconsulte, quoique avec un peu d'hésitation : *posse dici
partum quoque restitui oportere*. Dès que le fait de la conception était considéré comme mettant *in bonis debitoris* l'enfant
à naître, au point de vue du droit de gage général qui appartient aux créanciers, pour faire tomber les aliénations fraudu-
leuses, on peut bien admettre que le même point de vue était
étendu à l'interdit Salvien, grâce auquel le *locator* pouvait se
faire mettre en possession de tout ce qui avait été apporté
sur le fonds, avec les accessoires des *res invectæ*, qui rentraient
dans l'*omnis causa*. Sans doute, quand Julien exprimait cette
idée que l'interdit permettait au *locator* d'appréhender le *partus*, il voulait dire que l'interdit étant exercé relativement à la
mère, il serait utile, c'est-à-dire efficace même pour le part
déjà conçu chez le *colonus*, bien qu'il fût né chez l'acheteur.
C'est ainsi, en effet, que les Basiliques[1] interprètent la décision de Julien. Quant à l'objection tirée de ce que le jurisconsulte ne mentionne pas cette circonstance, qui serait cependant décisive, savoir que l'*ancilla* était déjà *prægnans* au
moment de la vente, elle est facile à écarter, si l'on fait attention aux règles qui gouvernaient l'interdit Salvien, quant au
temps pendant lequel il pouvait être intenté contre les tiers.
Ces règles étaient naturellement fournies par les principes du
droit romain sur le caractère de durée que devait avoir la possession en matière de meubles, pour assurer le triomphe. Ju-

nait des meubles garnissant la ferme qu'il occupait, l'acheteur ne devant
pas ignorer que, suivant l'usage général, ces meubles étaient engagés au
propriétaire. C'est ainsi que notre législateur, bien qu'il repousse habituellement le droit de suite sur les meubles frappés d'un privilége, autorise
néanmoins le bailleur d'un fonds rural à revendiquer durant quarante jours
les meubles déplacés sans son consentement.

[1] Liv. LX, tit. 17, § 28.

lien, supposant que l'enfant était né chez l'acheteur, n'avait pas besoin d'indiquer que la conception était antérieure à l'aliénation; car si l'esclave avait à la fois conçu et mis au monde après l'aliénation, il eût été trop tard pour exercer l'interdit relativement à la mère, et dès lors le part lui-même serait resté à l'abri de toute poursuite. C'est ce que nous allons établir en examinant ce point, quelle était la durée de l'interdit Salvien.

Durée de l'interdit Salvien. — D'après Huschke, il faudrait distinguer entre ceux qui tiendraient la chose du *colonus* et ceux qui ne seraient pas ses ayants cause. Les premiers seraient soumis indéfiniment à l'interdit Salvien, tandis que les autres n'y demeureraient exposés qu'autant que le *colonus* lui-même pourrait encore les inquiéter par la voie possessoire. Or, quand il s'agissait de meubles (telles étaient nécessairement les *res invectæ* ou *illatæ in fundo*), la faculté de se maintenir en possession au moyen de l'interdit *Utrubi* était, à l'époque classique, subordonnée à cette condition que l'on eût possédé plus longtemps que l'adversaire dans le cours de l'année qui précédait l'émission de l'interdit. Huschke et Rudorff transportent cette condition à l'interdit Salvien, intenté par le *locator* contre les tiers, ce qui est fort raisonnable dans la doctrine de Rudorff, suivant lequel l'interdit ne soulève qu'une question de possession, mais nous paraît une inconséquence dans le système de Huschke, aux yeux duquel l'interdit porterait, à l'égal de l'action Servienne, sur l'existence même du droit de gage, et exigerait la preuve que les *res invectæ* ou *illatæ* étaient *in bonis coloni*. Sans doute l'action Servienne n'était pas assujettie à cette restriction, parce qu'elle mettait en jeu le *jus pignoris*, qui ne pouvait être écarté qu'au moyen de la *longi temporis præscriptio*. Il en était autrement, suivant nous, de l'interdit Salvien, où il ne s'agissait que d'un débat sur la possession.

Huschke nous paraît avoir raison quand il enseigne que l'interdit Salvien, *adip. poss.*, était destiné à compenser le défaut d'obtention immédiate de la possession, que le *dominus fundi* était obligé de subir. Il laisse le fermier posséder en fait; mais on met à sa disposition un moyen de se procurer la possession des objets apportés sur le fonds. Dès que cet apport a eu lieu, le *locator* est considéré comme possédant déjà en quelque sorte par l'intermédiaire du *colonus*. Aussi pouvait-il se faire mettre en possession, en invoquant contre ses adversaires la possession du *colonus*. Nous approuvons cette doctrine ; mais nous estimons qu'il faut en tirer toutes les conséquences qu'elle doit entraîner. La condition du *locator* ne pouvait pas être meilleure que celle du créancier gagiste ordinaire, qui, suivant le droit commun, se serait fait investir de la possession. Celui-ci, en matière de meubles, eût échoué contre le possesseur auquel il aurait laissé acquérir une possession plus longue que la sienne dans l'année qui précédait l'exercice de l'interdit. La position du *locator* sera la même, sans qu'il y ait à distinguer si le défendeur à l'interdit est ou non le successeur du *colonus*. La possession dont se prévaut le *locator* n'est autre que celle du *colonus*, et il doit succomber là où le *colonus* succomberait lui-même. Sous l'empire de la loi Cincia, le donateur de meubles, bien qu'il ne fût pas lié par la tradition qu'il avait faite, ne pouvait cependant par la voie de l'interdit *Utrubi* ressaisir les choses données, quand le donataire lui était préférable au point de vue de la possession, quand ce dernier était *superior interdicto*, *Vat. Fragm.*, § 311. S'il est vrai, comme nous le pensons, que l'interdit Salvien n'avait trait qu'à la possession, c'est la portée des règles sur la valeur de la possession, qui doit décider jusqu'à quel moment peut être exercée cette voie possessoire. Essayons d'établir qu'en réalité l'interdit Salvien, de même que l'interdit *Quorum bonorum* ne portait que sur la possession.

Ce qui est jugé sur l'interdit Salvien. — Les motifs suivants nous semblent militer victorieusement en faveur de l'opinion qui restreint le succès obtenu par la voie de cet interdit au simple avantage de la possession, sans emporter décision sur la validité du droit de gage, opinion soutenue par Rudorff et par Vangerow, repoussée au contraire par Savigny et par Huschke.

1° L'interdit Salvien est mis formellement au nombre des interdits *adip. poss.*, qualification qui nous a déjà paru décisive pour caractériser la nature du débat. Il nous suffit de renvoyer à ce que nous avons dit précédemment sur ce point à l'occasion de l'interdit *Quorum bonorum* [1].

2° Le *locator*, qui aurait eu la possession de quelqu'un des objets apportés sur le fonds pour garantir le payement des fermages, et qui aurait perdu cette possession, n'aurait pu, quant à cet objet, recourir à l'interdit Salvien, d'après une règle qui gouverne tous les interdits *adip. poss.* La ressource qui lui restait alors était d'user d'un interdit *retin. poss.*, de l'interdit *Utrubi* (qui au fond équivalait à un interdit *recup. poss.*), pourvu qu'il se trouvât encore en temps utile pour l'exercer. Il n'est pas douteux que dans l'interdit *Utrubi*, qui remplacerait l'interdit Salvien, l'examen du juge n'avait trait qu'à la possession. Assurément la perte de la possession éprouvée par un créancier gagiste ne le dépouillerait pas de son gage, qu'il pourrait faire reconnaître au moyen de l'action quasi-Servienne. Cette observation, que nous avons déjà faite à propos de l'interdit *Quorum bonorum*, peut être reproduite ici. Le droit de gage étant indépendant de la possession, on ne concevrait pas que le *locator*, parce qu'il a possédé, fût privé d'un moyen qui serait relatif au fond du droit, tandis que le refus de l'interdit Salvien s'explique facilement, s'il n'avait pour but que de ménager un triomphe au point de vue de la possession. De même que celui qui n'aurait jamais possédé ne pourrait recourir qu'une fois à un interdit *adip. poss.*, de même un interdit de cette nature ne compète pas à celui qui ayant possédé a cessé de posséder. Il se trouve assimilé à l'individu, qui, après avoir acquis la possession par un interdit *adip. poss.*, n'aurait pas su conserver le profit de cette possession. Il doit désormais renoncer à la possession ; mais la voie pétitoire reste entière.

3° Si l'on n'assigne à l'interdit Salvien d'autre résultat que celui de faire acquérir la possession au *locator*, on trouve une explication satisfaisante de la loi 21, pr., *De pign. et hyp.*, suivant laquelle la convention intervenue entre le *colonus* et le mandataire du *dominus fundi* est aussi efficace que si le *dominus* eût figuré personnellement à la convention. Ce texte est emprunté au LXXIIIe livre d'Ulpien sur l'Édit, celui précisément où le jurisconsulte traitait de l'interdit Salvien, comme le prouve l'inscription de la loi 2, *De Salv. interd.* D'après la règle bien connue du droit romain qui permettait exception-

____
[1] V. p. 59.

nellement d'acquérir la possession *per extraneam personam,* il n'est pas étonnant que l'acte du mandataire opère comme si le mandant eût agi lui-même, du moment où l'acquisition réalisée par l'entremise du mandataire ne concernera que la possession. Tout ce que voulait dire Ulpien, c'est que le droit à l'interdit Salvien, dont la portée se bornait à l'obtention de la possession, découlera pour le mandant d'une convention conclue par son mandataire. Veut-on, au contraire, faire sortir de cette convention un droit de gage proprement dit, la décision d'Ulpien devient difficile à concilier avec les principes observés quant à l'acquisition des droits, principes dont le même Ulpien fait une application formelle au *pignus,* dans la loi 11, § 6, *De pign. act.*, 13, 7 [1], et que nous voyons encore reproduits au Code, sous Dioclétien et Maximien, L. 16, C., *De pign. et hyp.*, 8, 14.

4° Nous avons déjà fait remarquer l'analogie qui existait entre le *locator* d'un *prædium urbanum,* autorisé à retenir les meubles apportés par l'*inquilinus,* sur lesquels il avait un droit de gage tacite, et le *locator* d'un *prædium rusticum,* armé d'un interdit *adip. possess.*, à raison de ce qu'il ne pouvait priver le *colonus* de la possession des objets destinés à exploiter la ferme, et qui, d'après une convention passée en usage général chez les Romains, devaient garantir le payement des fermages. Dès que l'apport avait été réalisé, les *res invectæ* ou *illatæ* ne pou-

---

[1] *Per liberam autem personam pignoris obligatio nobis non adquiritur : adeo ut ne per procuratorem* PLERUMQUE *vel tutorem adquiratur.* — Il est vrai qu'Ulpien paraît admettre que la règle souffrait des restrictions, puisqu'il énoncerait que c'est seulement *plerumque* qu'il y a lieu de repousser l'acquisition d'un *pignus* par procureur. Mais nous ne mettons pas en doute, comme l'ont fait observer plusieurs auteurs, notamment Vangerow et Bachofen, que cette expression n'était pas tombée de la plume d'Ulpien, et qu'elle a été ajoutée par Tribonien, en vue de mettre la doctrine d'Ulpien en harmonie avec une Constitution de Justinien, la loi 2, C., *Per quas pers.*, 4, 27. Cette Constitution a eu pour but de faire cesser l'anomalie suivante. Dans le cas où quelqu'un avait compté une somme à titre de prêt au nom d'un autre, on admettait bien, dès le temps des jurisconsultes, que la *condictio* était acquise à celui au nom duquel l'argent avait été versé. Mais s'il y avait eu convention d'hypothèque ou contrat de gage à l'occasion de cette affaire, l'action hypothécaire ou les actions pignératitiennes restaient étrangères à celui qui jouait le rôle de prêteur. Justinien a voulu que désormais le véritable intéressé eût directement l'action hypothécaire, et recueillît en personne toutes les conséquences du *contractus pignoris.* La nécessité de cette Constitution prouve précisément que jusqu'alors un *pignus* ne pouvait être acquis par un procureur.

vaient plus être déplacées et distraites de l'affectation qui leur avait été donnée dans l'intérêt du *locator*. L'*inquilinus* voulait-il enlever des meubles sans avoir satisfait à toutes ses obligations, le bailleur avait la faculté de s'opposer à cet enlèvement, et d'exercer un droit de rétention. De son côté, le *dominus fundi*, grâce à l'interdit Salvien, avait un moyen de faire réintégrer sur les lieux les objets qui en auraient été détournés : c'est contre les tiers possesseurs et non contre le *colonus* que les textes nous montrent l'application pratique de cet interdit. Peu importe que le fermage ne soit pas encore échu; le *locator* a intérêt à ce que la ferme reste garnie. Aussi pensons-nous que c'est encore au *locator prædii rustici* que faisait allusion Ulpien, quand il disait, L. 14, pr. *De pign. et hyp. : Quæsitum est, si nondum dies pensionis venit, an et medio tempore persequi pignora permittendum sit? et puto dandam pignoris persecutionem, quia interest mea, et ita Celsus scribit.* Ce fragment est tiré également du livre LXXIII d'Ulpien sur l'Édit; la créance consiste dans une *pensio* à venir; la *persecutio pignoris* s'exercera par la voie de l'interdit Salvien. Un créancier gagiste ordinaire sur meubles, nanti de la possession, la maintiendrait par l'effet de l'interdit *Utrubi*, qui est *retin. posses. causa*; le *locator fundi*, qui n'a jamais possédé, assurera par l'interdit Salvien l'existence sur les lieux loués des *res invectæ* ou *illatæ*. Mais de même que le créancier gagiste, en général, n'aboutit qu'à la conservation de la possession par l'exercice de l'interdit *Utrubi*, de même le *locator fundi* n'a d'autre prétention, en usant de l'interdit Salvien, que celle de maintenir l'état de fait constitué par l'*invectio* ou l'*illatio*. La validité du *pignus* ne se trouve pas mise en jeu dans le second cas comme dans le premier.

La loi 1, § 5, *De migrando*, 43, 32 [1], est positive pour faire ressortir que la faculté de rétention accordée au *locator prædii urbani* peut s'exercer sur les meubles apportés dans sa maison, par cela seul qu'ils ont été apportés en vue de garnir les

---

[1] *Illud notandum est, Prætorem hic non exegisse, ut in bonis fuerit conductoris, nec ut esset pignori res illata, sed si pignoris nomine inducta sint. Proinde et si aliena sint, et sint talia, quæ pignoris nomine teneri non potuerint, pignoris tamen nomine introducta sint, interdicto hoc locus erit; quod si nec pignoris nomine introducta sint, nec retineri poterunt a locatore.*

lieux, alors même qu'un *pignus* n'aurait pu s'établir sur ces choses, à raison de ce qu'elles n'appartiendraient pas à l'*inquilinus*. Un droit de gage a-t-il pu s'asseoir sur ces objets, c'est une question qui donnera lieu au profit du propriétaire à une instance au pétitoire, sur laquelle le *locator* pourra succomber; provisoirement, il est autorisé à retenir ce qui a été placé dans le *prædium* pour assurer le payement des loyers, et à repousser l'interdit *De migrando* tant qu'il n'est pas complétement satisfait. Une position analogue était ménagée en faveur du *locator predii rustici*, et l'interdit Salvien a été précisément introduit pour amener ce résultat. Mais il est clair que celui qui a triomphé par cette voie n'aura obtenu que l'avantage de la possession, et que, sur une instance ultérieure, il pourra être forcé de relâcher les *res invectæ* ou *illatæ*, si les conditions de validité de gage ne se rencontrent pas à leur égard.

5° Enfin la loi 2, *De Salv. interd.*, suppose nettement que le succès remporté au moyen de l'interdit Salvien n'est pas définitif, puisqu'elle ouvre au vaincu la ressource de l'action Servienne, d'où la conséquence que le débat soulevé dans les deux actions n'est pas identique. Nous verrons toutefois que l'explication de ce texte, pour l'hypothèse particulière qu'il prévoit, est loin d'être sans difficulté.

Preuve exigée du demandeur. — Nous n'avons qu'à résumer ce que nous avons dit précédemment, si nous voulons établir les points sur lesquels portera la preuve imposée au demandeur pour réussir dans l'interdit Salvien. — Une convention formelle doit être intervenue à l'effet d'engager au payement des fermages les choses qui seraient apportées sur le fonds. A cet égard, il y a similitude entre les conditions de l'interdit Salvien et celles de l'action soit Servienne, soit quasi-Servienne. — En outre, il faut que l'apport ait été réalisé, ce qui constitue une particularité propre à l'interdit Salvien, tandis que l'efficacité de l'action hypothécaire n'exige aucune circonstance de fait analogue. Sans doute le *dominus fundi* pourra user de l'action Servienne, dans l'hypothèse où tels objets, abstraction faite de leur apport sur le fonds, auraient été affectés par le *colonus* à l'exécution de ses obligations comme *conductor*, de même que tout autre créancier userait, à la suite d'une simple convention, de l'action quasi-Servienne; mais il n'y aura point place pour ces objets à l'exercice de l'interdit Salvien. Remarquons également que, si le fait d'une *invectio* ou *illatio* est nécessaire pour fonder l'interdit Salvien, d'un autre côté il serait préjudiciable pour le *dominus fundi*, au point de vue de cet interdit, qu'il eût poussé la précaution jusqu'à se faire investir de la possession. L'interdit Salvien, étant de sa nature *adip. possess.*, ne pourrait alors être employé par le *locator* ; ce serait, nous l'avons vu, l'interdit *Utrubi* qui serait seul à sa disposition. — Il n'y a rien de plus à prouver de la part de celui qui recourt à l'interdit Salvien ; il ne sera pas obligé de démontrer qu'un droit de gage a été valablement constitué sur les objets dont il demande à être mis en possession. C'est ici surtout que notre interdit se sépare de l'action Servienne ou quasi-Servienne. L'une et l'autre de ces actions exigent que le demandeur établisse que la chose hypothéquée appartenait au débiteur au moment où la convention a été conclue, L. 23, *De probat.*, 22, 3. La dispense d'une semblable preuve au profit du *locator* n'est que la conséquence de la restriction que nous assignons au débat soulevé par l'interdit Salvien, qui n'est, à nos yeux, autre chose qu'une voie possessoire. Ce caractère, qui lui a été attribué dès les Glossateurs, est encore défendu aujourd'hui par de nombreux auteurs, notamment par Rudorff et par Vangerow. Ce point fondamental a cependant rencontré de tout temps des contradicteurs dont le nom est considérable. Le système de Savigny a été suivi par Huschke, qui pense également que la validité du *pignus* devait être examinée à propos de l'interdit Salvien.

Il nous reste à voir quels sont les adversaires avec lesquels peut se trouver en lutte le *locator* qui use de l'interdit Salvien, et quelle sera l'issue du procès vis-à-vis ces différents adversaires.

Défendeurs possibles à l'interdit Salvien.

1° *Colonus* ou héritiers du *colonus*. — Nous avons peu de chose à dire sur cette première hypothèse. Tout le monde est d'accord que l'interdit Salvien compète au moins contre le débiteur des fermages. Le débat ne roulera que sur le point de savoir si les conditions ordinaires de l'interdit existent, s'il y a eu convention d'affectation, suivie d'un apport effectué sur les lieux. Dans ces circonstances, le *colonus* ne peut s'opposer à l'appréhension de la part du *locator* de la possession des *res invectæ* ou *illatæ*, à moins qu'il ne justifie que les causes de l'affectation ont cessé. Nous voyons en effet, par les termes de l'interdit *De migrando*, L. 1, pr., 43, 32, que le droit de rétention accordé au *locator* sur les meubles apportés par l'*inquilinus* s'évanouit, s'il est prouvé que le bailleur a été payé ou satisfait, ou qu'il est en demeure de recevoir son payement : *Sive ea merces tibi soluta, eove nomine satisfactum est, aut per te stat quominus solvatur.*

Comme nous admettons la faculté d'attaquer par la voie de l'interdit Salvien même les tiers possesseurs, nous devons apprécier le résultat qu'il fera obtenir à l'encontre d'un détenteur étranger à la dette, détenteur qui peut se présenter dans des conditions diverses.

2° *Dominus rei illatæ.* — Nous pensons qu'il ne faut pas distinguer, à l'occasion de l'interdit Salvien, si le défendeur qui prétendrait à la propriété de l'objet dont le *locator* réclame la mise en possession entend tirer son droit du *colonus*, qui lui aurait aliéné la chose, soit avant, soit après l'engagement dont se prévaut le *locator*, ou s'il soutient que cette chose n'a jamais été la propriété du *colonus*, et que c'est sans aucun droit que ce dernier l'a apportée sur le fonds qu'il exploitait. Nous ne séparons pas, du reste, la position du défendeur qui se bornerait à dire que c'est à lui qu'appartient la possession de la chose litigieuse de celle du défendeur qui aspirerait à en avoir même le *dominium*.

On sait que notre thèse générale est celle-ci : la qualité de propriétaire est indifférente, elle n'a aucune valeur pour procurer un succès à celui qui est partie dans un interdit possessoire. Nous avons repoussé la faculté d'invoquer cette qualité, quand il s'agissait de la possession au point de vue d'une *universitas bonorum*. La même doctrine est plus facile à établir, quand il ne s'agissait que de la possession d'objets particuliers. En effet, le *dominus* d'un immeuble, qui troublerait le possesseur, ou qui l'expulserait par l'emploi de la force, succomberait sur l'interdit *Uti possidetis* ou sur l'interdit *Unde vi*[1],

---

[1] Nous verrons plus tard que sous le Bas-Empire, en vertu d'une Constitution des Empereurs Valentinien, Théodose et Arcadius, L. 7, C., *Unde vi,*

n'eût-il pour adversaire qu'un usurpateur, un *prædo ;* il serait forcé de renoncer quant à présent à la possession, sauf à se faire restituer la chose en recourant à la revendication. Parler de propriété, alors qu'il s'agit de régler uniquement la possession, c'est tenir un langage que le juge d'un interdit possessoire ne peut pas écouter, c'est soulever une question qu'il n'a pas mission de résoudre. La séparation tranchée du possessoire et du pétitoire n'était pas restreinte aux immeubles ; elle s'appliquait également aux meubles, pour lesquels le triomphe dans l'interdit *Utrubi* était assuré à celle des deux parties qui durant le cours de l'année antérieure avait eu une possession plus longue que celle de l'adversaire. Le créancier gagiste, qui avait acquis la possession, était à même de faire respecter son droit au possessoire par l'usage de cet interdit, ce qui ne le mettait pas à l'abri d'un échec qu'il pouvait essuyer plus tard, quand la question de propriété venait à être examinée. Le *locator fundi,* n'ayant pas obtenu la possession, n'avait pas la ressource de l'interdit *Utrubi ;* seulement, à la suite de l'*invectio* ou *illatio,* il avait l'interdit Salvien, qui, d'après nous, lui tenait lieu de l'interdit protégeant ordinairement la possession du créancier gagiste. Grâce à l'apport réalisé, il pouvait désormais invoquer la possession du *colonus,* toutefois uniquement dans la mesure où ce dernier aurait pu s'en prévaloir lui-même à l'égard d'un prétendant à la possession.

Supposons que le *locator* rencontre un adversaire chez lequel la possession est telle qu'il devrait l'emporter sur le *colonus,* dans le cas où l'objet serait entre les mains de celui-ci. Cet adversaire, si en fait le *colonus* possédait, aurait la faculté de lui enlever l'avantage de la possession par l'effet de l'interdit *Utrubi.* Peut-il se trouver dans une condition plus mauvaise, quand il ne fait que défendre sa possession actuelle contre celui qui n'est en réalité que le représentant du *colonus ?* Pourquoi cette singulière faveur accordée à un interdit *adip. possess.,* alors qu'un seul jour eût suffi pour amener un tout autre résultat ? Voilà un fermier qui a apporté sur le fonds qu'il cultive une chose dont il serait obligé de restituer la possession à

8, 4, celui qui avait le tort de recourir à la violence pour se remettre en possession d'une chose qui lui appartenait était déchu de son droit de propriété.

quelqu'un qui était par rapport à lui *superior interdicto*; en outre, il a livré cette chose au *dominus fundi*. Celui-ci n'échappera pas plus que le *colonus* aux effets de l'interdit *Utrubi;* car la ressource de l'interdit Salvien lui ferait ici défaut, s'il avait perdu la possession. Il vaudrait donc mieux pour le *locator* n'avoir pas reçu tradition; cela le rendrait plus fort pour disputer sur la possession.

On voit à quelles bizarres conséquences entraîne le système que nous combattons, tandis qu'elles sont impossibles dans notre doctrine. Peu importe, en dernière analyse, que le *locator* se trouve en présence d'un propriétaire ou d'un non-propriétaire. Ce qui est à décider dans l'interdit Salvien comme dans l'interdit *Utrubi*, c'est à qui doit être attribuée la possession, qui n'a rien de commun avec la propriété, disent les jurisconsultes romains. Qu'on discute sur la durée de la possession respectivement alléguée, sur les vices que peut offrir l'une ou l'autre des possessions, tel est le véritable terrain du débat. Quant au point de savoir lequel en définitive conservera la chose en litige, c'est le fond du droit, c'est le pétitoire; c'est une question étrangère à un interdit qui n'a trait qu'à la possession.

N'oublions pas que, s'il faut restreindre, à notre avis, la portée de l'interdit Salvien, de manière à le rendre inefficace contre un tiers possesseur dès que celui-ci a une possession supérieure à celle que le *locator* peut invoquer du chef du *colonus*, une autre ressource plus durable était à la disposition du *locator*, ressource que lui fournissait l'action Servienne. Celle-ci n'était pas exposée à périr par un temps aussi bref que l'interdit Salvien; sa carrière était bien plus large, puisque les tiers possesseurs n'étaient à l'abri de l'action que par l'effet de la *longi temporis præscriptio*. Seulement, les conditions de l'action Servienne étaient plus rigoureuses que celles de l'interdit Salvien, en ce qu'elle exigeait la preuve d'un droit de propriété chez le *colonus*. Il y avait alors instance au pétitoire, portant sur l'existence du *jus in re*, qui n'avait pu être constitué que par celui qui était propriétaire. Il est difficile assurément d'expliquer la création de l'action Servienne, pour ceux qui admettent que, même sur l'interdit Salvien, le *locator* était tenu de justifier que son auteur avait capacité pour engager les choses apportées sur le fonds, tandis que l'utilité de cette action apparaît clairement, si l'on renferme le débat soulevé sur l'interdit dans les limites que comportait en droit romain la revendication de la simple possession pour les objets mobiliers. En revanche, le *locator* pourra succomber ici pour des causes qui ne lui feraient pas obstacle dans l'interdit Salvien. Effectivement le défendeur étant autorisé à critiquer la validité du droit réel prétendu par le *locator*, il échappera à une condamnation, en démontrant que la faculté de constituer un pareil droit n'appartenait pas au *colonus*.

3° *Créancier gagiste.* — Comme il a conservé la possession des *res invectæ* ou *illatæ*, le *colonus* a pu faire tradition à titre de *pignus*, au profit d'un autre de ses créanciers, de quelqu'un des objets apportés sur le fonds. La ressource de l'interdit Salvien ne fera pas défaut au *locator* contre cet adversaire, tant qu'il ne lui aura pas laissé acquérir une possession assez longue pour l'emporter sur celle que le *dominus fundi* a le droit de se faire attribuer. S'il est trop tard pour réussir au possessoire, l'emploi de l'action Servienne sera encore indispensable pour garantir efficacement les intérêts du bailleur.

4° *Créancier hypothécaire.* — Depuis l'introduction de l'hypothèque et de l'action quasi-Servienne, le *locator* avait à redouter la rivalité d'un autre créancier du fermier qui aurait pu obtenir un *jus in re* au moyen d'une simple convention. Dans notre système, l'interdit Salvien trouvait sa place à l'occasion de ce conflit. Nous pensons, en effet, qu'un interdit *adip. possess.* était offert uniquement au *locator*, et qu'il n'existait pas d'interdit analogue au profit de tout créancier hypothécaire. Le *locator* était par conséquent dans une position privilégiée pour faire valoir son droit par la voie du possessoire. En prouvant la convention et le fait de l'apport, il était assuré de réussir contre un créancier hypothécaire du même débiteur, sans avoir à craindre une exception tirée du *jus in re* que son adversaire prétendrait avoir acquis. Il y aurait là un débat sur le fond du droit, dont ne connaît pas le juge de l'interdit Salvien.

Tout ne sera pas terminé, il est vrai, parce que le *locator* aura obtenu d'abord gain de cause, grâce à l'interdit qui lui appartient exclusivement ; de même que la revendication finira par faire triompher le *dominus rei* qui aurait succombé au possessoire, de même l'action quasi-Servienne pourra donner la victoire au créancier hypothécaire. Le *locator* et son adversaire ont, quant au fond, un droit de même nature. Le rang entre eux doit être réglé par le principe suivi à Rome quand il y avait plusieurs créanciers hypothécaires ; c'est l'ancienneté du droit qui décidera de la préférence. Le *dominus fundi* n'aura donc pas à s'inquiéter de l'action quasi-Servienne, si l'adversaire n'a reçu hypothèque qu'après l'apport réalisé sur les lieux des objets affectés au payement des fermages. Mais en vain invoquerait-il une convention faite antérieurement avec le fermier à l'effet d'engager tout ce qui serait apporté sur le fonds, dans le cas où la convention d'hypothèque dont se prévaut l'autre créancier serait antérieure à l'*illatio*. Nous avons déjà vu [1] que le droit concédé en dernier lieu à ce créancier primerait celui du *locator*, lequel n'était pas encore complet, et dont le complément dépendait de la pure volonté du débiteur.

5° *Copropriétaire du fonds loué.* — Le règlement du conflit entre deux bailleurs, propriétaires communs du fonds sur lequel ont été apportés les objets engagés, est celui qui présente à nos yeux le plus de difficulté. Nous avons cependant sur ce point une décision circonstanciée, dans la loi 1, § 1, *De Salv. interd.;* mais les interprètes ne sont pas d'accord sur la portée de ce texte, dont voici la teneur :

« *Si colonus res in fundum duorum pignoris nomine intulerit, ita ut utrique in solidum obligatæ essent, singuli adversus extraneum Salviano interdicto recte experientur. Inter ipsos vero si reddatur hoc interdictum, possidentis conditio melior erit.* † *At si id actum fuerit ut pro partibus res obligaretur, utilis actio et adversus extraneos et inter ipsos dari debebit, per quam dimidias partes possessionis singuli adprehendent.* »

Julien, auteur de ce fragment, prévoit deux hypothèses distinctes. Examinons-les séparément.

Première hypothèse. — L'engagement des *res inductæ in fundo* a été fait *in solidum* au profit de chacun des bailleurs : pour ce cas, le jurisconsulte accorde bien clairement à chacun

---

[1] P. 115.

l'exercice de l'interdit Salvien contre les tiers [1]. Le débat s'é-
lève-t-il, au contraire, entre les deux propriétaires, l'avantage
doit rester à celui qui possède : *Possidentis conditio melior erit.*
Cette influence accordée au fait actuel de la possession est déjà
assez peu équitable, bien qu'il ne s'agisse que d'une décision
provisoire, le profit procuré par un interdit *adip. poss.* n'ayant
qu'un caractère intérimaire, qui peut cesser par l'effet de
l'instance au pétitoire. Le mal ne sera pas grand, si du moins,
quand il sera question de déterminer au fond les droits de chacun, il faut laisser de côté cette considération. C'est bien là le
résultat que semble naturellement indiquer un texte d'Ulpien,
la loi 2, *De Salv. interd.*, ainsi conçue :

*In Salviano interdicto, si in fundum communem duorum pi-
gnora sint ab aliquo invecta, possessor vincet : et erit eis descen-
dendum ad Servianum judicium.*

La pensée exprimée dans cette loi n'est-elle pas que la circonstance de la possession, qui est décisive à propos de l'interdit Salvien, doit perdre sa valeur quand il y aura lieu de
régler sur l'action Servienne la position des deux copropri é-
taires ? Malheureusement, un autre texte du même jurisconu-
sulte, la loi 10, *De pign. et hyp.* [2], dans laquelle Ulpien ne fait
guère que copier Julien, dont il reproduit à peu près tous les
termes, présente absolument les mêmes conclusions à l'occasion de l'action hypothécaire.

Avant de tenter l'explication de la première partie de la
loi 1, § 1, il importe de se fixer sur la décision contenue dans
l'autre partie du même fragment. Nous verrons, en effet, que
la manière dont on doit l'entendre n'est pas indifférente pour
la solution du problème assez délicat que soulève le conflit
élevé entre deux bailleurs.

---

[1] Il en serait autrement d'après Favre, qui supprime la mention de l'interdit Salvien pour y substituer l'action Servienne. Nous nous sommes
expliqué plus haut, p. 117, sur le mérite de cette audacieuse correction.

[2] *Si debitor res suas duobus simul pignori obligaverit, ita ut utrique in
solidum obligatæ essent, singuli in solidum adversus extraneos Serviana
utentur; inter ipsos vero si quæstio moveatur, possidentis meliorem esse
conditionem. Dabitur enim possidenti hæc exceptio, si non convenit ut eadem
res mihi quoque pignori esset. Si autem id actum fuerit, ut pro partibus
res obligarentur, utilem actionem competere, et inter ipsos, et adversus
extraneos, per quam dimidiam partis possessionem adprehendant singuli.*

Deuxième hypothèse. — Il a été convenu entre le fermier et les propriétaires que les *res invectæ* ne seraient engagées au profit de chacun que pour partie. Dans ce cas, Julien ne distingue point si le *dominus fundi* qui agit a pour adversaire un tiers ou son copropriétaire; il n'accorde, soit contre l'un soit contre l'autre, une *utilis actio* que pour obtenir simplement la possession d'une moitié.

Quelle est cette *utilis actio,* dont le but sera de procurer la possession pour partie? Le sens qui se présente naturellement est qu'il s'agit toujours de l'interdit Salvien, et qu'il y aurait une différence dans la position des bailleurs, selon que l'engagement aurait été fait *in solidum* ou *pro partibus.* Tandis que le bailleur, qui aurait exigé une affectation *in solidum,* n'aurait pas à redouter, quand il possède, l'exercice de l'interdit Salvien de la part de son rival, suivant la règle : *possidentis melior est conditio,* il en serait autrement du bailleur qui posséderait le tout, bien que les choses ne lui eussent été engagées que *pro parte.* Il ne pourrait ici conserver l'avantage d'une possession plus étendue que ne l'est son droit, et il serait, par l'effet de l'interdit Salvien, obligé de relâcher la possession pour moitié, puisqu'au delà de cette mesure il détient ce qui ne lui est pas engagé, et ce qui est, au contraire, engagé au demandeur.

Toutefois, en interprétant de la sorte la fin de la loi 1, § 1, on se trouve embarrassé pour expliquer la loi 2, d'après laquelle l'avantage obtenu au moyen de l'interdit Salvien, grâce à la possession, peut être perdu par l'intervention de l'action Servienne. L'efficacité attribuée à cette action, pour faire triompher le non-possesseur vaincu sur l'interdit, n'est possible, dit-on, qu'autant qu'il n'y aurait pas eu *obligatio in solidum,* puisqu'alors, aux termes de la loi 10, *De pign. et hyp.,* la circonstance de la possession doit être également décisive en faveur du défendeur. Pour écarter cette objection, pour qu'il y ait lieu à ne pas s'occuper de la possession, il est nécessaire de sous-entendre que le créancier contre lequel est intentée l'action Servienne n'a reçu hypothèque que *pro parte.* Étant donnée cette particularité d'une affectation qui n'aurait été consentie que *pro indiviso,* on comprend que l'action Servienne puisse contraindre le détenteur à abandonner ce qu'il détient indûment, en dehors des limites apposées à son droit. Seulement il reste à rendre compte du motif pour lequel le même effet ne devrait pas se produire par la mise en jeu de l'interdit Salvien.

A cet égard, on a imaginé de prétendre que l'interdit Salvien ne pouvait être donné qu'à raison d'une chose engagée en totalité, non à raison de celle qui ne serait engagée que partiellement au demandeur. L'action Servienne ne connaîtrait pas cette restriction ; elle s'appliquerait tout aussi bien quand il y a hypothèque sur une part indivise que quand elle porte sur une chose entière. Ce serait précisément à l'action Servienne que ferait allusion Julien en parlant d'une *utilis actio*. Par conséquent, dans la deuxième hypothèse prévue par ce jurisconsulte, là où les objets seraient affectés *pro partibus*, il n'y aurait point place à l'interdit Salvien ; il faudrait de la part du bailleur qui ne possède pas procéder de suite au moyen de l'action Servienne. Dès lors il serait possible que le bailleur, qui n'a pas réussi par la voie de l'interdit Salvien, inapplicable à l'occasion d'une *obligatio pro parte*, intentât avec succès l'action Servienne. Ulpien, dans la loi 2, aurait en vue deux bailleurs auxquels les *res coloni* auraient été affectées uniquement *pro parte*. L'action Servienne tiendrait compte de cette division de l'engagement, impossible à observer sur l'interdit. Ulpien, fait-on remarquer, ne pouvait songer au cas où l'*obligatio* aurait été conclue *in solidum* au profit de chacun. Ici le fait de la possession est toujours prépondérant pour annihiler le droit du créancier qui ne possède pas à l'encontre du créancier qui possède, ainsi que le dit formellement Ulpien dans la loi 10, *De pign. et hyp.* L'action Servienne n'ouvrait donc pas pour ce cas une ressource au non possesseur ; et il ne pouvait être question de faire réformer par cette action la décision rendue sur l'interdit. En effet, les règles à appliquer seraient identiques, et la victoire devrait toujours appartenir au possesseur, même dans l'action hypothécaire, si l'on suppose que le défendeur est en mesure d'invoquer une *obligatio in solidum*.

Ce système remonte à Cujas, qui l'indique en quelques mots [1]. Après avoir fait observer qu'il y a là une difficulté que personne n'a encore clairement expliquée (*quam nemo quod sciam dilucide adhuc exposuit*), le grand interprète des lois romaines

---

[1] *Obs.*, V, 24.

propose dans les termes suivants la solution jusque-là vainement essayée : « *Igitur si duobus res sit obligata pro partibus,
actione Serviana inter ipsos reddita, dimidia pars possessionis
avocabitur ; sed non (ut hanc persecutus speciem Ulpianus
scribit in dict. L. ult.) interdicto Salviano, quoniam in interdicto Salviano de solida possessione agitur, non quæsito par-
tium jure, cujus cum sit par causa, vincere possessor debet. In
Serviana de jure quæritur. Jus autem pignoris singulis pro
parte competit. Hoc igitur jure probato, possessionis pars dimidia avocabitur. Sic fit, ut qui vincit in Salviano, non vincat
in Serviana.* »

Cujas, on le voit, se borne à énoncer, sans prendre la peine
de la justifier, cette proposition que, sur l'interdit Salvien, *de
solida possessione agitur.* Dans l'espèce, aucun des bailleurs ne
pouvant prétendre à la *solida possessio*, ils seraient l'un et
l'autre désarmés quant au possessoire, et l'avantage devrait
rester à celui qui possède, son adversaire n'ayant pas la faculté
d'user contre lui d'un interdit. Néanmoins cette thèse, qui sert
de base à la solution donnée par Cujas, est loin d'être un
axiome, une vérité d'évidence dont la démonstration soit superflue. Si la possession, comme la propriété, ne peut être à
plusieurs *in solidum*, chacun de ces droits est susceptible d'appartenir à diverses personnes pour partie, *pro indiviso.* Un
débat sur la possession, restreint à une partie, se conçoit très-
bien, à l'instar d'un débat pareil quant au *dominium.* S'agit-il
de la conservation de la possession, l'interdit *Uti possidetis* est
admis par Ulpien, L. 1, § 7, *Uti possid.* (43, 17), au profit de
celui qui soutient uniquement avoir droit à la possession *pro
indiviso.* S'agit-il de recouvrer la possession de la part de
celui qui aurait été expulsé peut-être par son copossesseur,
l'interdit *Unde vi* lui compétera sans nul doute, mais ne lui
fera pas restituer au delà de ce qu'il a perdu, de ce qu'il réclame, c'est-à-dire la possession pour partie. Nous ne voyons
aucune raison de décider autrement, alors qu'il est cas d'un
interdit *adip. possess*, et que le demandeur borne sa prétention
à obtenir la possession pour une part. Aussi est-il dit, L. 1, § 6,
Quod legat. (42, 3), à l'occasion de l'interdit *Quod legatorum,*
qui est pareillement au nombre des interdits *adip. possess.*, que
si un héritier, légataire *per præceptionem*, s'est emparé de la
chose léguée, il ne pourra être atteint par cet interdit que pour

la part à laquelle il peut prétendre *jure legati*, non pour celle à laquelle il a droit *quasi heres*. C'est donc avec raison, selon nous, que Rudorff a critiqué l'explication tentée par Cujas ; il pense, ce qui nous paraît beaucoup plus vraisemblable, que l'*actio* dont parle Julien n'est autre que celle qui peut être intentée après l'émission de l'interdit Salvien. Les Romains faisaient rentrer d'ailleurs l'interdit lui-même sous la dénomination d'*actio*, L. 37, *De oblig. et act.* (44, 7). Quant à l'épithète *utilis*, elle signifierait simplement, ce qui n'est pas sans exemple, une action *efficace*. Si Julien, en effet, avait eu en vue l'action Servienne, il eût évité de la qualifier d'action *utile*, puisqu'il n'y avait ici aucune extension dans l'application de l'action, qui avait été créée directement et originairement au profit du *locator fundi*.

Les auteurs, qui ont suivi la voie ouverte par Cujas, ont essayé cependant de justifier le refus de l'interdit Salvien au cas d'engagement *pro parte*. Savigny notamment [1] a dit que le règlement de la possession entre plaideurs, dont chacun n'y est fondé que pour partie, eût suscité des embarras, et qu'il était plus simple d'y couper court en n'accordant pas l'interdit contre celui qui possède le tout. Singulière façon de traiter une situation, parce qu'elle peut présenter en fait des inconvénients, que de confisquer le droit de l'une des parties ! Autant vaudrait dire que l'état de copossession ne mérite aucune protection, ce qui est démenti par les textes. Sans doute la copossession est une source de litiges. Aussi n'y a-t-il là qu'un état provisoire, destiné à disparaître promptement, mais qui n'en est pas moins digne d'être garanti, tant que la communauté n'a pas régulièrement cessé. — Huschke repousse l'interdit Salvien à raison d'objets engagés *pro parte*, sous ce prétexte que, l'interdit exigeant un apport sur les lieux, il y aurait là une condition de fait, indivisible comme tous les faits. Un esclave, par exemple, ne peut être conduit sur le fonds *pro parte*, mais seulement en totalité. L'apport a-t-il été effectué, il en résulterait forcément un droit *in solidum* pour chacun des bailleurs au point de vue de la possession. Si l'esclave est pos-

---

[1] *Zeitsch. für gesch. Rechtsw.*, t. VI, p. 269, et *Verm. schrif.*, t. II, p. 287.

sédé par l'un, il ne peut l'être que pour le tout ; et il ne reste pas de place pour la possession réclamée par l'autre. — Nous répondons à cela que l'avantage de la possession n'est nullement indivisible. Le *colonus*, qui a engagé à deux propriétaires les objets qu'il apporterait sur le fonds, accomplit au moyen de l'*inductio* la condition nécessaire à chacun des créanciers pour le complément de son droit. C'est comme s'il leur avait fait tradition à l'un et à l'autre ; chacun peut désormais invoquer, mais seulement pour partie, la possession du fermier. Julien suppose, dans la loi 1, § 2, qu'un *colonus* a engagé une chose qui lui était commune avec un autre. Il n'avait, par conséquent, que la copossession ; c'est un esclave dont il jouissait peut-être alternativement avec son coïntéressé, les services de cet esclave étant partagés *tempore* entre les deux propriétaires. Peut-être aussi en jouissait-il seul, en payant une *merces* à l'autre, qui participait ainsi à la possession. Le *colonus* n'a pu autoriser le *dominus fundi* à acquérir la possession que dans la mesure où elle lui appartient à lui-même. Aussi Julien, qui nous paraît toujours s'occuper des fonctions de l'interdit Salvien, dit-il qu'en pareil cas la *persecutio pignoris* (il fait allusion à l'interdit) ne sera donnée que pour une moitié. Le copropriétaire du *colonus* a droit, en effet, à la possession pour l'autre moitié ; et l'interdit *Utrubi* lui servirait pour défendre sa position au possessoire, si le *locator* aspirait à posséder exclusivement l'objet qui ne lui a été affecté que pour partie.

La conclusion à laquelle nous conduit la discussion qui précède est que l'interdit Salvien devait se mesurer sur la quotité du droit du demandeur ; qu'à l'occasion de choses engagées *pro parte* il ne pouvait faire acquérir que la possession d'une partie, d'où la conséquence qu'entre deux *locatores*, n'ayant obtenu chacun qu'une affectation partielle, celui des deux qui posséderait le tout sera exposé à être attaqué par l'autre tout aussi bien par l'interdit Salvien que par l'action Servienne. Dans cette doctrine que nous adoptons, il reste à expliquer comment, chez les mêmes adversaires, l'action Servienne peut aboutir à un résultat autre que celui amené par l'interdit. La distinction est positivement établie par Ulpien, dans la loi 2, où la ressource de l'action Servienne est offerte à celui qui a succombé dans l'interdit à raison de la possession qu'avait le défendeur, avec promesse que l'avantage de la possession ne sera pas cette fois pris en considération. Cette situation, dans notre système, n'étant pas celle d'une *obligatio pro parte,* il faut nécessairement se mettre en présence d'une affectation *in solidum* au profit de chacun des deux contendants. Julien, en effet, est formel pour faire prévaloir en pareil cas la cause du possesseur. Toutefois l'espérance, qu'Ulpien fait luire aux yeux du *locator* vaincu sur l'interdit, n'est-elle pas une vaine espérance, puisqu'il enseigne, dans la loi 10, *De pign. et hyp.,* que la même règle doit être observée sur l'action Servienne, et qu'ici encore, entre deux créanciers dont le droit est contemporain, celui qui possède sera inexpugnable dans sa position?

Pour résoudre ce problème, on a eu recours à la prétendue différence qui aurait existé quant au degré de preuve entre les instances au possessoire et celles au pétitoire, les premières se contentant d'une semi-preuve, tandis que dans les autres une preuve complète aurait été indispensable; c'est la théorie exposée par Pothier [1]. L'un des *locatores,* ayant agi au possessoire contre l'autre, a pu succomber dans l'interdit, parce qu'il a dû suffire au juge que le fait d'un engagement *in solidum* lui parût vraisemblable, pour maintenir le défendeur en possession. Le juge de l'action Servienne sera plus scrupuleux, à raison de l'importance de l'affaire; il devra, dit Pothier, *penitus quærere an pro partibus, an in solidum utrique domino res obligata sit.* Ce nouvel examen, qui maintenant sera approfondi, amènera peut-être à constater, contrairement à ce qu'avait décidé le premier juge, à la suite d'une instruction trop sommaire, qu'il n'y a eu engagement que *pro partibus,* ce qui ne permet pas au droit de gage de l'un des créanciers d'absorber le droit de l'autre. Ce serait là la seule chance de succès réservée à celui qui a d'abord été vaincu; car, si le juge de l'action Servienne reconnaît lui aussi que l'affectation a été faite *in solidum* pour chacun, le possesseur ne pourra être forcé de subir un partage avec son adversaire. — Nous ne pouvons accepter au sujet de l'interdit Salvien cette théorie que nous

---

[1] *Pandect. Justin.,* liv. XLIII, tit 33, *sub* L. 2, n° 2, note *d.*

avons déjà repoussée précédemment[1]. Nous avons vu qu'il était arbitraire de supposer qu'une preuve incomplète fût suffisante en matière d'interdits, et que les textes, loin de se prêter à cette explication, la contredisaient. Ulpien ne laisse aucunement soupçonner que la défaite du possesseur tiendra à ce qu'il posséderait au delà de ce qui lui a été engagé. C'est la valeur même de la possession qu'il signale comme ne devant plus être un élément de succès, quand il s'agit du *Servianum judicium* par opposition au *Salvianum interdictum*.

Rudorff a proposé une autre conciliation, que M. de Vangerow tient pour être la seule vraie. Elle repose sur les conditions différentes qui sont requises, selon qu'il s'agit d'apprécier la faculté qu'a le *locator* de prétendre à la possession des *res invectæ*, seule question qui s'agite sur l'interdit Salvien, ou de statuer au contraire sur la validité du droit de gage, dont le mérite est soumis au juge de l'action Servienne. Du moment où la convention d'engagement est prouvée, et où, de plus, l'apport des objets sur le fonds est justifié, le *locator* est fondé à appréhender la possession de ces objets, quand bien même ils n'appartiendraient pas au *colonus*, ce que nous avons, en effet, reconnu plus haut. Or, s'il s'agit par hasard de *res alienæ* qui auraient été apportées par le *conductor* sur le fonds, le *locator*, auquel ces choses auraient été affectées *in solidum*, n'aurait rien à craindre de la part de l'autre bailleur, tant que celui-ci n'usera à son égard que de l'interdit Salvien. Mais, quand l'action Servienne sera intentée, le possesseur devra succomber, s'il est établi qu'un *pignus* n'a pas été constitué à son profit, faute d'un consentement à l'affectation donnée vis-à-vis de lui par le propriétaire de la *res illata*, tandis que l'autre *locator* est peut-être en mesure de prouver que ce consentement a été donné en ce qui le concerne. C'est ce dernier seul qui pourra prétendre avoir un *pignus* régulier; et il lui sera permis alors de dépouiller entièrement son rival, pour lequel n'existerait pas le *jus in re*, que le demandeur justifie au contraire exister en sa faveur.

Nous ne nions pas assurément que telle doive être l'issue de l'action Servienne, étant données en fait toutes les suppositions

---

[1] V. p. 66.

qu'il faut réunir pour échafauder ce système. Seulement une semblable hypothèse, si elle n'est pas absolument impossible, sera certainement bien rare en pratique ; et nous doutons fort qu'elle fût dans la pensée d'Ulpien, quand il a écrit la proposition formulée dans la loi 2. Ce que le jurisconsulte déclare insuffisant pour amener le triomphe sur l'action Servienne, c'est la circonstance de la possession, qui est, au contraire, décisive sur l'interdit. Ulpien devait sous-entendre une possession légitime, s'appliquant à des objets en réalité engagés, et non à une simple apparence d'engagement.

En définitive, nous ne trouvons rien qui nous satisfasse dans les efforts qui ont déjà été faits pour fournir l'explication de la loi 2, *De Salv. interd.*, rapprochée de la loi 1, § 1, *h. t.*, et de la loi 10, *De pign. et hyp.* En répétant après Cujas qu'il y a là *longe obscurior quæstio*, nous essayerons d'entrer, pour la solution de cette difficulté, dans une voie qui a été négligée jusqu'à présent.

Remarquons d'abord qu'on ne peut songer à fonder le triomphe reconnu possible dans l'action Servienne au profit du non-possesseur, sur ce motif que la convention d'engagement avec l'un des bailleurs serait antérieure à celle conclue avec l'autre, de manière à appliquer la règle ordinaire : *Prior tempore potior jure.* Nous avons vu, en effet, que la convention d'affectation était insuffisante, qu'elle devait être suivie d'exécution ; que les droits constitués au profit de tiers entre la convention faite avec le *dominus fundi* et l'apport réalisé devaient être respectés. Le *pignus* ne pouvant être ici constitué qu'à raison de l'apport (*non ex conventione priori, sed ex eo quod inducta res est, quod posterius factum est*, dit la loi 2, § 11, *Qui pot. in pign.*), la condition qui fait naître le droit des *locatores* se produit au même instant pour les deux propriétaires, dont aucun ne peut invoquer contre l'autre la prérogative de l'ancienneté. Ulpien suppose qu'en fait les *pignora* ont été *in fundum communem inducta.*

Nous avons hésité quelque temps sur le point de savoir s'il ne fallait pas demander la solution que nous cherchons à la sévérité des règles sur l'autorité de la chose jugée. Bien que le débat nouveau surgisse *inter easdem personas*, et que la *causa petendi* soit la même, savoir la convention de gage, on pourrait être tenté de dire qu'il n'y a pas *eadem res*, l'interdit Salvien ne mettant en question, nous le savons, que le droit à la possession, tandis que l'action Servienne porte sur le *jus in re* prétendu par les deux parties. Mais, outre la difficulté qu'il y aurait à pousser aussi loin les conditions d'identité exigées pour qu'il y ait *res judicata*, nous ne pourrions adopter ce système qu'en sacrifiant les droits du créancier non possesseur à ceux du créancier qui a l'avantage de posséder. Or c'est là précisément ce qui nous paraît constituer une injustice choquante, et nous aurions à cœur de laver les jurisconsultes romains du reproche d'avoir donné à la possession une prépondérance qui ne saurait se justifier.

Les auteurs admettent généralement, sans essayer de critiquer cette décision, que, dans la législation romaine, la préférence entre deux créanciers, qui auraient reçu conjointement hypothèque sur la même chose, devait se régler en faveur de celui qui se trouverait être en possession. Sans doute il faudrait écarter cette idée là où il n'y aurait au profit de chacun qu'une affectation *pro parte*, ce qui n'est pas douteux, puisqu'une assiette différente aurait été ainsi fixée pour les deux hypothèques, qui ne seraient pas dès lors en conflit. Mais l'exclusion totale de l'une des hypothèques par l'autre deviendrait inévitable, si l'on suppose que chaque créancier a obtenu une affectation *in solidum*. Il arriverait ici ce qui se produisait au cas de divers *correi stipulandi*, où l'on disait que le bénéfice de la créance appartiendrait uniquement à celui qui aurait agi le premier, à moins qu'il ne fût comptable de ce bénéfice envers l'autre, en raison d'une société qui existerait entre eux. La même doctrine est, en effet, bien clairement énoncée par Julien, L. 1, § 1, *De Salv. interd.*, quand il s'agit de deux bailleurs en lutte sur l'interdit Salvien : *Possidentis melior conditio erit.* C'est également la doctrine qu'Ulpien appliquait à l'action Servienne, en ayant soin de relever l'influence qu'exerce la portée générale de l'affectation : *Ita ut utrique in solidum obligatæ essent.* Tant pis pour celui qui n'est pas assez heureux pour posséder; il échouerait en présence d'une exception, dont le jurisconsulte nous communique la teneur : *Si non convenit ut eadem res mihi quoque pignori esset.*

L'iniquité de ce résultat, que nous pourrions qualifier d'*in-elegans*, en empruntant une expression romaine, nous a toujours frappé. Il nous est difficile de saisir comment, le droit d'hypothèque étant indépendant de la possession, cet élément de fait peut ajouter quelque valeur au droit de l'un des créancier, et rompre l'équilibre entre deux positions qui sont exactement semblables. Deux créanciers ont traité simultanément avec le débiteur commun, qui leur a engagé tel objet ; aucun d'eux n'ayant l'avantage de la priorité, la condition des deux rivaux doit être absolument la même. Paul exprime cette règle fort juste quand il dit, L. 20, § 1 *De pign. act : Si pluribus res simul pignori detur, æqualis omnium causa est.* Est-il raisonnable de faire cesser cette égalité, parce que l'un pourra invoquer cette circonstance qu'il a la possession ? La chose est indifférente, ce nous semble, pour corroborer *le jus in re*, qui s'est produit, sans avoir besoin d'invoquer la possession à son aide. Le créancier hypothécaire qui ne possède pas, et qui trouve l'objet à lui hypothéqué dans les mains d'un autre, a effectivement une action *in rem* pour se procurer la possession. *Pignoris persecutio in rem parit actionem creditori,* L. 17, *De pign. et hyp.*

Quel est le seul mode équitable de donner satisfaction à deux droits identiques, quand ils sont en collision ? Il n'y en a d'autre que celui d'un partage. Chacun pouvant prétendre au tout, il s'ensuit que le droit de chacun est tenu en échec par le droit de l'autre, ce qui amène la nécessité d'une division. La division se fera t-elle par portions égales ou devra-t-on tenir compte de l'importance respective des créances, telle est la seule difficulté qui se présente. Marcien, L. 16, § 8, *De pign. et hyp.*, admet une répartition sur cette dernière base : *Et magis est ut pro quantitate debiti pignus habeant obligatum.*

Ce fractionnement, objecte-t-on, n'est possible qu'autant que l'engagement à été fait *pro partibus*, ce qui sera présumé ; il en doit être autrement quand l'affectation a été expressément convenue *in solidum* au profit de chacun. Dans ce cas, en eff t, le créancier qui possède ne détiendrait rien au delà de ce qui lui a été formellement engagé ; il serait donc par conséquent fondé à dire à son adversaire : « Vous prétendez que vous avez le droit de posséder la chose en litige ; mais j'ai un droit aussi puissant que le vôtre; il n'y a aucune raison pour que je vous cède la place : *In pari causa melior est causa possidentis.* »

Nous concevons cette raison de décider entre deux adversaires qui ne peuvent aspirer à un droit réel. Là, au contraire, où il existe un droit de cette espèce, le défaut de possession ne peut être un motif de réduire au silence un *jus in re*, qui a l'énergie de se faire reconnaître, malgré l'obstacle que lui oppose le possesseur. C'est ce qui est incontestable quand il s'agit du droit de propriété. Le droit d'hypothèque est un droit de même nature, produisant, nous l'avons dit, une action *in rem*, si bien que les jurisconsultes romains parlent de la *vindicatio pignoris*, L. 16, § 3, *De pign. et hyp.* Il faut donc, pour résoudre la question, chercher l'analogie dans les règles observées en matière de propriété [1]. Supposez qu'une même chose ait été léguée *per vindicationem* à deux personnes ; il en résulte pour chaque légataire un droit à la propriété du tout, propriété qui prendra naissance au moment de l'adition d'hérédité [2]. Personne ne doute que celui des légataires qui se mettra le premier en possession n'accaparera point ainsi pour lui seul le bénéfice du legs; il sera certainement exposé à une action en revendication *pro parte*, qui lui fera perdre la moitié de ce qu'il possède. Sans doute le testateur a déclaré vouloir lui transférer la propriété pour le tout; mais comme il a fait une semblable disposition au profit d'un autre, il a entendu associer les deux appelés à ce droit de propriété, pour le cas où ils concourraient. Les Romains disaient avec raison que chaque légataire n'était propriétaire *in solidum* qu'autant que l'autre ferait défaut :

---

[1] Le créancier gagiste et l'usufruitier sont rapprochés dans la loi 30, *De nox. act.*, 9, 4, où il est dit qu'ils ont l'un et l'autre un *jus in re*. Pareillement, l'action de la loi Aquilia, qui en principe n'appartient qu'au propriétaire, était étendue au profit, soit du créancier gagiste, soit de l'usufruitier, considérés comme ayant tous les deux un droit analogue à celui du propriétaire. V. L. 11, § 10, et L. 17, pr., *Ad leg. Aquil.*, 9, 2.

[2] Peu importe que l'on suive l'opinion des Sabiniens (Gaï., II, 195), qui dataient de ce moment l'acquisition dès lors simultanée pour les deux légataires, ou qu'on dise avec les Proculéiens (Gaï., *ibid.*) que la propriété ne commence qu'au jour de l'acceptation du legs, qui pourrait n'être pas le même pour chaque légataire. Dès l'instant, en effet, où aura eu lieu la seconde acceptation, il se produira un effet rétroactif, en vertu duquel la propriété remontera au jour de l'adition, et sera censée acquise contemporainement pour les deux intéressés. L. 15, *De reb. dub.*, 34, 5.

Totum singulis datum, partes autem concursu fieri, L. 80, *De legat.*, III.

La même interprétation n'est-elle pas acceptable, alors que deux créanciers ont obtenu en même temps un *pignus in solidum?* Cette solidarité n'est pas inutile; elle est susceptible de produire son effet, pourvu que l'un des créanciers reste seul, l'autre ayant été satisfait. Désormais l'hypothèque du créancier unique, dégagée de toute entrave, de toute cause de compression, peut s'étendre jusqu'au *maximum* qui lui a été accordé, et s'exercera sur toute la chose, tandis qu'elle demeurerait limitée à une portion, si le *pignus* n'avait été constitué que *pro parte*. Mais, en cas de concours, l'hypothèque doit se diviser tout aussi bien que se divise la propriété en pareille situation, que se diviserait l'usufruit entre colégataires *per vindicationem*, L. 3, pr., *De usuf. adcresc.*, 7, 2. De même que la propriété, de même que l'usufruit, l'hypothèque ne s'efface pas pour respecter la possession; au-dessus de la possession il existe ici un *jus in re,* qui en est indépendant. La lutte s'établissant entre deux *jura in re*, qui sont parfaitement semblables, force est de partager le champ qui leur appartient. Sans cela, l'égalité proclamée dans la loi 20, § 1, *De pign. act.*, pour des créanciers hypothécaires contemporains, ne subsistera qu'autant qu'il plaira au débiteur; et il lui sera loisible d'annihiler à son gré le droit de celui qu'il voudra sacrifier, en transférant la possession à celui qu'il lui plaira de favoriser.

L'argument tiré de ce qui était observé à l'égard des *correi stipulandi* n'est pas probant. Les Romains n'admettaient pas que l'on pût contracter autrement que pour soi. L'arrangement des stipulations était-il tel qu'il eût fait naître au profit de chacun des interrogeants une créance pour le tout, si l'un d'eux exerçait l'action qui était unique, il l'absorbait en totalité, sauf la question de savoir s'il ne pourrait pas lui être demandé compte du bénéfice qu'il avait réalisé[1]. En un mot, il n'y avait pas de

---

[1] Ce compte à rendre avait lieu ordinairement au moyen de l'action *Pro socio*. C'était, parait-il, habituellement des associés qui se mettaient en position de devenir *correi*. Bien des textes contiennent cette distinction : *si socii sint, si socii non sint.* Il est surprenant qu'aucun ne fasse mention d'une autre cause qui eût autorisé le *correus* dépouillé de son droit par la diligence de l'autre à intenter contre ce dernier une action différente : nous voulons parler de l'action *mandati.* Il devait cependant arriver que

communauté en matière de créances. Les *jura in re* se prêtaient au contraire à l'état d'indivision entre plusieurs, et nous n'apercevons aucun motif pour ne pas appliquer à l'hypothèque ce qui était vrai du *dominium* ou de l'*ususfructus*.

L'explication de la loi 2, *De Salv. interd.*, qui a tant tourmenté les interprètes, devient facile, si l'on adopte notre système. Ulpien prévoit que des objets ont été apportées par un fermier sur un fonds appartenant en commun à deux personnes; il y a eu, suivant l'usage, affectation de ces objets au payement des fermages. L'un des bailleurs a vainement été attaqué par l'autre au moyen de l'interdit Salvien; il a triomphé grâce à la possession dont il était nanti. Dans ces circonstances, le jurisconsulte ouvre au non-possesseur la ressource de l'action Servienne. Comment celui-ci pourrait-il réussir par cette voie, si la victoire est encore assurée au possesseur? Il ne peut y avoir eu erreur sur un fait aussi simple que celui de la possession; d'ailleurs, en intentant successivement l'interdit Salvien, puis l'action Servienne, le demandeur reconnaît bien que son adversaire a l'avantage de la possession. Pour comprendre l'utilité

l'un des *correi* ne fût que le mandataire de l'autre, qui seul intéressé à l'affaire aurait voulu, prévoyant par exemple une absence, conférer à un ami le pouvoir d'agir. Sans doute il y avait alors simple *adstipulatio*, dont la forme différait de la *co-stipulatio* proprement dite. — Nous sommes du reste encore à comprendre comment, en pratique, celui qui n'était pas en communauté d'intérêts avec un autre (ce qui lui assurait l'action *Pro socio*), ou qui n'avait pas eu l'intention de se précautionner d'un mandataire (ce qui lui donnait l'action *Mandati*), pouvait s'exposer à compromettre une créance, de manière à la perdre par suite des actes du costipulant qu'il avait accepté, ou même du simple caprice du débiteur. On peut bien dire, en pure théorie : « Le *correus* qui a touché a reçu ce dont il était créancier; pour lui faire restituer tout ou partie, il faut prouver qu'il n'était pas seul intéressé, ce qui est absolument possible, l'autre n'étant que son mandataire. » Mais que, dans la réalité des choses, celui qui était fondé à profiter d'une créance dérivant d'un contrat ne se réservât point le moyen de démontrer jusqu'à quel point l'affaire le concernait, c'est ce qui ne se conçoit point, à moins d'une haute imprudence. Nous laissons de côté le cas où il a plu à un testateur de donner à la libéralité qu'il adressait à deux personnes cette forme bizarre, d'après laquelle l'un des deux, on ne sait lequel, retirera peut-être seul tout le gain du legs, l'autre n'ayant absolument rien. Quand on devient créancier en contractant, il faut faire, en général, un sacrifice pour acquérir cette position; et quel est l'homme sérieux qui admettra à ses côtés un *correus*, sans se ménager la facilité d'établir la véritable position qui existe entre lui et son costipulant?

de l'action réelle, après la tentative infructueuse d'un interdit possessoire, il est bien naturel de supposer que ce qui constitue un élément de succès au point de vue de l'interdit n'aura pas la même puissance quand s'agitera la *vindicatio pignoris*. La prépondérance de la possession est évidemment niée par Ulpien, en ce qui concerne le *Servianum judicium*, sans quoi ces expressions : *possessor vincet*, mises en relief relativement à l'interdit, seraient destituées de tout sens. Elles indiquent forcément une antithèse, eu égard à l'action Servienne, dans laquelle il faut dire au contraire : *possessor non vincet*, dernière règle qui est tout à fait en harmonie avec l'énergie qui doit appartenir à un *jus in re*, dont cette action a pour but de garantir l'efficacité.

Il est vrai que cette manière d'entendre la loi 2 semble péremptoirement écartée par la loi 10, *De pign. et hyp.*, dans laquelle le même Ulpien transporte à l'action Servienne la doctrine professée par Julien à propos de l'interdit Salvien, et met également le créancier hypothécaire *in solidum*, quand il possède, à l'abri de toute poursuite de la part d'un créancier ayant un droit identique. Il y aurait ainsi parité complète entre les règles de l'interdit Salvien et celles de l'action Servienne. C'est là, en effet, un argument qui condamne inévitablement le système que nous avons exposé, s'il est certain qu'Ulpien a dit, à l'occasion de l'action Servienne, ce que lui font dire les compilateurs. Il faut alors reconnaître que les jurisconsultes romains ont analysé d'une façon assez peu équitable les effets de l'affectation hypothécaire consentie *in solidum* et en même temps au profit de deux créanciers, désespérer de trouver le mot de l'énigme contenue dans la loi 2, *De Salv. interd.*, ou se contenter de quelqu'une des explications qui ont été proposées.

Nous croyons toutefois qu'il est possible d'échapper à cet argument, si l'on fait attention que la loi 10, *De pign.*, n'est autre chose que la reproduction de la décision donnée dans la loi 1, § 1, *De Salv. interd.* L'un des textes est calqué sur l'autre, pour ainsi dire mot à mot; et il n'est pas douteux qu'Ulpien, en écrivant le fragment qui compose aujourd'hui la loi 10, n'eût sous les yeux l'ouvrage de Julien auquel a été empruntée la loi 1, § 1. Cujas avait déjà fait cette remarque, et il en avait conclu que Julien s'était occupé de l'action Servienne, mais que Tribonien aurait maladroitement appliqué à l'interdit Salvien ce qui n'était dit que pour l'action Servienne. Contentons-nous de laisser à Julien l'opinion qui est la seule par lui défendue, savoir qu'au cas d'une *obligatio in solidum* au profit de deux bailleurs, celui qui posséderait ne pourrait, par l'effet de l'interdit Salvien, être forcé de rien relâcher à l'autre. Cette opinion, qui ne présente pas d'inconvénient grave, alors qu'il ne s'agit que d'une mesure provisoire, du simple avantage d'une possession transitoire, prend, au contraire, un caractère regrettable, quand on l'applique à l'appréciation définitive du droit des deux bailleurs, dont l'un se trouvera dépouillé entiè-rement, par suite d'une connivence entre le débiteur commun et l'autre créancier. On peut admettre, sans l'approuver com-plétement, cette restriction imposée au droit de l'une des par-ties. Il suffit que les objets affectés soient en sûreté dans les mains de l'un des bailleurs, qui d'ailleurs est autorisé à les posséder *in solidum :* on ne dérangera pas cet état de fait, pour lui substituer une possession commune. Mais à l'échéance de la dette, si l'autre bailleur n'est pas payé, ce n'est plus seule-ment un droit à la possession qu'il invoque, en vue de se faire nantir de son gage ; il se fonde sur un *jus in re*, qui lui permet de se faire payer sur les objets frappés de son hypothèque. Ici il n'a plus à craindre l'objection tirée du défaut de posses-sion, puisque la nature du droit réel est de prévaloir sur la possession. Quant au droit réel que lui opposerait son adver-saire, ce droit étant pareil à celui du demandeur, le conflit doit, en bonne logique, nous l'avons vu, se résoudre au moyen d'un partage [1].

---

[1] Cette idée de partage n'est pas contrariée par la loi 16, § 8, *De pign. et hyp.*, où Marcien examine les conséquences de l'hypothèque consentie simultanément en faveur de deux créanciers. Le jurisconsulte commence, en effet, par indiquer quels seront les droits des créanciers l'un vis-à-vis de l'autre ; et, sous ce rapport, conformément à notre système, il n'accorde à chacun qu'un droit pour une partie, dont la quotité doit se calculer d'après l'importance respective des créances. Ce n'est que relativement à un tiers possesseur que Marcien autorise ensuite l'action hypothécaire *de toto*, dans le cas où il a été expressément convenu que chacun aurait une hypothèque *in solidum*. Cette portée de l'action hypothécaire à l'égard des tiers n'a rien que de raisonnable. Évidemment Marcien ne peut avoir la pensée de lui donner la même portée contre le créancier qui serait en possession, puisque l'avantage serait alors à celui qui ne possède pas.

N'est-il pas permis de penser, en renversant la conjecture de Cujas, que l'auteur de la loi 10, *De pign.*, ne songeait, comme Julien, qu'à l'interdit Salvien? Il y a identité de doctrine entre cette loi 10 et la loi 1, § 1, *De Salv. int.* L'hypothèse traitée par les deux jurisconsultes, dont l'un ne fait que copier l'autre, doit par conséquent être la même. Au lieu de chercher cette hypothèse commune dans l'action Servienne, il nous paraît beaucoup plus probable qu'il faut la demander à l'interdit Salvien. Cette supposition acquiert un haut degré de vraisemblance, si l'on veut bien considérer à quelles sources ont été empruntés les deux textes. Le fragment de Julien a été tiré du livre XLIX° de son Digeste; et il n'est pas douteux que c'est dans cette partie de son ouvrage que le jurisconsulte s'occupait des interdits [1]. Aussi voit-on apparaître plusieurs fois dans la loi 1 la mention formelle de l'interdit Salvien. Il y a donc tout lieu de croire que c'est bien à l'occasion de l'interdit Salvien que Julien a écrit ce passage, justement placé par les compilateurs sous la rubrique *De Salviano interdicto.* Quant à la loi 10, *De pign.*, elle faisait partie du livre LXXIII° d'Ulpien sur l'Édit. Or, il est facile de se convaincre, en parcourant les extraits fournis par Ulpien à la composition du livre XLIII des Pandectes, que ce jurisconsulte traitait encore des interdits dans ce livre LXXIII° de même que dans les livres précédents. L'interdit Salvien paraît avoir fermé la liste des interdits, et Ulpien terminait ce sujet dans le livre LXXIII°, d'où a été tirée la loi 1, *De migrando*, et dans lequel il faut faire rentrer également la loi 2, *De Salv. interd.*, quoique l'inscription des Florentines l'attribue à tort au livre LXX° [2].

C'est donc la loi 10, *De pign.*, qui aurait été déplacée de son véritable siége pour être transportée à la matière des hypothèques. Les rédacteurs des Pandectes ont essayé de donner à ce fragment une couleur générale, en substituant l'expression *debitor* à celle de *colonus*, qu'Ulpien avait sans doute employée. Néanmoins la mention de l'action Servienne prouve bien qu'il

---

[1] Les extraits de Julien, dans le livre XLIII des Pandectes, sont peu nombreux; ils suffisent cependant pour légitimer ce que nous avons dit. Ainsi la loi 17, *De vi*, appartenait au livre XLVIII° du Digeste de Julien, la loi 19, *De precar.*, au livre XLIX°.

[2] Cujas a indiqué cette correction, justifiée, dit-il, par l'autorité de divers manuscrits, et exigée d'ailleurs par l'ordre des matières.

s'agissait des rapports du *dominus fundi* avec le *conductor*. Les autres emprunts au livre LXXIII° d'Ulpien sur l'Édit, qui figurent au livre XX des Pandectes, mettent d'ailleurs constamment en présence le *locator* et le *conductor*. Voyez les lois 14 et 21, *De pign. et hyp.*, les lois 3 et 6, *In quib. caus. pign.*, tirées également du même livre d'Ulpien.

Si nous sommes autorisé à appliquer à l'interdit Salvien la décision contenue dans la loi 10, *De pign.*, il s'ensuivra qu'Ulpien adoptait la doctrine de Julien, c'est-à-dire qu'il admettait uniquement la prédominance de la possession actuelle, alors qu'il s'agissait d'un débat sur la possession entre deux adversaires fondés l'un et l'autre à posséder le tout. Mais, comme au même endroit il repousse cette prérogative de la possession dans le *Servianum judicium*, ainsi que l'indique assez nettement la loi 2, *De Salv. interd.*, on peut justement conclure qu'il opposait sous ce rapport les règles de l'action Servienne à celles de l'interdit Salvien, et qu'il n'accordait pas la même valeur à la circonstance de la possession, quand il était cas d'apprécier au fond, et dans leurs effets définitifs, les droits de deux créanciers contemporains, ce qui serait une solution beaucoup mieux appropriée à la nature de *jus in re* reconnue appartenir à l'hypothèque. La loi 2, *De Salv. interd.*, recevrait de la sorte le sens qu'elle offre naturellement, et il y aurait satisfaction équitable donnée aux intérêts qui sont en conflit dans l'action Servienne, par laquelle il doit être statué péremptoirement sur la position des parties litigantes. Il ne faut pas s'arrêter à l'objection que fournit l'énonciation de l'action Servienne, mentionnée formellement dans la loi 10, *De pign.*, au lieu de l'interdit Salvien qui devrait s'y rencontrer. Les compilateurs ayant emprunté ce texte à un traité des interdits, pour le faire figurer dans la matière des hypothèques, ils devaient effacer le nom de l'interdit, qu'ils ont laissé subsister dans le texte de Julien, auquel ils conservaient l'application que lui avait donnée son auteur.

Ce déplacement subi par le fragment qui forme la loi 10, *De pign.*, n'est pas du reste isolé ; nous avons vu que d'autres extraits du livre LXXIII° d'Ulpien sur l'Édit avaient été également transportés à la théorie des hypothèques. Ce procédé, de la part des rédacteurs de Justinien, peut s'expliquer de la manière suivante. Nous sommes très-porté à croire que l'interdit Salvien devint de jour en jour d'un usage moins fréquent, depuis que le *locator* eut à sa disposition l'action Servienne, qui garantissait ses droits beaucoup plus efficacement ; et sans doute, à l'époque de Justinien, l'interdit était à peu près tombé en désuétude. Il fallait cependant dire quelque chose de cet interdit, qui avait sa place dans l'Édit, et que l'on trouvait traité avec quelque développement dans les anciens jurisconsultes ; mais le peu d'intérêt pratique qu'il offrait alors ressort de la sobriété extrême avec laquelle ont été composées à ce sujet les compilations de Justinien. L'action Servienne avait seule une importance sérieuse, parce que c'était au moyen de cette action que le *dominus fundi* obtenait un succès permanent ; et l'on conçoit qu'il ne s'arrêtât point à disputer sur une possession dont il avait à craindre d'être bientôt dépouillé. Aussi l'action Servienne se présente-t-elle toujours dans le *corpus juris* comme la voie employée par le *locator* à l'égard des objets qui lui ont été affectés, tandis que l'interdit Salvien n'y occupe qu'une place fort étroite ; seulement des décisions qui avaient été émises à l'occasion de cet interdit ont été utilisées pour être appliquées à l'action Servienne, dont le nom a été substitué à celui de l'interdit. Telle nous paraît être l'histoire de la loi 10, *De pign.*

En présentant cette explication d'un point fort délicat, nous ne dissimulons pas les objections graves qu'elle peut susciter[1]. Si nous sauvons ainsi à Ulpien le reproche d'avoir méconnu l'énergie qui doit être attribuée au *jus in re* du créancier hypothécaire, nous ne pouvons rendre le même service aux Commissaires de Justinien, qui ont bien eu l'intention de régler la préférence, en s'attachant à la possession, quand il y a conflit entre deux créanciers contemporains, au profit desquels l'affectation a été faite *in solidum.* — On peut douter d'ailleurs que

[1] Nous sommes loin d'espérer avoir par notre travail réalisé le but que Cujas s'était flatté d'avoir atteint, quand, après avoir consacré à l'interdit Salvien une demi-colonne de ses *Observationes*, il assure qu'en y ajoutant quelques lignes de ses *Interpretationes* sur les *Sententiæ Pauli*, on aura sur la matière un *tractatus usquequaque perfectus.* Puisse seulement le lecteur, quand il aura parcouru ces pages, ne pas être tenté de répéter la parole amère, par laquelle le même Cujas qualifie les efforts des commentateurs qui jusqu'à lui avaient essayé de construire la théorie de l'interdit Salvien : « *In quo exequendo dici non potest quanta sit Doctorum* ἀμηχανία. »

les grands jurisconsultes de Rome aient franchement admis pour l'appréciation de l'hypothèque cette base fondamentale qu'il y a là un *jus in re*, afin d'en déduire les conséquences légitimes. Le point de vue d'un fait n'était-il pas ici dominant ? L'action hypothécaire était une de celles où la question n'était pas posée en droit; ce qu'il suffisait de prouver, c'était qu'une convention était intervenue entre le demandeur et celui qui avait la faculté d'obliger la chose, L. 23, *De probat.* Sans doute la valeur de cette convention était paralysée, sous la forme d'une exception, par l'allégation d'une convention antérieure conclue avec le défendeur, L. 12, *pr., Qui pot. in pign.* Mais s'il n'y avait qu'une convention de même date, toute exception était peut-être déniée, et par suite de l'équilibre de position qu'amenaient deux faits semblables, deux conventions simultanées, le *statu quo* était peut-être respecté. — Il y a effectivement chez les jurisconsultes romains une tendance assez ordinaire, quand deux situations sont égales, à faire pencher la balance en faveur de la partie qui a l'avantage de la possession. C'est là, nous le croyons, un système très-critiquable, auquel il ne faut se résoudre qu'autant qu'il n'y a aucun autre moyen de décider autrement; sans cela, on s'écarte de la véritable mission du droit, qui est de ne pas s'incliner devant le fait, et d'assurer la prédominance de ce qui est juste sur ce qui n'a de raison d'être que parce qu'il existe ainsi. Les exemples de cette tendance fâcheuse ne manquent pas malheureusement. Indépendamment de ce qui était observé entre les *correi credendi*, nous voyons que pour ceux qui avaient contracté avec un esclave, et qui avaient pour gage son pécule, la préférence appartenait aussi au premier occupant (*in actione de peculio occupantis melior est conditio*, L. 10, *De pecul*, 15, 1), maxime dont le maître tirait profit le premier, en ne relâchant aux créanciers les valeurs du pécule que déduction faite de ce qui lui était dû [1]. De même, quand un esclave avait commis

---

[1] Il n'était pas prudent de traiter avec un esclave, bien que son pécule parût avoir de l'importance, cette apparence de solvabilité s'évanouissant à raison des créances du maître, dont le *quantum* ne pouvait être soupçonné. Il était surtout dangereux de lui accorder un terme considérable, puisqu'on était exposé à être devancé par d'autres créanciers qui viendraient d'abord absorber le pécule. Ce n'était pas d'ailleurs le plus diligent à agir qui était assuré de se faire payer ; une action intentée n'opérait pas, si nous pouvons parler ainsi, une saisie-arrêt sur le pécule. Le privilégié était celui qui

des délits, les parties lésées avaient le droit d'exiger que, à défaut de satisfaction sur l'action *ex delicto*, la propriété de l'esclave leur fût abandonnée ; et ici encore, suivant Ulpien, L. 14, pr., *De nox. act.*, 9, 4, la règle était que le premier occupant était préféré : *verius est occupantis meliorem esse conditionem* [1].

CHAPITRE II.

INTERDITS *RETINENDÆ POSSESSIONIS.*

Les interdits *retinendæ*, de même que ceux *recuperandæ possessionis*, se présentent nettement, de l'aveu de tous, comme n'ayant trait qu'à la possession, tandis qu'il y a controverse sur le véritable caractère des interdits *adipiscendæ possessionis*, au moins pour quelques-uns de ces interdits. Il n'est douteux

réussissait à obtenir le premier une condamnation : *Occupare autem videtur non qui prior litem contestatus est, sed qui prior ad sententiam judicis pervenit, dict.* L. 10. Le sort d'un créancier dépendait de l'activité du juge devant lequel il était renvoyé, dépendait aussi du plus ou moins de difficulté que présentait l'instruction de l'affaire.

[1] Telle est l'opinion très-nettement énoncée par Ulpien, qui donne également la préférence à celui des créanciers qui le premier est arrivé à avoir une condamnation. Mais il nous paraît difficile de mettre d'accord avec Ulpien le jurisconsulte Paul, suivant lequel l'esclave, au moyen d'un abandon noxal, ne se trouve pas libéré à raison des actions dont la cause est antérieure : *Nam ex præcedentibus causis non liberatur noxæ deditus,* L. 2, pr., *Si ex nox. caus.*, 2, 9. L'abandon noxal n'aurait pas plus d'effet pour produire ce résultat qu'une aliénation volontaire : *Perinde enim noxa caput sequitur, ac si venisset, dict.* L. 2. Paul est positif pour attester qu'on n'avait pas admis la doctrine d'Ofilius, rapportée à la fin de la loi précédente, doctrine qui était celle-ci : *Noxæ deditione cæteris noxalem actionem perimi.* Les compilateurs placent immédiatement dans la bouche de Paul cette critique : *Sed alio jure utimur.* — Au fond, est-il juste que, dans ce conflit d'intérêt entre diverses personnes lésées, qui n'ont en définitive pour gage que la valeur de l'esclave coupable, ce gage soit dévolu en entier à celui qui par hasard pourra prouver le plus promptement son droit, ou qui aura la chance de rencontrer un juge plus expéditif?

pour personne que la décision rendue à l'occasion d'un interdit *retin.* ou *recup. possess.* ne laisse subsister entre les mêmes parties une question plus grave, celle relative à la propriété de la chose en litige. Le plaideur, qui a triomphé sur un interdit de cette espèce, n'a ainsi obtenu assurément gain de cause qu'au point de vue de la possession. Ce n'est pas là un succès définitif, qui le mette désormais à l'abri de toute poursuite de la part du même adversaire. Le champ reste ouvert, comme nous le disons, au pétitoire; on sait quel est le possesseur, on ne sait pas encore quel est le propriétaire. Une nouvelle lutte peut s'engager, lutte dans laquelle l'avantage reconnu de la possession ménagera à celle des parties qui a réussi sur ce point la position commode d'être dispensé d'établir son droit, la charge de la preuve incombant, au contraire, à celui qui, battu au possessoire, est forcé de recourir à la revendication. *Nihil commune habet proprietas cum possessione,* telle est la règle qui du droit romain a passé dans notre droit français. L'arène judiciaire n'est donc pas fermée; vaincu sur la possession, je puis à mon tour devenir vainqueur, en démontrant que je suis propriétaire. Je n'ai pas à craindre l'exception de chose jugée, parce que je soulève un débat tout autre que le précédent : *Quoniam in interdicto possessio, in actione proprietas vertitur*, dit Paul, L. 14, § 3, *De except. rei judic.*, 44, 2.

C'est au sujet des interdits *retin.* ou *recup. possess.* que tous les auteurs s'occupent de fixer les conditions de la possession, ce que faisait Gaïus, IV, 153, ce qu'ont fait aussi les rédacteurs des Institutes, IV, xv, § 5. Nous avons vu que, dans un interdit *adip. possess.*, la circonstance d'une possession antérieure était non-seulement inutile, mais encore pernicieuse; ici, la possession forme l'élément indispensable du succès. La mission du juge est, en effet, de rechercher quel est celui qui a la possession, ou bien d'examiner si celui qui se plaint d'avoir perdu la possession l'avait en réalité ; en outre, si la possession actuelle ou passée était exempte des vices, dont l'absence est nécessaire pour qu'il y ait lieu à invoquer l'appui du droit en faveur de l'état de fait troublé ou anéanti. Il importe donc, avant d'aborder l'étude de ces interdits, de la faire précéder de quelques notions générales sur la possession.

§ 1er. — Notions générales sur la possession.

La possession se compose de deux éléments.

Le premier est un élément de fait, appelé ordinairement *corpus*, consistant à avoir une chose en sa puissance, à sa disposition, ce qui permet d'agir à son gré sur cette chose. C'est de là que vient sans doute le mot *possessio*, qui dériverait du verbe *posse*, étymologie plus acceptable que celle tirée de *pes* (pied), *à pedibus*[1], donnée (L. 1, pr., *De adq. possess.*) par le jurisconsulte Paul, qui rapproche l'expression *possessio* de celle-ci *positio* : *quasi positio, quia naturaliter tenetur ab eo qui ei insistit.* Cette définition a été souvent entendue en ce sens que la possession ne pouvait prendre naissance qu'à la suite d'un contact physique entre le possesseur et la chose possédée ; d'où la conséquence qu'on ne commencerait pas à posséder un immeuble avant d'avoir mis le pied dessus, un meuble avant de l'avoir appréhendé avec la main.

Il est certain qu'une relation matérielle s'établit entre le possesseur et ce qu'il possède, que l'exercice de la possession, pour être fructueux, exige que l'homme se soumette à la loi du travail, exige, par conséquent, l'emploi des instruments que la Providence lui a fournis afin de tirer parti des objets créés, c'est-à-dire l'usage des pieds et des mains. Gardons-nous toutefois d'interpréter trop littéralement cette condition du *corpus*, ainsi que l'ont fait en général les anciens auteurs. Ils ont prêté à la doctrine romaine ce point de vue, que l'acquisition de la possession n'était accomplie que du moment où la chose aurait été touchée en réalité ; et ils ont prétendu que les divers cas où il en était autrement constituaient autant d'exceptions, qu'il fallait expliquer au moyen de fictions.

Si cette idée a longtemps prévalu, grâce à une traduction trop rigoureuse du mot *corpus*, la faute n'en est pas aux jurisconsultes romains, qui s'attachent à faire remarquer plus d'une fois qu'un contact n'est pas nécessaire pour acquérir la possession, et que l'on possède par cela seul que l'on est à même d'agir dès qu'on le voudra sur un objet, bien que cette faculté

---

[1] Telle est la leçon de la *Vulgate*, tandis que la leçon Florentine porte : *à sedibus*.

ne se soit pas encore manifestée par des actes extérieurs. — Paul, dans la loi 3, § 1, *De adq. possess.*, réduit à quelque chose de fort simple la condition du *corpus* requise pour devenir possesseur d'un immeuble. Si l'on ne possédait d'autre fraction du sol que celle sur laquelle on a posé le pied, il faudrait, pour posséder en entier un fonds considérable, parcourir successivement les différentes mottes de terre dont il se compose (*omnes glebas circumambulet*), ce qui serait aussi fatigant que dérisoire. Suivant Paul, dès qu'on a mis le pied sur une portion quelconque du fonds (*sufficit quamlibet partem ejus fundi introire*), on le possède dans toute son étendue, pourvu que telle soit l'intention de l'acquéreur. La possession exige donc uniquement la *possibilité* de réaliser à son gré un contact avec la chose, et non le contact même effectué.

Celse est encore plus clair dans la loi 18, § 2, *eod. tit.;* il y fait ressortir en termes exprès l'inutilité de ce contact réputé indispensable, et il en dispense positivement celui qui veut acquérir la possession. Quand le vendeur, dit-il, a déposé au domicile de l'acheteur la chose vendue, la possession chez l'acheteur est dès à présent indubitable (*possidere me certum est*), quoique cette chose n'ait pas été touchée (*quanquam id nemo dum attigerit*). De même, quand le vendeur a montré à l'acheteur du haut d'une tour le terrain vendu, qui est à proximité, et qu'il déclare à l'acheteur que désormais celui-ci peut en jouir librement, il y a prise de possession, sans que l'acheteur soit obligé de se transporter de sa personne sur le fonds.

Une doctrine semblable est énoncée par Paul, L. 1, § 21, *eod. tit.* J'ordonne à mon vendeur de remettre à mon procureur l'objet vendu qui est présent; j'en deviens possesseur, quoique je n'aie pas appréhendé la chose, parce que j'ai la faculté d'en disposer, et que j'en dispose effectivement. Il en est de même, si mon débiteur compte à un tiers par mon ordre l'argent qu'il m'apporte; sans que j'aie eu besoin de mettre la main sur cette somme, elle est devenue mienne, et je transmets immédiatement la possession et la propriété que je viens d'acquérir sur des écus que je n'ai jamais touchés [1]. Du reste, pour qu'on ne

---

[1] Javolenus, qui donne une solution analogue, L. 79, *De solut.*, 46, 3, ajoute que la tradition est censée faite *manu longa*. C'est dans ce texte que les commentateurs ont trouvé la fiction à l'aide de laquelle l'intervention de la main, prétendue nécessaire pour l'acquisition de la possession, serait

se méprenne pas sur les motifs de sa décision, Paul prend la peine de s'expliquer. Il n'est pas nécessaire, dit-il, qu'il y ait contact pour acquérir la possession : *Non est enim corpore et actu necesse adprehendere possessionem.* Du moment qu'une chose est placée sous mes yeux par celui qui veut me la transférer, et que rien ne s'oppose à l'intention que j'ai de me l'approprier, il y a dans ces circonstances tout ce qu'il faut pour opérer une prise de possession. On ne saurait contredire plus formellement le système qui voit dans un contact la condition *sine qua non* de l'acquisition de la possession. Il semble que le jurisconsulte a pressenti l'abus que les interprètes feraient du mot *corpus*, et qu'il a voulu mettre en garde contre une pareille erreur. Il fait d'ailleurs ressortir les inconvénients pratiques qui existeraient, si l'on exigeait rigoureusement une appréhension *corporelle*. Quand il s'agit d'objets d'un grand poids, se borner à les toucher serait quelque chose d'insignifiant. Il faudrait donc les déplacer, ce qui peut présenter des difficultés, les moyens d'exécution manquant actuellement. Aussi, lorsqu'une colonne a été vendue, suffira-t-il, pour effectuer la tradition, que le vendeur montre la chose à l'acheteur, en l'autorisant à l'enlever à son gré. Cette faculté d'agir sur la chose, qui est le cachet de la possession, sera encore plus certainement constituée, si, des pièces de vin étant vendues, les clefs du cellier où elles sont contenues sont remises à l'acheteur. Celui-ci acquiert ainsi la possibilité de disposer quand il lui plaira de ces pièces de vin. Dès lors, il les possède, et l'on comprend qu'il serait ridicule de lui accorder ou de lui refuser la possession, suivant qu'il aurait ou non apposé sa main sur les tonneaux.

Il est vrai que la doctrine ancienne expliquait ce dernier cas de tradition au moyen d'une fiction, en disant que les clefs sont un symbole, et qu'elles représentent les marchandises. Mais précisément les jurisconsultes romains ont eu la précaution d'exprimer que c'était bien en réalité et non fictivement que la tradition était accomplie par la remise des clefs, attendu qu'il

remplacée par celle des yeux, la vue étant considérée comme une extension du tact. On a ainsi prêté à Javolenus une figure qui n'était pas dans sa pensée. Tout ce qu'il veut dire, c'est que celui qui n'a qu'à allonger la main, pour saisir une chose mise à sa portée par le propriétaire qui veut s'en défaire, est aussi avancé ue s'il tenait réellement cette chose.

y a faculté pour celui qui est nanti des clefs de faire acte de maître sur les objets contenus dans les magasins dont ces clefs lui ouvrent l'accès. Ces deux idées ne se lient, en effet, qu'autant que les magasins se trouvent à la portée de celui qui tient les clefs. C'est pourquoi Papinien, L. 74, *De cont. empt.*, 18, 1, nous dit que la remise des clefs d'un grenier emportera tradition des marchandises y contenues, si cette remise s'opère dans le lieu même où est situé le grenier (*si claves apud horrea traditæ sint*). Le jurisconsulte n'admet la tradition que sous cette condition, parce qu'alors seulement celui qui a les clefs est à même d'exercer, aussitôt qu'il le voudra, un pouvoir sur les marchandises. Cette faculté immédiate et prochaine suffit pour qu'il possède de suite (*confestim*), bien qu'il n'en ait pas encore usé (*et si non aperuerit horrea*).

En ce qui concerne le *corpus* exigé pour l'acquisition de la possession, la jurisprudence romaine, dérogeant à ses principes rigoureux, avait admis la représentation de l'acquéreur par une personne libre agissant au nom d'autrui. Cette exception célèbre, mentionnée aux Institutes, liv. II, tit. IX, § 5, est ainsi formulée par Paul, dans la loi 3, § 12, *De adq. poss.* : *Animo nostro*, CORPORE ETIAM ALIENO *possidemus*. L'application à la possession de la maxime ordinaire : *per extraneam personam nihil adquiri posse*, eût été fort gênante ; les besoins de la pratique conduisirent la doctrine à se départir en cette matière de la règle générale relative à l'acquisition des droits : *Tam ratione utilitatis quam jurisprudentia receptum est*, L. 1, C., *De adq. possess.*, 7, 32. On se trouvait ici plus à l'aise, parce qu'on n'était pas en présence d'un droit pur. Si la possession n'est point uniquement *res facti*, bien qu'elle soit quelquefois qualifiée de la sorte, elle l'est du moins en grande partie, suivant l'expression plus exacte de Papinien : *plurimum facti hàbet*, L. 19, *Ex quib. caus. maj.*, 4, 6. Peu importe, en effet, que je détienne personnellement un objet, ou qu'il soit détenu par un autre, qui reconnaît que cet objet m'appartient, et qui ne l'a appréhendé que dans mon intérêt. Il est certain, dans l'un et l'autre cas, que la chose est à ma disposition, par conséquent, que je la possède.

Le second élément, qui doit se joindre au précédent pour

constituer la possession, réside dans l'intention de celui qui en fait une chose à sa disposition. Cette personne n'aspire-t-elle pas à traiter la chose comme sienne, reporte-t-elle sur un autre la qualité de propriétaire, elle n'est qu'un détenteur. Veut-elle, au contraire, faire tourner à son profit le pouvoir qu'elle a, sans rendre compte de ses actes à personne, prétend-elle se comporter à l'égard de la chose comme si elle lui appartenait, dans ce cas la possession existe. C'est cette intention que les commentateurs caractérisent ordinairement par ces expressions : *animus rem sibi habendi, animus domini.*

La qualité de possesseur ne doit être attribuée qu'à celui qui réunit ces deux conditions : *Adipiscimur possessionem corpore et animo, neque per se animo, aut per se corpore,* L. 3, § 1, *De adq. poss.* Mais, d'un autre côté, si elles concourent, il ne faut rien exiger de plus. Peu importe, remarquons-le bien, que le possesseur ait en réalité le droit d'agir comme il le fait, ou qu'il ne l'ait pas, c'est-à-dire qu'il soit propriétaire ou non. Il n'est même pas nécessaire qu'il soit dans l'erreur à cet égard, et qu'il s'imagine avoir acquis la chose; la mauvaise foi n'est pas un obstacle à la possession. Bien plus, les moyens à l'aide desquels aura été acquis le pouvoir exercé pour son compte sur le bien d'autrui, quelque blâmables qu'ils puissent être, n'empêchent pas la possession de s'établir. Supposez que quelqu'un ait profité, pour s'emparer d'un fonds, de l'absence du propriétaire, ou que, plus audacieux, il ait eu recours à la violence pour expulser le précédent occupant ; supposez même que quelqu'un n'ait pas reculé devant un *furtum* pour se procurer ce dont il est nanti : toutes ces personnes possèdent, car elles ont la chose à leur disposition, et elles entendent bénéficier du pouvoir qu'elles ont déloyalement obtenu. Cependant, en pareil cas, la possession est atteinte d'un vice, qui laissera le possesseur désarmé vis-à-vis un certain adversaire, vis-à-vis celui auquel la possession a été arrachée par violence, ou enlevée par des actes clandestins [1]. Seulement, la possession, malgré son origine, n'est pas affectée dans son essence ; elle ne se trouve pas annulée d'une manière absolue. Il n'y avait alors,

---

[1] Il en était de même, dans les rapports du concédant et du concessionnaire, si la possession de ce dernier était due à un *precarium,* ainsi que nous aurons à l'expliquer plus tard.

disait-on, qu'un vice relatif ; la possession ne pouvait être critiquée que par un seul ; à l'égard de tous les autres, elle n'en
était pas moins protégée par la voie des interdits. *Justa aut
injusta adversus cæteros possessio sit, in hoc interdicto nihil
refert : qualiscumque enim possessor, hoc ipso, quod possessor
est, plus juris habet quam ille qui non possidet*, L. 2, *Uti possid.*,
43, 17.

Au point de vue de la seconde condition de l'*animus*, la
faculté d'être représenté *per extraneam personam* n'avait pas
été admise. Cette distinction est relevée par Paul, *Sent.*, liv. V,
tit. II, § 1 : « *Possessionem adquirimus et animo et corpore :
animo utique nostro, corpore, vel nostro, vel alieno.* » En thèse
générale, il n'était même pas possible d'échapper à la nécessité
de l'intervention de l'*animus* personnel, exigé chez le possesseur, grâce à la règle qui faisait acquérir au chef tout ce qui
était acquis par les personnes soumises à sa puissance, Celui-là
seul possédait qui en était instruit, et qui voulait posséder ;
l'*animus* du maître ne pouvait être ordinairement remplacé par
l'*animus* de l'esclave; par suite, les personnes incapables d'avoir
une volonté, les *infantes*, les *furiosi*, l'hérédité jacente ne pouvaient, en principe, acquérir la possession. Toutefois, on s'é-
cartait de cette rigueur dans le cas où l'acquisition de la possession se référait au pécule de l'esclave ou du fils de famille,
ce qui était considéré comme un *jus singulare*, suivant la
remarque de Papinien, L. 44, § 1, *De adq. poss.* C'est également à titre d'exception, circonscrite aux affaires du pécule,
que Paul, L. 1, § 5, *eod. tit.*, signale la faculté pour le maître
d'acquérir la possession à son insu.

La possession, avec les caractères que nous avons indiqués,
était protégée par le droit prétorien, d'après lequel celui qui
détenait une chose avec l'*animus domini*, qu'il eût juste titre
ou non, qu'il fût de bonne ou de mauvaise foi, pouvait faire
respecter cette situation de fait au moyen des interdits *retin.*
ou *recup. possess.* Les conditions dont nous avons parlé suffisent
à constituer la possession proprement dite, la *possessio ad interdicta.* Il n'en était pas de même pour la *possessio civilis*, qui,
dans le système de Savigny, n'appartenait qu'à celui qui était
en mesure de prétendre à l'usucapion, bénéfice accordé par le

droit civil, mais qui exigeait le juste titre et la bonne foi. L'expression *possessio civilis* devrait, par conséquent, être entendue comme synonyme de *possessio ad usucapionem;* et là où la possession n'avait pas les qualités requises pour conduire à l'usucapion, elle devrait être appelée seulement *naturalis.*

Cependant la négation de la possession civile, toujours comprise sous ce terme *possessio naturalis,* était susceptible de deux degrés. Quelquefois, en effet, la qualification de *possessor naturalis* était appliquée à des personnes qui, ne pouvant usucaper, se trouvaient en position d'invoquer la ressource des interdits ; mais elle se rencontre également pour ceux chez lesquels n'existait que l'élément matériel de la possession, tandis que l'*animus* faisait défaut, tels que le fermier ou le commodataire. Extérieurement, ces individus se présentent comme des possesseurs ; au fond et intentionnellement ils ne le sont point. Sans doute, assez souvent, l'idée de *possidere* était écartée dans ces circonstances ; on disait plutôt : *non possident, in possessione sunt.* Il n'y a que l'apparence de la possession, de même que celui-là est *in servitute* qui paraît esclave, bien qu'il ne le soit pas en réalité. Néanmoins, il n'est pas sans exemple qu'on s'arrête à la situation de fait, qui assimile le détenteur, quant au *corpus,* au véritable possesseur, et qu'on emploie cette forme de langage : *corporaliter* ou *naturaliter possidet.*

La théorie de Savigny, malgré toutes les attaques dont elle a été l'objet, nous semble encore la plus propre à rendre compte des différents textes invoqués pour asseoir la signification du mot *possessio,* et des épithètes *civilis* ou *naturalis,* qui l'accompagnent fréquemment, textes sur lesquels on a tant disputé, et sur lesquels on dispute encore. Nous nous bornerons à indiquer succinctement les principaux arguments qui militent en faveur de cette théorie.

La loi 3, § 15, *Ad exhib.,* 10, 4, après avoir posé en principe que l'action *ad exhibendum* est possible contre quiconque est possesseur, ajoute que cela doit s'appliquer, soit à celui qui possède *civiliter,* soit à celui qui n'a qu'une possession *naturelle.* Comme exemple de possesseur naturel est cité le créancier gagiste, qui avait bien la possession *ad interdicta,* mais non la possession *ad usucapionem,* réservée au débiteur, décomposition de la possession indiquée dans la loi 16, *De usurp.,*

et dont **nous** aurons à nous occuper tout à l'heure. La loi 4,
Ad exhib. continue le développement de la règle énoncée à la
fin de la loi 3, en signalant de simples détenteurs, le dépositaire, le commodataire, le locataire, comme ayant une possession naturelle, à raison de laquelle ils sont exposés à subir
l'action *ad exhibendum*. Il suit de là que la *possessio civilis* est
refusée au créancier gagiste, qui ne possède pas *ad usucapionem*,
qu'il est réduit à une *possessio naturalis*, bien qu'il possède
ad interdicta. Il suit d'un autre côté, que la *possessio naturalis*,
au point de vue de l'action *ad exhibendum*, est reconnue exister,
en ce qui concerne le dépositaire, le commodataire, le fermier,
bien que ceux-ci n'aient pas droit aux interdits. La même désignation de *possessor naturalis* est employée par Julien, dans la
loi 2, § 1, *Pro her.*, que nous avons précédemment expliquée[1],
à l'occasion de cette maxime : *Nemo sibi causam possessionis
mutare potest*[2].

Cette séparation de la *possessio civilis* (*ad usucapionem*) et de
la *possessio naturalis* (*ad interdicta*) se trouve corroborée par
d'autres passages des jurisconsultes romains, qui démontrent
en même temps que l'expression *possessio naturalis* est équi-
voque, puisque celle-ci est quelquefois déniée dans le cas où
il n'y a qu'une détention.

Ulpien, dans la loi 1, §§ 9 et 10, *De vi* (43-16), enseigne que,
pour être *dejectus*, ce qui est la condition voulue pour l'exercice
de l'interdit *Unde vi*, il n'est pas nécessaire que le plaignant
possédât *civiliter*, la *possessio naturalis* étant aussi protégée par
cet interdit. Aussi, ajoute-t-il, la femme qui aurait été expulsée
d'un fonds à elle donné par son mari, pourrait user de l'interdit, bien qu'elle n'ait qu'une *possessio naturalis*. Il ne faudrait
pas en dire autant, continue Ulpien, à l'égard du *colonus* ; ce
dernier n'a pas la possession apte aux interdits ; il n'a point
même la *possessio naturalis*, qui suffit *ad interdicta*. Cette dénégation absolue de la possession se rencontre chez les mêmes
jurisconsultes, qui parfois attribuent au détenteur une *possessio
naturalis*. Ulpien, L. 9, *De rei vind.*, dit, à propos de divers
détenteurs qu'il énumère : *Hi omnes non possident*. Pareillement,

---

[1] V. p. 88.

[2] Paul, L. 38, § 10, *De usur.* (22, 1) ; Ulpien, L. 38, § 7, *De verb. oblig.*
(43, 1), se servent également de l'expression *possessio naturalis* pour indiquer la simple détention.

Julien, L. 33, § 1, *De usurp.*, en opposant le *colonus* à l'acheteur, au profit duquel il admet l'existence de la possession, s'exprime ainsi, relativement au *colonus* : *Nec ullam possessionem habet.*

Quant à la femme donataire de son mari, on sait que le droit romain prohibait les donations entre époux. Cette prohibition, dont la portée fut tempérée par un sénatus-consulte rendu sous Sévère, était entendue avec tant de rigueur, qu'on disait que ce qui avait été fait en contravention avec cette règle était en droit civil dépourvu de toute valeur : *ut ipso jure nihil valeat quod actum est*, L. 3, § 10, *De donat. int.*. 24, 1. Cependant, la plupart des jurisconsultes pensaient que, si le mari avait abandonné la possession d'un fonds pour la laisser prendre à sa femme *donationis causa*, celle-ci devait être considérée comme possédant [1]. La possession, disaient-ils, est un fait que les principes du droit ne peuvent pas supprimer : *quoniam res facti infirmari jure civili non potest*, L. 1, § 5, *De adq. possess.* Cette possession, étant acquise en vertu d'une cause contraire à la loi, n'était pas réputée exister en droit civil (*Licet illa jure civili possidere non intelligatur*), de manière à produire des effets dérivant du droit civil ; elle était impuissante à fonder une usucapion : *Si inter virum et uxorem donatio facta sit, cessat usucapio*, L. 1, § 2, *Pro donat.*, 41-6. L'usucapion exigeait donc de la part de celui qui y prétendait qu'il y eût en sa personne une *possessio civilis* [2].

---

[1] Cette décision n'est pas contrariée par la loi 46, *De donat. int.*, suivant laquelle : *Inter virum et uxorem nec possessionis ulla donatio est.* Cette loi signifie, d'après l'explication très-satisfaisante qu'en donne Savigny, que la femme donataire ne pourra profiter de la possession du mari donateur, de manière à invoquer les effets de l'*accessio possessionis*, soit pour usucaper, soit pour être *potior adversario* dans l'interdit *Utrubi*. En un mot, il n'y a pas transmission à la femme de la possession du mari ; il n'y a pas relation de successeur à auteur ; la femme ne pourra invoquer que sa propre possession.

[2] La distinction entre les deux espèces de possession présentait de l'intérêt quant à la manière dont elles s'acquéraient l'une ou l'autre. Nous avons vu précédemment que la représentation au moyen d'une personne libre, d'un mandataire, était autorisée en cette matière. On allait même jusqu'à dire que le mandant était alors investi de la possession, et par suite de la propriété, si elle résultait immédiatement de la possession, même avant d'avoir été informé de l'exécution donnée à son mandat, § 5, Instit., liv. II, tit. 9, L. 13, *pr.*, *De adq. dom.*; L. 1, C., *De adq. poss.* Dès l'instant où la

*En quoi doit consister l'*animus *nécessaire pour constituer la possession ?* — Nous avons distingué la condition du possesseur d'avec celle du détenteur. S'ils se ressemblent extérieurement, quant à leur rapport de fait avec la chose possédée ou détenue, ils se séparent au point de vue de l'intention qui préside à leurs actes, au point de vue de l'*animus,* en vertu duquel le premier entend s'arroger la propriété, tandis que le second attribue à un autre la qualité de propriétaire. Toutefois, comme l'avantage de la possession était reconnu par les Romains à l'égard de certains individus chez lesquels fait défaut l'*animus domini,* les commentateurs ont beaucoup disputé sur le point de savoir si l'on devait se borner à traiter ces situations comme autant d'exceptions à la règle, ou s'il ne fallait pas, au contraire, caractériser l'élément essentiel de la possession autrement que par la condition d'un *animus domini* proprement dit, en se montrant moins exigeant sur la portée de l'*animus.*

La controverse a roulé principalement sur ce qui concerne le *pignus* et le *precarium,* double hypothèse dans laquelle se rencontre cette circonstance que la possession est attribuée à des personnes qui n'aspirent point à l'*animus domini.* Bien que la discussion élevée à ce sujet nous paraisse manquer d'intérêt pratique, et se réduise à peu près à une question grammaticale,

tradition avait été faite, la possession était perdue de la part de celui qui avait livré; comme elle n'était pas acquise pour le mandataire, auquel l'*animus* faisait défaut, suivant la remarque de Paul, L. 1, § 20, *De adq. poss.,* il fallait, sous peine de laisser la possession vacante, la reconnaître comme appartenant déjà au mandant..Celui-ci aurait pu, par conséquent, en cas de trouble ou d'expulsion, faire protéger par la voie des interdits l'état de possession existant en sa faveur. Toutefois, si la tradition émanait *à non domino,* et que l'usucapion fût nécessaire pour procurer la propriété, ce n'était que du jour où le mandant était instruit de l'appréhension effectuée qu'il pouvait commencer à avoir une possession utile *ad usucapionem.* Les lois 49, § 2, *De adq. poss.;* 47, *De usurp.;* la loi 1, C., *De adq. poss.* sont formelles pour refuser la faculté d'usucaper jusqu'à ce qu'il y ait eu connaissance obtenue de la prise de possession. La bonne foi, requise pour l'usucapion, n'existe, fait-on habituellement observer, qu'autant que celui qui usucape sait pertinemment qu'il y a chez lui possession effective; il ne lui suffit pas de présumer, même avec raison, que cet état de choses est déjà réalisé. Quand il s'agit de dépouiller quelqu'un de sa propriété, il n'est pas étonnant que l'on se montre plus exigeant sur les conditions de la possession, qui, au fond, consiste dans la conscience d'avoir une chose à sa disposition.

qui n'a d'autre mérite que d'essayer d'établir que les Romains, ce qui est fort douteux, ont toujours rigoureusement attaché un sens unique au mot *possession*, nous ne pensons pas devoir absolument négliger ce débat, sur lequel il a été longuement écrit, surtout chez nos voisins d'outre-Rhin. Nous nous contenterons cependant d'examiner les deux hypothèses que nous avons indiquées tout à l'heure.

Hypothèse du pignus. — L'explication de la possession, admise incontestablement dans la personne du créancier gagiste, présente assurément quelque difficulté. Voici comment les jurisconsultes romains analysaient cette situation : Suivant la loi 16, *De usurp.*, le débiteur qui a constitué un *pignus* ne se dépouille pas entièrement de la possession. Se trouvait-il *in conditione usucapiendi*, il continuera à usucaper, nonobstant le *pignus;* mais il n'est réputé posséder qu'à ce point de vue : hors de là, c'est le créancier qui possède. Ce dernier cependant n'a point l'*animus domini*, puisqu'il reconnaît le débiteur comme propriétaire. Il y a là deux positions qui semblent contrarier les règles du droit. D'une part, le débiteur usucape sans posséder, au mépris de la maxime : pas de possession, pas d'usucapion [1]; d'une autre part, le créancier est tenu pour possesseur d'un objet dont il ne s'attribue pas la propriété, dont il est comptable envers un autre.

Faut-il, pour rendre compte de cette situation, se borner à reconnaître chez le créancier gagiste ce que les Romains appelaient une quasi-possession, une *juris possessio,* laissant subsister chez le débiteur la possession proprement dite? C'était ainsi qu'ils envisageaient la chose, quand il s'agissait d'un démembrement de la propriété, d'un usufruit par exemple. Le titulaire d'un usufruit peut, en effet, occuper l'objet de son droit, et se comporter de façon à percevoir l'émolument qui lui appartient. Il y a là assurément un état de fait, qui a la plus grande analogie avec la conduite tenue ordinairement par le propriétaire. Que l'on fasse des actes d'usufruitier ou des actes de maître, la détention existe dans les deux cas; et à cette détention se joint un *animus* de même nature, qui varie seulement dans sa portée, parce que tantôt il se restreint à une partie du *dominium,* tantôt il l'embrasse tout entier.

[1] *Sine possessione usucapio contingere non potest.*, L. 25, *De usurp.*

Malgré cette similitude, l'idée de possession ne fut pas franchement acceptée quant à l'usufruitier; les jurisconsultes romains ne regardèrent en général comme véritable possesseur que celui qui avait pleinement l'*animus domini*. Le droit allégué s'étendant alors à tous les avantages contenus dans la propriété, il pouvait être indiqué sous une forme matérielle, en désignant la chose même qu'il absorbait, et avec laquelle il semblait se confondre. Il apparaissait comme portant directement sur un objet corporel, ce qui était la condition rigoureuse de la possession : *Possideri possunt quæ sunt corporalia*, L. 3, *pr.*, *De adq. poss.* Quant à l'usufruitier, sa prétention ne pouvait se traduire d'une manière aussi sensible; il fallait, pour la comprendre, décomposer le *dominium*, c'est-à-dire s'adresser nécessairement à l'intelligence. Le signe visible manquant, on se trouvait uniquement en présence d'un *droit*, d'une chose incorporelle, pour laquelle il n'y avait pas, disait-on, de possession possible. Aussi l'usufruitier, parce qu'il n'aspirait pas à la chose entière, ne possédait pas; il y avait simple détention de sa part: *Naturaliter videtur possidere is qui usum fructum habet*, L. 12, *pr.*, *De adq. poss.*

Néanmoins, comme l'usufruit est susceptible d'un exercice, tout aussi bien que la propriété, et qu'il y a, ainsi que nous l'avons fait observer, la plus grande analogie entre les deux cas, la jurisprudence finit par reconnaître que la position de l'usufruitier, quand il est effectivement en jouissance, était digne de protection. Seulement, elle n'admit à son égard qu'une *quasi-possessio*, une *juris possessio*; mais, sauf la différence dans les noms, cette *juris possessio* participait aux faveurs de la *possessio corporis*. Les mêmes interdits servaient à la maintenir ou à la recouvrer; toutefois ils étaient appelés *utiles*, § 70, *Vat. Fragm.*, *veluti possessoria*, L. 20, *De servit.* En définitive, quand il y avait nue propriété et usufruit, il était vrai de dire au fond que deux possessions distinctes coexistaient, l'une qualifiée *corporis*, l'autre dite *juris*, et que, loin de s'exclure, elles s'aidaient et s'unissaient. L'usufruitier, en effet, tout en exerçant sa *juris possessio*, en *quasi-possédant* quant à l'usufruit, exerçait en même temps la *possessio corporis* pour le nu-propriétaire, qui détenait par ses mains [1].

---

[1] L'usage, à l'instar de l'usufruit, donnait lieu à une quasi-possession. — Les servitudes prédiales étaient également des démembrements de la pro-

Le point de vue, imaginé pour appliquer l'idée de possession aux servitudes personnelles ou réelles, ne peut être étendu à l'hypothèse du *pignus*, qui, chez les Romains, affectait les immeubles comme les meubles. Les textes sont formels pour établir que le débiteur abandonne la *corporis possessio*. Cela n'est point douteux, puisque les interdits possessoires lui étaient refusés, tandis qu'ils compétaient au nu-propriétaire. On faisait cependant une réserve en ce qui touchait l'usucapion, réserve qui profitait au véritable possesseur, au créancier, dont elle consolidait le *pignus*. Pour cela, on supposait, contrairement à la réalité du fait, que la possession était chez le débiteur : *Intelligitur possidere*, dit la loi 36, *De adq. poss.* Mais, au fond, il possède si peu que ce n'est qu'en vertu d'un *precarium* qu'il peut obtenir du créancier l'avantage de la possession. Grâce à ce *precarium*, il aura la possession proprement dite, *ad interdicta*, ce qui ne l'empêchera pas d'usucaper, ajoute la loi 36. Il serait inconséquent, en effet, que celui *qui precario rogavit*, et qui dès lors possède matériellement, eût moins de droits que celui qui ne possède en aucune façon, *qui omnino non possidet*. On refuse donc absolument au débiteur la possession, s'il ne l'a reprise au créancier, à titre de précariste. Aussi supposez qu'il n'y ait eu qu'une *locatio* de la *res pignerata* au profit du débiteur, la possession reste au créancier, nonobstant la *locatio*, qui n'a pas pour effet, à la différence du *precarium*, de transférer la possession, L. 37, *eod. tit.*

Si telle est la position du débiteur, en revanche, on ne peut voir chez le créancier une simple *juris possessio*. Les interdits possessoires lui appartiennent exclusivement; ils sont directs, et non *utiles* dans sa personne. Quand les Romains admirent le *pignus*, ils ne lui donnèrent pas le caractère d'un *jus in re*, et ne l'accompagnèrent pas d'une action réelle; ils se bornèrent à y rattacher la faculté d'user des interdits. Mais ceux-ci ne supposent de la part de celui qui les exerce qu'un droit de créance à l'encontre de celui qui a violé sa possession. Il n'y a pas un droit réel véritable, puisque l'individu dépouillé de la possession ne peut agir, comme nous le verrons, que contre

priété, qui pouvaient s'exercer par des actes de diverse nature. Aussi leur usage était-il considéré comme engendrant une *possessio juris*, une quasi-possession, en faveur de laquelle avaient été créés des interdits.

le *dejiciens,* et non contre les tiers qui ont reçu la chose de ce dernier. L'introduction de l'hypothèque a élevé, il est vrai, à la portée d'un droit réel la position du créancier gagiste. Toutefois l'innovation prétorienne n'a pas eu pour résultat, de créer un démembrement de la propriété, capable de fonder en la personne du créancier gagiste, au point de vue de ce démembrement, une quasi-possession *proprio nomine,* distincte de la possession proprement dite.

Que se passe-t-il, en effet, quand il y a constitution d'un *pignus?* Le débiteur renonce à la faculté d'aliéner sa chose, faculté qu'il transporte au créancier, afin que celui-ci puisse se payer sur le prix que produira l'aliénation effectuée par ses soins. L'avantage de la possession est en même temps abandonné au créancier, qui, sans cette précaution, ne pourrait trouver un acheteur, s'il n'était à même de lui faire tradition. Le droit du créancier, depuis l'invention de l'hypothèque, affecte la chose même, et doit être respecté par les tiers détenteurs. Mais c'est toujours sur la propriété du débiteur que repose ce droit; il ne saurait prendre naissance à défaut de cette propriété, dont la preuve sera nécessaire pour réussir dans l'action hypothécaire [1]. Vicié dans son origine, quand le débiteur n'était pas propriétaire, le droit du créancier ne peut se séparer de la condition où se trouvait le débiteur, pour se constituer isolément. En vain possédera-t-il de bonne foi; ni l'usucapion, ni la *longi temporis præscriptio* ne pourront lui procurer un droit réel, tandis que celui qui avait reçu une servitude *a non domino,* était admis, au moins en droit prétorien, à consolider sa position par l'effet du temps. La ressource de l'action Publicienne sera refusée au créancier gagiste, qui aurait perdu la possession (L. 13, § 1, *De Publ. act.*), tandis qu'elle était mise à la disposition de l'acquéreur d'une servitude (L. 11, § 1, *eod. tit.*). Quand le créancier vend, c'est la chose du débiteur qu'il entend vendre; aussi ne sera-t-il pas soumis à la garantie en cas d'éviction, comme le serait sans difficulté un prétendu usufruitier, s'il avait vendu le droit qu'il croyait

---

[1] Bien qu'il eût pour fondement la propriété du débiteur, le droit du créancier ne s'éteignait pas avec celui du débiteur. Ce dernier pouvait, au temps des jurisconsultes, être promptement dépouillé par l'effet d'une usucapion; l'action hypothécaire n'était paralysée qu'au moyen de la *longi temporis præscriptio.*

lui appartenir. A la suite d'un *pignus*, il n'est pas entré un bien particulier dans le patrimoine du créancier; renonce-t-il à son droit de gage, il ne se dépouille pas, il ne fait pas une donation, L. 1, § 1, *Quib. mod. pign.* C'est le bien d'autrui que le gagiste garde et surveille pour la sécurité de sa créance. Dès qu'il est payé, il ne peut se refuser à restitution; en cela, il ne subit pas une expropriation, il ne perd pas un élément de sa fortune. Seulement le droit de rétention, qu'il exerçait sur une *res aliena*, cesse, comme n'ayant plus de cause.

Nous venons de voir que le *pignus* n'opère pas une décomposition de la propriété. La possession du créancier porte sur la chose entière, et non simplement sur une fraction. Si l'échéance de la dette arrive sans qu'il y ait eu satisfaction, le créancier, en aliénant, dispose de la *res pignerata* sans aucune restriction. Le droit, qui lui est conféré, ne peut atteindre son but final qu'en anéantissant le droit du débiteur. On ne saurait, par conséquent, voir là deux droits distincts entre lesquels se partagent les émoluments contenus dans le *dominium*. Il n'y a autre chose qu'un droit unique de propriété, résidant jusqu'à l'aliénation sur la tête du débiteur, avec cette particularité que la faculté d'aliéner est perdue pour le *dominus*, et qu'elle doit être réalisée au profit du créancier qui ne serait pas désintéressé. La translation de la possession n'est qu'un moyen de faciliter au gagiste l'aliénation qu'il aura peut-être à consommer.

Cette possession concédée au créancier n'est, suivant Savigny, que la possession même du débiteur; c'est ce qu'il appelle une possession dérivée (*abgeleiteter Besitz*). Il est tellement vrai, fait-on observer, que le créancier exerce la possession du débiteur, qu'il lui doit compte de tous les avantages qu'il retire de cette possession. Les fruits qu'il aura perçus ne lui appartiennent qu'à la condition de les imputer sur la dette, et d'améliorer ainsi la position du débiteur. Ce compte est dû même au *prædo*, qui aurait engagé la chose par lui usurpée : *Proderit igitur ei quod creditor bona fide possessor fuit*, dit la loi 22, § 2, *De pign. act.* Tout profit de la possession, qui ne tournerait pas à l'avantage du débiteur, est interdit au gagiste. Il est assimilé au débiteur de bonne foi sur ce point qu'il fait les fruits siens; il en diffère sur ce point qu'il ne peut, même *ex re sua*, acquérir par l'esclave engagé, L. 37, *pr.*, *De adq. rer. domin.* [1]. Ce serait sortir de l'exercice de la possession du débiteur, et se comporter comme si l'on possédait absolument pour soi. Aussi l'usage que se permettrait sur la chose engagée le créancier, usage qui ne profite en rien au débiteur, peut-il constituer un *furtum*, § 6, Instit., liv. IV, tit. ı; L. 54, *pr.*, *De furt.*

On aura beau limiter les avantages que procure la possession au créancier, il n'en est pas moins certain qu'il a d'abord la jouissance, et qu'en outre la prérogative la plus éminente du *dominium* devra peut-être s'exercer à sa discrétion. Sans doute le débiteur profite de tout ce que le créancier retirera de la *res pignerata;* mais l'intérêt de l'un n'est pas incompatible avec l'intérêt de l'autre. S'il importe au débiteur d'être déchargé de sa dette, il importe au créancier d'être payé. Pour atteindre ce but, qui est à la fois utile aux deux parties, le créancier s'empare de l'objet du *pignus;* il défendra, au moyen des interdits, sa possession contre toute atteinte qui lui serait portée; il aura même une action réelle dans le cas où la ressource des interdits serait insuffisante. Il faut qu'il ait la chose à sa disposition, pour en jouir, puis, au besoin, pour la vendre et en prendre le prix. Si ce n'est pas là l'*animus domini* dans son entier, c'est au moins l'*animus rem sibi habendi*, l'*animus* de s'approprier d'abord les fruits, et ensuite, s'il y a lieu, la valeur vénale de la chose. Un pareil *animus* suffit bien pour fonder la possession; on possède, en effet, quand on détient une chose pour en tirer parti dans son intérêt, et que l'on est autorisé à se faire protéger dans cette situation, *proprio nomine*, sans appeler à son aide celui dont on ne serait que le représentant, pour le compte duquel on détiendrait *alieno nomine.* L'*animus* exigé du possesseur doit lui être personnel (*animo utique nostro*); le créancier gagiste étant possesseur, sans avoir l'*animus domini*, il est certain qu'un *animus domini* n'est pas toujours indispensable pour constituer la possession.

Un dernier mot sur le défaut d'*animus domini*, que les juris-

[1] *Per servum, qui pignori datus est, creditori nec possessio adquiritur : quia nec stipulatione, nec mandatione* (Julien avait écrit sans doute : *Mancipatione*), *nec ullo alio modo per eum servum quidquam ei acquiritur, quamvis possessio penes eum sit.*

consultes romains se plaisent à relever dans la personne du
créancier gagiste[1]. Rien de plus juste, si l'on entend uniquement lui refuser le rôle d'un véritable propriétaire, puisque son
droit se borne à disposer d'une certaine façon ; rien de moins
exact, si l'on veut exprimer qu'il ne participe nullement aux
avantages de la propriété, qu'il n'est qu'un détenteur. Il y aurait là, à notre avis, nous l'avons déjà fait observer[2], et nous
persistons dans cette opinion, il y aurait là, disons-nous, une
analyse incomplète de la position du créancier gagiste. On
n'envisage ainsi que les devoirs qui lui incombent ; on ne se
préoccupe pas de ses droits. Les uns cependant n'excluent pas
les autres. La vérité est qu'il existe deux faces différentes, dont
chacune veut être considérée. Il est incontestable que le créancier gagiste est un détenteur de la chose d'autrui, qu'il possède
pour le compte du débiteur, lequel continuera, s'il y a lieu,
l'usucapion ; il est incontestable que le créancier doit conserver
et restituer éventuellement l'objet engagé. Tout cela est exact ;
mais à une condition, savoir que le créancier sera désintéressé.
D'un autre côté, en regard des charges qui pèsent sur lui, le
créancier a aussi ses prérogatives ; s'il n'est pas payé, il est
maître de disposer de la *res pignerata*, il est appelé à bénéficier
du prix qu'elle produira. C'est en vue d'assurer son payement
dans l'avenir que le créancier, par la voie des interdits, maintiendra sa possession troublée, la recouvrera, s'il en avait été
dépouillé. Il surveille donc la chose engagée tout aussi bien
pour lui que pour le débiteur. En vain ce dernier renoncerait-il
à sa propriété ; il ne peut, au détriment du créancier, faire
sortir de son patrimoine l'objet du *pignus*, qui, à Rome, ne
pouvait être aliéné sans le gré du créancier. Sous ce rapport,
il est très-légitime de prétendre que le gagiste détient pour lui-
même. Il y a, en réalité, chez lui un *animus* complexe, qui répond aux deux issues que peut avoir la situation. Est-il satisfait,
il n'aura été qu'un détenteur ; n'est-il point satisfait, il pourra
à l'égard de la chose engagée accomplir l'acte le plus éclatant
qu'autorise la propriété. Il entend donc, dans cette hypothèse,
tirer parti du *pignus* pour son compte ; et il aura gardé la *res*

---

[1] *Non eo animo nanciscitur possessionem ut credat se dominum esse,*
Gaï., L. 13, § 1, *De Publ. act.; non opinione domini possidet,* Paul, L. 22,
§ 1, *De nox. act.*

[2] *Textes de droit romain...,* p. 35 et suiv.

pignerata, pour aboutir à ce résultat. N'est-ce pas là évidemment détenir *pro suo,* posséder par conséquent? Il nous paraît donc difficile d'admettre, comme l'indiquerait la formule proposée par Savigny, que le gagiste ne soit absolument que l'instrument de la possession d'autrui, puisqu'il a l'intention de s'approprier le principal émolument que la chose peut procurer, et que souvent cette intention trouvera lieu à se réaliser effectivement. Supposez un objet engagé pour une dette égale à la valeur de cet objet, et, en outre, la dette non payée; le *dominium* du débiteur n'est-il pas alors absorbé par le *pignus* du créancier, puisque la faculté d'aliéner, avec le profit qui en résulte, manque au premier pour passer au second? Le plus propriétaire des deux, c'est, à mon sens, le créancier, s'il est vrai qu'en définitive la propriété ne consiste pas dans un vain titre, mais dans le droit aux avantages qu'elle procure.

Hypothèse du precarium. — Les Romains admettaient la possession dans un autre cas où l'*animus domini* faisait défaut d'une manière bien plus certaine que dans le *pignus;* c'était à l'occasion du *precarium.* Il y avait *precarium,* lorsqu'une personne, sur la prière d'une autre, lui abandonnait la jouissance d'une chose, à la condition que cette chose serait restituée au gré du concédant. Nous aurons, en étudiant l'interdit *de precario,* à revenir sur cette convention, qui nous offre une institution propre aux mœurs romaines. Il suffit, pour le moment, de renvoyer à la loi 1, *De precar.* (43, 26), qui indique les traits principaux du *precarium.*

Quelle que fût l'instabilité de la position du précariste, soumis incessamment au caprice du concédant, à tel point que celui-ci ne pouvait abdiquer la faculté de révocation arbitraire [1], on n'hésitait pas à reconnaître qu'il y avait ici possession transférée : *Meminisse autem nos oportet eum qui precario habet etiam possidere,* L. 4, *pr., h. t.* Du reste, pas d'action réelle, pas de revendication, ni de Publicienne. S'il y avait plusieurs concessionnaires, ils n'auraient pu faire déterminer, par l'action *communi dividundo,* une jouissance séparée pour chacun d'eux. Ils avaient sans doute une *justa possessio, sed quæ non*

---

[1] L. 12, *pr., De precar.*

pergat ad judicii vigorem, dit la loi 7, § 4, *Comm. divid.* La seule ressource qui appartînt au précariste était de recourir à la voie des interdits *retinendæ* ou *recuperandæ possessionis causa.* C'était le concessionnaire, en effet, qui possédait seul, et non le concédant; ce qui le prouve, c'est que ce dernier avait à sa disposition un interdit, appelé *de precario*, dans le but de recouvrer la possession. Seulement, dans ses rapports avec le précariste, le concédant n'avait pas à souffrir de l'abandon qu'il avait fait de la possession. Vis-à-vis de lui, la possession du *rogans* était *injusta;* elle n'avait droit à aucune protection. Toutes les fois qu'un débat s'élevait sur la possession entre le concédant et le concessionnaire, c'était le premier qui devait triompher, parce qu'il n'était pas permis de retourner un bienfait contre le bienfaiteur.

Mais, si le précariste ne se trouvait pas en collision avec le concédant, sa position constituait un droit accompagné d'une garantie, dans la limite du moins de la portée des interdits possessoires, son unique ressource, comme nous l'avons dit. A l'égard de tous, un seul excepté, le précariste avait donc la faculté de se faire maintenir en jouissance de la chose qu'il détenait, et même d'en obtenir la restitution. Par conséquent, il avait l'intention de s'attribuer sur cette chose un avantage permanent, pour la conservation duquel il n'avait besoin de s'adresser à personne, de se faire céder aucune action, à la différence du fermier, par exemple. Dès lors, il y avait chez lui *animus rem sibi habendi*, volonté de garder la chose pour en retirer un émolument. Sans doute sa prétention est loin de s'élever jusqu'à la propriété; mais, toute modeste qu'elle soit, elle se défend par elle-même. C'est là, croyons-nous, tout ce qu'il faut pour constituer la possession, à l'égard de laquelle aucun texte ne dit que l'*animus domini* soit indispensable, bien qu'ordinairement il doive se rencontrer.

Il importe peu, ce nous semble, qu'en théorie l'on caractérise l'*animus* exigé pour la possession, en le faisant descendre au-dessous de l'*animus domini*, ou bien que, tout en maintenant la nécessité en principe de l'*animus domini*, l'on voie dans cette hypothèse, comme dans celle du *pignus*, une exception à la règle générale. Ici encore Savigny, et beaucoup d'auteurs après lui, parlent de *possession dérivée*, expression qui a été l'objet d'attaques très-vives, et que Savigny, dans la réponse qu'il a faite à ces attaques, ne nous paraît pas être parvenu à rendre très-claire. Assurément l'idée d'une possession simplement d'emprunt est plus acceptable pour le *precarium* que pour le *pignus*. La possession, en effet, doit être rendue au *rogatus*, à sa première réquisition, tandis que le créancier gagiste non payé retient la possession malgré le débiteur, et serait fondé à la reprendre, si celui-ci s'était emparé de l'objet engagé. Il n'y a pas d'ailleurs, même *manente precario*, perte absolue de la possession quant au concédant. Nous admettons volontiers que, s'il a besoin d'invoquer l'usucapion, il aura pu continuer à posséder à ce point de vue par l'intermédiaire du précariste. Mais, tant qu'il n'aura pas en fait repris la possession par la rupture du *precarium*, il est hors d'état de triompher en usant des interdits, ainsi que le reconnaît Ulpien, L. 13, § 7, *De adq. poss.* Provisoirement la possession *ad interdicta* est donc dans le patrimoine du précariste.

Cette situation, qui constitue, nous l'avouons, une anomalie, s'explique très-bien, de même que celle qui était faite au créancier gagiste. La concession à *precarium* était faite habituellement pour avoir une longue durée. Une fois qu'il s'était dessaisi, le concédant ne devait pas être obligé d'intervenir pour défendre le concessionnaire contre les entreprises des tiers. On trouvait plus simple d'autoriser ce dernier à prétendre qu'il *possédait*, de même qu'à la suite des baux perpétuels ou à terme très-considérable faits à l'occasion des *agri vectigales*, on reconnaissait au preneur la faculté d'intenter une action réelle, afin de le dispenser de recourir à son bailleur pour maintenir sa jouissance. Pareillement le créancier gagiste avait besoin de pouvoir défendre par lui-même sa position ; le débiteur aurait souvent mis peu d'empressement à venir au secours du créancier, parce qu'il savait qu'il ne pourrait conserver ce qu'il avait engagé, et que l'aliénation au profit d'un autre était inévitable. Il y avait, dans le cas du *pignus*, comme dans le cas du *precarium*, des motifs pour détacher la possession, et la conférer à quelqu'un qui n'avait pas l'*animus domini*. On dira, si l'on veut, que ce sont là des exceptions. Au fond, il est certain que ces personnes détiennent pour leur compte, à leur profit, qu'elles obtiennent en vertu de cette possession des condamnations en leur propre nom ; en réalité, la possession *ad interdicta* est à celui en faveur duquel se réalisent les avantages qu'elle peut fournir.

Les auteurs allemands disputent encore pour savoir si l'on doit reconnaître à l'emphytéote et au superficiaire une *corporis possessio*, qui devrait rentrer alors dans la classe des possessions dites *dérivées*, puisque ni l'un ni l'autre n'a l'*animus domini*, ou s'il faut se borner à leur donner, comme à l'usufruitier, une *juris possessio*. L'intérêt de la controverse est que, dans le premier système, on refusera les interdits possessoires au *dominus*, tandis que, dans l'autre opinion, il devrait les avoir à l'instar du nu-propriétaire. La question ne nous semble pas douteuse en ce qui concerne la *superficies;* car la loi 3, § 7, *Uti possid.*, accorde au *superficiarius* un interdit spécial, en réservant l'interdit direct au propriétaire du sol. Il y a plus de difficulté relativement à l'emphytéose; nous inclinerions cependant à penser que les Romains admettaient au profit de l'emphytéote une *corporis possessio*, puisqu'il acquérait les fruits par la simple séparation à l'égal du possesseur de bonne foi, et à la différence de l'usufruitier. Nous n'entrerons pas dans l'examen de la discussion qui s'est engagée sur ce point, ayant hâte d'arriver à l'étude des interdits qui servaient en droit romain à la maintenue de la possession. Il ne nous semble pas cependant sans intérêt de noter auparavant le caractère accidentel que pouvait revêtir le dépôt au point de vue de la possession.

Particularité du dépôt. — En règle générale, le dépositaire n'acquiert pas plus la possession que la propriété de l'objet déposé. Il pouvait toutefois en être autrement, au cas de séquestre, c'est-à-dire de dépôt relatif à une chose litigieuse, dépôt fait de concert par les deux parties contendantes. La loi 17, § 1, *Depos.* [1], qui énonce à la fois la règle et l'exception, semble indiquer que cette dérogation aux effets ordinaires du dépôt est habituelle en matière de séquestre : *Nisi apud sequestrem deposita est.* Mais, suivant l'observation de Duaren,

---

[1] *Rei depositæ proprietas apud deponentem manet; sed et possessio; nisi apud sequestrem deposita est. Nam tum demum sequester possidet : id enim agitur ea depositione, ut neutrius possessioni id tempus procedat.*

reproduite par Savigny, on doit sous-entendre le mot *possessio* comme sujet du verbe *deposita*, ce qui signifie que le séquestre 'n'acquiert la possession qu'autant que les parties la lui ont conférée, et cela en vue d'y renoncer, et d'empêcher qu'elle pût être invoquée par l'un ou par l'autre des déposants. Un autre texte, en effet, la loi 39, *De adq. poss.* [1], explique très-bien que le séquestre est compatible avec cette idée qu'il y aura simplement garde de la chose confiée au séquestre, de telle sorte que celui-ci aura détenu pour le compte du vainqueur éventuel. Mais, d'un autre côté, fait observer Julien, auteur de ce texte, la volonté des parties peut être d'abdiquer l'une et l'autre l'avantage de la possession, qui est alors aliénée et transportée au séquestre, de façon à ce que nul des deux plaideurs n'ait la faculté de profiter de la possession intérimaire pour arriver à l'usucapion. Cette intention n'est même pas celle qui doit être présumée ; ce résultat ne doit être admis qu'autant que les parties s'en sont ouvertement expliquées : *Et hoc aperte fuerit approbatum.*

On peut se demander par quels motifs des plaideurs seront amenés à convenir d'un séquestre de cette espèce, sous la condition que la possession, transférée à un tiers pour le temps du procès, sera perdue même pour celui qui triomphera. Cette précaution s'explique facilement, si l'on suppose que le débat roule sur le possessoire, à la suite de l'émission de l'interdit *Utrubi.* Chacune des parties peut craindre de succomber, et de perdre la ressource de la revendication, qu'aurait exclue l'usucapion, si le vainqueur sur l'interdit avait pu ajouter à sa possession celle qui aurait été exercée intérimairement par le séquestre. Nous ferons aussi observer que l'interdit *Utrubi* donnait lieu vraisemblablement, à l'image de l'interdit *Uti possidetis,* à une *licitatio fructuum* ayant pour objet d'attribuer à l'une des parties la possession durant le procès, *licitatio* dont le montant devait également avoir le caractère d'une peine contre l'adjudicataire qui succombait. Cet incident de procédure se trouvait écarté, avec le danger qu'il entraînait, au moyen d'un séquestre. Néanmoins il était possible d'éviter la *licitatio*

---

[1] *Interesse puto qua mente apud sequestrum deponitur res : nam si omittendæ possessionis causa, et hoc aperte fuerit approbatum, ad usucapionem possessio ejus partibus non procederet. At si custodiæ causa deponatur, ad usucapionem eam possessionem victori procedere constat.*

par la constitution d'un séquestre, sans attacher à cet arrangement la conséquence exorbitante de la perte de la possession à l'égard des deux parties.

Dans le cas où le procès s'engagerait au pétitoire, on comprend que l'expédient d'un séquestre est désirable pour le demandeur. Il enlèvera ainsi à son adversaire la faculté d'usucaper *inter moras litis,* de façon à pouvoir obtenir la mise en possession de sa chose au lieu d'une simple condamnation pécuniaire. Le défendeur peut être disposé à souscrire à cette convention, parce qu'il ne lui est permis de conserver l'avantage de la possession qu'en se soumettant à la prestation de la caution *judicatum solvi,* charge dont il se débarrassera au moyen de l'organisation d'un séquestre. Toutefois la question de propriété devant être vidée par l'issue du procès, on n'aperçoit pas quel intérêt peuvent avoir les parties à conjurer l'éventualité d'une usucapion, en décidant qu'aucune des deux ne pourra profiter *ad usucapionem* de la possession qui aura été transférée au séquestre.

Division de la matière. — Après avoir déterminé à quelles personnes appartenaient les interdits *retinendæ* ou *recuperandæ possessionis,* voyons quels étaient ces interdits, et d'abord ceux qualifiés *retinendæ.*

La législation romaine connaissait deux interdits ayant pour but le maintien de la possession, *retinendæ possessionis causa.* L'un, relatif aux immeubles (*de fundo vel œdibus,* Gaï., IV, 150), était appelé, à raison des premiers termes usités dans l'interdit, *Uti possidetis;* l'autre, concernant les meubles (*de re mobili,* Gaï., *ibid.*), était appelé, pour le même motif, *Utrubi.* Ces interdits étaient prohibitoires l'un et l'autre; leurs formules nous ont été conservées plus ou moins complétement aux Pandectes, liv. XLIII, tit. 17, et tit. 31.

§ 2. — Interdit Uti possidetis.

Utilité de cet interdit. — Gaïus, IV, 148, et Justinien, Instit., liv. IV, tit. 15, § 4, parlant des deux interdits *retinendæ possessionis,* s'accordent à présenter le point de vue suivant pour justifier leur introduction. Ils auraient servi, disent-ils, à déterminer le rôle de défendeur à l'occasion d'une revendication projetée, en fixant quel est celui des deux prétendants à la propriété qui jouira de l'avantage de cette position. Cet avantage est très-considérable ; il consiste à dispenser de toute preuve celle des deux parties qui réussira à se faire attribuer le rôle de défendeur ; de manière à rejeter ce fardeau tout entier sur son adversaire, obligé de se porter demandeur en revendication. En cette qualité, il devra administrer la preuve de son droit, faute de quoi il succombera, se trouvât-il en face d'un adversaire, qui serait lui-même hors d'état de justifier sa propriété. Les choses resteront *in statu quo ;* l'objet litigieux sera conservé par celui qui a le bonheur de le posséder. *Commodum autem possidendi in eo est, quod, etiamsi ejus res non sit qui possidet, si modo actor non potuerit suam esse probare, remanet suo loco possessio, propter quam causam, cum obscura sint utriusque jura, contra petitorem judicari solet* [1]. Aussi le débat sur la possession, à raison de l'intérêt qui s'attache à sa solution, était-il à Rome habituellement un débat fort animé ; *Ideoque plerumque et fere semper ingens existit contentio de ipsa possessione* (Instit., *loc. cit.*). Cette observation est encore vraie chez nous, surtout quand la discussion ne roule que sur un terrain de peu d'étendue, sur la véritable démarcation de deux propriétés, sur un fossé, sur une haie, sur quelques sillons. On disputera avec ardeur pour savoir à qui appartient la possession ; mais une fois ce point vidé, il sera rare que celui qui a succombé ose s'engager dans un procès au pétitoire. D'où la conséquence qu'il est bon aujourd'hui comme autrefois de veiller à la conservation de sa possession, et de se tenir en garde vis-à-vis de voisins entreprenants, parce qu'une négligence à cet égard peut rendre nécessaire une revendication, dont le succès est souvent incertain.

Il ne faut pas croire cependant que le préalable d'un interdit *retin. poss.* fût toujours indispensable pour organiser une instance en revendication. Cela n'était vrai qu'autant qu'il y avait entre les prétendants à la propriété désaccord sur l'état de possession actuelle ; *namque, nisi ante exploratum fuerit utrius eorum possessio sit, non potest petitoria actio institui,* § 4, Instit., *De interd.* Un débat préliminaire sur la possession était, au contraire, inutile, toutes les fois que l'un des plaideurs re-

______
[1] Instit., liv. IV, tit. XV, § 4.

connaissait l'existence au profit de l'autre de l'avantage de la possession. Ainsi que le fait observer Ulpien, **L. 1, § 3,** *Uti possid.*, la manière de distribuer les rôles sur la revendication étant convenue entre les parties, il n'y aura pas lieu de demander le règlement de ce point à la procédure d'un interdit : *Si convenit, absolutum est.* Celui qui ne prétend pas à la possession, mais seulement à la propriété, évitera les périls sérieux de l'interdit *Uti possidetis,* sur lequel il serait assuré de succomber; il abordera de suite le pétitoire, en acceptant d'emblée la charge de la preuve, en réclamant la formule de la revendication. Il n'y aura pas deux procès, mais un seul, la possession n'étant pas disputée à celui qui en a présentement l'avantage.

Si nous remontons au premier système de procédure usité chez les Romains, au système des *legis actiones,* nous voyons que celui qui possédait en fait, et auquel était contestée la propriété de ce qu'il possédait, n'était point assuré de conserver la possession pendant le procès, et de jouer le rôle plus simple de défendeur. Gaïus, IV, 16, nous apprend qu'après les formalités de la *vindicatio* et de la *contra-vindicatio,* et après la provocation réciproque au *sacramentum,* il appartenait au magistrat de régler la possession intérimaire : *Postea Prœtor secundum alterum eorum vindicias dicebat, id est, interim aliquem possessorem constituebat.* Il semble bien résulter de là que, malgré l'identité de position faite aux deux parties, dont chacune avait à établir que son *sacramentum* était *justum,* c'est-à-dire que sa *vindicatio* était fondée, la chose litigieuse devait rester entre les mains de celui qui avait été constitué possesseur, par cela seul que son adversaire ne réussissait pas à démontrer sa propriété, bien qu'il eût lui-même échoué de son côté dans cette tentative. Cette attribution des *vindiciœ* rompait donc l'équilibre entre les parties, et procurait un avantage positif à celui en faveur duquel le magistrat s'était prononcé.

Nous ne mettons pas en doute que la décision du Préteur n'était pas rendue arbitrairement. C'était précisément la jurisprudence prétorienne qui tenait compte de la possession sans s'inquiéter de la propriété; c'est par elle que furent introduits les interdits *retin. poss.,* en vue de protéger le simple état de possession. Il est permis de conjecturer que ce fut à l'occasion du règlement des *vindiciæ* que les Préteurs établirent les principes dont la procédure des interdits eut pour mission de continuer le développement et d'assurer la régularisation. Vraisemblablement la déclaration qui intervenait à propos des *vindiciæ* n'était que la confirmation de l'état de possession qui paraissait au magistrat réunir le plus de probabilités. Seulement, en présence des assertions contradictoires de deux plaideurs qui prétendaient également à l'avantage d'une possession exclusive, il devait être difficile au Préteur, à moins de se livrer à une instruction pour laquelle le temps lui manquait, de statuer équitablement en parfaite connaissance de cause. On sentit, par conséquent, la nécessité de séparer l'examen de la question de propriété ; on trouva opportun de confier à un juge spécial le soin de statuer sur le fait de la possession actuelle, quand elle était disputée entre les parties. L'expédient imaginé pour ce règlement préliminaire de la possession consistait dans l'émission de l'interdit *Uti possidetis,* toutes les fois que le litige portait sur un immeuble.

Comme les interdits sont contemporains des *legis actiones,* la division du possessoire et du pétitoire dut être opérée même sous l'empire de ce système. Celui des plaideurs, qui se sentait assuré de triompher au possessoire, en présence d'un adversaire qui lui contestait à la fois la possession et la propriété, était fondé à solliciter la délivrance de l'interdit *Uti possidetis,* qui ne pouvait lui être refusé, puisqu'il y avait trouble apporté à sa possession. Quand une fois il avait réussi à faire constater ainsi l'existence de la possession en sa faveur, il n'avait plus à craindre sans doute qu'à l'occasion de l'action en revendication l'avantage de la possession intérimaire lui fût refusé. La partie qui avait droit aux *vindiciæ* se trouvait désignée à l'avance par l'issue à laquelle avait abouti le premier procès ouvert au moyen de l'interdit *Uti possidetis.*

Sous le système formulaire, le débat sur la propriété ne fut plus envisagé comme imposant à chaque partie la nécessité d'élever une prétention à la propriété et de fournir la preuve de cette prétention. Il se réduisit à une question unique, celle de savoir si la chose litigieuse appartenait à celui qui ne la possédait pas, tandis que celui qui la possédait n'avait qu'à repousser les allégations de son adversaire, sans être obligé d'établir qu'il était lui-même propriétaire [1]. Au non-possesseur, disait-on, revient le rôle de demandeur en revendication, avec la charge de la preuve ; au possesseur est réservé le rôle de défendeur, qui lui assure gain de cause, à raison de sa seule possession, si le demandeur ne parvient pas à démontrer qu'il est propriétaire. Aussi la revendication ne paraissait pas possible, si la distribution des rôles ne pouvait se faire, à cause de l'incertitude sur l'état actuel de la possession ; et l'exercice préalable de l'interdit *Uti possidetis* était indispensable pour ouvrir ultérieurement la voie à la revendication.

Indépendamment de cette première fonction, que les textes mettent surtout en saillie (détermination des rôles des parties en vue d'une revendication), Savigny [2] assigne encore deux autres fonctions à l'interdit *Uti possidetis*. Cet interdit aurait encore pour but d'obtenir la réparation d'un trouble apporté à la possession actuelle, et par suite des dommages-intérêts à raison d'un préjudice déjà occasionné. Il servirait enfin à garantir contre un trouble imminent, et fournirait une mesure préventive pour écarter dans l'avenir un trouble qui ne s'est pas encore produit, mais qui serait seulement redouté. Cette doctrine de Savigny a cependant rencontré des contradicteurs.

Nous aurons à dire, en étudiant les effets de l'interdit *Uti possidetis*, comment ont raisonné ceux qui ont prétendu qu'il était impuissant à procurer une condamnation relative à un dommage antérieur. Quant à nous, il nous paraît incontestable que telle était la destination directe et immédiate de l'interdit. Nous ne comprendrions pas que, laissant de côté un dommage actuel et éclatant, on ne s'occupât que de régler un avenir

---

[1] C'est par une singulière réminiscence d'un droit depuis longtemps tombé en désuétude que les rédacteurs des Instituts, liv. IV, tit. 6, § 1, semblent encore exiger du possesseur, défendeur à la revendication, qu'il élève de son côté aussi une prétention à la propriété : *et possessor dominum se esse dicat*. Dira-t-on que, en fait, le défendeur ne se bornera pas à nier le droit de l'adversaire, et qu'il se prétendra habituellement propriétaire? Sans doute le plus souvent il se posera en propriétaire ; mais il n'a nullement besoin de tenir ce langage pour légitimer sa résistance. Certains jurisconsultes, notamment Ulpien, L. 9, *De rei vind.*, regardaient même comme pouvant défendre à la revendication celui qui avouait n'avoir que la détention, et qui n'aspirait pas à la possession proprement dite.

[2] *Traité de la possession*, § 37.

incertain, de tracer le programme d'un procès hypothétique. Ce qui est urgent, ce qui appelle sans retard l'intervention de la justice, c'est l'atteinte portée à la possession. Il faut de suite assurer la tranquillité de celui qui a été injustement troublé, et donner satisfaction à ses intérêts, qui ont pu être lésés par les entreprises de son adversaire. Le soin de fixer les rôles, au sujet d'une revendication ultérieure, ne se présente que sur le second plan, comme ayant trait à une éventualité problématique. L'auteur du trouble, quand il reconnaîtra que la possession est bien assise chez son rival, reculera peut-être devant une attaque au pétitoire ; en aucun cas, il ne doit échapper à la réparation du mal qu'il a pu causer en troublant une possession régulière.

Pour ce qui concerne l'efficacité de l'interdit, en vue d'empêcher d'aboutir à exécution des projets de trouble qui ne se sont encore manifestés par aucun acte extérieur, il peut y avoir difficulté à donner une pareille portée à l'interdit *Uti possidetis;* et nous reviendrons sur ce point. Mais il est impossible de faire abstraction de la vertu réparatrice justement attribuée par Savigny à l'interdit *Uti possidetis,* qui a été créé pour faire respecter la possession par quiconque ne peut reprocher à cette possession d'être vicieuse à son égard. Rendre indemne, s'il y a lieu, celui dont la possession a été violée; par voie de conséquence de la possession reconnue, lui attribuer le rôle de défendeur quand surviendra une revendication, tels sont les deux buts du débat qui s'élève entre deux prétendants à la possession d'un immeuble. Examinons comment se déroulait la procédure usitée en cette matière, procédure dont les complications présentent quelque chose de surprenant, quand on songe qu'il s'agit d'une question aussi simple ; des deux parties se disputant la possession d'un immeuble à qui appartient-elle?

Procédure de l'interdit Uti possidetis. — Aulus Agérius, se prétendant en possession de l'immeuble **A**, est gêné de quelque façon dans l'exercice de sa possession par Numérius Négidius, qui soutient au contraire que c'est à lui que la possession appartient. La *vocatio in jus* a amené devant le Préteur les deux parties qui persistent à s'attribuer chacune exclusivement à l'autre la possession de l'immeuble. L'interdit *Uti possidetis* sera délivré par le magistrat; c'est un interdit prohibitoire, et en même temps un interdit double. Il y a deux ordres, ou plutôt un ordre adressé indistinctement à chaque plaideur. Quelque soit celui des deux qui possède régulièrement vis-à-vis de son adversaire, le Préteur défend qu'il soit apporté trouble à cette possession : *Uti eum fundum, quo de agitur, nec vi, nec clam, nec precario alter ab altero possidetis, quominus ita possideatis, vim fieri veto.*

L'interdit une fois émis, il n'y a pas encore de juge chargé d'examiner lequel des deux a enfreint l'ordre, en persévérant dans sa prétention à la possession; quand ce juge sera-t-il nommé? Nous avons vu précédemment qu'à l'occasion d'un interdit exhibitoire ou restitutoire, le juge était désigné de suite, si l'une ou l'autre des parties optait pour la formule arbitraire. Ici l'option n'existe pas, puisqu'il s'agit d'un interdit prohibitoire, et qu'en pareil cas les *sponsiones pœnales* étaient inévitables. Faut-il en conclure qu'un délai devra toujours s'écouler, et qu'il faudra nécessairement revenir plus tard devant le magistrat pour conclure les *sponsiones?* Nous ne pouvons le supposer : chacune des parties, postérieurement à l'interdit, est décidée à s'arroger la possession ; chacune soutient qu'elle est en règle, et que c'est l'autre qui désobéit. Si elles sont également désireuses d'en finir, nous ne voyons pas ce qui empêcherait de passer immédiatement aux *sponsiones* et de recevoir un juge.

On a cependant soutenu [1] que cette allure rapide n'était pas compatible avec le caractère d'un interdit prohibitoire. Un ordre de s'abstenir, a-t-on fait observer, ne peut être enfreint que dans l'avenir. Il faut que chacun des plaideurs attende pour savoir si son adversaire persistera, malgré l'interdit, à faire acte de possession; car si les *sponsiones* étaient conclues immédiatement, et qu'il n'y eût pas nouveau trouble après l'interdit, le possesseur devrait perdre son procès. Il aurait bien prouvé sa possession, mais non la condition mise à la stipulation pénale, le trouble apporté à cette possession depuis qu'il a été fait défense de la troubler.

Il est facile de répondre que la résistance à l'ordre du Préteur de la part de l'une ou de l'autre des parties est constante

---

[1] Schmidt, p. 54 et suiv., p. 249.

dès qu'aucune d'elles ne s'incline devant cet ordre. Le Préteur
a défendu de troubler la possession actuelle, qui ne peut exister
qu'au profit d'un seul. Cependant chacun des plaideurs continue
à prétendre qu'elle lui appartient exclusivement ; l'un des deux,
par cette persévérance qui sera démontrée mal fondée, contre-
vient à l'interdit, en faisant obstacle à une possession qu'il devrait respecter. Nous supposons que chacun a foi en la justice
de sa cause, et maintient son dire. C'est là, en effet, prenons-y
bien garde, ce qui est indispensable pour ouvrir le débat propre
à l'interdit *Uti possidetis,* un débat relatif à cette question : où
est la possession ?

Nous ne nions pas que l'une des parties ne puisse solliciter
un délai pour réfléchir et savoir si elle devra persister dans sa
prétention. Un délai peut sans doute lui être accordé, si elle le
réclame. Seulement il devra être bref ; car il y a un état de
choses qui ne peut demeurer longtemps incertain, qui exige
un prompt règlement. Le délai passé, si l'un des plaideurs refuse d'engager la lutte, et reconnaît que la possession est à son
adversaire, l'interdit *Uti possidetis* ne recevra pas son développement. Le magistrat constatera la possession en faveur de
celui au profit duquel elle est avouée. Il pourra bien y avoir
lieu à une action *in factum,* pour liquider les dommages intérêts dus au possesseur qui aurait éprouvé quelque préjudice à
raison de troubles antérieurs ; mais l'interdit *Uti possidetis* se
trouvera arrêté dans sa marche.

A quoi bon, en effet, rechercher qui possède, quand la chose
est avérée ? L'organisation entière de la procédure qui doit
suivre, les mesures qui y sont pratiquées, tout cela ne se conçoit qu'autant qu'il y a encore controverse sur la possession.
S'avisera-t-on de mettre aux enchères pour la durée du procès
une possession que l'un ne conteste plus à l'autre ? Fera-t-on
conclure des *sponsiones pœnales* où le perdant doit être celui
qui aspire à tort à la possession, si l'une des parties n'entend
plus s'arroger la possession ? Évidemment la procédure particulière à l'interdit *Uti possidetis* s'évanouit comme n'ayant plus
d'objet, dès qu'il n'y a plus deux prétendants à la possession.
Elle n'est nécessaire, et nous n'avons à suivre ses phases
qu'autant qu'Aulus Agérius et Numérius Négidius continuent à
s'attribuer exclusivement la possession de l'immeuble dont il
s'agit. Qu'importe qu'ils se montrent résolus à ouvrir de suite

le débat, ou qu'ils ne reviennent qu'après un délai, qui aura dû être assez court, pourvu qu'ils soient à ce moment, comme à l'époque de la première comparution *in jure,* décidés à se disputer la possession ? Ce qu'il faut pour que la procédure de notre interdit se déroule, c'est que les prétentions respectives qui s'excluent mutuellement soient persistantes. Alors seulement il y aura lieu à donner suite à cette procédure spéciale, dont nous avons à étudier les détails.

Le premier acte de cette procédure nous montre les plaideurs en lutte pour s'attribuer provisoirement dès à présent l'avantage de la possession dont le sort définitif doit être fixé par la décision du juge. Il s'agit d'abord, en effet, de régler à qui appartiendra la possession pendant le litige. On ne voulait pas, pour éviter des rixes probables, laisser l'état d'incertitude se prolonger durant tout le procès. Au lieu d'abandonner ce point à la discrétion du magistrat, suivant le procédé usité sous les *legis actiones* en matière de revendication, on imagina de faire décider la question par les parties intéressées elles-mêmes, en offrant la possession intérimaire à celui des plaideurs qui la priserait le plus haut. En conséquence, le magistrat, ainsi que nous l'apprend Gaïus, IV, 166, commençait par ouvrir des enchères à cet égard ; et c'était celui qui promettait la *summa licitationis* la plus considérable qui restait adjudicataire de la possession intérimaire. L'adjudicataire devait en même temps, au moyen d'une stipulation que Gaïus appelle *fructuaria,* s'engager à restituer la possession pour le cas où il succomberait. Nous verrons que la *summa licitationis* avait un caractère pénal, dans l'hypothèse où le plus fort enchérisseur perdrait son procès, parce que le payement de cette *summa* ne le dispensait pas de tenir compte des fruits qu'il avait dû percevoir pendant l'instance, Gaï., IV, 167. Toujours est-il que cette opération préliminaire fournissait aux parties l'occasion de témoigner le degré de confiance qu'elles avaient en la bonté de leur droit. Celui qui se sentait assuré de la légitimité de sa prétention ne devait pas appréhender d'offrir une somme considérable, puisqu'il devait compter n'avoir point à la payer. Il soustrayait d'ailleurs ainsi la chose litigieuse aux dégradations qu'eût pu commettre son adversaire, si celui-ci fût resté adjudicataire ; enfin il se ménageait la satisfaction de ne point perdre en fait la possession. Mais il ne faut pas croire que désormais les rôles des parties soient tranchés, et que l'adjudicataire, devenu défendeur, n'ait pas besoin de faire une preuve qui incomberait au contraire seulement à son adversaire considéré comme demandeur. Le développement ultérieur de la procédure nous prouve qu'une pareille distinction n'était pas admise. Tout au plus pourrait-on dire que, ni l'un ni l'autre ne parvenant à établir sa possession, la chose devrait rester aux mains de l'adjudicataire, qui contraindrait ainsi son adversaire, pour cette hypothèse assez rare, à prendre le rôle de demandeur en revendication.

Remarquons enfin que le résultat de la *fructuum licitatio*, ce point de départ de la procédure postérieure à l'interdit, est de constituer celui qui succombera en contravention à l'ordre du magistrat. Il y a *vis*, en effet, suivant la loi 11, *De vi*[1], de la part de quiconque se comporte de façon à ce que son adversaire ne possède pas librement : *Sive quid omnino faciendo, per quod liberam possessionem adversarii non relinquit*. Cette *vis* existe à l'égard de celui qui sera reconnu véritablement possesseur, soit qu'il ait conservé la possession, puisqu'il ne doit cette position qu'à la surenchère qui lui a été imposée, et qu'il lui a fallu en outre triompher d'une attaque injuste, soit *à fortiori* quand, ayant été vaincu sur la *licitatio*, il aura de fait perdu la possession ; car il a été privé plus ou moins longtemps de la possession, et il ne l'aura recouvrée qu'en repoussant un procès téméraire. Les choses se trouvent donc disposées de façon à ce que le juge qui sera désigné puisse dire qu'il y a eu possession troublée au détriment de celui qui possédait régulièrement, qu'il y a eu *vis facta* à l'encontre de cette possession, et par conséquent infraction à l'interdit qui enjoignait de s'abstenir de tout trouble : *vim fieri veto*.

Après le règlement de la possession intérimaire venait la provocation réciproque aux *sponsiones pœnales ; Postea alter alterum sponsione provocat*, Gaï., IV, 166. A l'instar de ce qui

---

[1] On a fait observer avec raison que l'auteur de la loi 11 entendait signaler les faits qui autorisent un possesseur à se plaindre du trouble qu'il a éprouvé dans sa possession, et que c'est par inadvertance que les Compilateurs ont transporté ce texte à la théorie de l'interdit *Unde vi*.

était pratiqué sous les *legis actiones*, où l'un et l'autre plaideur se portait revendiquant, et s'engageait à payer le montant du *sacramentum* pour le cas où sa revendication serait mal fondée, chacune des parties auxquelles s'adresse l'interdit *Uti possidetis*, se prétendant possesseur, fait promettre à son adversaire telle somme dans l'hypothèse où celui-ci aurait troublé la possession du stipulant ; seulement, le montant de la *sponsio* doit tourner au profit du vainqueur au lieu de tomber dans le trésor public. Il y a ici en présence deux prétentions, dont chacune sert de base à une *sponsio*, ayant pour but de faire encourir une peine à l'adversaire, si la prétention est bien fondée. Mais, en sens inverse, si cette prétention est téméraire, celui qui l'a élevée à tort doit être exposé à subir la même peine; c'est ce qui aura lieu au moyen d'une *restipulatio* qui suit la *sponsio*. En définitive, il intervenait quatre stipulations distinctes, dans lesquelles chaque partie jouait deux fois le rôle d'interrogeant et deux fois le rôle de répondant.

Un exemple fera comprendre le jeu et la portée de ces diverses stipulations. Aulus Agérius soutient qu'il possédait régulièrement le fonds A, et que sa possession a été troublée par Numérius Négidius. Il interroge Numérius Négidius en ces termes : *Si adversus edictum Prætoris mihi possidenti vis a te facta est, spondes ne centum?* Numérius Négidius, exposé de la sorte à perdre cent, s'il était vrai qu'Aulus Agérius possédât, est fondé à lui faire promettre la même somme pour le cas où la possession n'appartiendrait pas à son rival. Il fera donc à son tour une *restipulatio*, dans laquelle il dira à Aulus Agérius : *Si adversus edictum Prætoris tibi possidenti vis a me facta non est, spondes ne centum?* Voilà pour ce qui concerne la première prétention, celle d'Aulus Agérius. Mais, d'un autre côté, la position de Numérius Négidius est identique à celle d'Aulus Agérius; il ne se borne pas à nier les allégations de son adversaire, il est en même temps demandeur, prétendant à la même chose que celle que s'attribue Aulus Agérius, à la possession du fonds A. Il fera donc à son tour une *sponsio*, à l'effet d'engager Aulus Agérius à lui payer une somme de cent pour le cas où ce dernier aurait troublé la possession de lui Numérius Négidius. De plus, il devra se soumettre à une *restipulatio*, qui aura pour but de procurer un gain de cent à Aulus Agérius, s'il est prouvé que c'est à tort que Numérius Négidius s'est plaint d'un trouble apporté à la possession qu'il s'arrogeait sans y avoir droit.

Les *sponsiones* et les *restipulationes* une fois conclues, un juge ou des récupérateurs sont nommés, avec mission d'examiner quelles sont parmi les peines conditionnellement promises celles qui sont dues. De cet examen il ne peut résulter évidemment que deux condamnations. En effet, ou bien la possession est reconnue appartenir à Aulus, ou bien il est établi qu'elle existe au profit de Numérius. Dans le premier cas, Aulus obtient une condamnation sur sa *sponsio*, et une sur la *restipulatio* qu'il a faite après la *sponsio* de Numérius; en même temps il est absous sur la *restipulatio* de Numérius et sur la *sponsio* de celui-ci, Gaï., IV, 167. Le résultat inverse se produit, si c'est au contraire Numérius qui triomphe, et qui est reconnu possesseur. Il est déclaré créancier pour les deux sommes qui lui ont été promises, et déclaré non débiteur pour les deux sommes qu'il a promises sous condition, mais à l'égard desquelles *stipulatio non committitur*.

Cette double condamnation n'a trait qu'à une peine ; l'un ou l'autre, Aulus ou Numérius gagnera deux cents que perdra son rival. Quant au fond du litige, que va-t-il se passer? Sur ce point une distinction est nécessaire.

Le vainqueur est-il celui qui est resté adjudicataire, il semble que tout est fini, et qu'on doit s'arrêter là. La décision qui lui fait obtenir le profit d'une double peine est basée sur cette circonstance que la possession existe en sa faveur, de sorte que cette possession est judiciairement établie. D'un autre côté l'adjudicataire a déjà l'immeuble litigieux en son pouvoir, et il le garde. Il n'a point à payer le montant de la *fructuum licitatio*, puisqu'on ne peut lui reprocher d'avoir injustement privé son adversaire d'une possession appartenant à ce dernier. Enfin il aura gagné les fruits intérimaires ; car il a continué à posséder durant l'instance. Ne doit-on pas dire dès lors qu'il y a satisfaction complète? Gaïus, en effet, IV, 168, énonce cette idée que, le non-adjudicataire succombant, il en sera quitte pour payer le montant de la *sponsio* et de la *restipulatio* faites par son adversaire. La seule difficulté qui s'élève est de savoir si, dans le cas où le vainqueur resté adjudicataire aurait par hasard éprouvé quelque préjudice à raison du trouble apporté à sa possession, il n'entrerait pas dans l'office du juge de l'interdit d'en régler la réparation et de prononcer une condamnation à cet égard. C'est une question controversée, que nous avons déjà indiquée, que nous croyons devoir résoudre par l'affirmative, et sur laquelle nous nous expliquerons plus tard.

Est-ce, au contraire, le plaideur non adjudicataire de la possession qui a triomphé, il ne suffira pas que son adversaire s'exécute en payant le montant de la *sponsio* et de la *restipulatio*, qui est dû uniquement à titre de peine. Les intérêts du vainqueur sont loin d'être satisfaits, et les condamnations, en ce cas, vont se multiplier. Le vainqueur, en effet, a droit à la possession du fonds litigieux, qu'il obtenait au moyen d'une instance particulière, dite, suivant Gaïus, IV, 166, *Cascellianum sive secutorium judicium*, instance entraînant condamnation au principal, à défaut de restitution.

A cette troisième condamnation, que l'adjudicataire succombant peut éviter en restituant la chose, Gaïus, IV, 167, en ajoute une quatrième, qui n'est qu'accessoire et qui sert de complément naturel à la précédente. Cette condamnation a trait à la valeur des fruits perçus intérimairement par l'adjudicataire; elle est indiquée par Gaïus au commencement du § 167, où il résume toutes les condamnations qui se cumulent en cette occurrence : *et hoc amplius fructus quos interea percepit reddit.*

Enfin une dernière condamnation atteindra encore le vaincu; celle-ci est relative à la somme promise sur la *fructuum licitatio*. En effet, le droit au montant de la *licitatio* est indépendant de la condamnation aux fruits intérimaires, comme ayant un objet tout différent. La condamnation pour les fruits perçus ou qui ont dû l'être a le caractère d'une indemnité, *rem persequitur*; la *summa licitationis* est exigée à titre de peine : *non pretium est fructuum, sed pœnæ nomine solvitur, quod quis alienam possessionem per hoc tempus retinere et facultatem fruendi nancisci conatus est.* On veut châtier celui qui par sa plus haute enchère a dépouillé quelque temps de la possession la personne qui avait droit de la retenir. Toutefois le vainqueur non adjudicataire avait la faculté, nous dit Gaïus, IV, 169, en négligeant la *stipulatio fructuaria*, qui était intervenue au moment de la *licitatio* (Gaï., IV, 166), de recourir pour cet objet à une instance particulière, que l'on appelait *fructuarium judicium,* et à l'occasion de laquelle, dit le même jurisconsulte, le demandeur pouvait exiger la caution *judicatum solvi.*

La procédure que nous avons décrite offre, à n'en pas douter, bien des complications. Cependant les choses se simplifient, si l'on fait attention qu'il n'y a en réalité qu'un seul point capital à décider, savoir quel est celui qui a contrevenu à l'interdit. Cette question mère une fois vidée, la solution de toutes les autres s'ensuit naturellement, et les condamnations viennent se grouper sans difficulté, dans le cas où le vainqueur n'était point l'adjudicataire de la possession. Le même juge suffit à toutes ces questions, et peut statuer sur les restitutions à faire comme sur les peines à payer. Les différentes formules nécessaires pour les différentes condamnations étaient délivrées en même temps. Aussi Gaïus nous dit-il, IV, 165, qu'au cas où il y avait lieu soit à restitution soit à exhibition, le demandeur faisait accompagner la *formula sponsionis* d'une autre formule *de re restituenda vel exhibenda.*

Du reste, il paraît que déjà au temps de Gaïus ces complications déplaisaient à certains plaideurs qui refusaient de s'y soumettre : *Sed quia nonnulli, interdicto reddito, cætera ex interdicto facere nolebant,* IV, 170. La vieille procédure organisée sous l'influence du système des *legis actiones* se trouvait alors arrêtée : *Atque ob id non poterat res expediri* (Gaïus, *ibid.*). Comment s'y prenait le Préteur pour dénouer la difficulté, et ménager une solution plus simple à un débat qu'il fallait bien néanmoins terminer? c'est ce qu'il est absolument impossible de conjecturer avec la moindre certitude dans l'état où nous est arrivé le manuscrit de Gaïus sur ce point. Peut-être se bornait-on alors à délivrer une action *in factum,* chargeant le juge d'examiner qui possédait, et de régler les réparations qui pouvaient être dues à celui dont la possession aurait été troublée.

Ce que le juge doit examiner. — Demandons-nous maintenant sur quels points devait porter l'examen du juge, et quelles étaient les conditions du triomphe sur l'interdit *Uti possidetis.* Nous savons que l'injonction du Préteur consistait à défendre qu'il fût apporté aucun trouble à la possession exempte de vices qui pouvait exister en faveur de l'une ou de l'autre des parties. Les peines déterminées dans les stipulations n'étaient encourues qu'au profit de celui qui possédait régulièrement, par celui qui avait porté atteinte à cet état de choses. Il n'était point nécessaire que cette atteinte eût été commise au moyen de voies de fait, que l'adversaire eût recouru à l'emploi de la force pour défendre ses prétentions. Nous avons vu qu'il y avait *vis facta adversus edictum Prætoris* par cela seul qu'une contestation judiciaire était soulevée sur l'existence de la possession, et que chacun des plaideurs ne consentait pas à laisser l'autre jouir paisiblement. Ce que le juge avait à rechercher, c'était de savoir lequel des deux contendants possédait réellement, en se plaçant pour résoudre cette question au moment de la délivrance de l'interdit, *interdicti tempore* (Instit., IV, XV, § 4), *per id tempus quo interdictum redditur* (Gaï., IV, 166). Il n'avait point à se préoccuper de la durée qu'avait pu avoir dans le passé l'état de possession qu'il reconnaissait constant à cette époque, par conséquent s'il s'était déjà antérieurement prolongé pendant une année entière. La condition d'annalité dans la possession, exigée dans notre droit pour que la complainte soit recevable, était étrangère au droit romain. La mention du terme d'une année n'y apparaît que quant au délai dans lequel l'action doit être intentée : *Intra annum quo primum experiundi potestas fuerit, agere permittam;* ce qui signifie, croyons-nous, bien qu'il y ait controverse sur ce point, que le juge n'avait pas à s'occuper de troubles remontant à plus d'une année avant l'émission de l'interdit. Notre législation veut aussi que la complainte soit exercée dans l'année du trouble; seulement l'année dont il s'agissait à Rome était une année *utile,* ce qui s'écartait beaucoup de l'année *continue,* dont l'expiration amène en droit français la déchéance de l'action possessoire.

Il ne suffisait pas néanmoins, pour avoir gain de cause, que le juge eût constaté que telle des parties possédait effectivement au moment de l'interdit. La possession reconnue en fait n'avait droit à la protection de la justice qu'autant qu'elle était exempte de certains vices. Ces vices étaient au nombre de trois, savoir la violence, la clandestinité et le précaire. Toutefois les vices précités n'avaient qu'un caractère relatif; ils ne nuisaient qu'à la condition d'exister vis-à-vis l'adversaire : *Nec vi, nec clam, nec precario,* ab adversario. C'est ce qu'explique le § 4, *Instit., De interd.,* de même que la loi 1, § 9,

Uti possid., où Ulpien enseigne que la possession doit être prise en considération, bien qu'elle ait été acquise au moyen de la violence, à l'aide d'actes clandestins, ou enfin grâce à un *precarium,* pourvu que le rival de ce possesseur n'ait pas été la victime de la violence exercée, n'ait pas ignoré les actes de possession, ou ne soit pas l'auteur de la concession à précaire [1].

Supposons que le juge ait reconnu qu'à l'époque de l'interdit la possession existait bien chez l'un des plaideurs, Numérius, par exemple, mais en même temps qu'elle était vicieuse *ab adversario*, par rapport à Aulus ; quelle va être l'issue du procès ? Ne faut-il pas dire qu'Aulus triomphera, puisqu'il ne rencontre qu'une possession vicieuse à son égard, ce qui amènera cette conséquence qu'il réussira dans un interdit *retinendœ possessionis,* bien qu'il ne possède pas de fait *interdicti tempore ?* Devra-t-on, au contraire, renvoyer Aulus à intenter un interdit *recuperandœ possessionis ?* C'est une question depuis longtemps controversée, et qui divise encore les auteurs.

Savigny [2] résout la difficulté en faisant la distinction suivante : le non-possesseur, en collision avec un possesseur qui n'a qu'une possession vicieuse relativement à son adversaire, est-il celui contre lequel l'interdit a été sollicité, ou bien l'a-t-il sollicité lui-même ? Ainsi Aulus, qui possédait un fonds, en a été expulsé violemment par Numérius ; cependant il ne se résigne pas à laisser jouir tranquillement celui qui l'a dépouillé. Dans cette situation, Numérius s'avise de réclamer le secours de l'interdit *Uti possidetis.* C'est lui qui prend l'initiative de la lutte judiciaire ; il a la témérité d'appeler *in jus* sa propre victime. Savigny concède que cette procédure, loin de profiter au spoliateur, tournera contre lui. Non-seulement sa possession ne sera pas protégée, mais encore l'examen qu'il a imprudemment appelé sur sa position fera reconnaître que c'est au profit de son adversaire que le droit de possession existe ; Numérius sera tenu de restituer, sinon il sera condamné. Le résultat

---

[1] *Quod ait Prœtor in interdicto,* NEC VI, NEC CLAM, NEC PRECARIO, ALTER AB ALTERO POSSIDETIS, *hoc eo pertinet : ut si quis possidet vi, aut clam, aut precario, si quidem ab alio, prosit ei possessio; si vero ab adversario suo, non debeat eum, propter hoc, quod ab eo possidet, vincere; has enim possessiones non debere proficere palam est.*

[2] *Traité de la possession,* § 37.

devrait être tout différent, suivant le même auteur, si le débat a été, au contraire, provoqué par Aulus, qui, après avoir subi une expulsion, a eu le tort quand il ne possédait pas de réclamer l'émission d'un interdit *retin. possess.* En vain établira-t-il que son adversaire n'a conquis sa possession actuelle qu'au moyen de violences exercées contre lui Aulus, il échouera pour avoir mal procédé; il aurait dû recourir à l'interdit *Unde vi.*

Nous repoussons, de concert avec Keller [1] et de Vangerow [2], la distinction proposée par Savigny, et nous pensons qu'Aulus doit triompher dans les deux cas. La distinction que nous combattons méconnaît le caractère de duplicité qui appartient à l'interdit *Uti possidetis;* elle a le tort de séparer les rôles de demandeur et de défendeur pour attribuer exclusivement chacun de ces rôles à telle ou telle partie. Les Romains n'entendaient pas ainsi les choses; ils plaçaient les deux plaideurs dans une situation identique. Écoutons ce que nous dit à ce sujet Gaïus, IV, 160 : « *Duplicia sunt, velut Uti possidetis interdictum et Utrubi. Ideo autem duplicia vocantur, quia par utriusque litigatoris in his conditio est, nec quisquam præcipue reus vel actor intelligitur, sed unusquisque tam rei quam actoris partes sustinet : quippe Prætor pari sermone cum utroque loquitur.* »

Le juge nommé doit, aux termes de l'interdit, régler la possession entre les deux contendants de manière à assurer la libre jouissance de celui dont le droit est supérieur au droit de son adversaire. Qu'importe que l'un possède matériellement, puisque sa possession est vicieuse, et ne peut pas lui profiter (*non debere proficere palam est*)? Qu'importe que l'autre ne possède pas de fait, puisque l'absence de possession est suppléée par la faculté qu'il a de se faire restituer la chose? C'est comme s'il possédait en réalité, dit avec raison Ulpien, L. 17, *pr., De adq. possess.* [3]. La nouvelle possession n'ayant pu se fonder, l'ancienne possession est censée durer toujours dans les rapports des deux parties litigantes. Il n'y a aucune objection à tirer contre cette manière de voir de l'impossibilité admise d'une possession simultanée pour plusieurs personnes

---

[1] *Zeitsch. für gesch. Rechtsw.*, t. XI, p. 321 et suiv.

[2] T. I, § 336.

[3] *Si quis vi de possessione dejectus sit, perinde haberi debet ac si possideret, cum interdicto de vi recuperandæ possessionis facultatem habeat.*

in solidum, si l'on songe que cette règle exprime seulement une impossibilité physique, tandis que ce n'est que par une fiction juridique fort équitable que l'ancien *justus possessor* est regardé comme encore possesseur vis-à-vis de celui *qui ab eo injuste possidet.* Sous ce point de vue, Ulpien [1] admet effectivement deux possessions, dont l'une doit l'emporter sur l'autre : *Ego possideo ex justa causa, tu vi aut clam; si a me possides, superior sum interdicto.*

L'issue du procès, qui nous paraît inévitable pour l'hypothèse que nous examinons, était d'autant moins douteuse sous le système formulaire que l'avantage de la possession ne restait pas nécessairement pendant l'instance à celui qui possédait en fait *interdicti tempore.* Nous savons par Gaïus qu'il y avait lieu à une *fructûs licitatio,* et que la possession intérimaire était attribuée au plus fort enchérisseur [2]. N'est-il pas évident que si celui qui a sollicité l'interdit est resté adjudicataire, et qu'il prouve que son adversaire avait employé la violence pour l'expulser, il serait absurde d'imposer la restitution de la possession au plaideur qui est le véritable ayant droit à cette possession?

Il est cependant une observation qui se présente naturellement pour faire la critique du système que nous adoptons; elle consiste à dire que ce système rend inutile l'interdit *Unde vi,*

---

[1] L. 3, *pr., Uti possid.*

[2] Cet expédient de la *licitatio* a entraîné quelques auteurs à dire que désormais le défendeur était l'adjudicataire, et le demandeur le non-adjudicataire. Cela n'est pas plus exact que la détermination des rôles de demandeur ou de défendeur d'après cette circonstance que celui-ci a sollicité l'interdit, tandis que celui-là a été appelé *in jus.* Chacun reste à la fois demandeur et défendeur; chacun peut obtenir ou subir une condamnation, voilà la vérité. Nous n'apercevons qu'un cas, déjà signalé plus haut, où l'effet de la *licitatio* aurait dans l'avenir de l'importance pour assigner leur rôle aux parties; ce cas, assez peu fréquent en pratique, est celui où ni l'un ni l'autre ne parviendrait à prouver sa possession. Chaque plaideur échouera dans sa *sponsio;* il encourra sans doute une condamnation sur la *restipulatio* de son adversaire; mais ces condamnations pareilles se neutraliseront. On ne pourra aller plus loin; la *summa licitationis* ne sera pas exigible; le *judicium secutorium* sera impossible. Il ne restera que la ressource de la voie pétitoire, dans laquelle devra s'engager en qualité de demandeur celui que l'adjudication a privé de la possession, qui semble devoir rester là où elle a été fixée par suite de la *licitatio.*

puisque l'interdit *Uti possidetis* en aurait tenu lieu. Or, les jurisconsultes romains séparent nettement ces deux interdits, leur assignent un but différent, et supposent que chacun d'eux correspond à une situation distincte; ce qui est notamment mis en relief dans la loi 1, § 4, *Uti possid.* — Nous répondrons que la concession au *dejectus* contre le *dejiciens* de la voie de l'interdit *Uti possidetis*, simplement facultative pour lui, ne l'empêche pas de recourir, s'il l'aime mieux, à la voie de l'interdit *Unde vi.* Ce dernier interdit, comparé à l'interdit *Uti possidetis*, présentait des avantages considérables, qui devaient le faire préférer toutes les fois qu'il y avait eu *dejectio*, de telle sorte que, dans la pratique, la ressource de l'interdit *Uti possidetis* n'était sans doute en général invoquée que par celui dont la possession avait été seulement *troublée*, et qui dès lors n'avait pas à sa disposition l'interdit *Unde vi.* Par suite, il était exact de dire que chacun des deux interdits avait son domaine particulier. Le parallèle suivant fera ressortir la vérité de la proposition que nous venons d'énoncer.

En premier lieu, l'interdit *Uti possidetis* n'est utile qu'autant que l'adversaire est encore en possession. Il a pour but, en effet, de régler un état de possession contesté entre deux personnes dont chacune prétend posséder ; et la mission du juge est de rechercher *uter possidet.* On ne comprendrait pas d'ailleurs la mise aux enchères entre les plaideurs de la possession intérimaire, si l'immeuble litigieux était possédé par un tiers. Il en est autrement pour l'interdit *Unde vi*, qui est donné contre le *dejiciens*, quand bien même il aurait cessé de posséder à son tour, L. 1, § 42, *De vi.* Sans doute le nouvel occupant, de quelque manière qu'il soit entré en possession, n'est pas exposé à l'interdit *Unde vi* vis-à-vis de celui qu'il n'a pas expulsé, L. 7, *eod. tit.;* mais celui qui a usé de violence n'en reste pas moins tenu à réparer le délit qu'il a commis, ce délit ne lui eût-il laissé aucun bénéfice, L. 15, *ibid..* — D'un autre côté, la portée des restitutions que le plaignant pouvait obtenir par la voie de l'interdit *Unde vi* était plus ample que s'il se fût contenté d'user de l'interdit *Uti possidetis.* D'abord, en ce qui concerne les fruits, le *dejectus*, qui intentait l'interdit *Unde vi*, avait le droit de se faire tenir compte des fruits depuis le jour où il avait été expulsé, tandis que, sur l'interdit *Uti possidetis*, le point de départ à ce sujet ne remontait pas au delà du moment où l'interdit avait été émis, L. 1, § 40, *De vi.* Pour la condamnation au principal, le juge, dans l'interdit *Uti possidetis,* n'avait à s'occuper que de la chose même dont la possession était en litige; encore n'était-ce que la valeur de la possession qui devait être prise en considération, comme le fait observer Ulpien, L, 3, § 11, *Uti possid.*, en blâmant sur ce point l'opinion contraire de Servius. Dans l'interdit *Unde vi,* la règle était que le *dejectus* devait être replacé dans la même position que s'il n'y avait pas eu *dejectio,* L. 1, § 31, *De vi.* Tout le dommage qui s'en était suivi donnait lieu à une réparation, dont l'appréciation se faisait avec beaucoup de sévérité. Ainsi, bien que cet interdit ne s'appliquât qu'aux immeubles, la condamnation comprenait la valeur de tous les meubles qui se trouvaient sur le fonds lors de l'expulsion (*quæque ibi habuit, dict.* L. 1, § 33), meubles appartenant au *dejectus,* ou dont la responsabilité lui incombait. Si quelques-uns de ces objets avaient péri postérieurement, même par cas fortuit, le *dejiciens* devait supporter cette perte; on le traitait à l'égal d'un voleur, considéré comme étant toujours *in mora : Sicut fur hominis etiam mortuo eo tenetur, ibid.,* § 34. On conçoit que, quand le débat roulait uniquement sur le point de savoir qui possédait, toutes ces questions d'indemnité restassent étrangères au procès, tandis qu'elles étaient une suite naturelle du délit imputé au défendeur, délit qui était l'objet principal de l'instance dans l'interdit *Unde vi* [1]. Aussi ne trouvons-nous, dans le titre *Uti pos-*

---

[1] Parmi les causes de dommages et intérêts à apprécier dans l'interdit *Unde vi* devait se rencontrer l'interruption de l'usucapion, conséquence de la *dejectio,* suivant la loi 5, *De usurp.* Malgré sa réintégration, le possesseur de bonne foi qui avait été *dejectus* ne pouvait profiter du temps de possession antérieur. Il fallait recommencer à nouveau l'usucapion, qui n'était même plus possible, si la mauvaise foi était survenue avant la reprise de la possession, ainsi que le décide formellement la loi 7, § 4, *Pro empt.* (41-4). Sous ce point de vue, le droit romain était plus sévère que notre droit actuel, qui considère la possession comme non interrompue tant qu'elle peut être recouvrée par la voie du possessoire (art. 2243 C. Nap.); ce qui doit s'entendre non-seulement du cas où la restitution ordonnée par la justice s'opère avant l'expiration de l'année, mais encore du cas où, la complainte ayant été exercée en temps utile, la sentence n'intervient et n'est exécutée que plus de douze mois après que l'ancienne possession avait cessé. — Ne pourrait-on pas soutenir qu'à cet égard, en droit romain, il y avait intérêt pour le *dejectus* à user de l'interdit *Uti possidetis,* envisagé comme étant *retinendæ possessionis,* et par lequel on prétendait avoir continué

sidetis, aucune mention des dommages et intérêts accessoires, qui occupent tant de place dans le titre *De vi.* — Enfin, la procédure de l'interdit *Unde vi* était moins périlleuse et moins compliquée que celle de l'interdit *Uti possidetis.* On pouvait, en effet, dans un interdit restitutoire, échapper, en demandant une formule arbitraire, aux *sponsiones pœnales* inévitables dans un interdit prohibitoire. On arrivait alors à obtenir immédiatement la restitution de l'immeuble ou une condamnation. Dans l'interdit *Uti possidetis,* il fallait d'abord faire statuer sur le mérite des *sponsiones* et des *restipulationes* réciproques, puis engager, pour recouvrer la possession, une instance particulière. Rappelonsnous aussi la mise aux enchères de la possession, qui exposait à une nouvelle peine l'adjudicataire, au cas où il succombait.

Si l'on accorde, comme nous le faisons, la faculté d'user de l'interdit *Uti possidetis* à celui qui ne possède pas, quand il n'a en face de lui qu'un adversaire dont la possession est

légalement (*juste*) à posséder? Le recours à un interdit *recuperandæ possessionis* entraînait l'aveu de l'interruption de la possession, tandis que l'emploi de l'interdit *Uti possidetis* eût évité cet inconvénient. Nous ne voyons aucun autre moyen de sauvegarder quant à l'usucapion les intérêts du possesseur qui a subi une expulsion. Quoiqu'il réussisse à se faire réintégrer en employant la voie de l'interdit *Unde vi,* nous ne pensons pas que le gain du procès puisse anéantir dans le passé et faire tenir pour non avenue la possession exercée par le *dejiciens : Res facti infirmari jure civili non potest.* On doit se garder d'entendre d'une façon absolue ce que dit Ulpien, L. 17, pr., *De adq. possess.,* savoir que celui qui a la faculté de recourir à l'interdit *Unde vi* peut être considéré comme ayant la possession ; aussi ne l'avonsnous appliqué qu'aux rapports entre le *dejectus* et le *dejiciens* à propos du débat sur la possession qui s'élève entre eux. D'un autre côté, on ne saurait invoquer, pour autoriser l'usucapion, les règles sur l'accession des possessions, en faisant du défendeur qui restitue par l'effet de l'interdit *Unde vi* l'auteur du *dejectus.* Sans doute la loi 13, § 9, *De adq. poss.,* admet l'*accessio* à la suite d'une restitution ordonnée par le juge. Mais les décisions contenues dans cette loi 13, de l'aveu de tous les auteurs modernes, avaient trait à l'*accessio possessionis,* telle qu'elle fonctionnait au temps des jurisconsultes à l'occasion de l'interdit *Utrubi.* Quand il s'agit de la jonction des possessions, au point de vue de l'usucapion, à l'égard d'un successeur à titre particulier, l'*accessio* n'est possible qu'autant que la possession que le successeur veut joindre à la sienne était une possession utile pour l'usucapion. Telle n'était pas la possession de l'adversaire qui s'était emparé par violence de l'immeuble qu'il restitue. Telle n'était pas également la possession du *prædo,* dont parle le § 9 de la loi 13, ce qui prouve que ce texte es étranger à la matière de l'usucapion.

vicieuse à son encontre, il devient assez facile d'expliquer comment la ressource de cet interdit n'était pas fermée à celui qui s'était fait délivrer la formule de la revendication. Remarquons d'abord que la législation romaine ne consacrait pas cette règle de notre droit, écrite aujourd'hui dans l'article 26 du Code de procédure civile, suivant laquelle le demandeur au pétitoire n'est plus recevable à agir au possessoire. Les jurisconsultes romains ne faisaient pas difficulté d'autoriser celui qui s'était engagé dans la voie périlleuse de la revendication à renoncer à la procédure qu'il avait commencée, pour obtenir un triomphe plus commode au moyen d'un interdit où la preuve ne devait porter que sur la possession et sur la propriété. C'est ainsi que la loi 18, § 1, *De vi,* permet au plaideur qui avait intenté une revendication de ressaisir l'avantage de la possession par l'exercice de l'interdit *Unde vi.* Cette solution est aisée à comprendre : le *dejectus* ne possède pas ; le rôle de revendiquant se conçoit dans cette situation. Mais la loi 12, § 1, *De adq. posses.,* décide également que, nonobstant une revendication entamée, il est possible de se raviser pour recourir à l'interdit *Uti possidetis.* Dans les idées romaines cependant, la revendication ne compète qu'à celui qui ne possède pas : *Actio enim nunquam ultro possessori datur,* L. 1, § 6, *Uti possid.* L'état de possession en faveur de l'une des parties se trouve fixé par le rôle de défendeur à la revendication qui lui est laissé ; et l'attention du demandeur a dû être appelée sur ce point, puisque c'est à titre de non-possesseur qu'il a reçu la caution *judicatum solvi.* Par conséquent, si l'interdit *Uti possidetis* exige absolument pour réussir l'exercice actuel de la possession, l'hypothèse prévue par la loi 12, § 1, ne pourra se réaliser qu'autant qu'il y aura chez le revendiquant une ignorance assez peu croyable, l'ignorance de ce fait que l'immeuble est occupé par lui ou en son nom. Dans la doctrine, au contraire, qui ouvre la voie de l'interdit *Uti possidetis* à celui qui en droit doit être envisagé comme possédant, parce que la possession de son adversaire est entachée d'un vice à son égard, l'explication de ce changement de procédure est plus simple à fournir. Quelqu'un ne possédait pas effectivement ; en recourant à la revendication, il n'a fait que reconnaître un état de choses conforme à la réalité ; il agissait en revendication, parce qu'il ne possédait pas. Plus tard, il est éclairé sur ce point que la possession, bien que lui manquant *en fait*, n'est pas perdue *en droit* pour lui, à raison de ce qu'il peut imputer à son adversaire de l'en avoir dépouillé soit violemment, soit clandestinement, soit au moyen d'un *precarium*. Il pourra alors, en laissant de côté la revendication, soulever pour le règlement de la possession actuelle, par la voie de l'interdit *Uti possidetis*, un débat qui doit, comme nous l'avons vu, se terminer à son avantage.

Condamnations possibles sur l'interdit Uti possidetis. — Nous ne reviendrons point sur les condamnations à titre de peine auxquelles pouvait donner lieu notre interdit. Nous ne nous occuperons que des condamnations ayant un caractère d'indemnité, du taux qu'elles devaient atteindre, et des chefs à l'occasion desquels elles pouvaient être prononcées.

Quand le vainqueur n'était pas celui qui était resté adjudicataire de la possession intérimaire, il pouvait faire condamner son adversaire au principal. Le parti le plus simple pour obtenir réparation du préjudice était de se faire réintégrer en possession *manu militari*. L'énergie des pouvoirs qui, suivant nous, appartenaient au juge romain dans les actions arbitraires, permettait de se comporter de la sorte ; et, d'un autre côté, l'application à cette hypothèse de la formule arbitraire, fort désirable assurément, peut être induite de divers passages de Gaïus : *Nisi restituat mihi possessionem... condemnatur*, IV, 166, *in fine ; possessionem restituere jubetur*, IV, 167. La voie d'une condamnation pécuniaire est cependant ici, comme en général, indiquée par les textes ; nous voyons même, dans la loi 3, § 11, *Uti possid.*, que la manière de calculer le montant de la condamnation avait divisé les esprits. Suivant Ulpien, ce qui doit être estimé ce n'est point la valeur de la chose, c'est l'intérêt qu'avait le gagnant à conserver la possession ; *quanti uniuscujusque interest possessionem retinere*. — A ce sujet, nous ne pouvons nous empêcher de faire remarquer combien une pareille appréciation était délicate. Si par hasard le vainqueur était propriétaire, l'intérêt pour lui était égal à la valeur de la chose. Faudra-t-il donc que le juge se livre à l'examen de la question de propriété, et qu'il mêle ainsi le pétitoire et le possessoire? Y avait-il seulement possession de bonne foi, l'intérêt peut encore s'élever au même chiffre, dans le cas où l'usu-

capion était imminente, et n'a manqué de s'accomplir que par
le fait de celui qui doit être condamné. Peut-être les chances
d'usucapion étaient-elles au contraire assez éloignées; comment calculer avec quelque sûreté les probabilités que l'avenir réservait à cet égard ? Ne s'agissait-il enfin que d'un possesseur de mauvaise foi, l'intérêt à la conservation de la possession apparaît encore comme plus problématique, puisque
ce possesseur était menacé d'une demande en revendication,
sur laquelle il aurait dû tenir compte des fruits perçus et même
des fruits négligés. Qui pourrait se hasarder à dire le tort
que lui cause la perte de la possession! L'estimation du *quanti
res est*, d'après la base indiquée par Ulpien, nous semble une
œuvre pleine de difficultés; et le juge romain devait être fort
habile pour fixer un chiffre précis de condamnation en rapport
avec le dommage à réparer. Sans doute habituellement le procès se dénouait par la restitution de la chose litigieuse. Cette
restitution offrait au vaincu le moyen d'échapper à une condamnation qui devait revêtir un caractère exorbitant. Dès
qu'il était reconnu, en effet, que l'une des parties n'était point
fondée à prétendre à la possession, la résistance à l'ordre de
restituer l'eût évidemment constituée en dol, et eût autorisé
l'application du *juramentum in litem* de la part du vainqueur.

L'appréciation du juge pouvait-elle porter sur le dommage
antérieur à l'émission de l'interdit? Cette question, que nous
avons déjà indiquée, et sur la solution de laquelle les auteurs
sont divisés, peut se présenter indifféremment, soit dans le
cas où le vainqueur n'est pas demeuré adjudicataire de la
possession, soit dans le cas inverse où, ayant triomphé sur la
fructuum licitatio, il aurait éprouvé un préjudice par suite du
trouble, qui l'a obligé à solliciter un interdit. Keller [1] propose
l'hypothèse suivante : Aulus est sur le point de couper une
récolte; il en est empêché par Numérius, qui prétend avoir le
droit de la prendre. Pendant ces débats la récolte vient à périr,
et ce n'est qu'après cette perte consommée qu'Aulus recourt
au magistrat, et se fait délivrer l'interdit *Uti possidetis*. En vain,
dit Keller, Aulus prouvera-t-il que la possession du fonds lui
appartenait, et que c'est à tort que Numérius a fait obstacle

---

[1] *Zeitsch. für gesch. Rechtsw.*, t. XI, p. 306.

à l'enlèvement de la récolte. Pourvu que Numérius se soit abstenu depuis que l'interdit a été rendu d'apporter aucun trouble à la jouissance de son adversaire, ce dernier devra perdre son procès ; il ne pourra réussir à obtenir une condamnation sur les *sponsiones,* non plus qu'un dédommagement à raison du préjudice qui lui a été occasionné.

Le raisonnement de Keller et de ceux qui suivent la même doctrine[1] se fonde principalement sur le caractère prohibitoire de l'interdit *Uti possidetis.* Il n'y a, disent-ils, de défense possible que pour l'avenir, non pour le passé. L'infraction à l'ordre du Préteur, tel qu'il est conçu, n'est pas vérifiée, ce qui est la condition *sine quâ non* d'une condamnation à intervenir. Aussi les Romains admettaient-ils, à côté des interdits prohibitoires, ayant pour but d'empêcher la perpétration de tel ou tel acte, des interdits restitutoires, dont l'utilité se faisait sentir alors qu'il s'agissait d'une réparation pour des actes consommés. Cette distinction ressortirait notamment de la loi 1, § *penult., Ne quid in flum.* (43-13), où se trouvent rapprochés deux interdits distincts, l'un simplement prohibitoire, l'autre restitutoire. A l'égard du premier, le jurisconsulte s'exprime de la sorte : *Pertinet ad ea quæ nondum facta sunt,* tandis que le second serait nécessaire, si l'on avait à se plaindre de faits accomplis : *Si quid jam factum est, per hoc interdictum restituetur.* On invoque également la règle suivant laquelle il n'était pas permis, sur l'interdit *Uti possidetis,* de se faire tenir compte des fruits, si ce n'est depuis l'émission de l'interdit.

Certains auteurs cependant ne vont pas jusqu'à dire que le dommage causé doit rester sans réparation, et ils concèdent qu'une fois le droit à la possession établi, une instance particulière pourra être ouverte à ce sujet. Cette concession est de toute équité ; supposez qu'au moment ou Aulus, ayant perdu sa récolte par le fait de Numérius, se présente *in jure* pour arriver à faire constater son droit de possession, l'adversaire reconnaisse l'existence de cette possession et avoue ainsi son tort, une action en dommages et intérêts ne serait pas refusée par le magistrat. Numérius doit-il échapper à cette action, parce qu'il a résisté jusqu'à l'émission de l'interdit, et que c'est depuis lors seulement qu'il s'est gardé de troubler Aulus dans

---

[1] Voy., par exemple, Schmidt, p. 53 et suiv.

sa jouissance? Quant à nous, il nous paraît plus simple d'admettre avec Savigny qu'il n'y aura pas lieu à deux procès séparés, et que, l'interdit *Uti possidetis* ayant été délivré, le juge est autorisé à faire entrer en ligne de compte pour les condamnations à prononcer le dommage antérieur à l'interdit, et qui a motivé précisément son émission.

Cette doctrine, comme le fait observer avec raison Savigny, est en harmonie avec les termes de l'interdit, et la prescription qui s'y trouve mentionnée n'aurait pas de sens, rapportée à un autre cas. L'interdit, en effet, posait une limite au dommage qu'il fallait prendre en considération ; ce dommage ne devait pas remonter à plus d'une année antérieurement à l'époque où il avait été possible d'agir : *Intra annum quo primum experiundi potestas fuerit.* La faculté d'invoquer la protection de la justice n'existe que du moment où un trouble à la possession s'est manifesté. Tant qu'il ne se sera pas écoulé plus d'une année à partir de l'instant auquel le droit d'agir était né, le trouble apporté à une possession régulière tombe donc sous le coup de l'interdit. — Pour rendre compte de cette restriction, nos adversaires ont imaginé d'appliquer l'annalité au temps durant lequel celui qui avait obtenu l'interdit pouvait en tirer parti ; l'interdit se serait périmé, prétendent-ils, par le laps d'une année. Ainsi, après s'être fait délivrer l'interdit *Uti possidetis*, comme une précaution bonne seulement pour l'avenir, il fallait rester dans une position expectante jusqu'à ce que l'adversaire se permît un trouble nouveau. Demeurait-il en paix pendant plus d'une année, et ne recommençait-il qu'après ce délai à gêner la possession qu'il avait jadis inquiétée, le premier interdit ayant épuisé sa force, il aurait fallu en réclamer un second, qui aurait été encore impuissant à réprimer le trouble récent, faute d'effet rétroactif. L'interdit *Uti possidetis* serait donc toujours arrivé trop tard pour châtier un adversaire constamment assuré de l'impunité, pourvu qu'il eût soin d'accorder au possesseur un répit d'une année après chaque interdit. Ne suffit-il pas d'exposer un pareil système pour qu'il soit jugé, sans qu'il soit besoin d'en faire la critique ? Cette bizarre interprétation n'entrait pas assurément dans l'esprit des compilateurs des Pandectes. De leur temps, le préalable d'un interdit n'était plus nécessaire à celui dont la possession avait été troublée ; une action lui était ouverte immédiatement : cependant la coudition de l'annalité s'est conservée. Cela veut-il dire que le recours à l'autorité n'aura de valeur que pour tenir en haleine pendant une année son adversaire, qui en sera quitte pour suspendre ses entreprises durant ce délai, sauf à les recommencer ensuite, et toujours sans danger ? Ajoutons enfin que le sens naturel donné par nous à la teneur de l'interdit a été accepté par la pratique générale, que telle est la base de notre législation ancienne et moderne, qui a mesuré plus ou moins exactement l'efficacité de la complainte sur celle de l'interdit *Uti possidetis* des Romains, en exigeant que la complainte fût intentée dans l'année du trouble.

Nous avons vu précédemment que le juge nommé à la suite de l'interdit *Uti possidetis* devait examiner quel intérêt avait le gagnant à conserver la possession (*quanti interest retinere possessionem*), ce qui doit s'entendre de la conservation d'une possession *paisible*. Dans l'espèce proposée par Keller, l'appréciation de cet intérêt ne s'étend-elle pas légitimement au dommage prévu par cet auteur ? Si Aulus, en effet, n'eût pas été gêné indûment dans sa possession par Numérius, il aurait bénéficié de cette récolte qui a été perdue pour lui parce qu'il a été empêché d'exercer la jouissance dans laquelle il était fondé. En modifiant un peu les faits, on peut imaginer que l'ayant droit à la possession d'une servitude de passage sur le fonds d'autrui a éprouvé un obstacle à l'exercice de cette servitude, et que par suite de cet obstacle il n'a pu enlever sa récolte qui a péri. Cependant, en recourant à l'interdit *De itinere*, qui était prohibitoire de même que l'interdit *Uti possidetis*, il fait reconnaître que c'est à tort qu'il a été gêné dans la possession de la servitude. Ne serait-il pas dérisoire de soutenir que celui qui a opposé cette résistance téméraire ne devra pas être condamné, pourvu qu'il laisse enlever les récoltes futures, de telle sorte qu'il aura pu, sans être exposé à payer aucune indemnité, priver d'une récolte son adversaire ?

Dans la doctrine que nous combattons, on attache trop d'importance au préalable de l'interdit. Cet expédient, qui fut d'abord nécessaire comme moyen d'engager un procès, et qui se maintint pendant longtemps après qu'on aurait pu s'en passer, ne pouvait avoir pour résultat d'innocenter des faits coupables, dont la répression était réglée anciennement par le droit prétorien. Chacun devait savoir qu'en apportant à une possession régulière un trouble qui entraînait un dommage, il agissait à ses risques et périls, et qu'il encourait l'obligation de réparer le mal qu'il avait pu causer. Un acte illicite et préjudiciable a été commis; s'il devait rester impuni parce qu'il n'aurait pas eu pour précurseur un interdit rendu par le Préteur, il y aurait une lacune regrettable dans la législation romaine. Mais elle ne mérite pas de subir un pareil reproche. Nous voyons, en effet, que des dommages et intérêts pouvaient être obtenus dans des cas auxquels s'appliquait la procédure des interdits, bien que cette forme eût été négligée. Gaïus, L. 9, *De relig.* (11-7), suppose que quelqu'un a été empêché de faire une inhumation là où il avait le droit de la faire. Au lieu de recourir à l'interdit qui protégeait la jouissance des lieux religieux, il prend le parti d'inhumer ailleurs, et il intente une action *in factum* au moyen de laquelle il fait condamner son adversaire, quoique celui-ci n'ait pas contrevenu à un interdit, à le rendre indemne des frais auxquels il a été entraîné, à la condition, cela se conçoit, de prouver qu'il était autorisé à utiliser le lieu religieux dont il ne lui a pas été permis de se servir. Admettons, au contraire, que l'inhumation ait été différée, qu'en présence de la résistance opposée, l'intéressé ait fait par exemple la dépense d'un embaumement, qui lui a permis de mener à fin la procédure de l'interdit *De mortuo inferendo,* par suite de faire reconnaître son droit et écarter l'obstacle éprouvé, serait-il raisonnable de prétendre qu'il ne pourra obtenir une indemnité, parce qu'il n'y avait pas encore un interdit émis à l'époque où la dépense a eu lieu ?

Nous croyons également qu'on abuse de la forme prohibitoire dans laquelle était rédigé l'interdit *Uti possidetis* pour restreindre mal à propos la portée de cet interdit. Quand il n'y a autre chose qu'un trouble apporté à la possession, c'est surtout l'avenir qui doit être garanti. L'intérêt essentiel du possesseur troublé est de faire cesser désormais les entreprises dirigées contre l'état de choses actuel. Habituellement, il lui suffira d'obtenir sécurité pour la continuation paisible de sa possession, et il n'aura pas besoin de réclamer des dommages et intérêts pour le passé, parce qu'il n'aura pas, en général, éprouvé un préjudice sérieux. Mais si les actes commis par l'adversaire ne se sont pas bornés à inquiéter le possesseur, s'ils lui ont causé une perte matérielle, ou bien il faut déclarer que cette atteinte portée à une possession qui aurait dû être respectée demeurera impunie, ce qui accuserait un vice dans la législation, ou bien il faut admettre, ce qui est beaucoup plus équitable, qu'une réparation peut être exigée. Dans ce dernier cas, renverra-t-on le règlement de cette réparation après l'époque où l'existence de la possession injustement troublée aura été judiciairement constatée? C'est là ce que pensent certains esprits. Nous estimons, quant à nous, qu'il est plus simple de finir en une fois, et d'abandonner au juge qui statue sur la possession le soin de fixer toutes les conséquences de la perturbation éprouvée dans sa jouissance par celle des parties qui triomphe. C'est ce qui nous paraît rentrer naturellement dans les termes de la mission qu'il a reçu du magistrat, dans la mesure de l'appréciation qu'il doit faire pour baser la condamnation qu'il prononce (*quanti interest retinere possessionem*).

La règle suivie quant aux fruits, qui n'étaient exigibles qu'à partir de l'interdit, n'a rien qui contrarie notre système, si l'on entend cette règle dans son sens véritable. Elle veut dire que celui qui s'est emparé irrégulièrement d'un fonds, et qui n'a en présence de lui qu'un possesseur, bénéficiera des fruits qu'il a perçus jusqu'au moment où l'ayant droit à la possession se sera fait connaître. Il n'aura pas à rendre compte du profit qu'il aura retiré antérieurement de son indue possession, bien qu'il soit de mauvaise foi, contrairement à ce qui se passerait s'il succombait sur une revendication. Pour qu'il en soit ainsi, il faut supposer que les fruits ont été recueillis sans opposition, avant la manifestation du droit du possesseur, qui a négligé de défendre de suite sa possession. Si, au contraire, un tiers vient s'emparer des fruits de l'immeuble possédé activement par un autre au mépris de la possession qui est flagrante, s'il traduit ses prétentions à la possession en se saisissant d'une récolte pendante, ou qu'en faisant obstacle à l'enlèvement de la récolte accrue par les soins du possesseur actuel il en amène la perte, il ne saurait lui être permis de se placer à l'abri de la règle dont nous parlons. Elle n'est pas faite pour ce cas; et l'exemption de la responsabilité du préjudice causé par un pareil trouble à une possession établie constituerait assurément une iniquité choquante.

Nous terminerons par une dernière observation cette discussion, dont le lecteur excusera la longueur à raison de l'autorité des noms qui défendent l'opinion contraire à la nôtre. Nos adversaires, pour dénier au juge nommé par suite de l'interdit *Uti possidetis* la faculté de condamner à la réparation du dommage antérieur, se placent dans une hypothèse qui rend impossibles les conséquences naturelles de cet interdit. Ils supposent que le contradicteur à la possession a persisté devant le magistrat à dire que la possession existait en sa faveur, ce qui est nécessaire, nous le savons, pour amener la délivrance de l'interdit. Cependant, une fois l'interdit délivré, il est décidé à s'y conformer et à s'abstenir de tout trouble postérieur. Mais alors la procédure consécutive à l'interdit, qui constitue les particularités de la discussion sur un état de possession, ne pourra pas se développer. Le rival du possesseur abandonne en réalité la prétention qu'il avait soutenue jusque-là. Il évitera de participer aux enchères ouvertes sur la possession intérimaire ; il refusera de répondre à la *sponsio pœnalis* dans laquelle il est assuré de succomber, puisqu'en contestant devant le magistrat le droit de son adversaire il a déjà certainement troublé une possession qu'il est résolu à respecter maintenant. On sera donc dans la même position que si, au moment de la première comparution *in jure,* l'une des parties eût reconnu la possession de l'autre. En présence de cette défaillance de l'un des plaideurs qui recule devant l'épreuve de l'interdit *Uti possidetis,* le Préteur, croyons-nous, aurait accordé à celui qui avait à se plaindre d'un dommage à lui causé relativement à un immeuble qu'il possédait de l'aveu de l'auteur du trouble, une action *in factum,* une action *utile,* par analogie de la loi Aquilia. Veut-on admettre que l'auteur du trouble laisse se dérouler la procédure et s'engager les *sponsiones pœnales :* l'inertie à laquelle il se résigne postérieurement à l'interdit ne peut le sauver d'encourir les peines ordinaires, puisqu'il y a eu *vis* exercée contre une possession établie, qui a dû être défendue judiciairement. Ne serait-il pas étrange que l'on échappât du moins, pour avoir suivi jusqu'au bout un procès téméraire, à une réparation que l'on n'eût pu éviter, si l'on avait conjuré dès le principe le débat sur la possession ?

Il nous reste à dire quelques mots sur la troisième fonction assignée par Savigny à l'interdit *Uti possidetis.* Abstraction faite de tout trouble déjà apporté à la possession d'un immeuble, abstraction faite également de toute revendication projetée, pour l'organisation de laquelle les rôles des parties seraient à déterminer, l'interdit *Uti possidetis* permettrait, en outre, à celui qui aurait sujet de redouter que sa possession ne fût inquiétée dans l'avenir par tel individu, de provoquer, à l'encontre de ce rival éventuel, un débat sur cette possession, afin de la mettre désormais de ce côté à l'abri de toute contestation. Pour assurer son repos futur, on pourrait exiger de celui qu'on soupçonne avoir le dessein de vous troubler un jour la prestation d'une *cautio*, que les commentateurs ont qualifiée *cautio de non amplius turbando.* Cette *cautio*, suivant un usage assez commun en droit romain, consisterait en une *satisdatio*, et celui qui refuserait de s'engager avec adjonction de fidéjusseurs serait exposé à subir une condamnation. Savigny reconnaît cependant qu'il n'existe pas de texte positif en faveur de cette doctrine, et il renonce à l'argument que l'on tirait autrefois de la loi *unic.*, C., *Uti possid.*, la *satisdatio* dont il est question dans cette loi s'appliquant à un autre cas, ayant trait au défendeur à la revendication qui veut conserver l'avantage de la possession durant le procès. Tel est effectivement le véritable objet de cette constitution, que nous aurons à citer quand nous traiterons des interdits *doubles* en ce sens qu'ils servaient indifféremment soit à faire acquérir, soit à faire recouvrer la possession. Toutefois, ajoute Savigny, la faculté d'exiger une semblable caution découle du droit général de faire exécuter une sentence, et n'a pas besoin d'être écrite formellement dans la loi. Telle est aussi l'opinion assez commune chez les auteurs, partagée notamment par de Vangerow [1].

L'exactitude de cette théorie nous paraît néanmoins très-critiquable. Nous regardons d'abord comme impossible d'imposer une *cautio* à celui qui appelé *in jus* ne résiste pas à son adversaire, et déclare ne point aspirer à la possession. L'interdit en pareil cas ferait défaut, et il serait bien dur de punir par la charge d'une *satisdatio* des propos inconsidérés, exprimant une prétention qui n'a pas osé s'affirmer en justice [2]. Admet-

[1] T. 1, § 336.
[2] Personne ne soutiendra qu'il soit permis de s'adresser au premier venu,

tons, au contraire, que la partie adverse ne s'est pas bornée à de simples menaces, qu'elle s'est posée en rival du possesseur, qu'elle a accepté le débat sur la possession, et qu'elle a été vaincue. D'un autre côté, on ne peut lui reprocher aucun trouble, ni en fait ni en droit, qui ait causé un préjudice à l'autre partie, et qui puisse motiver une condamnation. La mesure préventive d'une *satisdatio* pour l'avenir est plus acceptable assurément dans cette hypothèse ; elle peut même s'appuyer sur des analogies, par exemple sur la loi 2, § 18, *Ne quid in loc. publ.* (43-18), sur la loi 7, *Si serv. vind.* (8-1). Noùs doutons cependant que la précaution d'une *satisdatio,* qui s'explique, dans le premier cas, par des raisons d'utilité publique, dans le second, par la nature du droit de l'adversaire, qui est un droit indéfini dans sa durée, puisse être étendue au profit de celui qui n'a en définitive triomphé qu'au point de vue de la possession, c'est-à-dire d'une situation de fait, d'un caractère transitoire, situation qui peut être aisément perdue. Pourquoi ne serait-il pas permis, sans s'exposer à une peine, de discuter de nouveau l'existence d'un avantage aussi éphémère que celui de la possession, dont une simple négligence fait décheoir ? Nous ne nions pas absolument que la garantie en question ne puisse être employée pour mettre un terme à des attaques réitérées, dictées

à quelqu'un qui n'a jamais manifesté la moindre prétention à la possession, pour lui dire : « J'appréhende qu'il ne vous vienne un jour la pensée de me contester la possession de tel immeuble ; en conséquence, je vais vous prouver que je possède, et vous faire condamner, si vous ne voulez pas prendre l'engagement de ne point m'inquiéter. » Pour qu'un possesseur soit recevable à provoquer un débat sur sa possession, il faut sous-entendre que l'adversaire qu'il attaque s'est vanté d'avoir la possession, bien qu'il n'ait gêné la possession actuelle ni par un trouble de fait (une entreprise sur l'immeuble, ou un obstacle apporté à la jouissance), ni par un trouble de droit (en défendant, par exemple, au fermier qui détient au nom d'un autre de payer le fermage à son bailleur). Le trouble de droit, comme le trouble de fait, peut causer un préjudice au possesseur, et motiver une condamnation à la suite de l'interdit *Uti possidetis.* Mais s'il n'y a eu aucune atteinte à la possession, s'il n'y a eu autre chose que l'énonciation en paroles de projets d'agression, nous accorderons bien au possesseur, quoique tel ne soit pas l'avis de tous les auteurs, la faculté d'appeler *in jus* celui qui s'est vanté de lui arracher la possession, afin de le forcer à s'expliquer ; seulement, dès que le danger d'un procès s'évanouit, parce que l'adversaire présumé décline le rôle qu'il paraissait devoir prendre, l'épreuve n'est-elle pas satisfaisante, et toute sécurité n'est-elle pas acquise au possesseur ?

par un esprit de chicane. Mais il nous paraît exorbitant d'attacher cette répression à l'insuccès d'une première contestation sur la possession, qui n'a pu assurer une condamnation, faute d'un dommage éprouvé.

Extensions données à l'interdit Uti possidetis. — Jusqu'à présent nous avons vu l'interdit *Uti possidetis* fonctionner entre deux personnes qui soutenaient l'une et l'autre avoir la possession exclusive d'un immeuble. Il y avait identité dans les prétentions des parties, prétentions incompatibles, puisque la possession *in solidum* ne peut appartenir qu'à un seul, et que chacun des plaideurs s'attribuait d'une façon absolue l'avantage de la possession qu'il déniait à son adversaire. Voyons si l'interdit *Uti possidetis* ne pouvait pas recevoir d'autres applications, et servir à un règlement sur la possession, là où n'existait pas cette égalité dans les prétentions qui amènent une collision d'intérêts.

Il peut se faire d'abord que l'un des plaideurs, Aulus, ne prétende qu'à une co-possession, c'est-à-dire à une possession *pro indiviso*, tandis que l'autre, Numérius, soutient que la possession est à lui sans partage. L'hypothèse est prévue, L. 1, § 7, *Uti possid.*, par Ulpien, qui déclare que l'interdit *Uti possidetis* pourra être employé pour vider ce différend [1]. L'interdit devra cependant recevoir une modification, en ce sens que le débat ne portera que sur une portion de la possession, l'autre portion étant incontestée. Aulus, en effet, ne dit pas qu'il possède pour le tout, *ex asse*, ce qui n'est allégué que par son adversaire ; il se borne, quant à lui, à demander que sa possession pour une part indivise, une moitié par exemple, soit reconnue et protégée ; il succomberait, si la formule de l'interdit ne restreignait point la question qui doit être examinée à la part pour laquelle il réclame la possession. Le Préteur dira sans doute : *Uti possidetis pro dimidia parte de qua, agitur.* Si Aulus triomphe, il ne pourra obtenir condamnation ou restitution que jusqu'à concurence d'une moitié *pro indiviso*. Mais il a intérêt à faire constater sa copossession, afin de pouvoir

---

[1] *Hoc interdictum locum habet, sive quis totum fundum possidere se dicat, sive pro certa parte. sive* PRO INDIVISO.

recourir ensuite à l'action *communi dividundo,* admise entre co-possesseurs dont la possession est exempte de vices (L. 7, § 5, *Comm. divid.*), sans être obligé d'intenter une revendication *pro parte,* qui exigerait la preuve d'un droit de propriété[1].

En second lieu, un débat sur la possession peut s'élever entre deux individus, qui, sans vouloir être précisément dans la même position, soutiennent néanmoins que chacun d'eux a la faculté d'exclure l'autre de la jouissance d'un immeuble. Aulus prétend que c'est lui qui possède pleinement le fonds A, et qui est autorisé à en prendre les fruits ; il s'en attribue la véritable possession *animo domini,* sans admettre que cette possession soit grevée d'aucune charge. Numérius prétend qu'il est usufruitier du même fonds, et que c'est par lui que le fonds est exploité en cette qualité. Il ne s'arroge à la vérité que la quasi-possession ; mais cette quasi-possession est exclusive de la possession effective et entière réclamée par Aulus. Il y a incompatibilité entre ces deux allégations, au point de vue de l'état de fait qui doit exister. La possession d'Aulus n'est pas moins troublée par l'opposition de celui qui veut jouir à titre d'usufruitier que par celle d'un rival plus complet, qui voudrait, de même qu'Aulus, s'attribuer la possession *animo domini.*

Un interdit *retin. possess.,* trouvait-il sa place en cette occasion ? Remarquons d'abord qu'il y a eu en droit romain quelque hésitation pour reconnaître une possession en faveur de celui qui n'exerçait qu'une servitude. C'est ce qui est attesté par la loi 20, *De servit.,* où nous voyons cependant qu'au temps de Javolénus, contrairement à l'avis de Labéon, une quasi-possession avait été admise quant aux servitudes, et que l'on accordait en conséquence des interdits quasi-possessoires ou utiles. Il y avait donc, de part ou d'autre, chez le possesseur ou quasi-possesseur qui occupait réellement l'immeuble, un

---

[1] La *licitatio fructuum* était-elle usitée en pareil cas ? Sans doute une mise aux enchères est possible pour la moitié comme pour le tout. Seulement, si l'adjudication se terminait au profit de celui qui n'aspire qu'à la copossession, il y aurait inconvénient à laisser durant le litige la possession commune entre deux parties qui ne s'entendent pas sur les limites de leurs droits. Peut-être la *licitatio* portait-elle alors sur la totalité du fonds.

état de fait qui avait paru mériter protection. Les scrupules qui avaient arrêté les jurisconsultes de l'époque d'Auguste se retrouvent encore, L. 1, § 8, *Quod legat.*, dans la bouche d'Ulpien, qui voit difficulté à concéder l'interdit *Quod legatorum*, interdit *adip. possess.*, contre le légataire d'un usufruit qui s'est emparé de son chef de la chose léguée, attendu qu'il ne possède pas à proprement parler, et qu'il ne fait que détenir. Il conclut cependant à l'application de l'interdit, sans indiquer, au moins dans le texte à nous transmis par les compilateurs, qu'il devra y avoir une modification à la teneur ordinaire de l'interdit[1]. La même hypothèse est traitée dans le § 90, *Vat. Fragm*[2]; et là il est fait mention d'un interdit *utile*, dont la formule nous est communiquée. Le Préteur ne dira pas seulement : *Quod possides,* il ajoutera : *Quodque uteris frueris.* Eufin le même Ulpien prévoit précisément le cas qui nous occupe, dans la loi 4, *Uti possid.* Il suppose d'abord qu'il y a conflit sur la possession entre deux individus qui prétendent occuper exclusivement l'immeuble à titre d'usufruitiers, puis le même conflit entre deux parties dont l'une ne s'attribue que la qualité d'usufruitier, tandis que l'autre dit avoir la pleine possession (*et si alter usumfructum, alter possessionem sibi defendat*); et il enseigne que l'interdit *Uti possidetis* jouera son rôle dans les deux cas.

L'interdit ne devait cependant pas être rédigé absolument de la même façon pour l'une et l'autre des espèces rapprochées par Ulpien. Quand aucun des rivaux n'aspirait à la possession

---

[1] *Unde est quæsitum, si ususfructus vel usus fuerit alicui relictus, eumque occupaverit : an hoc interdicto restituere sit compellendus? Movet quod neque ususfructus, neque usus possidetur, sed magis tenetur. Potest tamen defendi competere interdictum. Idem dicendum est et in servitute relicta.*

[2] Ce fragment est ordinairement attribué à Ulpien, ce qui est contesté (*Zeitsch. für gesch. Rechtsw.*, p. 341) de la part de Rudorff, qui pense que son auteur serait Vénuléius, par ce motif qu'Ulpien, à l'occasion de ce différend, se décidait à y appliquer l'interdit *Uti possidetis* direct. Mais Buchholtz, dans ses notes sur le § 90, *Vat. fragm.*, fait observer avec raison que sans doute Ulpien expliquait qu'il entendait parler seulement d'un interdit *utile*, ce qui aura été effacé par les rédacteurs de Justinien, qui, suivant la remarque de M. Pellat (*Principes généraux*, etc., nº 81, p. 70, note), ont l'habitude d'accorder à l'usufruitier les interdits possessoires, sans prendre la peine d'ajouter qu'il s'agit d'interdits *utiles*.

proprement dite, mais uniquement à la quasi-possession, il était inutile d'employer le mot *possidetis* qui devait être remplacé par l'expression *utimini-fruimini.* Là, au contraire, où se trouvaient en présence deux plaideurs qui prétendaient exercer activement, celui-ci la possession véritable, celui-là seulement la quasi-possession, l'interdit devait contenir à la fois des termes accommodés à chacune de ces prétentions distinctes qui, en fait, ne pouvaient se concilier. L'un détenait-il *animo domini* (*possidetis*), l'autre détenait-il comme usufruitier (*utimini-fruimini*)? telle était la question. Quel que fût celui de ces états qui existait en réalité, le magistrat défendait d'y porter atteinte, et le juge avait à examiner à qui appartenait la jouissance actuelle du fonds pour lequel il y avait, d'une part, allégation d'une possession accompagnée de ses avantages matériels, de l'autre, allégation d'une quasi-possession effective.

Nous n'avons pas besoin d'ajouter qu'ici l'interdit était double, de même que l'interdit direct, que les *sponsiones* réciproques s'y adaptaient également, et qu'enfin il y avait lieu aussi à une *fructuum licitatio.*

En continuant à étudier les diverses applications dont était susceptible l'interdit *Uti possidetis,* nous allons voir que cet interdit se modifiait quelquefois d'une manière plus sensible que dans les exemples précédents. La paisible possession d'un immeuble peut être troublée non-seulement par celui qui prétend à l'exercice d'un usufruit, mais encore par celui qui se borne à réclamer la jouissance d'une servitude prédiale. Peu importe qu'il s'agisse d'une servitude positive (de passage), ou d'une servitude négative (ne pas bâtir). Aulus étant en possession du fonds A, Numérius, propriétaire d'un fonds voisin, veut passer sur le fonds A pour l'exploitation de son héritage, en vertu d'un droit de servitude, ou bien il veut empêcher Aulus d'élever des constructions sur le fonds A, qui serait grevé de la servitude *non œdificandi.* Aulus se trouve, sous un certain rapport, gêné dans sa possession, qui n'est pas complète. Sans doute il pourrait recourir à l'action négatoire; mais, pour y réussir, il faudrait qu'il prouvât son droit de propriété. Ne lui est-il pas permis de faire écarter, en restant sur le terrain d'un débat au possessoire, l'obstacle apporté à sa libre possession?

Divers textes établissent que l'interdit *Uti possidetis* était applicable aux troubles résultant de la prétention à une servitude. Nous pouvons d'abord rappeler la loi 11, *De vi*, déjà citée, relative, avons-nous dit, à la détermination de ce qui constitue une *vis facta adversus edictum Prœtoris* et qui autorise, en pareil cas, le remède de l'interdit *retinendæ possessionis*. Il suffit que l'on puisse reprocher à l'adversaire d'avoir fait quelque chose qui gêne de quelque manière la libre possession du plaignant : *Sive quid omnino faciendo, per quod liberam possessionem adversarii non relinquit*. On ne saurait nier que l'exercice d'une servitude prédiale ne rentre dans les termes généraux de la loi 11. Spécialement les lois 8, § 5, *Si serv. vind.* (8, 4), 5, § 10, *De op. nov. nunt.* (39, 1), 3, § 2 et § 9, *Uti possid.,* mettent à l'abri de tout doute l'emploi possible de l'interdit *Uti possidetis* afin de débarasser un possesseur des entraves apportées à sa possession au point de vue des servitudes par lesquelles un voisin prétendrait resteindre la pleine jouissance de son voisin. La première de ces lois, après avoir fait mention de la ressource de l'action négatoire, à propos de la *fumi immissio* dont aurait à se plaindre le propriétaire de bâtiments supérieurs, lui ouvre également la voie de l'interdit *Uti possidetis*, qui trouve sa place, dit le jurisconsulte, toutes les fois que quelqu'un est empêché de jouir à son gré de sa chose : *Sed et interdictum* Uti possidetis *potest locum habere si quis prohibeatur qualiter velit suo uti*.

Toutefois, en cette occurrence, l'interdit *retinendæ possessionis* devait nécessairement subir une grave modification ; il ne pouvait, en effet, se présenter comme un interdit double. De la part du possesseur du fonds prétendu servant, de la part d'Aulus, il y a réclamation de la possession entière, possession qui est troublée *in parte qua ;* il veut faire reconnaître qu'il est en possession d'une manière absolue. Quant au possesseur du fonds prétendu dominant, quant à Numérius, il n'aspire pas à la possession de fonds A, mais seulement à la faculté de continuer à accomplir les actes propres à cette servitude, ce qu'il soutient avoir l'habitude de faire. L'ordre du magistrat ne peut donc être celui-ci : *Uti possidetis alter ab altero eum fundum ;* cet ordre ne correspondrait pas aux allégations réciproques des parties. Par la même raison, devra disparaître ici la *fructuum licitatio*, que nous avons maintenue lorsqu'il y a deux plaideurs se disputant l'exercice de l'usufruit, ou voulant tous les deux jouir exclusivement de l'immeuble litigieux, l'un comme plein possesseur, l'autre comme usufruitier. Il suffira que le Préteur ordonne de respecter la possession d'Aulus, si elle existe intégralement à l'encontre de Numérius, sans que celui-ci puisse invoquer en fait un état de choses qui restreigne la possession telle qu'elle est prétendue par Aulus. L'interdit sera simple ; il ne donnera lieu qu'à une *sponsio* suivie d'une *restipulatio*[1] ; il ne mettra directement en question que la possession absolue revendiquée par Aulus, sauf peut-être l'addition d'une exception en faveur de Numérius, dans le but d'établir qu'il y a de sa part quasi-possession d'une servitude. Toujours est-il qu'un règlement au possessoire est nécessaire entre deux parties qui ne sont pas d'accord sur la manière dont se comporte la possession du fonds. C'est cet état de possession qui sera vérifié par le juge, sans qu'il y ait lieu de descendre à l'examen du fond du droit.

Rendons sensible par un exemple comment une controverse sur la possession sera possible dans notre hypothèse, et comment alors devait être probablement conçu l'interdit. Aulus dit que le fonds **A**, qu'il possède, ne doit pas de servitude au fonds de Numérius, et que c'est en attentant nouvellement à la liberté dont jouit ce fonds **A** que Numérius exerce des actes de passage. Numérius soutient qu'il ne fait que continuer à pratiquer une servitude dont il a l'habitude d'user, et que la possession[2] existe en sa faveur. Il y a ici en présence, avec des assertions contradictoires, deux individus aspirant à une possession qui doit être également protégée, quel que soit celui qui est en mesure d'invoquer l'avantage de la possession. De même qu'il n'est pas permis de gêner la libre jouissance d'Aulus, qui n'au-

---

[1] C'est peut-être à un cas de cette espèce que faisait allusion Gaïus, dans un passage mutilé du § 166, Comm. IV, où on lit entre deux lacunes les mots suivants : *cum una inter eos sponsio.*

[2] Nous nous servons du terme *possession* appliqué à l'usage d'une servitude, conformément à notre langue juridique, qui admet cette expression à l'occasion des démembrements de la propriété comme pour la propriété même. Il serait facile d'ailleurs, en parcourant les textes des jurisconsultes romains, de constater qu'ils n'observaient pas toujours la distinction entre la quasi-possession et la possession proprement dite, et qu'ils employaient souvent le verbe *possidere* par rapport à celui qui ne prétendait qu'à un démembrement de la propriété.

rait pas laissé établir sur son fonds la possession d'une servitude, de même il est loisible à Numérius, si, au contraire, il
est en possession de passer à titre de servitude, de faire maintenir cet état de choses dans lequel il serait troublé. Or il
suffisait en droit romain qu'une servitude de passage eût été
exercée régulièrement dans l'année pendant trente jours au
moins, pour constituer une possession garantie désormais par
l'interdit prohibitoire, *De itinere actu que...* (voyez D., tit. 19,
liv. XLIII). Numérius, en cas d'obstacle éprouvé par lui, pourrait donc provoquer un débat au possessoire, sur lequel il
triompherait, en prouvant qu'il a passé tout le temps voulu, et
cela sans violence, clandestinité, ni précaire. De son côté,
Aulus, au lieu d'en venir à des voies de fait, peut prendre
l'initiative de la lutte judiciaire, s'il est à même de démontrer
que les actes de passage n'ont pas été suffisants, au point de
vue du temps, ou qu'ils n'ont été exercés qu'irrégulièrement,
à l'aide de violence, d'une façon clandestine, par suite d'un
precarium. Les deux parties ont donc à leur disposition la
ressource d'un interdit pour faire maintenir l'état de possession prétendu par chacun. Tandis que Numérius, s'il voulait
attaquer son adversaire, recourrait à l'interdit *De itinere* qui
serait simple, Aulus, qui prendra le rôle d'agresseur, pourra
demander *retinendæ possessionis causa* un interdit qui nous
semble également devoir être simple. L'ordre émis par le magistrat, et adressé à Numérius, lui enjoindra de respecter la
possession qui existerait au profit d'Aulus, sauf le cas où Numérius établirait qu'il y a en sa faveur possession d'une servitude. Le Préteur s'exprimera sans doute à peu près de la manière
suivante : *Uti eum fundum Aulus possidet, quominus ita pos-
sideat, a te, Numeri, vim fieri veto, nisi hoc anno non minus
quam triginta diebus per eum fundum itinere usus sis nec vi,
nec clam, nec precario ab Aulo* [1].

---

[1] Il peut paraître téméraire d'enseigner que l'interdit *retinendæ possessionis*, invoqué par le possesseur d'un immeuble se disant troublé, était
conçu en termes qui ne correspondent pas à la dénomination générale donnée à cet interdit, dénomination employée par les textes alors même que le
possesseur de l'immeuble est en lutte avec un adversaire qui le gêne par
l'exercice d'une servitude. Cette objection nous touche peu ; car, au fond,
c'était toujours le même interdit, celui qui était destiné à maintenir intacte
la possession d'un immeuble ; et il était naturel qu'il tirât son nom de la

L'interdit *retin. possess.* sera encore modifié d'une façon analogue, si la possession d'un immeuble est dite troublée par la prétention à une servitude négative, cas prévu dans la loi 3,

formule la plus anciennement et la plus fréquemment usitée. Sans doute, si les Romains n'avaient pas reculé devant l'application de ce terme : *possession* à l'exercice d'une servitude, il eût été fort simple de dire ici également : *Uti possidetis alter ab altero.* Le juge aurait eu à rechercher quel était le véritable état de possession ; si, de la part du possesseur du fonds, il y avait possession entière qui ne fût diminuée par l'usage d'aucune servitude, ou si, au contraire, la pleine possession du fonds était restreinte par l'exercice de quelque servitude qui constituait sous un certain rapport une possession en faveur de l'autre partie. Mais quand nous voyons que l'interdit *Uti possidetis* n'avait pu être plié à un débat sur la possession élevé contre un prétendant à l'usufruit qu'en modifiant la teneur primitive de l'interdit, en y ajoutant, au point de vue du prétendant à l'usufruit, la mention, non d'un *possidere*, mais d'un *uti frui*, nous ne pouvons croire qu'on eût conservé le mot *possidere* relativement au plaideur qui ne réclamait que l'exercice d'une servitude. Aussi lisons-nous, dans la loi 3, § 7, *Uti possid.*, que le *dominus soli*, en conflit sur la possession avec un individu qui soutient être *superficiarius*, devait réussir dans l'interdit (*Potior erit interdicto Uti possidetis*), et que, pour prévenir ce résultat, le Préteur devait venir au secours du *superficiarius*, probablement en lui accordant une exception afin d'établir qu'il était en jouissance de la *superficies*. Cet expédient n'eût pas été nécessaire, si la mission d'examiner comment *possédaient* les deux rivaux (*Uti possidetis*) avait autorisé le juge à tenir compte de la situation du *superficiarius*, occupant réellement les constructions à ce titre, et pouvant être considéré comme ayant la *possession*.

On songera peut-être à présenter l'observation suivante, pour démontrer qu'il n'était pas besoin de s'écarter de la formule ordinaire, par laquelle les deux parties étaient mises sur le même pied. Cette formule, dira-t-on, la seule qui apparaisse dans les textes, se prêtait sans doute à l'examen d'un droit de possession prétendu par chaque partie ; mais elle se prêtait également à l'examen d'un droit unique de possession réclamé par un seul des plaideurs. L'autre devait se dispenser de faire une *sponsio*, puisqu'il n'aspirait pas à la possession. La formule aurait été trop large ; elle n'en restait pas moins propre à vider le débat sur la possession que s'attribuait entièrement l'une des parties. — Nous répondons qu'il est parfaitement inutile de réserver la faculté de prouver sa possession à celui qui ne prétend pas posséder. Il ne contestera pas habituellement la possession de son adversaire ; il soutiendra seulement que cette possession est entamée par l'exercice d'une servitude. A quoi bon lui offrir le moyen d'établir en sa faveur une possession qu'il ne s'attribue point ? Quand un seul prétend à la possession proprement dite, il suffit de dire *Uti possides*, pourvu qu'on ménage, ce qui est essentiel, au profit de celui qui se borne à invoquer la quasi-possession d'une servitude, la ressource de prouver qu'il use de cette servitude, ressource qu'il ne trouve point dans la formule ordinaire, et qui était probablement l'objet d'une exception.

§ 2, *Uti possid.* Aulus est empêché de bâtir sur le fonds A qu'il possède par son voisin Numérius, qui soutient que le fonds A est grevé de la servitude *non œdificandi.* Aulus se trouve gêné dans sa possession (*etenim videris mihi possessionis controversiam facere qui prohibes me uti mea possessione*); il a un interdit pour faire cesser cet obstacle. Ici cependant l'adversaire ne prétend pas à la possession du fonds A ; on ne peut songer évidemment à organiser une *fructuum licitatio.* Aulus seul réclame la possession du fonds A ; un interdit simple sera donc suffisant. Mais comment le défendeur échappera-t-il à une condamnation, dans le cas où Aulus établirait que la possession lui appartient? Numérius peut-il réussir à détacher une parcelle de cette possession, à démontrer qu'elle est incomplète sous un point de vue, parce qu'il aurait acquis la possession de la servitude qu'il s'arroge? Comment concevoir, dans cette hypothèse, une *controversia de possessione?* Quelque laps de temps qui se soit écoulé sans qu'un propriétaire ait bâti sur son terrain, il ne saurait en résulter pour le voisin un droit acquis à la continuation de cet état de choses. Les actes de pure faculté ne peuvent, ainsi que le dit notre législateur, art. 2232 C. Nap., fonder aucune possession. Il semble donc que Numérius n'est pas autorisé à invoquer un pur état de fait, qu'il n'y a pas en cette matière une possession de la servitude opposable à la possession du fonds qui se rencontre chez l'adversaire ; que, dès lors, pour empêcher Aulus de bâtir, Numérius devra s'appuyer sur un droit de servitude régulièrement constitué ; qu'ainsi, en définitive, un débat restreint au possessoire se trouve impossible.

Nous n'admettons pas, tout en reconnaissant qu'il y a sur ce point une difficulté sérieuse et que l'opinion contraire à la nôtre est défendue par de graves autorités[1], nous n'admettons pas le défaut absolu de possession en ce qui concerne une servitude négative. L'obstacle à la possession provient, dit-on, de ce que, l'établissement de constructions constituant une pure faculté pour le propriétaire d'un terrain, on ne saurait induire de l'abstention dont il a usé jusqu'alors à cet égard aucun droit en faveur du voisin. L'objection disparaît, quand cette abstention trouve son explication dans une renonciation à la faculté de

---

[1] Voy., par exemple, Bélime, *Traité du droit de possession,* n° 265.

construire, qui a diminué la propriété de l'un des héritages
pour augmenter les avantages appartenant à l'autre héritage.
Un fonds a été grevé de la servitude *non œdificandi,* ses rapports avec le fonds qui profite de cette concession sont désormais changés. Si, d'une part, il y a usage d'un immeuble
autrement que par des constructions, si, de l'autre, il y a jouissance de l'utilité résultant du défaut de constructions, cette
situation ne tient plus à une simple faculté. On peut dire maintenant que la possession de la servitude existe; car la manière
dont se comporte l'un des propriétaires a cessé d'être facultative, elle est devenue forcée. Numérius pourra donc ici encore
invoquer un état de possession qui restreint la pleine possession alléguée par son adversaire, s'il est en mesure de justifier
qu'une servitude *non œdificandi* a été constituée en faveur de
son fonds. N'allons point conclure de là que le débat va se transformer, pour ne plus s'attacher à la possession et faire surgir
une difficulté qui rentre dans le pétitoire, puisque Numérius,
pour se défendre, s'appuie sur un droit de servitude. La constitution de la servitude émane-t-elle de quelqu'un qui était
autorisé ou non à la constituer, c'est la question du fond, qui
sera vidée sur l'action négatoire ou confessoire. Dans le cas où
le concédant était *non dominus,* nous serions fort enclin à décider que la servitude n'a pu être acquise *longo tempore,* à
raison de ce que la possession a été clandestine. Mais le concédant était peut-être *dominus,* l'auteur même de celui qui plaide.
La distinction du possessoire et du pétitoire ne doit pas, on le
voit, être écartée en cette occasion. Ne veut-on pas reconnaître
de possession possible au sujet d'une servitude négative, il
faudra dire que celui-là qui a vendu à beaux deniers à son
voisin une servitude de cette espèce pourra se soustraire quelque temps à l'observation de la convention, et faire condamner,
grâce à l'interdit *Uti possidetis,* son acquéreur qui s'opposerait
aux constructions, ce dernier produisît-il le titre de constitution. Il n'y aurait pour lui d'autre ressource que l'action confessoire; mais jusqu'à la décision qui interviendrait au pétitoire, le concédant pourrait se faire maintenir en possession
de la faculté de bâtir qu'il a aliénée [1].

---

[1] Le système, qui étend la possession aux servitudes négatives, est exposé
par Savigny, *Traité de la possession,* § 46. Il est partagé en droit français

La loi 3, § 4 et § 9, nous fournit de nouveaux exemples de cas où l'interdit *retin. posses.* devait encore être simple. Le § 4 suppose que les branches partant de ceps de vigne accrus sur un fonds ont été appliquées par le voisin aux arbres de son propre fonds. Celui dans le terrain duquel se trouvent les ceps peut, si le voisin s'oppose à ce que les branches soient coupées ou ramenées sur le fonds qui nourrit les souches, recourir à l'interdit *Uti possidetis ;* car il y a trouble à sa possession, il est empêché de cultiver comme il l'entend. Il est clair que l'adversaire ne prétend pas à la possession du fonds d'où tirent leur origine les branches dont il s'est emparé. Mais il peut soutenir qu'il a acquis le droit d'arranger ainsi les choses ; et comme ici la possession est publique, manifestée par des actes positifs, un débat sur l'état de possession se conçoit sans difficulté.

Les §§ 5 et 6 de la même loi présentent une hypothèse, où la ressource de l'interdit *retin. possess.* reste impuissante, parce que l'état de choses allégué par l'un comme portant trouble à sa possession, constitue pour l'autre une dépendance actuelle de la possession de son immeuble, et que cette possession existant avec telle circonstance suffit pour obtenir une maintenue au possessoire. De votre bâtiment, dit le § 4, part une saillie qui couvre une partie de mon fonds ; pourrai-je, au moyen de l'interdit *Uti possidetis,* faire cesser cette entreprise qui empiète sur ma libre possession ? D'après Cassius, l'interdit était inutile[1] en cette occurrence, attendu que, s'il y a d'une part possession du sol, il y a de l'autre part possession de la saillie comme partie intégrante de la maison. Ulpien, au paragraphe suivant, rapporte l'avis de Labéon sur le même point. En vain, pensait Labéon, le possesseur du sol couvert par la saillie emploiera-t-il l'interdit *Uti possidetis ;* cet interdit échouera, vu que l'adversaire peut, de son côté, se faire délivrer un interdit *retin. posses.*, afin d'être maintenu dans l'état présent de possession, état qui consiste à posséder la

---

par M. Bourbeau, *Théorie de la procédure civile,* t. VII, n° 274 ; cet auteur cite à l'appui de cette opinion un arrêt de la Cour de cassation du 15 février 1841.

[1] C'est à tort que Cujas, *Obs.,* liv. V, ch. 22, et liv. XVII, ch. 2, corrige le texte en proposant de lire : *utile* au lieu de : *inutile.*

maison, et, avec elle, la saillie qui y est adhérente [1]. Objectera-t-on que cette saillie a peut-être été construite à l'aide de violence ou clandestinement, et qu'ainsi il n'y aurait de ce chef qu'une possession vicieuse? Cette critique de la possession ne saurait être élevée par celui sur l'immeuble duquel avance la saillie, parce que l'adversaire ne possède pas la saillie isolément, mais seulement comme dépendance de son bâtiment, et qu'il n'y a point chez lui possession vicieuse quant au bâtiment. Ce sera par la voie d'une action pétitoire que le différend devra être vidé; aussi la loi 14, § 1, *Si serv. vind.*, indique-t-elle, par une hypothèse analogue, l'application de l'action négatoire.

Dans les différents cas que nous avons parcourus, et où nous avons rencontré l'application de l'interdit *Uti possidetis*, direct ou modifié, nous avons constamment vu que, si les parties n'élevaient pas précisément des prétentions identiques, il y avait cependant toujours entre elles un débat sur la possession. La libre jouissance d'un immeuble nous est toujours apparue comme contestée en ce sens que l'adversaire du possesseur soutient avoir le droit, sinon de le priver de la possession, du moins de gêner cette possession en quelque point. N'est-il pas essentiel qu'il en soit ainsi, pour qu'on puisse parler d'une action possessoire, d'une *controversia de possessione*, suivant les expressions des jurisconsultes romains? Les opinions sont partagées. Il y a des auteurs qui, prenant trop à la lettre certains textes où il est parlé des atteintes à la possession qui autorisent l'emploi de l'interdit *Uti possidetis*, par exemple, la loi 11, *De vi*, enseignent qu'il pouvait fonctionner par cela seul que la jouissance d'un immeuble n'était point respectée, sans exi-

---

[1] *Labeo quoque scribit : Ex ædibus meis in ædes tuas projectum habeo; interdicis mecum, si eum locum possideamus qui projecto tegitur* (et non *tegetur*) : *an, quo facilius possim retinere possessionem ejus projectionis, interdico tecum, sicuti nunc possidetis eas ædes, ex quibus projectum est.* — La citation du passage de Labéon, tel que nous venons de le transcrire d'après les Pandectes, jette quelque obscurité sur la solution donnée par le jurisconsulte. On a peine à comprendre ce que signifie la question posée par ces mots : *an, quo facilius...*, et à laquelle il n'y a pas de réponse. Tout devient clair si, comme le propose Schmidt, p. 64, on supprime cette prétendue question pour lire : *at, quo facilius...* Labéon explique comment le premier interdit n'aboutira pas, étant paralysé par un interdit en sens contraire.

ger que le trouble fût l'expression d'un droit invoqué sur la chose. Cet interdit fournissait, disaient-ils, protection *adversus quemcumque turbantem,* à raison uniquement de ce qu'il y avait eu en fait un état de possession gêné sous quelque rapport. Il ne fallait pas se préoccuper de l'intention qui avait présidé aux actes reprochés à l'adversaire, se demander si, en se comportant comme il l'avait fait, il avait entendu user de son droit, ou s'il n'avait agi que par malice et à pur dessein de nuire. Un célèbre romaniste[1] est allé jusqu'à dire que l'interdit *Uti possidetis* pouvait être invoqué pour faire cesser des tapages nocturnes, et assurer la tranquillité de son habitation.

Nous n'hésitons pas à repousser cette doctrine, qui nous paraît défigurer complétement le véritable caractère des interdits *retin. possess.* Nous ne comprenons pas qu'ils soient employés, là où la possession n'est pas en litige, puisque leur but est de faire constater au profit de qui la possession existe. Est-il besoin d'être possesseur pour avoir le droit de dormir paisiblement, et pourquoi refuserait-on à un *colonus,* à raison de ce qu'il n'est pas possesseur de la maison qu'il occupe, les moyens nécessaires pour garantir son repos contre les troubles dont parle Thibaut[2] ? Une portée si large, donnée à l'interdit *Uti possidetis,* rendrait inutiles bien des actions qu'on pourrait supprimer. J'ai été victime d'un vol, d'un dommage causé par quelqu'un qui a fait périr ou qui a détérioré ma chose, la *condictio furtiva,* l'action de la loi Aquilia seront remplacées par l'interdit *Uti possidetis,* si je puis envisager ces actes comme des troubles à une possession. — Ne perdons pas de vue le type primitif de l'interdit *Uti possidetis,* destiné à régler la position de deux parties qui se disputent la possession d'un immeuble. C'est parce qu'il y a identité de prétentions que l'interdit était double, que les rôles de demandeur et de défendeur étaient confondus. On a bien pu étendre l'interdit *retin. possess.* à des cas où l'égalité de prétentions fait défaut, pourvu qu'il y ait en quelque point débat sur un état de possession.

---

[1] Thibaut, *Civ. archiv.,* t. XVIII, p. 321.

[2] Si notre législation, suivant l'opinion la plus commune, refuse au fermier les actions possessoires, elle ne le laisse pas du moins livré sans défense aux attaques des tiers, qui par des voies de fait portent atteinte à sa jouissance, sans prétendre d'ailleurs aucun droit sur la chose louée. Voy. art. 1725, C. N.

Mais ce serait le dépouiller tout à fait de sa physionomie que de l'appliquer à des hypothèses dans lesquelles la possession n'est l'objet d'aucune controverse. Sans doute, celui qui est troublé dans la jouissance d'un immeuble peut interpréter les actes d'agression comme indiquant la pensée de se poser en rival quant à la possession. Il a donc le droit d'appeler *in jus* l'auteur de ces faits, et de le forcer à s'expliquer sur ses intentions; il sollicitera un interdit, s'il rencontre une contradiction à la possession dont il est investi. A quoi bon, au contraire, organiser une instance à l'effet de rechercher entre quelles mains est la possession, quand il n'y a pas d'adversaire? Il ne reste plus qu'à apprécier les dommages et intérêts que peut exiger celui dont la possession, désormais reconnue, a été indûment troublée. Ce but sera atteint par la délivrance de telle ou telle action, de l'action d'injures, de l'action de la loi Aquilia, ou d'une simple action *in factum.* Quant au préalable d'un interdit, il nous paraît non-seulement une superfétation, mais encore un danger; ce serait reconnaître que les faits passés ne sont pas susceptibles d'être réprimés, et qu'il n'y a de réparation possible que pour les troubles à venir, opinion que nous avons déjà eu occasion de combattre[1].

[1] On pourrait cependant admettre que l'interdit *retin. possess.* n'exigeait point que l'adversaire s'attribuât l'avantage qu'il refuse à celui qui l'attaque; il suffirait qu'il ne reconnût pas la possession réclamée pour lui par le plaignant, ce qui constituerait toujours un débat sur la possession. C'est ainsi qu'une controverse sur la propriété était possible, de l'aveu d'Ulpien, quoique le défendeur ne soutînt pas être propriétaire. Ce jurisconsulte pensait en effet, nous dit la loi 9, *De rei vind.*, déjà citée, qu'un détenteur pouvait défendre à une revendication, et triompher, si le demandeur ne justifiait pas son droit de propriété. On concevrait de même qu'un détenteur, attaqué par un autre que celui au nom duquel il détient, non pas au point de vue de la propriété, mais au point de vue de la possession, soutînt également le débat, sur lequel il réussirait, pourvu que le demandeur ne parvînt pas à démontrer que la possession lui appartient. Le *colonus,* par exemple, en l'absence de son bailleur qui n'a pas laissé peut-être de procureur, devrait être aussi apte à repousser la prétention d'un tiers à la possession que la prétention à la propriété. Seulement, pour qu'il en fût ainsi, il aurait fallu que la jurisprudence romaine ne vît dans l'action consécutive à l'interdit *Uti possidetis* qu'une action simple, comme on le faisait sous le système formulaire à l'égard de la revendication, et non une action double, dans laquelle chacun devait jouer le rôle de demandeur. Il est permis assurément de critiquer une législation, qui autorise le fermier à résister à une revendication, tandis que sur une action possessoire elle exige que la

Nous devons toutefois nous expliquer sur un texte souvent allégué par les partisans de l'autre système, texte duquel il semble résulter que l'interdit *Uti possidetis* était mis en pratique afin d'écarter un obstacle apporté à la possession de la part de quelqu'un qui reconnaissait au profit de l'autre partie l'avantage de la possession. Nous voulons faire allusion à la loi 3, § 3, *Uti possid.*, ainsi conçue : *Cum inquilinus dominum ædes reficere volentem prohiberet, æque competere interdictum* Uti possidetis *placuit ; testarique dominum non prohibere inquilinum ne habitaret, sed ne possideret.* Ici Ulpien, a-t-on dit, prend comme constante la qualité d'*inquilinus*, qui emporte aveu de la possession chez l'adversaire, et néanmoins il autorise l'emploi de l'interdit *Uti possidetis*. Aussi le judicieux Savigny [1] invoque-t-il ce passage pour poser en règle que le rôle de défendeur à notre interdit appartient à quiconque mérite le reproche d'avoir troublé notre possession, même à notre représentant dans la possession, tel que le locataire d'une maison qui voudrait empêcher le bailleur de faire des réparations. Le bailleur, ajoute-t-il, aurait bien de ce chef l'action *Locati*, mais il peut opter pour l'interdit *Uti possidetis*, comme il pourrait également recourir à l'interdit *Quod vi aut clam*, que la loi 25, § 5, *Locati*, met à la disposition du *dominus* dans le cas où l'*inquilinus* se serait permis de faire quelque démolition. — L'argument tiré de cette loi 25 est, suivant nous, peu probant, parce que l'interdit *Quod vi aut clam*, qui compétait même au fermier, ne suppose pas en jeu une question de possession. Nous inclinerions à penser que, dans le cas de la loi 3, § 3, *Uti possid.*, il s'agissait d'un soi-disant *inquilinus*, qui n'acceptait pas cette position, qui niait le bail, qui, par conséquent, en alléguant avoir la possession proprement dite, *suo nomine*, s'opposait aux réparations projetées par le prétendu bailleur. Il était admis que l'interdit *Unde vi* était possible contre le fermier qui aurait expulsé le *dominus*, et interverti par là sa possession au moyen d'une

---

contradiction émane du *dominus*. Cette anomalie, du reste, a cessé, en droit romain, à partir d'une Constitution de Constantin, la loi 2, C., *Ubi in rem* (3, 19), d'après laquelle le défendeur à une revendication, quand il n'est qu'un détenteur, doit mettre en cause la personne pour laquelle il détient.

[1] *Traité de la possession*, § 37.

contradiction apportée au droit du bailleur. Dans l'espèce, il n'y a pas *dejectio*, mais usurpation de la possession sans voies de fait, ce qui ouvre la voie à l'interdit *Uti possidetis*. Cette interprétation s'appuie sur les derniers termes de la loi 3, § 2, où le jurisconsulte fait observer que le bailleur, en recourant à l'interdit, déclare qu'il n'entend pas empêcher l'*inquilinus* d'habiter, mais seulement de s'arroger la possession : *Testarique dominum non prohibere inquilinum ne habitaret, sed ne possideret.* C'est donc la possession que ce dernier veut s'approprier ; et cette prétention est-elle compatible avec l'aveu qu'il ferait d'occuper les lieux à titre d'*inquilinus* [1] ?

Nous croyons, d'un autre côté, qu'en admettant dans l'hypothèse traitée par Ulpien que les qualités de *locator* et d'*inquilinus* ne sont pas niées, l'application de l'interdit *Uti possidetis*, à l'occasion de la difficulté prévue, pourrait encore se comprendre sans faire brèche à notre système. Quand il y a bail, en effet, si la possession de la chose louée reste au bailleur, cette possession ne peut plus cependant, de sa part, être exercée comme il l'entend, mais seulement à la condition de respecter l'obligation de faire jouir qu'il a contractée envers le preneur. La manière dont possédera désormais le *locator* se trouve restreinte par la nécessité d'observer le bail ; et bien que dans la législation romaine ce contrat ne fît naître incontestablement au profit du *conductor* qu'une créance, cependant, en ce qui touche ses rapports avec son débiteur, le droit du preneur qui est en jouissance est aussi puissant que s'il avait un *jus in re*. Un bailleur essayerait-il de se faire restituer la chose louée en intentant la revendication contre son fermier, celui-ci, tout en avouant la propriété de l'adversaire, pourrait retenir la chose, pourvu qu'il établît l'existence du contrat de louage. De même la faculté de posséder à son gré, de régler à sa guise l'état de son immeuble, disparaît pour celui qui s'est engagé à procurer à un autre l'habitation de sa maison. Sans doute il ne perd pas le droit de faire les réparations qui seraient nécessaires pour la conservation de la chose ; mais il n'est autorisé à exécuter que celles qui sont motivées

---

[1] L'explication que nous présentons a déjà été donnée par un auteur doué d'une rare sagacité, enlevé prématurément à la science du Droit, par Bélime, *Traité du droit de possession*, n° 326.

par cette considération, et non celles qui seraient capricieusement imaginées. A nos yeux, la discussion de l'opportunité des réparations rentrerait plus naturellement dans le domaine de l'action *locati*. Nous concevons néanmoins que l'on puisse y voir une question qui sera appréciée au point de vue de la possession, telle qu'elle est modifiée par la circonstance d'un bail. Le *dominus* n'entend-il réparer que conformément au droit de possession qui lui reste, et qui lui permet d'imposer au locataire les réparations exigées par l'état des lieux ? Entreprend-il, au contraire, sur la jouissance qu'il a garantie à l'*inquilinus;* veut-il opérer arbitrairement des réparations inutiles ? Dans le premier cas, l'*inquilinus* succombera sur l'interdit *Uti possidetis*, parce qu'il gêne indûment le droit de possession que n'a pas abdiqué le *dominus;* dans le second cas, il réussira, parce qu'il est fondé à s'opposer à la manière dont le *dominus* veut exercer sa possession. Il est donc absolument possible de dire que la controverse qui s'élève met en jeu le règlement de la possession ; qu'il s'agit de décider comment elle doit se comporter à la suite d'un bail par rapport au locataire. Toujours est-il que le possesseur rencontre ici un adversaire qui prétend avoir le droit d'imposer des restrictions à la plénitude de possession réclamée par le *dominus*, cette possession ayant été entamée par le contrat de louage, et devant maintenant, quant à la forme qu'elle revêtira, se concilier avec la jouissance qui appartient à l'*inquilinus*.

§ 3. — Interdit Utrubi.

A côté de l'interdit *Uti possidetis*, destiné à protéger la possession des immeubles, le droit romain admettait dans le même but, relativement à la conservation de la possession des meubles, un interdit qualifié *Utrubi* à raison du premier mot de la formule de l'interdit, formule qui a passé incomplétement dans les Pandectes, liv. XLIII, tit. 31, L. *unic.*, pr. [1]. Nous disons incomplétement ; car il n'y est pas question des qualités relatives que devait présenter la possession, bien qu'elles ne fussent pas indifférentes ici, de même que dans l'interdit *Uti*

---

[1] *Prætor ait : Utrubi hic homo, quo de agitur, majore parte hujusce anni fuit : quominus is eum ducat vim fieri veto.*

possidetis. Les compilateurs ont cependant conservé une mention ayant trait à la durée de la possession, durée qui n'était plus prise en considération à l'époque de Justinien, ainsi que nous l'apprennent les Institutes, § 4, *in fine, De interd.* Ce respect de l'ancienne formule est d'autant plus surprenant que, dans le § 1 du même fragment, qui serait extrait des œuvres d'Ulpien, les rédacteurs de Justinien n'ont pas fait difficulté d'interpoler le texte qu'ils plaçaient dans leur recueil, en mettant sous la plume d'Ulpien l'annonce d'une innovation qui lui est assurément postérieure.

Nous lisons, en effet, au § 4, *De interd.*, qu'autrefois (*apud veteres*) il existait une différence considérable entre les deux interdits *retin. possess.* Cette différence consistait en ce que, sur l'interdit *Uti possidetis,* on ne devait se préoccuper que de la possession existant *interdicti tempore,* tandis que, dans l'interdit *Utrubi,* il fallait comparer entre elles, au point de vue de leur durée, pendant l'année qui précédait l'émission de l'interdit, les deux possessions alléguées de part et d'autre, de manière à donner gain de cause à celui des plaideurs qui parvenait à établir que sa possession avait été plus longue que celle de son adversaire. On n'observait plus sous Justinien cette distinction; la règle suivie à l'occasion de l'interdit *Uti possidetis* avait été généralisée et étendue à l'interdit *Utrubi.* Nous reviendrons sur les conséquences de cette modification; mais nous devons d'abord étudier l'interdit *Utrubi* tel qu'il était pratiqué à l'époque des jurisconsultes.

L'interdit *Utrubi* était au nombre des interdits prohibitoires. Dès lors, il mettait inévitablement en jeu la procédure au moyen des *sponsiones pœnales.* En outre, l'interdit était double, chacune des parties litigantes prétendant à l'avantage d'une possession supérieure à celle de son adversaire. De là nécessité, comme dans l'interdit *Uti possidetis,* d'une provocation pour chaque partie à une *sponsio* suivie d'une *restipulatio.* Y avait-il lieu également à une *fructuum licitatio ?* Gaïus est muet sur ce point. Il nous semble qu'à raison de l'analogie de position [1] on

---

doit admettre une solution affirmative, et dire qu'il existait un *judicium secutorium* au profit de celui qui triomphait sur sa *sponsio*, s'il n'était pas resté adjudicataire.

La question que le juge avait à résoudre n'était pas ici la même que dans l'interdit *Uti possidetis*. Il devait rechercher non pas précisément quel était celui qui possédait *interdicti tempore* mais quel était celui qui avait possédé plus longtemps que son adversaire dans l'année écoulée antérieurement à l'interdit. C'est ce que fait observer, IV, 152, Gaïus, qui nous donne en même temps un exemple de la manière dont doit être fait le calcul; il ajoute qu'il faut tenir compte seulement de la durée, non de la priorité de possession. Paul, dans ses Sentences, liv. V, tit. 6, § 1, énonce une doctrine conforme à celle de Gaïus. Remarquons bien que la condition du succès dans cet interdit, la possession *majore parte hujusce anni*, ne s'entendait pas d'une façon absolue, mais uniquement au moyen d'une comparaison établie entre les deux possessions alléguées de part et d'autre. La loi 156, *De verb. sign.*, qui selon toute vraisemblance est relative à notre matière, fait ressortir très-nettement le sens que l'on donnait à cette expression : *major pars anni*[1]. Il n'était pas nécessaire pour triompher d'avoir possédé plus de six mois; une possession de quelques jours suffisait, pourvu qu'elle ne rencontrât pour rivale qu'une possession encore moins longue.

Pour arriver à se procurer une possession plus longue que celle de son adversaire, il était permis d'invoquer l'*accessio possessionis*, c'est-à-dire de se prévaloir de la possession de son auteur, que l'on fût son successeur à titre universel ou à titre particulier. Gaïus, IV, 151, nous fournit l'application de cette *accessio*, soit au profit de l'héritier, soit au profit de l'acheteur ou du donataire. Toutefois celui-là seul était en mesure d'aspirer à l'*accessio* qui par lui-même avait eu quelque

sera ordinairement certain, tandis qu'à l'égard d'un immeuble, chacun s'attribuant l'avantage de la possession sur un objet qui reste ouvert aux entreprises des deux prétendants, des rixes seraient possibles, s'il n'y avait pas intervention de la justice pour décider à qui appartiendra la possession intérimaire.

[1] MAJORE PARTE ANNI *possedisse quis intelligitur, etiamsi duobus mensibus possederit, si modo adversarius ejus aut paucioribus diebus, aut nullis possederit.*

temps la possession [1], de telle sorte qu'un héritier, qui n'aurait pas appréhendé tel meuble héréditaire, n'aurait pu, pour cet objet, se servir de la possession du défunt, eût-elle été à elle seule plus longue que celle de l'adversaire. L'héritier, en effet, dans les idées des Romains, ne prenait la place du défunt que pour les *droits* compris dans le patrimoine du *de cujus*. La possession étant, à leurs yeux, *res facti*, l'héritier ne se trouvait donc pas, à ce titre, investi de la possession qui avait appartenu au défunt [2]; et dénué d'une possession à lui propre, il était dans l'impossibilité d'user de la possession de son auteur [3]. Nous savons cependant par Ulpien, L. 13, § 4, *De adq. possess.*, que certains esprits étaient d'avis d'autoriser l'héritier, indépendamment de la condition d'une possession personnelle, à invoquer la possession de son auteur; mais le jurisconsulte condamne cette opinion comme contraire à la rigueur des règles du droit.

D'un autre côté, l'héritier qui, ayant possédé par lui-même, se trouvait ainsi dans la condition voulue pour que l'*accessio* fût possible, était autorisé à joindre à sa possession celle du défunt, quand bien même ce dernier n'aurait pas été en possession à l'époque du décès. La loi 13, § 5, *De adq. possess.*, admet effectivement l'*accessio* non-seulement à l'égard de la possession *quæ morti fuit injuncta*, mais encore pour celle *quæ unquam testatoris fuerit*, pourvu que cette possession rentrât bien entendu dans la période de temps qui devait être prise en considération, c'est-à-dire qu'elle se plaçât dans l'année antérieure à l'émission de l'interdit [4].

---

[1] *Nullam autem propriam possessionem habenti accessio temporis nec datur, nec dari potest; nam ei quod nullum est nihil accedere potest,* Gaï., IV, 151.

[2] L. 23, *pr., De adq. posses.*

[3] A défaut de l'interdit *Utrubi*, l'héritier aurait pu recourir à l'interdit *Quorum bonorum;* mais il n'aurait réussi à l'emporter par cette voie que sur le possesseur auquel manquait un titre de possession, le *possessor pro possessore*, tandis que l'interdit *Utrubi* lui eût assuré la préférence même contre celui qui possédant en vertu d'un titre n'aurait pas eu le temps d'acquérir la plus longue possession dans l'année.

[4] Sur ce point, les règles de l'*accessio possessionum*, relativement à l'interdit *Utrubi*, s'écartaient de celles qui étaient observées en matière d'usucapion, où la continuité de la possession était exigée, et où notamment l'héritier ne pouvait profiter de la possession du défunt qu'autant que, dans

La jurisprudence romaine avait fait une application remarquable des règles de l'interdit *Utrubi*, pour protéger un donateur qui se serait laissé entraîner à une libéralité dépassant le taux inconnu fixé par la loi Cincia. On sait que cette loi était *imperfecta*, qu'elle ne rescindait pas une donation contraire à ses dispositions, bien qu'elle s'adressât à une *persona non excepta*. Il fallait que le donateur, pour échapper aux conséquences de l'acte qu'il avait réalisé *donandi animo*, se rattachât encore par quelque lien à l'objet de sa libéralité, de manière à être en mesure d'invoquer soit une exception, soit une réplique, qu'il pouvait tirer de la loi Cincia, tandis qu'elle ne lui fournissait pas la ressource d'une action. Grâce à la portée de l'interdit *Utrubi*, la donation des meubles était plus difficile à consommer que celle des immeubles. A l'égard des immeubles, la simple tradition dépouillait irrévocablement le donateur, quand il s'agissait de fonds provinciaux, §§ 293 et 313, *Vat. Fragm.;* la mancipation jointe à la tradition opérait le même effet, en ce qui concernait un immeuble italique, *ibid.* Mais si le donateur avait livré des meubles *non mancipi*, s'il avait livré et même mancipé des meubles *mancipi,* il pouvait, tant qu'il n'avait pas laissé le donataire acquérir une possession plus longue que la sienne, ressaisir par la voie de l'interdit *Utrubi* la possession de ces meubles, §§ 293 et 311, *Vat. Fragm.* Le résultat du succès obtenu au moyen de l'emploi de l'interdit était d'entraîner l'anéantissement de la donation; le donataire, en effet, obligé de recourir à la revendica-

l'intervalle du décès à l'appréhension réalisée par l'héritier, la chose n'avait été possédée par personne, aux termes de la loi 20, *De usurp.* C'est en vain que Pothier (*Pandect. Justin.*, liv. XLI, tit. 3, n° 38) s'est efforcé d'adapter le § 5 de la loi 13 à la théorie de l'usucapion, en imaginant de dire qu'Ulpien voulait faire allusion au cas où le défunt aurait perdu la possession par suite d'un état de captivité dans lequel il serait décédé.

La loi 16, *De usurp.*, que nous avons déjà eu l'occasion de citer, et qui permet au créancier gagiste de joindre à sa possession celle du débiteur, s'explique facilement par les principes qui gouvernaient l'interdit *Utrubi* à l'époque classique. C'est au point de vue des mêmes principes qu'il faut se placer pour comprendre comment la tradition faite par le vendeur à l'acheteur n'était efficace qu'autant que ce dernier n'avait pas à craindre d'être évincé par un tiers au possessoire; aussi les jurisconsultes disaient-ils que le vendeur devait fournir à l'acheteur une possession telle qu'il dût être *in lite de possessione potior,* voir L. 11, § 13, *De act. emt.*

tion, devait échouer en présence de l’exception puisée dans la loi *Cincia*. N’allons pas croire cependant qu’il fût permis à quiconque avait fait la tradition d’un meuble de se faire restituer la possession par l’acquéreur, tant qu’il ne se serait pas écoulé six mois depuis la tradition. Un vendeur, par exemple, qui après avoir livré eût tenté d’user de l’interdit *Utrubi* pour dépouiller son acheteur, eût été repoussé par l’exception de dol ou par l’exception *rei venditæ et traditæ*. Quand la tradition avait été réalisée en exécution d’une donation supérieure au taux de la loi Cincia, l’exception tirée de la circonstance de la tradition n’était pas à craindre pour le donateur, qui pouvait l’écarter au moyen d’une réplique empruntée à la loi *Cincia*.

Il ne faut pas perdre de vue que la preuve d’une plus longue possession durant l’année aurait été inutile, si cette possession se trouvait entachée par rapport à l’adversaire de l’un des vices que nous avons rencontrés à l’occasion de l’interdit *Uti possidetis*, si cette possession avait été acquise *vi, vel clam, vel precario ab adversario*. Malgré l’omission de cette condition dans la formule de l’interdit qui figure aux Pandectes, il n’est pas douteux que le droit romain ait toujours tenu compte de ces vices relatifs de la possession. Gaïus, IV, 151, et Justinien, § 4, *in fine, De interd.*, s’accordent pour en faire une mention expresse; elle se retrouve d’ailleurs dans le § 1er du fragment unique compilé au Digeste sous la rubrique *De utrubi*.

On voit que, sous l’empire des règles que nous venons d’exposer, la possession d’un meuble n’était pas irrévocablement perdue pour celui qui en fait avait cessé de posséder; il pouvait très-bien se faire que quelqu’un, qui n’avait pas la possession effective d’un meuble *interdicti tempore*, gagnât son procès contre le possesseur actuel. L’interdit *Utrubi*, quoique qualifié interdit *retinendæ possessionis*, opérait donc en réalité à l’instar d’un véritable interdit *recuperandæ possessionis*. La qualification qu’on lui donnait peut se justifier par cette considération que la possession, tant qu’elle peut être recouvrée, ne doit pas être regardée comme perdue, suivant l’observation que fait Ulpien, L. 17, *pr., De adq. possess.*, à propos de l’interdit *Unde vi*. Nous estimons, du reste, qu’il n’était pas sans utilité de dire que la possession avait été conservée, *retenta;* probable-

ment la possession d'un meuble n'était pas interrompue à
l'égard de celui qui, ayant été privé quelque temps de la possession, aurait réussi à la ressaisir par l'exercice de l'interdit
Utrubi. — La conclusion qu'il faut tirer en outre des règles
·précédentes, c'est que l'ancienne législation romaine admettait
incontestablement, en matière de meubles, un droit de possession, un *jus possessionis* survivant à la perte de la détention.
En définitive, il y avait, par l'effet de ces principes, concession
d'une revendication de la possession, revendication qui pouvait
ménager un triomphe à celui qui n'était pas propriétaire, eût-il
à lutter contre le véritable *dominus.* Sans doute ce triomphe
était susceptible de s'évanouir devant l'épreuve de la voie pétitoire, mais à la condition que l'adversaire fournirait la preuve
de son droit de propriété.

La portée qu'avait reçue en droit romain l'interdit *Utrubi*
nous explique comment la perte de la possession des meubles
ne donnait pas lieu à un interdit *recuperandæ possessionis*, à
l'instar de ce qui était pratiqué pour les immeubles. Ulpien,
L. 1, § 6, *De vi,* déclare que l'interdit *Unde vi* ne s'applique
pas aux meubles, du moins d'une manière principale ; car on
devait faire entrer en ligne de compte pour les condamnations
à prononcer la valeur des meubles dont la possession avait été
perdue en même temps que celle du fonds à raison duquel il y
avait eu expulsion violente. Le jurisconsulte ajoute que l'individu dépossédé d'un meuble recourra suivant les cas soit à
l'action *furti,* soit à l'action *vi bonorum raptorum*[1], soit à
l'action *ad exhibendum.* Savigny fait remarquer que les diverses
actions citées par Ulpien ne protégeaient pas la possession
des meubles aussi efficacement qu'elle l'eût été par l'extension
de l'interdit *Unde vi* à cette classe d'objets. D'une part, en
effet, l'action *furti,* de même que l'action *vi bonorum raptorum*[2],
exigeait que l'adversaire eût agi dans une intention frauduleuse et par esprit de lucre, condition qui fera défaut, si celui
qui s'est emparé d'un meuble possédé par un autre était de
bonne foi, et croyait que le meuble lui appartenait. D'une autre

---

[1] Paul, Sent., liv. V, tit. 6, § 5, à l'occasion de violences qui ont amené
la dépossession d'objets mobiliers, refuse également l'interdit *Unde vi,* pour
donner l'action *vi bonorum raptorum.*

[2] L'action *ad exhibendum* échapperait à cette objection.

part, les trois actions indiquées supposent toutes qu'il y a eu lésion d'un droit avouable, d'un intérêt honnête, *si honesta causa interest,* dit la loi 11, *De furt.* [1]. Aussi l'action *furti* n'était-elle accordée ni au possesseur de mauvaise foi, L. 12, § 1, *eod. tit.,* ni au *possessor pro herede,* qui n'avait qu'à se plaindre d'être empêché de réaliser une *usucapio lucrativa,* L. 71, § 1, *ibid.* En matière d'immeubles, au contraire, la possession de mauvaise foi suffisait pour armer de l'interdit *Unde vi* celui qui aurait subi une dépossession par l'emploi de la violence. Savigny, après avoir fait cette critique de la doctrine d'Ulpien, cherche d'abord à rendre compte de la lacune qui aurait existé, en disant que les cas auxquels ne s'appliquait pas l'une des actions citées étaient trop rares pour que l'on eût dû songer à créer en vue de ces cas exceptionnels un interdit particulier. Il ajoute, ce qui est beaucoup plus satisfaisant, mais quelque peu en contradiction avec l'explication précédente, qu'en réalité l'interdit *Utrubi* remplissait les fonctions d'un interdit *recuperandæ possessionis.* Cette dernière observation nous paraît tout à fait concluante pour écarter le reproche adressé à la législation romaine. En effet, le possesseur d'un meuble, fût-il de mauvaise foi, quand il avait été victime d'un *furtum* ou d'une *rapina,* s'il était destitué de l'action *furti* ou de l'action *vi bonorum raptorum,* avait du moins contre le voleur ou le *raptor* la ressource de l'interdit *Utrubi;* et cela pendant une année entière, puisqu'il ne rencontrait qu'une possession clandestine ou violente, vicieuse à son égard, et ne pouvant dès lors être invoquée contre lui. En supposant même que le meuble fût passé entre les mains d'un tiers qui le détenait en vertu d'un juste titre, le possesseur de mauvaise foi pouvait encore, grâce aux règles de l'interdit *Utrubi,* se faire restituer la possession, tant qu'il n'avait pas laissé acquérir à son adversaire une possession plus longue que la sienne.

Sous le Bas-Empire, à partir de l'an 389, date de la Constitution de Valentinien, Théodose et Arcadius, qui forme la loi 7, C., *Unde vi* [2], le respect de la possession des meubles fut ga-

---

[1] La même règle était suivie pour la concession de l'action *vi bonorum raptorum,* L. 2, §§ 22 et suiv. *Vi bon. rapt.,* ou de l'action *ad exhibendum,* L. 3, § 11, *Ad exhib.*

[2] Nous aurons à revenir sur cette constitution rappelée par Justinien aux Institutes, liv. IV, tit. 2, § 1, et tit. 15, § 6.

ranti de la façon la plus énergique, du moins à l'encontre des violences. Le *dominus* lui-même, qui avait eu recours à ce moyen, fut déclaré déchu de son droit de propriété, et tenu de restituer ce dont il s'était emparé à l'aide de violences. Si l'auteur des voies de fait n'était pas le propriétaire, indépendamment de l'obligation de restituer, il était condamné à payer la valeur de la chose.

En arrivant à l'époque de Justinien, nous trouvons l'interdit *Utrubi* assimilé à l'interdit *Uti possidetis,* en ce sens que pour réussir il faut avoir la possession au moment où le débat s'engage. Cette modification est certainement postérieure à Ulpien, bien que les compilateurs, dans la loi 1, § 1, *De utrubi,* fassent parler ce jurisconsulte comme si tel eût été déjà le droit en vigueur de son temps. L'innovation appartient-elle à Justinien? On peut en douter, puisqu'il ne se l'attribue pas ; son langage à l'égard de la différence supprimée (*apud veteres*) semble même indiquer que la réforme ne serait pas récente.

La possession des meubles est devenue désormais assez précaire. En effet, dès qu'un meuble n'était plus à notre disposition, dès qu'il n'était plus permis de s'en saisir à son gré, la possession en était perdue, suivant la doctrine romaine [1]. Doit-on en conclure que l'interdit *Utrubi* ne servira plus qu'à réprimer le trouble qu'éprouverait un possesseur actuel, mais non à remettre en jouissance celui qui se trouverait dénanti ? Ce serait aller trop loin ; car toutes les fois que le nouveau possesseur se sera procuré la chose soit à l'aide de violences, soit en la soustrayant secrètement, soit par suite d'un *precarium,* un procès au possessoire sera possible, dans lequel triomphera l'ancien possesseur, en prouvant seulement qu'il avait la possession, et qu'il en a été dépouillé par l'un ou l'autre de ces moyens. Il reste toujours vrai, dans le dernier état du droit comme anciennement, qu'une possession vicieuse n'est pas prise en considération, et que le droit à la possession doit alors être transporté à l'adversaire. La circonstance d'une dépossession de fait peut donc encore ne pas faire obstacle au gain du procès. Il faudra seulement avoir soin d'agir avant l'expiration d'une année; l'assimilation opérée entre les deux interdits

---

[1] Voy. L. 3, § 13, *De adq. posses.*

retinendæ possessionis semble effectivement devoir être étendue à ce qui concerne le délai pendant lequel l'interdit est efficace : *Intra annum quo primum experiundi potestas fuerit.*

Supposez que le possesseur vicieux a transmis le meuble à un tiers, ou que la possession nouvelle soit exempte de l'un des vices qui empêchent la possession d'être utile en matière d'interdits [1], l'ancien possesseur se trouvera désarmé ; il n'aura que la ressource de la revendication ou de l'action Publicienne, qui exigent la preuve d'un droit de propriété ou d'une *justa causa usucapionis.* Autrefois les règles de l'interdit *Utrubi* érigeaient, dans une certaine mesure, pendant quelque temps du moins, la simple possession des meubles en une sorte de *jus in re,* faveur qui a disparu depuis la réforme que nous avons signalée.

CHAPITRE III.

INTERDITS *RECUPERANDÆ POSSESSIONIS.*

La législation romaine a connu plusieurs interdits ayant pour but de faire recouvrer la possession. Justinien, dans ses Institutes, ne parle que d'un seul interdit de ce genre, l'interdit *Unde vi,* mentionné au § 6, *De interd.* Le même caractère appartenait à l'interdit *De precario,* auquel les Pandectes consacrent un titre particulier. Enfin nous aurons à constater qu'il a encore existé en droit romain un interdit *De clandestina possessione,* qui servait également à recouvrer la possession ; et nous aurons à expliquer quand et comment a disparu cet interdit.

Examinons séparément chacune des hypothèses pour lesquelles avait été créé un interdit *recuperandæ possessionis.*

---

[1] Un meuble a-t-il été égaré, celui qui s'en empare, à moins qu'il ne tienne la chose *pro derelicta,* était sans doute soumis à l'action *furti* (L. 43, § 4, *De furt.*); mais l'action *furti* était, nous le savons, déniée au possesseur de mauvaise foi.

§ 1er. — Interdit *Unde vi.*

L'interdit *Unde vi* fait l'objet du titre 16, liv. XLIII, du Digeste, sous la rubrique : *De vi, et de vi armata.* Cette rubrique conserve une trace de la distinction qui fut faite pendant long-temps entre le cas où la violence avait été effectuée sans armes, et le cas où des armes avaient été employées, distinction signalée plusieurs fois par Cicéron, et encore en pleine vigueur à l'époque des grands jurisconsultes. L'intérêt principal de cette distinction consistait en ce que celui qui avait eu recours à une *vis armata* était passible de l'interdit, sans pouvoir exciper de cette circonstance que la possession de son adversaire était vicieuse, tandis qu'il y avait lieu à tenir compte des *vitia possessionis,* si le plaignant n'avait à reprocher au défendeur qu'une violence moins grave, une simple *vis quotidiana,* selon l'expression employée par les commentateurs, et empruntée à Cicéron, qui se sert une fois en effet de cette qualification.

La différence importante, autrefois observée entre les deux sortes de violence, n'existe plus, comme nous aurons à le voir, sous Justinien ; les règles qui étaient suivies à l'occasion de la *vis armata* exclusivement sont devenues générales. Cependant l'assimilation des deux hypothèses n'est pas complète dans le dernier état du droit ; il y a encore intérêt à savoir si la *vis* a été exercée *cum armis* ou *sine armis* pour concéder ou non l'interdit, alors qu'il existe certains rapports entre les parties litigantes. En principe, l'interdit *Unde vi* devait être refusé à l'affranchi contre son patron, ou au descendant contre son ascendant (L. 2, L. 7, § 2, *De obseq. parent.*); néanmoins, suivant une décision d'Ulpien, qui a été conservée par les auteurs des Pandectes, L. 1, § 43, *De vi,* il en était autrement, si le patron ou l'ascendaut avait usé de violence à main armée. Hors de là, nous dit ce dernier texte, il fallait recourir à une action *in factum,* dont nous ne connaissons pas la teneur, mais où la mention d'une violence commise était sans doute évitée. Toutefois, d'après le même Ulpien, L. 13, *h. t.,* la condamna-tion à la suite de l'interdit *Unde vi,* non plus qu'à la suite de tout autre interdit, n'avait pas pour effet d'entraîner l'infamie. Mais l'interdit *Unde vi,* suivant ses conditions, contenait l'im-putation d'une *vis atrox,* qu'il n'était pas décent d'élever contre un patron ou un ascendant, à moins que celui-ci ne se fût rendu indigne de ménagements à raison de l'audace avec laquelle il s'était conduit [1].

L'interdit *Unde vi* était simple, et admettait la séparation des rôles de demandeur et de défendeur. Il était, en outre, au nombre des interdits restitutoires, et permettait dès lors d'échapper aux *sponsiones pœnales*, pourvu que l'une des parties réclamât immédiatement l'octroi d'une formule arbitraire.

Les termes précis de l'interdit ne nous sont pas parvenus. Le *principium* de la loi 1, *De vi*, ne doit être considéré comme reproduisant la rédaction de l'ordre émis par le magistrat que jusqu'à ce mot : *dejecit*. Des auteurs modernes ont essayé de combler cette lacune, et de ressusciter la physionomie de l'interdit *Unde vi*, à l'aide de divers documents, et notamment de quelques passages des œuvres de Cicéron. Vangerow [2] a proposé, pour l'interdit *de vi quotidiana*, la rédaction suivante :

« *Unde tu, Numeri Negidi, aut familia tua, aut procurator tuus Aulum Agerium, aut familiam, aut procuratorem ejus, in hoc anno, vi dejecisti, qua de re agitur, cum Aulus Agerius possideret quod nec vi, nec clam, nec precario a te possideret, eo restituas.* »

En ce qui concerne l'interdit *De vi armata*, il aurait été conçu à peu près de la même manière, sauf l'omission des termes relatifs aux *vitia* dont aurait pu être entachée la possession du *dejectus*.

Conditions de l'interdit.

Première condition. — Cet interdit ne compétait qu'à celui

---

[1] La distinction entre la *vis armata* et la *vis non armata* était encore importante au point de vue du *judicium publicum* auquel était exposé l'auteur de la violence. Aux termes du § 6, Instit., *De interd.*, où l'on peut voir jusqu'où s'étendait la signification du mot *arma*, quand il y avait eu *dejectio cum armis*, le coupable encourait la peine portée par la loi Julia, *De vi publica*, tandis que si la *dejectio* avait été opérée *sine armis*, il y avait application de la loi Julia *De vi privata*. Au premier cas, la déportation était prononcée ; au second cas, il y avait confiscation du tiers des biens ; voy. le § 8, Instit., *De publ. jud.*

[2] *Lehrb. der Pandect.*, t. III, § 690, obs. 1.

qui avait la possession [1]; il n'était pas à la disposition du simple détenteur. L'opinion contraire a cependant trouvé des partisans, qui ont invoqué principalement la loi 1, § 9, *h. t.*, suivant laquelle l'interdit *Unde vi* n'exige autre chose que la *possessio naturalis.* Mais nous savons que cette expression, dont la portée n'était pas toujours la même, pouvait s'appliquer à celui qui détenait *animo domini,* sans être en position de prétendre à l'usucapion. La preuve que les mots *possessio naturalis* étaient employés par Ulpien dans ce dernier sens résulte du § 10, qui n'est que le développement de la doctrine énoncée au § 9; or le § 10, tout en accordant l'interdit *Unde vi* à la femme expulsée d'un fonds à elle donné par son mari, est positif pour refuser au *colonus* la même ressource. Quand le *colonus* subit *en fait* une *dejectio,* la dépossession *en droit* atteint le bailleur, L. 1, § 22, *h. t.;* c'est à lui qu'appartient en conséquence l'interdit, L. 20, *ibid.* Il en a besoin pour pouvoir accomplir l'obligation qu'il a contractée de faire jouir le *colonus;* ce dernier est suffisamment protégé par l'action *conducti,* au moyen de laquelle il obtiendra des dommages-intérêts pour le cas où le bailleur ne le remettrait pas en jouissance.

Cette condition d'une possession proprement dite devait-elle du moins être écartée, si le *dejectus* pouvait se plaindre d'avoir été victime d'une *vis armata,* et la simple détention ne suffirait-elle pas alors pour donner droit à l'exercice de l'interdit *Unde vi?* L'affirmative a été souvent soutenue, et l'on a essayé de faire remonter au droit romain, en ce qui concerne l'interdit *De vi armata,* cette doctrine assez généralement suivie en droit français à l'occasion de la réintégrande. C'est ce qui était enseigné notamment par Cujas (*Interpret. in Pauli Sentent.,* liv. V, tit. 6, § 6), et sur la loi 18, *De vi* (liv. XXVI, *Quæst. Papin.*). Mais les textes des jurisconsultes romains ne contiennent rien qui autorise une pareille distinction. Il est vrai qu'elle semble pouvoir s'appuyer sur le discours de Cicéron, *Pro Cæcina.* Seulement, quelques efforts qui aient été tentés pour démontrer que le grand orateur avait défendu une bonne cause, il est permis de conjecturer, avec Savigny et d'autres auteurs graves, que Cicéron a dû perdre son procès, précisément parce

---

[1] L. 1, § 23, *h. t.*

que son client ne pouvait justifier qu'il eût été en possession. La violence dont se plaignait Cœcina n'avait été vraisemblablement employée que pour faire obstacle à une appréhension de possession qu'il avait essayé de réaliser. En pareil cas, il n'y avait pas *vi dejectio*, il n'y avait pas lieu à un interdit *recuperandæ possessionis* [1]; on ne saurait perdre ce qu'on n'a point.

Deuxième condition. — La violence commise devait consister en une *vis atrox* [2], et il fallait que cette violence eût amené la perte de la possession.

Pour constituer la *vis atrox* il n'est pas nécessaire, comme le fait observer Savigny, qu'il y ait eu des voies de fait d'une nature grave, par exemple des coups ou des blessures. La *vis atrox* est celle qui s'adresse à la personne du possesseur, qui porte atteinte à sa sécurité. Pour autoriser, au contraire, l'interdit *Uti possidetis*, il suffit qu'il y ait eu un trouble quelconque à la tranquillité de la possession, par quelque entreprise accomplie sur le fonds, au moyen d'actes qui n'attaquent pas directement la personne du possesseur, de telle sorte que la violence soit pour ainsi dire exercée contre la chose disputée entre les parties.

La violence doit en outre avoir fait perdre à celui contre qui elle a été dirigée la possession d'un immeuble; elle doit avoir produit une *dejectio* au point de vue de la possession. En vain le possesseur aurait-il été expulsé de son fonds par l'emploi de la force, si ses gens n'ont pas subi le même sort, et ont continué à occuper les lieux. L'auteur de l'expulsion pourra bien être soumis à l'action d'injures, à un *judicium publicum* en vertu de la loi Julia *De vi;* mais il n'y aura pas application de l'interdit *Unde vi*, parce qu'il n'y a pas eu perte de la possession, celle-ci étant conservée par le fait des individus qui détiennent toujours l'immeuble pour le compte de l'expulsé [3].

[1] L. 1, § 26, *h. t.*

[2] *Ad solam autem atrocem vim pertinet hoc interdictum*, L. 1, § 3.

[3] L. 1, § 45. — Il est très-probable qu'une négation a été omise dans ce paragraphe, et qu'on doit lire : NON *possidet*. Cette conjecture, admise par d'anciens interprètes, et adoptée par Savigny, nous semble préférable à la correction proposée par d'autres auteurs, notamment par Pothier, correction suivant laquelle il faudrait substituer le mot *possedit* à celui de *possidet*. Du reste, la véritable doctrine du jurisconsulte romain ne saurait faire doute; elle ressort inévitablement de l'ensemble du texte.

En revanche, il faudra dire, ainsi que nous l'avons établi plus haut, qu'il y a eu *dejectio* éprouvée, et que la faculté d'invoquer l'interdit *Unde vi* est ouverte, bien que le possesseur n'ait été personnellement l'objet d'aucune violence, si ceux par l'intermédiaire desquels il détenait (esclaves, mandataires, fermiers) ont été expulsés violemment du fonds, *dict.* L. 1, § 22. — Il n'importe enfin que la *dejectio* ait été opérée dès le principe, parce que le défendeur, ayant trouvé le terrain occupé, a eu besoin d'en chasser le possesseur, ou bien que l'adversaire ayant pu s'emparer de l'immeuble sans résistance, grâce à l'absence momentanée du possesseur, il ait usé de violence pour empêcher ce dernier d'y rentrer à son retour, L. 1, § 24; L. 3, § 14 [1].

Cette condition d'une dépossession par l'effet de la violence fera défaut dans le cas où le possesseur aurait lui-même opéré la tradition, quoiqu'il n'ait agi de la sorte qu'à raison de la crainte que lui ont inspirée les violences exercées à son égard. Il n'y a pas alors *vi dejectio*, disait Pomponius, au rapport d'Ulpien, L. 5, *h. t.* [2], par conséquent pas de place à notre interdit. La victime de la violence ne restera point cependant désarmée; seulement elle devra recourir à une autre voie, qui était même plus efficace que l'interdit, comme nous le verrons tout à l'heure. La ressource qui lui était ouverte en cette occurrence était l'action *quod metus causa*, donnée contre tout détenteur de l'immeuble livré sous l'empire de la crainte, ressource indiquée par le même Pomponius, suivant le témoignage du même Ulpien; voy. L. 9, *pr. in fine, Quod met. causa.*

Que devait-on dire dans l'hypothèse où le possesseur, sans attendre d'être expulsé, avait pris la fuite et avait abandonné l'immeuble, parce qu'il redoutait une attaque à main armée? Pouvait-il alors se plaindre d'avoir été *vi dejectus*, et par conséquent recourir à l'interdit *Unde vi?* Nous avons sur ce point, dans la loi 3, § 7, *De vi*, une décision précise d'Ulpien, qui

---

[1] Nous aurons à revenir particulièrement sur cette hypothèse, en nous occupant de l'ancien interdit *de clandestina possessione.*

[2] *Si rerum tibi possessionem tradidero, dicit Pomponius Unde vi interdictum cessare : quoniam non est vi dejectus qui compulsus est in possessionem inducere.*

consiste à distinguer si le fonds a été réellement ou non occupé par les gens armés dont l'approche a occasionné la fuite du possesseur; et cette distinction se retrouve dans un passage des Sentences de Paul, liv. V, tit. 6, § 4. Tel est bien l'avis qui paraît avoir prévalu, et qu'il faut considérer comme la règle de droit admise par les compilateurs, qui, dans le titre consacré à l'interdit *Unde vi,* ont donné place à la doctrine d'Ulpien et de Paul. La même doctrine est d'ailleurs reproduite dans un autre extrait d'Ulpien, qui figure également au même titre (L. 1, § 29), mais qui constate aussi que des opinions différentes avaient été émises sur cette question. Nous trouvons rapportée d'abord, dans ce § 29, l'opinion de Labéon, suivant laquelle la *vi dejectio* existerait par cela seul que le possesseur aurait pris la fuite à raison de la frayeur que lui a inspirée la vue d'une troupe armée : *Idem Labeo ait, eum, qui metu turbæ perterritus fugerit, videri dejectum.* Ulpien indique ensuite comme étant opposé à ce sentiment celui de Pomponius, qui semblerait avoir exigé une collision effective : *Sed Pomponius ait vim sine corporali vi locum non habere.* Le jurisconsulte termine, en donnant sa décision, qui s'écarterait des deux opinions qu'il vient de citer : *Ego etiam eum, qui fugatus est supervenientibus quibusdam, si illi vi occupaverunt possessionem, videri vi dejectum.* Il ne serait donc pas nécessaire qu'une lutte eût été engagée, que l'on en fût venu aux mains; mais, d'un autre côté, la simple appréhension d'une attaque ne suffirait pas, quand le défaut d'une occupation effective démontre que les soupçons de celui qui a pris la fuite étaient dénués de fondement. Il en serait autrement si ces soupçons étaient légitimes, si le possesseur n'avait fui que pour se soustraire à un danger véritable, pour prévenir des violences qu'il avait raison de redouter, parce que l'événement a prouvé qu'il ne se trompait pas sur les intentions par lui prêtées aux individus qui composaient l'attroupement. Ulpien se serait éloigné également et de la doctrine trop indulgente de Labéon, lequel se serait contenté de la crainte inspirée par la vue de gens armés, sans ajouter que l'invasion prévue devait avoir été réalisée, et de la doctrine trop rigoureuse de Pomponius, qui aurait exigé la consommation de violences corporelles.

La première doctrine, rejetée par Ulpien, n'aurait pas eu uniquement pour partisan Labéon; elle aurait été aussi enseignée par Julien, qui, suivant la loi 33, § 2, *De usurp.* [1], admettait qu'il y avait *vi dejectio*, alors que le *dominus fundi* avai pris la fuite à la vue d'hommes armés, bien que cependant le fonds n'eût pas été envahi. Toutefois on ne pourrait pas dire en pareil cas que le fonds abandonné par son maître est affecté d'un vice qui fasse obstacle à l'usucapion; l'immeuble ne tomberait pas sous l'application de la loi Plautia et Julia, attendu qu'il n'y aurait pas *res vi possessa*. — Qu'il ait existé entre les jurisconsultes romains une divergence de vues sur l'appréciation des circonstances nécessaires pour constituer une *vi dejectio*, c'est ce qui ne peut guère être contesté; et l'on doit blâmer les rédacteurs de Justinien d'avoir accepté, sans le modifier, le fragment de Julien qui renferme ces deux propositions : 1° le possesseur qui prend la fuite doit être considéré comme *vi dejectus*, quoiqu'il n'y ait pas eu occupation du fonds; 2° le *fundus* n'est pas alors *vi possessus*, et par suite il est susceptible d'être usucapé. On a fait observer avec raison que cette dernière proposition était la seule qui eût frappé l'attention des auteurs des Pandectes, la seule qu'ils aient entendu confirmer, parce qu'ils s'occupaient, au moment où ils ont extrait le texte de Julien, de tracer les règles de l'usucapion [2]. Quant aux conditions de l'admissibilité de l'interdit *Unde vi*, il faut les chercher au siége de cette matière, où se trouve consacrée la distinction rationnelle adoptée par Paul et Ulpien. Il serait, en effet, bien rigoureux de décider que le fait de s'être

---

[1] *Si dominus fundi homines armatos venientes existimaverit, atque ita profugerit, vi dejectus videtur; sed nihilominus id prædium, etiam antequam in potestatem domini redeat, a bonæ fidei possessore usucapitur : quia lex Plautia et Julia ea demum vetuit longa possessione capi quæ vi possessa fuissent, non etiam ex quibus vi quis dejectus fuisset.* — Cujas, en commentant ce texte (t. VI, c. 314), substitue au mot *existimaverit* celui-ci : *extimuerit*, afin de concilier la décision de Julien avec celle contenue dans la loi 9, pr., *Quod met. caus.*, qui exige, pour la concession soit de l'action *quod metus*, soit de l'interdit *Unde vi*, que la crainte éprouvée soit basée sur des faits présents, non sur la simple présomption d'un danger possible, mais non imminent. Cette correction ingénieuse mettrait la loi 33 en harmonie avec les conditions requises en droit pour que la crainte doive être prise en considération. Elle a été suivie par Pothier et Savigny; mais elle est contrariée par la leçon des Basiliques, où il n'est fait mention que d'une supposition : (Εἰ νομίσος, *si... ratus*, trad. d'Heimbach).

[2] Il est à remarquer que les auteurs des Basiliques n'ont conservé que la seconde des propositions énoncées par Julien.

approché avec des armes de l'immeuble possédé par un autre, bien que cette possession ait été respectée, entraîne l'obligation de réparer le dommage que le possesseur a éprouvé en abandonnant l'immeuble par suite d'une frayeur mal à propos conçue. La perte de la possession ne doit être imputée qu'à la pusillanimité du possesseur; il n'a été expulsé par personne; il s'est expulsé lui-même.

Il est plus délicat de faire concorder la doctrine prêtée par Ulpien à Labéon et à Pomponius dans la loi 1, § 29, *De vi*, avec celle qu'auraient professée les mêmes jurisconsultes, et qui est encore exposée par Ulpien, L. 9, *pr.*, *Quod met. caus.* Dans ce dernier texte, nous voyons que Labéon, prévoyant que le possesseur a pris la fuite sur l'annonce de la venue de gens armés, refuse l'interdit *Unde vi*, ce qu'il justifiait en disant : *Quoniam non videor vi dejectus qui dejici non exspectavi.* On serait donc porté à croire que Labéon exigeait une *dejectio* proprement dite, qu'il voulait cette *vis corporalis* dont parle ailleurs Pomponius, puisqu'il fallait attendre que l'on fût expulsé. Ce serait, au contraire, Pomponius qui se serait montré plus facile; car, au rapport d'Ulpien, il pensait qu'on devait venir au secours de celui qui n'avait abandonné son fonds qu'après l'entrée sur ledit fonds des gens armés, sans aller jusqu'à vouloir que l'on eût essayé d'opposer une résistance matérielle : *aliter, si posteaquam ingressi sunt, tunc discessi.* — Nous croyons qu'on peut éviter toute contradiction, en faisant observer que l'hypothèse dans laquelle se place Labéon, L. 9, *pr.*, est celle d'un individu, qui, sur une simple rumeur (*audito quod quis cum armis veniret*) se résout précipitamment à prendre la fuite. Le jurisconsulte estimait qu'il ne suffisait pas de soupçonner un danger futur, quand il était encore assez éloigné. Mais sans doute il tenait compte des inquiétudes autorisées par l'apparition d'une troupe armée; il excusait celui qui ne s'était enfui qu'à l'aspect de cette *turba* menaçante, n'eût-elle pas encore mis le pied sur le terrain dont la possession est abandonnée. Dès ce moment, il y avait à ses yeux *vi dejectio : Eum, qui metu turbæ perterritus fugerit videri vi dejectum.* Pomponius imposait plus de fermeté au possesseur; celui-ci ne devait s'effrayer qu'autant qu'il était devenu certain que ces gens armés songeaient bien à l'attaquer, et que leurs intentions en ce sens s'étaient manifestées par un commencement d'exécution. C'est là ce qu'il entendait probablement par la *vis corporalis*, nécessaire, suivant lui, pour fonder l'interdit *Unde vi*. Quant à Ulpien, il ajoute quelque chose à la doctrine de Labéon ; il veut qu'une occupation effectuée soit venue justifier les alarmes conçues. Il retranche quelque chose à la doctrine de Pomponius ; la fuite est permise dès l'approche des gens armés (*supervenientibus quibusdam*), même avant l'invasion commencée, pourvu que l'on ne se soit pas trompé sur les intentions hostiles de ceux à la vue desquels on s'est retiré.

Cette distinction est, en général, satisfaisante. Là où il n'y aura pas eu prise de possession, malgré la facilité qu'offrait à cet égard la fuite du possesseur, on sera fondé à présumer que ce dernier s'est alarmé sans motifs, qu'il a eu le tort de considérer comme dirigée contre lui une prise d'armes qui ne le menaçait pas. Il y avait, au contraire, de bonnes raisons de s'effrayer, quand l'événement a démontré qu'on avait bien jugé les intentions de la troupe armée dont on a évité le choc en prenant la fuite. Prenons garde toutefois que la circonstance d'une occupation de l'immeuble de la part de l'adversaire n'est pas nécessaire pour donner ouverture à l'interdit. Habituellement sans doute celui qui en expulse un autre ne le fait que pour se substituer à sa place ; il est mû ordinairement par une idée de gain, par un esprit de cupidité. Mais peut-être n'a-t-il obéi qu'à un sentiment de haine, n'a-t-il agi que pour satisfaire son animosité ; et après avoir dépouillé son ennemi de la possession, il a dédaigné d'occuper l'immeuble, se contentant d'avoir causé du tort à autrui, sans chercher à en tirer profit. Il n'en sera pas moins tenu de réparer le dommage qu'il a occasionné, et exposé à subir le rôle de défendeur à l'interdit *Unde vi*, voyez L. 4, § 22, *De usurp*. Nous pensons qu'Ulpien n'aurait pas hésité à concéder l'interdit au plaignant qui aurait pris la fuite pour échapper à une attaque imminente, s'il était constant que la tentative d'expulsion n'a été abandonnée qu'à raison de la retraite du possesseur, l'agresseur ne s'étant arrêté qu'en voyant accompli son but, qui était uniquement de priver son adversaire de la possession, non de s'enrichir de ses dépouilles. Il y avait effectivement en pareil cas tout ce qu'il faut pour qu'on puisse se dire *vi dejectus*, puisqu'on n'exigeait pas une résistance matérielle opposée à l'envahisseur, et qu'il suffisait de l'existence d'un danger sérieux ; puisque, d'une autre part, le défendeur à l'interdit est responsable du mal qu'il a causé, abstraction faite de tout profit par lui retiré. Seulement le demandeur à l'interdit devra prouver que, malgré le défaut de prise de possession, une collision était inévitable, s'il ne s'était enfui. Or, c'est là ce qui constitue une hypothèse exceptionnelle; et, en règle ordinaire, on sera fondé à dire que le possesseur qui a pris la fuite avant toute attaque, et dont le terrain n'a pas été occupé, s'est laissé aller à une terreur imaginaire.

Troisième condition. — Le défendeur à l'interdit doit être l'auteur de la violence. La rédaction primitive de l'interdit était, paraît-il, celle-ci : *Unde tu... dejecisti.* Cette formule, rigoureusement entendue, semblait ne s'appliquer qu'à l'individu même qui personnellement aurait usé de violence, de sorte que celui-là eût échappé à l'interdit, qui aurait eu le soin de faire exercer par des tiers les actes de violence dont il avait profité. Il résulte du discours de Cicéron *Pro Tullio* [1], que, pour obvier à cette fraude, les Préteurs auraient cru nécessaire d'insérer dans l'interdit une clause spéciale, à l'effet d'atteindre ceux qui par dol auraient fait consommer une *dejectio*, addition conçue en ces termes : *Unde dolo malo tuo vi detrusus est.* Mais au temps des jurisconsultes classiques, cette précaution avait été jugée superflue; on ne faisait aucune difficulté pour assimiler au *dejicere* proprement dit le cas de *dejicere facere.* Aussi Ulpien, L. 1, § 11, *De vi*, déclare-t-il qu'il est indifférent que l'on ait expulsé par soi-même, ou que l'on ait donné un mandat, ou un ordre pour faire accomplir une *dejectio : Dejecisse autem etiam is videtur, qui mandavit vel jussit ut aliquis dejiceretur : parvi enim referre visum est suis manibus quis dejiciat, an vero per alium.* Dans le cas même où la *dejectio* avait été opérée dans l'intérêt d'un tiers, qui n'avait rien ordonné, mais qui ratifiait ce qui avait été fait pour son compte, l'opinion prévalut que la ratification équivalait à un mandat, et que le ratifiant devait être considéré comme étant l'auteur de l'expulsion, et soumis, par conséquent, directement à l'interdit *Unde vi* [2].

L'édit prévoyait expressément une hypothèse, qui en pra-

<hr>

[1] V. Savigny, § 40.
[2] V. L. 1, § 14.

tique devait se rencontrer fréquemment, celle où la *dejectio*
aurait été le fait des esclaves du défendeur : *Tu, aut familia*[1]
tua dejecit. Le maître ne pouvait pas, pour échapper à l'interdit, se retrancher derrière cette circonstance qu'il n'avait point
personnellement pris part à l'expulsion. Cependant la responsabilité qui incombait alors au maître variait, suivant qu'il avait
donné l'ordre à ses esclaves d'agir comme ils l'avaient fait, ou
que les violences commises par ceux-ci n'avaient pas été pré-
cédées d'un ordre. Là où les esclaves n'avaient fait que se
conformer au *jussus domini,* le maître était tenu *proprio nomine,* de la même manière que s'il avait expulsé par son fait,
L. 1, § 12 et § 15. A défaut de *jussus,* l'interdit *Unde vi* était
délivré *noxaliter,* au point de vue de la nécessité de réparer
le dommage. On appliquait les règles ordinaires des actions
noxales, en laissant au maître la faculté de se soustraire à une
condamnation au moyen de l'abandon noxal, *dict.* § 15. Mais,
indépendamment de la concession de l'interdit *Unde vi,* dans
le but qui vient d'être indiqué, le maître, qui aurait obtenu la
possession par le fait de ses esclaves ayant agi sans son ordre,
était soumis à une action en restitution de ce dont il s'était enrichi : *Aut pervenit ad eum aliquid, et restitueret, eod.* § 15.

En ce qui concernait l'obligation pesant sur les héritiers ou
autres successeurs universels à raison d'une *dejectio* commise
par leur auteur, on se conformait également aux principes qui
gouvernaient les actions *ex delicto;* l'héritier ne pouvait être
poursuivi que jusqu'à concurrence de ce dont il avait profité,
ou de ce dont il s'était dépouillé par son dol, L. 1, § 48 ; L. 2,
h. t. Il y avait lieu, dans cette mesure, à une action dite *in
factum.* — Quant au successeur à titre particulier, il n'était

---

[1] L'expression *familia* étant un nom collectif, qui sert à désigner l'ensemble des esclaves, certains jurisconsultes pensaient que la violence devait
avoir été exercée par plusieurs esclaves réunis, tout au moins par deux
esclaves. Telle était, paraît-il, la doctrine enseignée par Paul, *Sentent.,*
liv. V, tit. 6, § 3, où l'on doit lire, suivant la conjecture de Cujas : *dejiciat,*
et non *dejiciatur.* L'intention de Paul est, en effet, d'indiquer dans quel
cas il y a *dejectio* opérée par la *familia,* et non pas comment la *dejectio* de
la *familia* emporterait *dejectio* du *dominus.* Mais Ulpien, L. 1, § 17, ne s'arrêtait pas à ce scrupule grammatical ; il admettait que l'interdit était applicable, la *dejectio* fût-elle l'œuvre d'un esclave unique.

pas exposé, malgré sa possession, à subir l'interdit *Unde vi;* en vain même aurait-il été informé, en traitant avec le *dejiciens,* de l'origine vicieuse de la possession de son auteur, il n'en restait pas moins à l'abri de l'interdit. C'est ce qui ressort de différents textes, notamment de la loi 7, *De vi* [1], et de la loi 3, § 10, *Uti possid.* [2]. Sur ce point important, l'énergie de l'action accordée par le droit romain à celui qui avait été dépouillé de la possession d'un immeuble était bien moindre que celle qui appartient à l'action possessoire de notre droit français. La législation romaine n'avait pas fait du simple rapport de possession en matière d'immeubles une sorte de *jus in re* de courte durée, autorisant du moins pendant quelque temps le possesseur spolié à revendiquer la possession entre les mains de tout détenteur. On ne voyait dans le fait d'une *dejectio* qu'un délit commis envers le possesseur, engendrant une obligation de réparer le dommage, obligation à laquelle était naturellement étranger le successeur à titre particulier. D'un autre côté, l'auteur du délit demeurait tenu, qu'il se fût ou non emparé de l'immeuble, ainsi que nous l'avons dit plus haut, et, dans le cas où il avait pris possession, qu'il eût ou non conservé la chose. Alors même qu'il l'aurait perdue, sans qu'il y eût faute ou dol de sa part, il n'échappait pas néanmoins à la responsabilité de son délit vis-à-vis celui au préjudice duquel avait été consommée la *dejectio,* L. 15, *De vi.*

Si les textes que nous avons cités sont concluants pour établir que le tiers détenteur qui aurait reçu l'immeuble du *dejiciens* échappait à l'interdit *Unde vi,* on peut se demander à quoi lui servait cette immunité, dans le cas où il serait vrai qu'à la suite d'une *dejectio* la victime de la violence était autorisée à user de l'action *quod metus causa.* Ce qui était impossible par le jeu de l'interdit aurait alors été obtenu au moyen de l'action *quod metus,* dont la puissance était telle que le possesseur actuel de la chose perdue par violence pouvait être atteint, fût-il d'ailleurs parfaitement innocent, suivant la règle écrite dans la

---

[1] *Cum a te vi dejectus sim, si Titius eamdem rem possidere cœperit, non possum cum alio quam tecum interdicto experiri.*

[2] *Non videor vi possidere, qui ab eo, quem scirem vi in possessionem esse, fundum accipiam.*

loi 14, § 3, *Quod met. caus.* Déjà nous avons vu cette action plus radicale concédée à celui qui avait été amené sous l'empire de la crainte à faire lui-même tradition, hypothèse où du reste l'interdit était écarté, parce qu'il y avait eu non pas *vi dejectio,* mais *vi traditio.* Mais la même ressource, c'est-à-dire celle de l'action *quod metus,* est accordée par la loi 9, *pr., Quod met. caus.,* à celui qui a pris la fuite après que des gens armés sont entrés sur le fonds, ce qui constitue en même temps une *vi dejectio.* Ainsi la faculté de s'adresser aux tiers détenteurs n'appartiendrait pas seulement à celui qui a fait tradition par violence ; elle appartiendrait également à celui qui a fui au moment où a commencé l'occupation du fonds de la part de gens armés ; et, dans ce dernier cas, l'action *quod metus,* bien plus large dans ses effets, concourrait avec l'interdit *Unde vi,* qui ne frapperait que l'auteur de la *dejectio.* S'agit-il, au contraire, d'un possesseur qui a eu le courage de tenir tête à l'agresseur, qui a résisté, mais sans succès, et qui se trouvant le moins fort a été jeté hors du fonds, celui-ci n'aura à sa disposition que l'interdit *Unde vi,* avec la portée restreinte que nous avons signalée. Nous ne trouvons, en effet, aucune décision qui étende jusqu'à cette hypothèse la sphère de l'action *quod metus ;* et il faut bien admettre qu'il en était ainsi, puisque les jurisconsultes nous présentent l'individu qui a subi une expulsion proprement dite comme ne pouvant inquiéter le tiers possesseur, malgré la mauvaise foi de ce dernier.

Il est difficile assurément de justifier rationnellement une pareille différence. Il semblerait, en effet, que l'homme qui mérite le plus de faveur est précisément celui qui a montré le plus d'intrépidité, et qui a défendu son droit le plus énergiquement. On ne saurait songer à prétendre que la législation romaine, désireuse d'empêcher les rixes, récompensait le possesseur qui avait eu la prudence d'éviter une collision, et réprimait l'opiniâtreté déployée de la part de celui qui avait essayé vainement de repousser une attaque injuste, et qui n'avait eu d'autre tort que d'être le plus faible. Tout ce que l'on peut dire c'est que la *vi dejectio* avait été considérée comme engendrant rigoureusement une simple obligation *ex maleficio,* sous le coup de laquelle tombait seulement l'auteur du délit. A la suite d'une expulsion éprouvée par le possesseur qu'une force supérieure avait éconduit, il n'y avait aucun acte de droit qui pût être rescindé par le Préteur. On se trouvait en présence d'un fait brutal sur lequel l'édit *Quod metus causa* n'avait pas de prise. L'application de cet édit supposait qu'il y avait eu un acte juridique quelconque accompli sous l'empire de la crainte, *aliquid metus causa gestum*, par exemple, une aliénation consommée, une obligation contractée, une libération accordée, en un mot, une manifestation de volonté extorquée à quelqu'un. Le Préteur intervenait alors, pour rescinder les effets d'une volonté qui n'avait pas été libre; les choses étaient remises au même état que si l'acte inspiré par la crainte n'avait pas eu lieu. En supprimant l'aliénation imposée à celui qui avait livré, on dépouillait de ce qu'il avait injustement acquis l'auteur de la violence, et, par suite, ses ayant cause. Mais où trouver l'*aliquid gestum* de la part de celui qui a été physiquement expulsé par abus de la force? On a agi sur lui, il n'a pas agi; il a été victime de ce que les commentateurs ont appelé *vis absoluta.* La crainte ne lui a fait prendre aucune détermination, dont on puisse anéantir les conséquences. Sans doute il y a quelque subtilité à voir une manifestation de volonté, une sorte de tradition dans le fait de celui qui prend la fuite à l'arrivée sur son fonds de gens armés venant pour l'occuper; cependant on n'avait pas reculé devant cette interprétation. Céder la place à celui qui veut par force s'emparer d'un immeuble, c'est adhérer par crainte à l'intention exprimée par son adversaire; c'est en quelque sorte faire une tradition contre son gré. A celui qui se décide à livrer effectivement pour éviter d'être maltraité, on assimile celui qui préfère abandonner sa chose, quand il se voit menacé d'être maltraité, s'il résistait. Cette espèce de tradition est rescindée comme celle qui serait faite directement, tandis qu'il n'y a pas de rescision possible là où ne se rencontrent que des voies de fait qui ont abouti à l'expulsion du possesseur.

Quatrième condition. — La dernière condition exigée pour l'application de l'interdit *Unde vi* était relative à la nature de la chose dont le possesseur avait été violemment dépouillé; il fallait qu'il s'agit d'un immeuble. Cette doctrine est incontestable pour le temps des jurisconsultes; elle est développée par Ulpien, L. 1, §§ 3 et suiv., *De vi;* elle est reproduite dans les Sentences de Paul, liv. V, tit. 6, § 5. Nous avons expliqué pré-

cédemment[1] comment un interdit spécial dans le but de faire
recouvrer la possession des meubles était inutile sous l'empire
des règles qui gouvernaient autrefois l'interdit *Utrubi*. Nous
avons vu également comment, en 389, une constitution de Valentinien, etc., était venue réprimer de la façon la plus sévère
l'emploi de la violence, en faisant décheoir de son droit de
propriété le *dominus* qui aurait eu recours à la force afin de
se faire justice à lui-même. Cette déchéance du droit de propriété s'appliquait indistinctement aux meubles et aux immeubles, ainsi que le dit Justinien, § 1, *Instit.*, *De bon. vi
rapt.* Le possesseur d'un meuble à l'égard duquel une violence
avait été exercée pour lui arracher la possession devait donc
être rétabli en possession, sans avoir à craindre un débat au
pétitoire. Non-seulement il recouvrait la possession, mais encore il gardait la chose irrévocablement, si elle appartenait à
l'auteur de la violence.

Suivant Savigny, la conséquence qu'il faut tirer de cette
constitution, c'est que désormais l'interdit *Unde vi* a été
affranchi de l'ancienne restriction, d'après laquelle il était
limité aux immeubles. Cette constitution a opéré, dit-il, une
véritable extension de l'interdit *Unde vi* aux choses mobilières,
ce qui serait démontré par la place donnée à la loi de Valentinien dans le Code Justinien, où elle forme la loi 7 du titre
Unde vi. Ce système, ajoute le savant romaniste, doit être nécessairement admis; car les conditions d'application de la
constitution ne se trouvent point déterminées, et cette omission
ne peut s'expliquer que par un renvoi implicite aux conditions
connues de l'interdit *Unde vi*.

La théorie proposée par Savigny a rencontré de nombreux
contradicteurs; elle est, en effet, difficile à concilier avec la
reproduction aux Pandectes de la doctrine d'Ulpien, de même
qu'avec le texte des Institutes, § 6, *De interd.*, qui présente
toujours l'interdit *Unde vi* comme concernant uniquement la
possession des immeubles (*si quis ex possessione fundi vel
ædium vi dejectus sit.*) Thibaut[2], qui a particulièrement combattu l'opinion de Savigny, aurait abouti, paraît-il, à cette
conclusion que la prise violente de possession pour un meuble

---

[1] P. 231.
[2] *Civ. archiv,* t. I, p. 103 et suiv.

ne devait donner lieu, d'après la constitution de Valentinien, qu'à une action ordinaire, non à un interdit. Savigny a répondu avec raison que, la procédure spéciale aux interdits étant tombée en désuétude à l'époque de Valentinien, il n'y avait pas intérêt à se demander si l'action concédée eût dû se rattacher autrefois à une forme de procéder dont la singularité avait disparu. Ce qui est important, fait-il observer, c'est de savoir si cette action n'est pas subordonnée uniquement à la condition que le spolié avait la possession, s'il n'y a pas là, par conséquent, une action possessoire, rendant à celui qui avait perdu par suite de violences la possession d'un meuble absolument le même service que fournissait l'interdit *Unde vi* à celui qui avait été dépouillé violemment de la possession d'un immeuble. Or, comme il faut reconnaître effectivement qu'à la suite de l'enlèvement d'un meuble avec violence, la possession est la seule chose requise pour pouvoir invoquer le bénéfice de la loi 7, C., *Unde vi*, ne s'ensuit-il pas que désormais il existe un interdit *recuperandæ possessionis* quant aux meubles ravis à leur possesseur, et cela ne revient-il pas à dire que l'interdit *Unde vi*, primitivement restreint aux immeubles, fonctionnait dès lors également pour les choses mobilières?

Nous sommes d'accord avec Savigny sur l'interprétation qu'il donne à la constitution de Valentinien, quant aux personnes qui ont le droit de s'en prévaloir. S'il faut être possesseur[1], d'un autre côté, cette qualité suffit, sans qu'il soit besoin, comme on l'exigeait pour l'action *furti* ou *vi bonorum raptorum*, de justifier d'un intérêt honnête à la conservation de la chose. C'est bien la possession, abstraction faite de tout autre droit, que les empereurs ont entendu protéger ; ils ont voulu sans doute atteindre celui qui aurait violé un état de simple possession. Mais prenons garde que la faculté de recouvrer en fait la possession d'un meuble perdue par violence n'a nullement été introduite par la constitution dont il s'agit ; elle était depuis longtemps consacrée par les règles de l'interdit *Utrubi*, qui

---

[1] Divers auteurs ont prétendu que le détenteur même était autorisé à invoquer cette constitution, système que Savigny repousse avec raison, en relevant les expressions dont se sert la loi 7 : *Possessionem quam abstulit restituat possessori.*

aboutissait, nous le savons, à ce résultat, malgré sa qualification d'interdit *retin. possess.* Ce qui est l'objet de cette constitution, ce n'est pas la création d'une voie possessoire pour les
meubles ; car elle existait bien auparavant. L'innovation gît
tout entière dans la peine dont est frappé l'auteur de la violence, indépendamment de l'obligation de restituer. Cette peine,
c'est la déchéance de son droit de propriété pour le *dominus,*
qui ne pourra plus, comme autrefois, ressaisir la chose en
prouvant qu'il est propriétaire ; c'est la nécessité imposée à
celui qui n'est pas *dominus* de payer la valeur estimative, en
outre de la restitution qu'il est tenu d'effectuer. En ce qui concerne cette restitution, il n'y a pas une règle qui date seulement de la constitution de Valentinien, et qui fût inconnue
dans le droit antérieur.

Nous avons vu effectivement que les principes de l'interdit
Utrubi suffisaient pour protéger les intérêts du possesseur d'un
meuble qui en avait été dépouillé par violence. Il lui était permis d'agir comme possesseur dans le cours de l'année, sans
avoir à redouter la possession actuelle de son adversaire, possession frappée d'impuissance à raison de son vice originel. Seulement, il était nécessaire de se plaindre avant l'expiration de
l'année, le juge de l'interdit *Utrubi* n'ayant mission d'examiner
à qui appartenait la possession que *intra annum.* La condition
de l'annalité ne fut pas supprimée depuis l'assimilation de l'interdit *Utrubi* à l'interdit *Uti possidetis,* ce dernier devant être
exercé *intra annum quo primum experiundi potestas fuerit*[1].
C'est précisément sous ce rapport qu'il importe de ne pas voir
dans la faculté de recouvrer au possessoire un meuble perdu par
violence une extension de l'interdit *Unde vi* aux choses mobilières. Si, en effet, l'interdit *Unde vi* devait, lui aussi, être intenté dans l'année, cela n'était vrai, ainsi que nous l'établirons
tout à l'heure, que quand il avait un caractère pénal ; dans le
cas où l'auteur de la violence était resté en possession, il continuait, même *post annum,* à être soumis à l'interdit. Pour les
meubles, au contraire, le point de vue d'une simple maintenue
en possession n'a pas été abandonné. L'interdit a continué à
être qualifié *retinendæ possessionis ;* or il ne peut plus être ques-

---

[1] Il y aurait eu tout au plus substitution du délai d'une année *utile* à
celui d'une année continue.

tion de demander sa maintenue en possession, quand on prétend faire changer un état de choses qui dure depuis plus d'une
année[1]. En supposant qu'une année se soit écoulée depuis
qu'un meuble a été ravi à son possesseur, la simple possession
ne suffira plus pour réussir à obtenir une condamnation par la
voie de l'interdit. L'action *vi bonorum raptorum, in simplum*,
l'action *furti* seront encore possibles, mais à la condition que
l'adversaire aura agi *dolo malo*, à la condition également de
justifier d'une *honesta causa*, double considération qui était
inutile tant que la voie possessoire n'était pas fermée.

Exceptions possibles contre l'interdit Unde vi. — A l'époque
classique, le défendeur à l'interdit *Unde vi* n'était pas toujours
exposé à succomber, bien qu'il eût usé de violence envers le
demandeur pour se mettre en possession de l'immeuble litigieux. La conduite du *dejiciens* était considérée comme légitime, si la possession dont il avait dépouillé son adversaire ne
constituait qu'une possession vicieuse à l'encontre du *dejiciens*.
Ainsi, celui qui avait subi une *vi dejectio* était autorisé à user
de représailles, alors même que ces représailles n'auraient pas
été immédiates. Il pouvait prendre son temps pour se ménager la disposition d'une force supérieure à celle sous laquelle
il avait cédé ; il n'encourait aucune peine, pour s'être réintégré de son chef et sans l'intervention de la justice, en possession
du fonds dont il avait été chassé précédemment. La violence

---

[1] L'interdit *Utrubi*, en sa qualité d'interdit *retin. possess.*, ne soulevant
d'autre question que celle-ci : à qui appartient la possession, exigeait
régulièrement que la possession se rencontrât chez l'un des plaideurs ; il
s'agissait seulement de savoir quelle était la partie qui pouvait légitimement
prétendre à posséder. Aussi l'ordre du magistrat se bornait-il à défendre
de porter obstacle à l'exercice de la possession vis-à-vis de celui qui y avait
droit : *Quominus is eum ducat, vim fieri veto*. Au contraire, l'ordre émis,
quand il y avait eu *vi dejectio* pour un immeuble, avait une plus grande
portée ; le *dejiciens* était obligé à restituer, qu'il possédât ou non, eût-il
perdu la possession sans dol ni faute. Sans doute, grâce à la règle qui
assimilait à la possession la perte de la possession résultant d'un dol, on
peut admettre que le ravisseur d'un meuble, bien qu'il s'en fût débarrassé, devait être considéré comme le possédant encore, et rester soumis à
l'interdit. Mais, en l'absence de dol, le défaut de possession l'aurait mis à
l'abri de l'interdit *Utrubi*, tandis que celui qui par violence avait dépouillé
son adversaire de la possession d'un immeuble n'eût pas échappé en pareil
cas à l'interdit *Unde vi*.

était également permise, quand il s'agissait d'expulser un possesseur qui avait occupé l'immeuble clandestinement, ou de vaincre la résistance d'un précariste déloyal. Aussi la formule de l'interdit était-elle rédigée de façon à ne protéger la possession du *dejectus* qu'autant qu'elle n'était pas entachée de l'un des vices dont nous avons plusieurs fois rencontré la mention à l'occasion des interdits *retin. possess.* Cette réserve indiquée dans divers passages de Cicéron[1], était encore observée au temps des jurisconsultes. Nous la trouvons signalée, *Comment.* IV, § 154, par Gaïus, qui limite en ces termes le droit qu'a le *dejectus* d'obtenir par l'usage de l'interdit *Unde vi* la restitution de la possession : *Si modo is qui dejectus est, nec vi, nec clam, nec precario possidet ab adversario; quod si aut vi, aut clam, aut precario possederit, impune dejicitur* [2]. La même doctrine est énoncée par Paul, *Sent.*, liv. V, tit. 6, § 7 : *Qui vi, aut clam, aut precario possidet ab adversario impune dejicitur.* — Il y avait cependant une hypothèse où la *dejectio* emportait d'une manière absolue l'obligation de restituer, malgré les vices dont était affectée la possession du *dejectus;* cette hypothèse était celle où la *vi dejectio* aurait été accomplie à main armée. C'était là, nous l'avons vu plus haut, ce qui différenciait principalement l'interdit simple *De vi* et l'interdit *De vi armata.* Cette distinction, mentionnée par Cicéron, est enseignée par Gaïus, qui ajoute, § 155 : *Interdum tamen etiam ei quem vi dejecerim, quamvis a me aut vi, aut clam, aut precario possideret, cogor restituere possessionem, velut si armis eum vi dejecerim.*

L'inefficacité habituelle de l'interdit *Unde vi*, quand il était invoqué par un *dejectus* dont la possession était vicieuse, n'avait rien que de raisonnable, si l'on considère que le demandeur n'était pas fondé à retenir vis-à-vis de son adversaire la possession dont il se plaignait d'avoir été privé. Pourquoi lui faire gagner son procès, dit fort bien Savigny, puisqu'il serait tenu de se dessaisir aussitôt de l'avantage qu'il obtiendrait aujourd'hui ? L'adversaire, en effet, après avoir restitué, recourrait de suite à un interdit *recuperandæ possessionis.* Il était

---

[1] *Pro Tull.*, ch. 44; *Pro Cæcin.*, ch. 32; *Epist. ad famil.*, VII, 13.

[2] Le manuscrit de Gaïus présente quelques lacunes, qu'il est facile de suppléer avec le texte de Paul.

plus simple de vider en une fois la question de possession, en accordant au défendeur la faculté de repousser l'interdit, sauf que celui qui était coupable d'une violence armée avait été de bonne heure exclu de cet avantage. Probablement on ne s'arrêtait pas à concéder le bénéfice d'une exception au défendeur qui n'avait fait que reprendre par la force ce dont il avait été dépouillé par la force. Supposez qu'il y ait eu des *dejectiones* successives, que, par exemple, le *dejectus* actuel, Aulus, a commencé par subir une *dejectio* commise par le défendeur Numérius, puis qu'Aulus, à son tour, aurait expulsé Numérius et repris la possession ; et qu'enfin une dernière expulsion a remis l'immeuble aux mains de Numérius. Las de ces luttes qui menacent de n'avoir point de terme, Aulus se décide à recourir aux voies judiciaires, il réclame l'interdit *Unde vi.* En vain Numérius excipera-t-il de la violence exercée contre lui par Aulus. Ce dernier pouvait justement répliquer qu'il avait été précédemment lui-même victime d'une *dejectio* qui était le fait de son adversaire. On aura beau multiplier le nombre des *dejectiones ;* tant que la possession perdue à la suite d'une *dejectio,* abstraction faite de la circonstance aggravante de l'emploi des armes, n'était qu'une possession violente *ab adversario,* elle ne devait pas être prise en considération. Il fallait remonter jusqu'à une possession exempte de vices ; c'était celle-là seulement qui était digne de protection, et qui obtenait la préférence.

La tolérance, dont on usait autrefois à l'égard du *dejiciens* qui s'était attaqué à une possession vicieuse, n'existe plus sous Justinien. La règle suivie à l'occasion de l'interdit *De vi armata* est devenue la règle générale. Tant pis pour celui qui a eu le tort de se faire justice à lui-même, au lieu d'invoquer le secours de l'autorité publique. On n'excusera plus en aucun cas la violence, malgré l'indignité de celui contre qui elle a été employée ; il faut toujours restituer une possession acquise de cette façon, sans que l'on soit écouté en alléguant qu'on s'est borné à traiter l'adversaire ainsi qu'il vous avait traité lui-même. Tel est l'état de choses exposé par Justinien, au § 6, *De interd. : Per quod is qui dejecit, cogitur ei restituere possessionem, licet is ab eo qui dejecit vi, vel clam, vel precario possidebat.* Cependant les compilateurs des Pandectes y ont laissé subsister quelques traces de l'ancienne distinction, qui ont été relevées par Savigny [1].

A quelle époque cette réforme fut-elle opérée? Elle est sans doute antérieure à Justinien, qui, aux Institutes, expose le droit en vigueur de son temps comme un droit ancien, non comme le résultat d'une innovation qui serait son œuvre. C'est avec beaucoup de vraisemblance que Savigny fait dater ce changement dans la législation romaine de la constitution de Valentinien, dont il ne serait qu'une conséquence naturelle. Depuis qu'il eut été admis, en effet, qu'une *dejectio* entraînait pour son auteur la déchéance même du droit de propriété qui pouvait lui appartenir, à plus forte raison ne devait-on pas tenir compte d'un simple droit de possession.

Remarquons toutefois que la rigueur déployée contre ceux qui dédaignaient les voies légales n'alla point jusqu'à interdire à celui qui venait d'être expulsé par violence la faculté de s'efforcer de reprendre immédiatement la possession par le même moyen. S'il y réussissait, on ne voyait pas là, dit Savigny, une double *dejectio*, mais un acte unique et indivisible, dans lequel le possesseur défendait sa position, qu'il était censé n'avoir jamais perdue. Justinien a consacré ce système, en donnant force législative à la décision de Julien, qui se serait ainsi exprimé sur ce point : *Qui possessionem vi ereptam, vi in ipso congressu recuperat, in pristinam causam reverti potius quam vi possidere intelligendus est*, L. 17, *De vi.*

Il ne faut pas oublier qu'au temps de Julien l'emploi de la violence à l'encontre du *dejiciens* était autorisée, non-seulement à la condition d'agir immédiatement, mais même *ex intervallo*, pourvu qu'il n'y ait pas recours aux armes. C'est uniquement par rapport à la *vis armata* qu'existait cette restriction, l'usage des armes n'étant permis que pour ressaisir sur-le-champ une possession arrachée par une *vis armata*, ainsi que le dit Ulpien, L. 3, § 9 : *Eum igitur qui cum armis venit possumus armis repellere, sed hoc confestim, non ex intervallo : dummodo sciamus non solum resistere permissum ne*

---

[1] Voyez L. 1, § 30; L. 12, *De vi.* — Si l'on compare la loi 1, *pr.*, *De vi*, et la loi 1, *pr.*, *Uti possid.*, on verra que la mention des *vitia possessionis*, conservée dans les termes de l'interdit *Uti possidetis*, a disparu quand il s'agit de l'ordre intimé au défendeur à l'interdit *Unde vi*.

dejiciatur, sed etsi dejectus quis fuerit, eumdem dejicere non ex intervallo, sed ex continenti. — Quand une fois la *vis non armata* fut prohibée en général, de même que la *vis armata*, on admit cependant une réserve, qui s'appliquait au cas où la lutte était reprise aussitôt. Comment faut-il comprendre ce droit de représailles concédé à la charge d'être exercé de suite? Si l'on entend absolument à la lettre les expressions que l'on trouve dans les textes (*in ipso congressu, illico, confestim*), on rendra ce droit véritablement illusoire, parce qu'il serait impossible d'en jamais profiter. Le texte d'Ulpien que nous avons transcrit, et auquel autorité a été conservée, n'exige pas qu'il n'y ait eu aucune discontinuation de la lutte. On ne se borne point à autoriser une simple résistance, qui, couronnée de succès, empêcherait la *dejectio* d'être accomplie; même après qu'elle est consommée, il est permis d'essayer une revanche. Il est clair qu'on ne saurait y réussir qu'en invoquant du secours, qu'un surcroît de force est nécessaire, puisque le possesseur a été le plus faible. N'est-il pas dérisoire de dire à celui qui vient d'être terrassé qu'il peut à son tour terrasser son adversaire victorieux? Évidemment il est hors d'état d'user de la permission, le résultat de la collision ayant démontré qu'il n'était pas le plus fort. Il faut donc au moins donner le temps de se ménager l'appui de quelque auxiliaire. Seulement la vengeance ne doit être différée que pendant le délai indispensable pour appeler à son aide, et se mettre en mesure de triompher de l'ennemi sous lequel on a d'abord succombé. Assurément celui qui, expulsé le matin, en l'absence de ses esclaves, de ses gens, reviendrait le jour même, accompagné de ses serviteurs, et chasserait l'envahisseur, n'aurait fait en quelque sorte que défendre sa position. Il serait difficile de ne pas en dire autant, si la nouvelle lutte avait eu lieu le lendemain. Où faudra-t-il s'arrêter? On ne saurait, *in abstracto*, poser à cet égard une limite précise. Le parti le plus sûr est sans doute de recourir à l'autorité judiciaire. Cependant si le *dejectus* n'a pas laissé pour ainsi dire reprendre haleine à son adversaire, qui n'a pu s'asseoir dans la possession injustement acquise, le juge nous paraît avoir la faculté d'apprécier que le ressentiment inspiré par l'outrage subi était encore assez chaud pour excuser la violence au moyen de laquelle aurait été reprise la possession.

Une autre exception, au moyen de laquelle pouvait être repoussé l'interdit *Unde vi*, était fournie par le laps de temps écoulé depuis le moment où la *dejectio* avait été accomplie; il y avait lieu en cette matière à une prescription annale. *Tantummodo intra annum... judicium dabo*, ainsi s'exprimait l'édit du Préteur, L. 1, *pr., De vi*. Ce délai devait toutefois s'entendre d'une année *utile*, ce qui est formellement indiqué par les textes : *Annus in hoc interdicto utilis est*, L. 1, § 39, *h. t.; Si necdum utilis annus excessit*, L. 2, C., *Unde vi*. Sous ce rapport déjà, la durée impartie en droit romain à l'efficacité de l'interdit *Unde vi* s'éloignait considérablement de celle que le droit moderne reconnaît aux actions possessoires, pour lesquelles la condition d'annalité est, on le sait, mesurée sur l'année du calendrier. Ce n'est pas la seule différence entre les deux législations. En effet, chez les Romains, la nécessité d'agir *intra annum* (*utilem*) n'avait trait qu'au caractère pénal de l'interdit, en vertu duquel le *dejiciens* était tenu de réparer le préjudice qu'il avait causé, quand bien même il n'aurait retiré aucun profit de la violence qu'il s'était permise. Mais, s'il n'était question que de lui faire restituer le bénéfice que lui avait procuré la *dejectio*, la limite de l'annalité était écartée; on ne pouvait invoquer cette prescription annale pour conserver ce qui avait été ainsi acquis *ex maleficio*. La loi 1, *pr., De vi*, est expresse à cet égard : *Post annum de eo, quod ad eum qui vi dejecit pervenerit, judicium dabo*. Cette règle n'était pas, du reste, particulière à l'interdit *Unde vi*; la loi 4, *De interd.*, énonce d'une manière générale que tous les interdits temporaires sont perpétuels à ce point de vue. On voit que, grâce à cette réserve, la faculté de recouvrer la possession restait ouverte indéfiniment au *dejectus*, toutes les fois, ce qui arrivait assez souvent, que l'adversaire avait gardé la possession de l'immeuble. — D'un autre côté, il est bon de faire remarquer que la prescription annale ne pouvait être opposée autrefois sous aucun rapport de la part de celui qui s'était rendu coupable d'une expulsion effectuée *cum armis*. C'était encore un des traits de la distinction qui fut longtemps observée entre les deux interdits auxquels pouvait donner lieu anciennement l'emploi de la violence, suivant qu'elle était *armata* ou *non armata*. Le témoignage de Cicéron [1] est positif

---

[1] *Epist. ad famil.*, XV, 16.

pour signaler le caractère aggravant dont était revêtu à cet égard l'interdit *De vi armata*. Les textes compilés par les commissaires de Justinien se taisent sur cette distinction, pour la justification de laquelle il faut remonter jusqu'à Cicéron. Ce silence est une suite de l'assimilation qui avait été admise entre la *vis armata* et la *vis non armata*.

Enfin, sous le Bas-Empire, une nouvelle restriction considérable fut apportée à l'application de notre prescription annale. Bien que Justinien semble présenter comme générale la prescription de l'interdit *Unde vi* au bout d'une année utile, cependant cette déchéance d'un recours au possessoire n'était vraie depuis longtemps que sous une modification importante, encore en vigueur dans le dernier état du droit. L'expiration de l'année utile ne devait nuire, en effet, qu'à celui qui avait subi une *dejectio* alors qu'il était présent, et qui avait négligé de se plaindre durant le délai ordinairement accordé. Une constitution de Constantin, de l'an 324, qui a passé dans le Code de Justinien, où elle forme la loi unique, C., *Si per vim* (8, 5), décide que si, le *dominus* étant absent, ceux qui occupaient l'immeuble en son nom ont été expulsés par violence, l'interdit *recuperandæ possessionis* pourra être exercé par les personnes qui ont subi la *dejectio*, quand bien même elles n'auraient pas reçu mandat à cet effet. La faveur déployée pour obtenir réparation de la violence va même, chose remarquable, jusqu'à investir en ce cas d'un droit d'action les esclaves qui détenaient l'immeuble, sans qu'il soit permis de leur fermer à raison de leur qualité l'accès des tribunaux : *Nec si servi sint, eorum rejiciant in jure personas, quia hujusmodi conditionis hominibus causas perorare fas non sit.* La faculté d'agir est concédée aux *dejecti* d'une manière indéfinie : *Sed post elapsa quoque spatia recuperandæ possessionis legibus præstituta, litigium eis inferentibus largiri convenit.* En outre, les diverses personnes, à qui pouvoir est donné pour obtenir réparation de la *dejectio*, se sont-elles abstenues de faire usage de ce pouvoir, leur négligence restera inoffensive à l'égard du possesseur, qui pourra, à quelque époque qu'il revienne, exiger la restitution de l'immeuble : *Cui tamen quolibet tempore reverso actionem possessionis recuperandæ indulgemus.* La simple possession, quand il y a eu violence exercée en l'absence du possesseur, se trouve donc dans les rapports du *dejiciens* et du *dejectus*,

assimilée à la propriété ; le droit ne s'effacera que devant la
prescription trentenaire, quand une fois elle eut été introduite. Nous aurons à voir que Justinien a étendu la même protection au cas où l'absence du possesseur, laissant la possession
vacante, a permis à un tiers de s'emparer d'un immeuble, sans
avoir recours à la violence.

Portée des condamnations. — La restitution ordonnée par le
magistrat dans cet interdit s'entendait de la manière la plus
rigoureuse. On partait de ce principe que le demandeur devait
être rétabli absolument dans la position où il serait à défaut
de la *dejectio* éprouvée, et on suivait ce principe dans toutes ses
conséquences : *Pristina causa restitui debet, quam habiturus
erat, si non fuisset dejectus*, L. 1, § 31, *De vi*[1].

Au principal, la restitution de l'immeuble en nature constitue
le meilleur mode de satisfaction ; elle pouvait être obtenue
par l'exécution du *jussus judicis*, une formule arbitraire étant
applicable dans cette hypothèse, L. 68, *De rei vind.* Cela suppose toutefois que le défendeur est en possession ; or, quand
bien même il n'aurait pas occupé l'immeuble dont il a cependant expulsé son adversaire, ou qu'après s'en être emparé il
aurait plus tard perdu la possession, n'y eût-il de sa part ni
dol ni faute, il n'en resterait pas moins, comme nous l'avons
vu, passible de l'interdit. Sous ce point de vue, ainsi qu'on l'a
fait remarquer, l'interdit *Unde vi* offrait plus d'avantage que
l'interdit *Uti possidetis*, qui, dans notre opinion, pouvait être
employé contre le *dejiciens*, à la condition de le trouver encore
en possession. A quoi servirait, en effet, l'émission d'un ordre
défendant de troubler la possession de celui qui a sollicité l'interdit, si l'immeuble au sujet duquel l'ordre a été émis est entre
les mains d'un tiers ? Une simple abstention ne suffit pas en
pareil cas ; et toute condamnation serait impossible, puisque
l'adversaire ne fait rien qui empêche l'autre partie d'exercer
la possession à laquelle elle prétend. — Quand il n'y avait pas
restitution en nature, le juge, pour baser sa condamnation, devait estimer, non pas la valeur vénale de la chose, mais l'intérêt que présentait la possession pour le demandeur. Cette
règle, que nous avons rencontrée à l'occasion de l'interdit *Ut*

---

[1] Voyez aussi § 41, *h. t.*

possidetis, s'appliquait également à notre interdit, et nous la trouvons énoncée positivement dans la loi 6, *De vi* : *In interdicto Unde vi, tanti condemnatio facienda est quanti intersit possidere.* Nous ne reviendrons pas sur les difficultés qui s'attachaient à cette appréciation, et que nous avons déjà signalées.

L'interdit *Unde vi* entraînait, en outre, à la charge de celui qui succombait, l'obligation d'indemniser de tout le dommage accessoire résultant de la *dejectio,* dommage dans les détails duquel entrent avec soin les jurisconsultes romains, tandis qu'ils gardent le silence sur cet article, quand ils traitent de l'interdit *Uti possidetis.* — En ce qui concernait les fruits de l'immeuble, on admettait qu'ils devaient être rendus depuis le moment de la *dejectio,* et non pas seulement à partir de la délivrance de l'interdit, L. 1, § 40 *De vi,* ce qui semblerait n'être qu'une application de la portée habituelle du verbe *restituere,* conformément à la loi 173, § 1, *De reg. jur.;* cependant le § 40, confirmé par la loi 3, *De interd.,* a l'air d'opposer sous ce rapport la règle suivie sur l'interdit *Unde vi* à celle qui était généralement observée dans les autres interdits. Peu importait que des fruits eussent été en réalité perçus par le *dejiciens;* il fallait voir si le *dejectus* en eût recueilli, dit la loi 4, C., *Unde vi.* Cette appréciation des fruits manquant au possesseur s'étendait pareillement aux fruits des meubles dont il avait perdu la possession en même temps que celle de l'immeuble. A l'égard de ces meubles, leur valeur principale devait aussi figurer dans le calcul des réparations à fournir. L'interdit s'en expliquait formellement : *quæque ille tunc ibi habuit,* L. 1 pr. *De vi;* et les jurisconsultes se livrent à des développements pour établir la portée de la restitution à ce sujet, L. 1, § 33 et suiv. La plus grande sévérité était déployée à l'égard du *dejiciens,* qui était rendu responsable même des cas fortuits, L. 1, § 34. Afin de faciliter la liquidation de la condamnation à raison de ces meubles perdus, l'empereur Zénon, L. 9, C., *Unde vi,* décida que le demandeur serait admis à déclarer par serment quelle était la valeur de ces objets, sauf la fixation d'un *maximum* de la part du juge. C'est ce que les commentateurs ont l'habitude d'appeler *juramentum Zenonianum.* La limite d'un *maximum* déterminé par le juge n'est que l'application à cette hypothèse d'un tempérament général qui paraît, suivant la loi 5, § 1, *De in lit. jur.*, avoir fini par être apporté à l'usage du *jusjurandum in litem* [1].

§ 2. — Interdit *de precario*.

Nous avons rencontré déjà plusieurs fois la mention du *precarium*, soit à l'occasion de l'usucapion dite *lucrative*, comme faisant obstacle à l'accomplissement de cette usucapion, soit en traitant des interdits *retinendæ* et *recuperandæ possessionis*, comme imprimant à la possession le caractère d'un vice au moins relatif. Le *precarium* donnait aussi naissance à un interdit particulier, qualifié interdit *de precario*, et ayant pour but de faire recouvrer la possession. Cet interdit forme aux Pandectes l'objet d'un titre spécial, liv. XLIII, tit. 26. Pour comprendre l'application de cet interdit, il faut d'abord exposer ce que les Romains entendaient par *precarium*.

La définition du *precarium* nous est fournie par Ulpien, dans la loi 1, *pr., h. t.*, en ces termes : *Precarium est quod precibus petenti utendum conceditur, quamdiu is qui concessit patitur.* Le *precarium* consiste donc dans la concession de l'usage d'une chose, concession obtenue grâce à des prières [2], mais révocable au gré du concédant. Le mot *usage* doit être pris dans un sens large; il vaudrait mieux dire *jouissance* : le concessionnaire, en effet, le précariste, est autorisé à bénéficier des fruits. Cette concession, ajoute le § 1, doit être appréciée comme une sorte de libéralité. Néanmoins il n'y a pas aliénation véritable, donation proprement dite, suivant le § 2, attendu

---

Comme, à la suite d'une *dejectio*, il y a interruption de la possession, et nécessité pour le *dejectus* réintégré de commencer une nouvelle possession *ad usucapionem*, le préjudice causé par cette interruption doit régulièrement être pris en considération par le juge. Remarquons toutefois qu'il s'agit uniquement de parer à l'éventualité d'un dommage incertain, dont la réalisation dépend d'un avenir inconnu, puisqu'on ignore si le *dejectus* sera exposé plus tard à succomber dans une revendication dont il eût pu triompher en l'absence de la *dejectio* éprouvée. Le parti le plus simple, comme le fait observer Savigny, semble être d'imposer au défendeur la prestation d'une *cautio*, par laquelle il s'engagera à indemniser son adversaire du tort que pourrait lui occasionner un jour l'éclat d'une revendication, dans le cas où elle eût échoué, grâce à une usucapion dont l'accomplissement aurait été empêché par le fait de la *dejectio*.

[2] De là les expressions de *rogatus* et *rogans*, par lesquelles les jurisconsultes ont l'habitude de désigner le concédant et le concessionnaire.

que le concédant est toujours maître de reprendre ce qu'il a livré. L'affaire présente plus de ressemblance avec le commodat, fait observer le jurisconsulte au § 3, parce qu'elle doit aussi aboutir à une restitution. Nonobstant l'analogie qui est signalée, des différences importantes séparaient le *precarium* du commodat.

Première différence. — Le commodat n'attribue au commodataire que la faculté d'user de la chose prêtée, sans déplacer la possession, qui reste au commodant. Au contraire, le précariste acquiert régulièrement [1] la possession, comme l'indique la loi 4, § 1 : *Meminisse autem nos oportet eum, qui precario habet, etiam possidere.* C'est là le point de vue le plus important; le précariste possède; il a à sa disposition les interdits *retinendæ* ou *recuperandæ possessionis.* Il peut, dès lors, de son propre chef, sans qu'il ait besoin d'avoir recours au concédant, défendre sa position contre tous ceux qui y porteraient atteinte. Seulement il se trouve désarmé vis-à-vis le *rogatus,* à l'égard duquel il possède *vitiose.* Le possesseur en vertu d'un *precarium* avait par conséquent en droit romain une situation tout autre que celle qui appartient chez nous à celui duquel on dit qu'il possède précairement. La précarité, en droit français, est d'une manière absolue incompatible avec la possession, dont elle emporte la négation, pour réduire le possesseur précaire à n'être qu'un détenteur, dépourvu en cette qualité du droit d'exercer les actions possessoires.

Deuxième différence. — Le précariste était traité avec beaucoup d'indulgence quant aux soins qui lui étaient imposés pour la conservation de la chose à lui confiée. Malgré la gratuité de l'affaire, sa responsabilité ne s'élevait pas au-dessus du dol et de la faute lourde, L. 23, *De reg. jur.;* tandis que le commodataire était tenu de la faute *in abstracto*, et soumis à l'application du plus haut degré de sévérité. Cette antithèse est relevée L. 8, § 3, *h. t.,* par Ulpien, qui explique la faveur dont

---

[1] Savigny fait remarquer, en invoquant les lois 10, § 1, *De acq. poss.,* et 6, § 2, *De precar.,* qu'au moyen d'une convention formelle en ce sens, un *precarium* pourrait être conclu sans emporter translation de la possession. D'un autre côté, la possession, originairement concédée, pourrait être retirée dans la suite, notamment par l'intervention d'un bail; voyez L. 21, § 3, *De acq. possess.*

jouit le précariste par l'esprit tout de bienveillance qui a présidé à la concession : *Nec immerito dolum solum præstat is qui precario rogavit, cum totum hoc descendat ex liberalitate ejus qui precario concessit; et satis sit, si dolus tantum præstetur.*

Troisième différence. — Sous un autre rapport, le commodataire était, à l'inverse, dans une situation meilleure que celle du précariste. Le commodat, en effet, était envisagé comme un contrat sérieux, qui, malgré l'intention de rendre service par laquelle est guidé le commodant quand il se résout à faire un prêt, lui imposait des devoirs envers le commodataire dès que la convention avait commencé à recevoir son exécution. Par suite, le commodataire avait le droit de retenir contre le gré du commodant la chose prêtée jusqu'à ce qu'il eût pu en retirer l'usage entier en vue duquel elle lui avait été fournie [1]. Il en était autrement quant au précariste, dont la jouissance dépendait toujours pour sa continuation de la discrétion du concédant. On allait même jusqu'à dire que la faculté de révocation arbitraire était de l'essence du *precarium*, de telle sorte qu'une convention contraire serait restée inefficace, et n'aurait pu engendrer une exception, suivant la décision formelle contenue dans la loi 12, *pr.*, *h. t.* Probablement aussi le précariste se trouvait destitué de toute action pour se faire tenir compte de ses impenses ou améliorations, tandis que le commodataire pouvait exercer à cet effet l'action *commodati contraria.*

Il est incontestable que le *precarium*, avec les règles exceptionnelles qu'on y rencontre, présente, suivant l'expression de Savigny, une sorte d'énigme. Aussi vraisemblablement l'origine de cette institution doit-elle être demandée à certains rapports sociaux particuliers au peuple romain. L'explication la plus accréditée, développée par Savigny, qui l'a empruntée à Nieburh, fait remonter le *precarium* aux concessions que primitivement les patriciens avaient l'habitude de faire à leurs clients, en détachant au profit de ces derniers la jouissance de quelque fraction des *possessiones* considérables concentrées entre leurs mains, et prises sur l'*ager publicus* qu'ils déte-

---

[1] L. 17, § 3, *Commod. vel cont.*

naient en grande partie. Cette opinion s'appuie sur un passage
de Festus [1], qui compare ces concessions à celles qui seraient
faites par un père à ses enfants (*perinde ac liberis*). Le rapport
étroit de dépendance qui existait entre les parties empêchait
de traiter l'affaire comme donnant lieu à des obligations proprement dites, et de l'apprécier suivant les principes qui auraient été observés relativement à des personnes étrangères
l'une à l'autre. Le droit civil n'intervenait pas pour régler les
difficultés que pouvait faire naître un pareil arrangement; il
ne fournissait à ce sujet aucune action, dit la loi 14, *h. t.*, ce
qui rendit nécessaire la création d'un interdit spécial. On ne
voyait pas dans le *precarium*, ajoute le même texte, un *negotium contractum;* c'était une attribution gracieuse, à titre de
pure bienveillance. De là l'autorité sans bornes reconnue au
concédant pour retirer son bienfait; de là les ménagements
dont on usait pour mesurer la responsabilité imposée au concessionnaire.

On pourrait objecter que dans ce système le *precarium*
aurait dû être restreint aux immeubles; et cependant on le
trouve usité également à l'égard des meubles. Mais il est bien
légitime de conjecturer qu'il n'y eut là autre chose qu'une
application du *precarium* en dehors de son domaine primitif.
Nous voyons, en effet, que l'extension du *precarium* aux objets mobiliers n'a été admise qu'après coup, puisque les jurisconsultes prennent le soin de constater que cette extension est
possible, L. 4, *h. t.* [2]. Du reste, l'idée qui sert de base au *precarium* (concession d'une jouissance révocable à volonté)
gagna de plus en plus du terrain quant à ses applications. On
ne s'en tint pas à concéder de la sorte la jouissance de choses
corporelles; cet arrangement fut autorisé même pour les choses
incorporelles, qui purent servir de matière à un *precarium*.
La *possessio juris*, à l'instar de la possession proprement dite,

---

[1] Festus, v° *Patres.*

[2] Il est à remarquer que, si le *precarium* n'a été qu'avec peine étendu aux
meubles, le rapport inverse aurait existé quant au commodat, qui, du temps
de Labéon, était encore considéré par certains esprits comme n'ayant pas
trait aux immeubles, L. 1, § 1, *Commod. vel cont.* Le même texte nous
apprend, il est vrai, que l'opinion contraire avait prévalu; cependant Ulpien,
dans la loi 17, *pr.*, *De præscr. verb.*, regarde comme prudent de recourir
en pareil cas à l'action *præscriptis verbis.*

fut considérée comme susceptible d'être exercée en vertu d'un *precarium*. Divers textes nous apprennent (voyez L. 2, § 3; L. 3, L. 15, § 2, *h. t.*) qu'une servitude peut être concédée *precario* [1].

Quelque satisfaisante que soit cette conjecture, elle ne rend pas compte de la persistance du *precarium* sous les jurisconsultes, à une époque où de semblables concessions ne devaient plus être en usage. Aussi le *precarium* paraît-il s'être maintenu pour satisfaire à d'autres besoins. Il fut utilisé notamment afin de ménager la facilité de conserver la possession et par conséquent l'usage de sa chose au débiteur qui voulait donner une sûreté réelle à son créancier, et qui dans ce but devait d'abord consommer une aliénation, plus tard faire au moins tradition. Grâce à la conclusion d'un *precarium*, le débiteur, en cas de *pignus*, reprenait la possession, sous la condition de la rendre dès que cela plairait au créancier. Sans doute l'application du *precarium* à l'hypothèse du *pignus* avait soulevé quelque difficulté, comme étant contraire à la règle : *Precarium suæ rei consistere non potest.* Mais ces scrupules furent justement écartés, attendu que le débiteur, par la constitution d'un *pignus*, avait entamé la plénitude de son droit, en détachant la possession au profit du créancier; et c'est précisément cet avantage qu'il ressaisissait au moyen du *precarium*. Tel est le raisonnement que fait Ulpien, L. 6, § 4, *h. t.*, raisonnement qui avait prévalu, et dont la pratique des affaires tirait un parti journalier. C'est pourquoi le jurisconsulte nous atteste que de son temps rien n'était plus fréquent que cet emploi du *precarium* : *Quotidie enim precario rogantur creditores ab his, qui pignori dederunt.*

Le *precarium* paraît aussi avoir été usité en matière de vente, quand le vendeur, qui ne se souciait pas de renoncer

---

[1] On peut tirer de là une nouvelle différence entre le commodat et le *precarium;* il est certain, en effet, qu'une servitude n'est pas susceptible d'un commodat, puisqu'elle constitue une qualité du fonds dominant, qualité qui ne saurait s'en détacher pour être appliquée à un autre fonds. Seulement il n'y a ici encore qu'un développement donné par la suite à un rapport de droit qui n'avait pas été imaginé en vue de cette hypothèse, développement qui ne peut servir à expliquer les motifs pour lesquels a été introduite cette espèce de rapport.

à son droit de propriété avant le payement du prix, désirait néanmoins transférer à l'acheteur une possession, grâce
à laquelle celui-ci pût de son chef assurer par la voie des
interdits son maintien en jouissance. Cet expédient est mentionné dans plusieurs textes [1]. On sait qu'en droit romain
il était de règle que le vendeur, malgré la tradition qu'il
avait faite, restait à défaut de payement propriétaire de la
chose vendue, s'il n'était pas prouvé qu'il avait voulu suivre
simplement la foi de son débiteur, ou si des satisfactions fournies par l'acheteur ne démontraient pas que le vendeur, tranquillisé sur le payement du prix, avait entendu se contenter
d'être créancier. Cependant le vendeur, qui tenait ordinairement à se débarrasser le plus tôt possible de la garde et de
la surveillance de la chose, se hâtait souvent de la remettre aux
mains de l'acheteur, tout en se réservant la propriété. Était-il
alors dépouillé de la possession, qui aurait passé à l'acheteur?
Nous ne saurions le croire. Il n'y a là, en effet, qu'une tradition faite sous une condition tacite, restriction dont est
susceptible ce mode de transmission de la propriété, suivant
la loi 38, § 1, *De acq. poss.* Or, tant que la condition qui affecte
un acte de droit est en suspens, les effets ordinaires de cet
acte ne peuvent pas se produire. La tradition étant conditionnelle, la possession elle-même (car la tradition n'est que la
remise de la possession) reste en suspens au regard de l'acheteur, qui ne l'a que *sub conditione;* d'où il suit que jusqu'à l'accomplissement de la condition, la possession en réalité continue à résider en la personne du vendeur. C'est donc à lui
que devraient régulièrement appartenir les interdits, s'il y avait
de la part de tiers trouble apporté à la jouissance de l'acheteur,
ou si ce dernier avait subi une *dejectio.* On conçoit que le vendeur cherchât à s'arranger de manière à n'avoir pas besoin
d'intervenir dans ces débats, et que de son côté l'acheteur eût
à cœur de pouvoir défendre par lui-même la position de fait
que lui avait donnée la tradition. Un *precarium* fournissait le
moyen de satisfaire à ces exigences de la situation respective
des parties. Dans l'intervalle qui s'écoulait jusqu'au payement
du prix, le *precarium* conférait de suite à l'acheteur la posses-

---

[1] Voy. L. 20, *h. t.;* L. 13, § 21, *De act. emt.;* L. 11, § 12, *Quod vi aut
clam;* L. 3, C., *De pact. int.*

sion proprement dite et par conséquent le droit aux interdits, sans dépouiller sérieusement le vendeur de l'avantage de la possession, qu'il pouvait reprendre à son gré, en recourant à l'interdit *de precario*, ainsi que le dit la loi 20, *h. t.*

Quand le *precarium* eut ainsi dévié de son application primitive, il ne put pas conserver complétement le caractère qui lui avait été assigné dans l'origine ; aussi ne resta-t-il pas étranger au droit civil, qui finit par s'en emparer, en le faisant rentrer dans la classe des contrats, et en accordant, comme nous le verrons, une action *ex contractu*, l'action *præscriptis verbis*. D'un autre côté, là où le *precarium* n'était pas dicté par un esprit de libéralité, il nous semble difficile d'admettre que l'indulgence dont on usait envers le précariste, au point de vue de l'appréciation de la faute, dût être observée, puisque les motifs qui expliquent cette indulgence n'existaient pas en pareille hypothèse. Comment croire que le débiteur gagiste, auquel le créancier avait consenti à confier *precario* la possession de la *res pignerata*, ne fût tenu pour la conservation de cette chose que de son dol ou de sa faute lourde ? Ne doit-on pas en dire autant de l'acheteur, qui, ne pouvant payer son prix, serait obligé de restituer le chose vendue, dont le vendeur lui aurait transféré la possession *precario ?* Sans doute, si le créancier gagiste ou le vendeur étaient réduits à n'avoir que la ressource de l'interdit *de precario*, ils ne pourraient imposer à leur débiteur une responsabilité plus étendue que celle que comporte cet interdit. Mais à côté de la voie de l'interdit, bonne pour obtenir la restitution de la possession, le créancier gagiste ou le vendeur, qui aurait à se plaindre de l'incurie du débiteur, pourrait recourir à l'action que leur donne le contrat de gage ou de vente, afin d'exiger la réparation du dommage imputable à la faute du débiteur, suivant les règles d'après lesquelles s'apprécie la faute à l'occasion du contrat de gage ou du contrat de vente.

Comment se constituait le precarium ?—Il est évident qu'une convention ne pouvait ordinairement à elle seule [1] produire

---

[1] Sans doute la loi 9, *h. t.*, dit qu'un *precarium* peut s'établir entre absents comme entre présents, par correspondance, ou par l'intermédiaire d'un *nuntius;* mais cela n'a trait qu'à la manière dont interviendra le

un pareil état de choses, qui gît principalement en fait. Régulièrement la tradition était nécessaire, afin de procurer au
précariste la possession de la chose dont il devait jouir *precario,* sauf que dans le cas où il se serait trouvé déjà détenteur
ou possesseur, la convention eût suffi pour faire naître les
rapports propres au *precarium.* Fallait-il absolument que des
prières formelles eussent été adressées au concédant? C'est
ce qui a été soutenu par certains auteurs, qui ont invoqué le
nom donné à l'affaire, ainsi que la définition d'Ulpien, que
nous avons rapportée plus haut. Mais, comme le font observer
Savigny et de Vangerow, il ne faut voir là que l'indication de
la façon dont les choses se passent ordinairement ; et il n'y a
aucun motif raisonable pour transformer cet usage en un élément indispensable à la formation du *precarium,* quand il est
constant d'ailleurs que la volonté des parties a été de créer
entre elles un semblable rapport. Aussi Paul, dans ses Sentences, liv. V, tit. 6, § 11, admet-il que le *precarium* peut s'é-
tablir tacitement : *Precario possidere videtur non tantum, qui
per epistolam vel quacumque alia ratione hoc sibi concedi
postulavit, sed et is, qui nullo voluntatis indicio patiente tamen
domino, possidet.*

Droits du précariste. — Le *precarium* une fois constitué, le
précariste jouit pour son compte, de même que si la chose
lui appartenait. Nous avons vu que la possession était reconnue en sa personne, malgré le défaut d'*animus domini.*
Cette possession, il peut la défendre contre tous, hormis le
concédant, par lequel il peut être dépouillé dès qu'il plaît à
celui-ci de révoquer son bienfait. Toutefois, la révocation n'a
trait qu'à l'avenir ; il suffit que le précariste restitue la chose
non détériorée par son dol ou sa faute lourde. Comme il a
possédé en vertu de l'autorisation du *dominus,* il est traité à
l'égal d'un possesseur de bonne foi, il ne sera pas comptable
des fruits qu'il a perçus, dont le profit lui restera[1]. La res-

concours des volontés, qui est ici dispensé de l'observation de toutes
formes.

[1] Il ne faut pas étendre ce droit d'appropriation aux produits extraordinaires, qui n'ont pas le caractère de fruits. Ainsi, quand une *ancilla* avait
été livrée *precario,* le part, n'étant pas *in fructu,* suivant l'opinion qui
avait prévalu, ne devait point appartenir au *rogans.* Il y avait alors accrois-

source qui est mise à sa disposition pour se maintenir ou se remettre en jouissance consiste dans la faculté d'user des interdits *retin.* ou *recup. possessionis.* S'il ne se trouve plus dans les conditions voulues pour exercer ces interdits, les moyens accordés ordinairement à celui qui est propriétaire, ou en voie d'arriver à la propriété, lui sont refusés ; non-seulement l'action en revendication, mais encore l'action Publicienne ne pourra être invoquée par lui, attendu qu'il ne lui est pas permis de se considérer comme propriétaire : *Non eo animo nanciscitur possessionem, ut credat se dominum esse,* dit la loi 13, § 1, *De Publ. act.* Victime d'un *furtum*, il n'aura pas droit, suivant la loi 14, § 11, *De furt.*, à l'action *furti*, donnée cependant à quiconque avait intérêt à ce que le *furtum* ne fût pas commis. Mais l'intérêt du précariste consiste seulement à s'assurer un bénéfice, non à éviter une perte; car il n'est pas responsable du *furtum* envers le concédant. Aussi est-il assimilé sous ce rapport au *possessor pro herede*, que nous avons vu également destitué de l'exercice de l'action *furti*, parce qu'il s'agissait uniquement pour lui de réaliser un lucre : *Interesse autem ejus videtur, qui damnum passurus est, non ejus qui lucrum facturus esset,* L. 70, § 1, *De furt.* Il faudrait, pour ouvrir l'action *furti* au précariste, que ses intérêts eussent été compromis de manière à l'exposer à un dommage, ce qui aurait lieu si le *furtum* était postérieur à la délivrance de l'interdit *de precario* dirigé contre lui, parce qu'il devient alors responsable du *furtum, dict.* L. 14, § 11. Enfin, l'incertitude de la position du précariste, toujours placé sous le coup d'une révocation arbitraire, ne permettait pas, quand la concession avait été faite au profit de plusieurs, de réclamer la cessation de l'indivision par l'exercice de l'action *communi dividundo,* L. 7, § 4, *Comm. divid.* Les héritiers du précariste ne pourraient également prétendre à opérer un partage entre eux, la mort du bénéficiaire mettant fin de plein droit au *precarium,* suivant une opinion qui, comme nous le verrons, a été longtemps suivie.

Comment finit le precarium ? — Le *precarium* s'éteint d'abord

sement de l'objet du *precarium;* l'enfant se trouvait pour le précariste dans la même condition que la mère ; voir L. 10, *h. t.*

par la révocation de la part du concédant qui est libre de faire cesser la jouissance quand il le veut, à tel point qu'il n'était pas lié par une convention ayant pour objet de restreindre son droit à cet égard. Un terme précis avait-il été fixé pour la durée du *precarium*, si la possession continuait après l'arrivée de ce terme, on induisait de ce fait la conclusion tacite d'un nouveau *precarium* (L. 4, § 4, *h. t.*), qui découlant d'un consentement supposé, ne pouvait être admis qu'autant que le *dominus* se trouvait en état de consentir. Le renouvellement du *precarium* devait donc être écarté, si le *dominus* avait été frappé de folie, ou était décédé avant l'expiration du temps auquel avait été limité le *precarium*. Dans ce cas, toute base venant à manquer pour asseoir un *precarium*, la possession aurait dû être traitée désormais comme une possession de mauvaise foi, entraînant l'obligation de restituer les fruits et la responsabilité de la faute.

M. de Vangerow[1] fait observer qu'il n'est pas indifférent d'admettre un nouveau *precarium* plutôt que la continuation de l'ancien, en ce que d'après le premier point de vue, la prescription extinctive de l'obligation de restituer qui pèse sur le précariste, ne commencera à courir qu'à dater du nouveau *precarium*. Il ajoute qu'à défaut de cette circonstance d'un renouvellement, la prescription trentenaire doit prendre son point de départ au jour de la tradition, sans qu'il soit nécessaire pour la faire courir, contrairement à ce que pense Savigny, qu'une réclamation ait eu lieu de la part du *dominus*. L'opinion de M. de Vangerow nous paraît exacte. L'action en restitution étant née pour le *dominus* du moment de la concession, rien n'empêche la prescription d'avoir aussitôt son cours. Prenons garde toutefois que, si l'obligation de restituer s'éteint au bout de trente ans, il n'en faut pas conclure que ce terme une fois passé, le précariste ou ses héritiers peuvent prétendre à conserver la chose qui serait encore en leur possession. Il ne saurait être question d'appliquer ici la prescription de trente ans qui, dans le dernier état du droit romain, permettait même au possesseur de mauvaise foi de repousser la revendication. La raison en est que dans les rapports du précariste ou de ses représentants à titre universel vis-à-vis le concédant, il y a ab-

---

[1] T. III, § 691.

sence de possession efficace, par suite du vice dont elle est affectée. Cette possession, avec le vice originaire qui la frappe d'impuissance, se continue telle qu'elle a commencé, en vertu de la règle suivant laquelle nul ne peut se changer à lui-même la cause de sa possession. A défaut d'une interversion provénant d'une contradiction opposée au droit du concédant, le précariste et ses héritiers se trouvent donc indéfiniment tenus de restituer ce qu'ils ont entre leurs mains. Le recours à une revendication proprement dite n'est même pas nécessaire; la voie de l'interdit *de precario* suffit à garantir les droits du concédant. Il s'agit, en effet, de savoir à qui appartient la possession ; or, respectivement aux parties litigantes, le concédant doit être préféré, toute possession utile à l'encontre de son adversaire manquant au concessionnaire. *En droit*, c'est le concédant qui possède, et il est fondé à recouvrer la possession qu'il n'a pas *en fait*. Seulement, il ne peut exiger la restitution que de ce qui est réellement possédé au moment où il agit, quand bien même le dol ou la faute lourde du précariste aurait ocasionné la diminution de ce qui avait été concédé *precario*. Il en serait autrement dans le cas où la restitution serait demandée avant l'expiration du délai de trente ans. L'action aurait alors pour base une obligation indépendante de la possession dont l'exécution pourrait être réclamée, le défendeur eût-il perdu la possession, si l'on pouvait imputer cette perte à son dol ou à sa faute grossière.

L'aliénation de la chose concédée que faisait le *rogatus* semblerait au premier abord devoir mettre fin au *precarium*, puisqu'il reposait sur un sentiment de bienveillance personnel au concédant, sentiment auquel on ne doit pas s'attendre de la part de l'acquéreur. Cependant les jurisconsultes romains en décidaient autrement. Le *precarium* subsistait néanmoins, sauf que le nouveau propriétaire prenait la place de son auteur, et que désormais le sort du précariste était à la discrétion du successeur du concédant. Voir L. 8, § 2, *h. t.*

Quelle influence exerçait sur le *precarium* le décès de l'une ou de l'autre des parties? Il n'y avait pas de difficulté pour le cas où le *rogatus* serait venu à mourir. De l'aveu de tous les jurisconsultes, le *precarium* subsistait néanmoins, comme l'établissent les lois 8, § 1, et 12, § 1, *h. t.*[1]; c'était désormais par rapport aux héritiers du *rogatus* que le *rogans* possédait *precario*. Toutefois il en eût été autrement, si la concession avait été subordonnée expressément à la persistance de la volonté du concédant : *Quoad is qui dedisset vellet.* Aux termes de la loi 4, *Locat.*, une convention ainsi formulée aurait eu pour effet de mettre fin au *precarium*, de même qu'à la *locatio*, par la survenance du décès du bailleur. Le précariste n'aurait plus été dès lors qu'un possesseur de mauvaise foi; il aurait perdu tout droit à l'indulgence dont on usait ordinairement en matière de *precarium*.

La mort du *rogans* semble bien avoir été d'abord appréciée tout différemment, et avoir été considérée comme entraînant la rupture du *precarium*. Celse, dans la loi 12, § 1, *h. t.*, est positif pour opposer sous ce rapport les effets de la mort du *rogatus* à ceux de la mort du *rogans*. Après avoir dit que la *precarii rogatio* passe à l'héritier du concédant, il ajoute qu'il en est autrement quant à l'héritier du *rogans : Ad heredem autem ejus, qui precario rogavit, non transit; quippe ipsi duntaxat, non etiam heredi concessa possessio est.* Le motif donné par le jurisconsulte est qu'il s'agit d'une concession faite *intuitu personæ,* qui, comme telle, doit cesser à la mort du bénéficiaire. Paul, Sent., liv. V, tit. 6, § 12[2], refuse également à l'héritier du *rogans* le droit à une possession basée sur un *precarium*, parce qu'il n'y a eu de sa part aucunes prières, et que le défunt n'avait obtenu la possession que de cette manière. Il ajoute que l'héritier, s'il reste en possession, doit être regardé comme possédant clandestinement. Nous ne doutons pas que, pour caractériser ainsi la possession de l'héritier, Paul ne sous-entendît qu'il était informé de la position de son auteur. L'héritier devait alors avertir le *rogatus* du décès, et offrir la restitution, sauf à lui à solliciter un nouveau *precarium* en sa faveur. S'il possède, grâce au silence qu'il a gardé, il ne réussit à conserver la possession qu'en célant au *dominus* l'événement

---

[1] *Eoque jure utimur,* dit Ulpien, après avoir rapporté l'opinion conforme de Sabinus et de Celsus; les deux écoles étaient d'accord sur ce point.

[2] *Heres ejus qui precariam possessionem tenebat, si in ea manserit, magis dicendum est clam videri possidere : nullæ enim preces ejus videntur adhibitæ, et ideo persecutio ejus rei semper manebit, nec interdicto locus est.*

qui a mis fin au *precarium;* sa possession est par conséquent clandestine.

Quant aux droits ouverts au concédant, le même texte nous apprend qu'une réclamation est toujours possible, sans indiquer par quelle voie; on pourrait croire cependant qu'il y a exclusion de tout interdit. Cette dernière partie du passage de Paul présente quelque difficulté d'interprétation. Le jurisconsulte, en effet, après avoir exprimé l'idée que la possession de l'héritier ne repose pas sur un *precarium,* qu'elle constitue plutôt une possession clandestine, semblerait, au moyen de la conjonction *ideo,* faire découler de là cette double conséquence que le concédant aurait toujours le droit d'agir, et qu'il n'y aurait pas lieu à un interdit. Mais quel rapport existe-t-il entre la prémisse et les déductions qui en sont tirées? Car, si l'on supposait, au contraire, que le *precarium* fût maintenu, le concédant aurait pu néanmoins agir en tout temps, l'interdit *de precario* étant donné sans limite d'un délai, *post annum,* dit la loi 8, § *ult., h. t.* D'un autre côté, l'existence d'une *clandestina possessio* ne doit pas faire obstacle à l'exercice d'un interdit, soit que Paul admît encore, comme il le faisait peut-être, un interdit *de clandestina possessione,* soit qu'il autorisât en pareil cas la ressource de l'interdit *Uti possidetis,* qui a fini par être jugée suffisante. — A notre gré, tout ce que veut dire Paul, c'est que l'interdit *de precario,* dont il s'occupait dans les paragraphes précédents, ne doit point trouver place ici. L'héritier n'est pas admis à invoquer la position d'un précariste, avec les ménagements qu'elle comporte, de manière à n'être tenu de restituer que ce qu'il possède, sauf la responsabilité de son dol ou de sa faute lourde, de même qu'il ne peut prétendre à conserver les fruits qu'il aurait perçus jusqu'au moment où il est poursuivi. Il est soumis indéfiniment à une action, sur laquelle il devra tenir compte rigoureusement de la chose et de ses accessoires, sans que les principes indulgents observés à l'occasion du *precarium* lui soient applicables.

D'un autre côté, Papinien, dans la loi 11, *De div. temp. præscr.,* paraît partager l'opinion de Celse et de Paul sur la non-transmission du *precarium* à l'égard de l'héritier du concessionnaire. Il commence par poser cette règle que les vices de la possession du défunt passent à son héritier, et font obstacle à l'usucapion dans sa personne, malgré l'ignorance où il serait quant à l'existence de ces vices; puis il fait l'application de cette règle au cas où le défunt aurait possédé *precario* [1]. A ce sujet, il enseigne que le *precarium* ne lie pas l'héritier qui n'en aurait point connaissance, de sorte qu'il n'y aura pas lieu à l'interdit *de precario : Quamvis enim precarium heredem igno- rantem non teneat, nec interdicto recte convenietur.* Le fond de la pensée du jurisconsulte est donc que le *precarium* ne se continue pas dans la personne de l'héritier du précariste, par conséquent, que le *precarium* prend fin à la mort du bénéfi- ciaire. Il est vrai que Papinien suppose de la part de l'héritier une ignorance de l'état de choses, d'où il faut se garder de conclure qu'*à contrario* le *precarium* subsisterait, si l'héritier était informé de l'origine de la possession de son auteur. Comme le fait observer Cujas [2], Papinien veut mettre en relief ce principe que là où la possession du défunt était vicieuse, l'héritier, malgré sa bonne foi, ne peut aspirer à une posses- sion qui lui permette d'usucaper ce que le défunt ne pouvait usucaper; et c'est pourquoi il suppose un héritier *ignorans.* Mais il est clair que si, dans la pensée de Papinien, l'héritier de bonne foi ne peut prétendre à être traité comme un préca- riste, il devait à plus forte raison refuser cette faveur à celui qui serait édifié sur l'existence du *precarium.* Nous avons vu que dans ce dernier cas Paul considérait l'héritier comme pos- sédant *clam;* et probablement il le soumettait à l'interdit *de clandestina possessione.* Sans doute l'héritier de bonne foi ne sera pas un possesseur clandestin; toutefois, il sera posses- seur d'une chose dont la restitution ne devra pas être réglée suivant les principes du *precarium.* Sa bonne foi assurément sera prise en considération; elle lui permettra d'excuser les détériorations qu'il aurait commises, en disant qu'il a cru abuser de sa propre chose, *dum sua re abuti putat.* On devra lui appliquer ce que l'on disait à l'égard du possesseur de bonne foi d'une hérédité : *Quasi suam rem neglexit, nulli que- relæ subjectus est,* L. 31, § 3, *De her. pet.* Mais du moins il aura à restituer les fruits jusqu'à concurrence de ce dont il s'est

---

[1] La leçon ordinaire des Pandectes, conforme au manuscrit des Floren- tines, porte : *Veluti cum sciens alienum illum, illo, vel precario possedit.* Il est évident qu'une corruption s'est glissée dans le texte. Cujas, t. IV, c. 1459, propose de lire : *alienum, vel vi, vel precario,* etc.

[2] T. I, c. 481...; t. IV, c. 1459.

enrichi, tandis qu'il pourrait les conserver s'il avait le droit
de se présenter comme ayant joui en vertu d'un *precarium*.

La doctrine qui ressort des textes précédents peut-elle se
concilier avec ce qui est décidé par Ulpien dans la loi 8,
§ *ult.*, *h. t.*, ainsi conçue : *Hoc interdicto heres ejus, qui precario
rogavit, tenetur, quemadmodum ipse : ut sive habet, sive dolo fe-
cit quominus haberet vel ad se perveniret, teneatur : ex dolo autem defuncti hactenus quatenus ad eum pervenit?* Il nous paraît
évident qu'Ulpien prend le contre-pied de ce qui était enseigné par les autres jurisconsultes ; car il assimile l'héritier au
bénéficiaire primitif. L'héritier n'est pas, à ses yeux, un possesseur clandestin, un possesseur de mauvaise foi ; il prend absolument la place du défunt : *Tenetur quemadmodum ipse* (*qui
rogavit*). En vain dira-t-on avec Cujas que l'héritier est tenu
de l'interdit *de precario*, non pas *proprio nomine*, mais seulement *nomine hereditario*. Ulpien sépare ces deux positions.
En ce qui concerne la jouissance du défunt, fût-elle entachée
de dol, l'héritier n'est obligé que dans la limite de ce dont il
se trouve enrichi. Quant à sa propre jouissance, il répond de
son dol, abstraction faite de tout profit encore existant. Il y a
donc deux mesures à appliquer, selon que l'héritier est poursuivi *proprio nomine* ou *hereditario nomine*, ce qui prouve qu'il
peut l'être à ces deux titres. En vain dira-t-on, avec Favre [1] et
de Vangerow [2], qu'Ulpien sous-entend la conclusion au moins
tacite d'un nouveau *precarium*, parce que l'héritier continuerait à jouir de l'aveu du concédant instruit du décès. Dans cette
hypothèse, en effet, ce ne serait point en qualité d'héritier,
mais à raison d'un acte ayant pris naissance en sa personne,
que le défendeur serait soumis à l'interdit *de precario*. Nous
estimons qu'il vaut mieux admettre avec Savigny [3] et Puchta [4],
qu'Ulpien ne reculait pas devant l'idée d'une transmission du
precarium au profit de l'héritier, sans s'arrêter à cette objection qu'il n'y avait pas eu prière de sa part. Il supposait chez le
concédant l'intention de renoncer gratuitement à la jouissance

---

[1] *De err. pragm.*, Dec., LXXVI, *err.* 9.

[2] T. III, § 692.

[3] *Traité de la possession*, § 42.

[4] *Curs. der Instit.*, t. II, p. 540.

de sa chose en faveur du concessionnaire et de ses succcs-
seurs, tant qu'il ne lui plaisait pas de la redemander.

L'opinion d'Ulpien sur la transmissibilité du *precarium* quant
aux héritiers du *rogans* est d'ailleurs en harmonie avec l'existence d'un lien contractuel, que nous verrons avoir été admis
par le même jurisconsulte. Tant qu'on ne reconnut pas une véritable obligation formée à la suite du *precarium*, il était difficile de faire entrer l'héritier dans le rapport créé par le fait de
son auteur. L'héritier devient sans doute débiteur de ce dont le
défunt était débiteur *ex contractu;* mais, comme on ne voyait pas
dans le *precarium* un *negotium contractum*, l'idée d'une dette faisait défaut. Le *rogans* était tenu parce qu'il possédait, et que sa
possession, vicieuse à l'égard du *rogatus*, permettait de soulever
un débat au possessoire où le *rogans* devait succomber. Quant
à l'héritier, sa possession ne paraissait pas pouvoir s'apprécier
de la même manière, parce qu'il n'y avait eu aucune prière de
sa part, disaient Celse et Paul. De là des difficultés pour ouvrir
au *rogatus* un moyen de se faire rendre par l'héritier la chose
concédée *precario* à son auteur. On avait songé à appliquer à
cette situation la ressource de l'interdit *de clandestina posses-*
sione, qui devait être insuffisante. L'imputation de posséder
clandestinement ne convenait, en effet, qu'à l'héritier qui était
instruit de l'origine de la possession de son auteur. Si l'héritier
ignorait le *precarium*, fallait-il donc que le *rogatus* recourût à
la revendication et prouvât son droit de propriété pour obtenir
la restitution? Remarquons que si en fait l'héritier a l'avantage
de posséder, il doit en réalité cet avantage aux prières éma-
nées de son auteur, il le doit à sa qualité d'héritier qui lui fournit la faculté de s'emparer de tout ce dont le défunt jouissait.
Aussi voyons-nous Papinien rattacher, même en matière de *pre-*
carium, la possession de l'héritier à celle du défunt ; il les déclare inséparables l'une de l'autre, en disant que l'héritier succède *in vitia defuncti*. Par conséquent, l'héritier sera considéré
comme possédant lui aussi *precario*, de façon à autoriser à son
encontre l'exercice d'une voie possessoire. Or, s'il subit les inconvénients de la qualité d'héritier, n'est-il pas juste qu'il ait
d'un autre côté les avantages de cette position, pour les profits
attachés au *precarium*, pour le droit de gagner les fruits jusqu'à
ce que la chose soit réclamée ; en un mot, qu'il soit traité absolument ainsi qu'un précariste, à l'instar de son auteur, dont

on lui impose la représentation pour qualifier sa possession?
C'est là le système qui nous paraît avoir été accepté par Ulpien,
qui pouvait le soutenir d'autant plus facilement qu'il envisageait
le *rogans* comme étant débiteur *ex contractu*, ce qui lui permettait d'étendre naturellement à l'héritier les effets de l'obligation contractuelle. Nous pensons que ce système avait prévalu dans le dernier état du droit ; et cette opinion peut s'étayer
sur une constitution des empereurs Dioclétien et Maximien, la
loi 2, C., *De precar.*, où l'on voit que l'interdit *de precario* est
donné sans difficulté contre les héritiers du *rogans*, ce qui était
repoussé par les anciens jurisconsultes [1].

Quand le *precarium* était consenti au profit du débiteur gagiste ou de l'acheteur, il s'éteignait de plein droit par l'acquit-
tement de la dette ou le payement du prix de vente, L. 11,
L. 20, *h. t.*

Le *precarium* prenait fin également, si le précariste trans-
formait sa possession en détention, ce qui pouvait s'effectuer
par une simple convention, par exemple en prenant désormais
à bail la chose concédée d'abord *precario*, L. 10, *pr.*, *De acq.
poss.*

Moyens de restitution ouverts au concédant. — Nous avons vu
que le *precarium* n'était pas considéré dans l'origine comme un
negotium contractum, qu'il était impuissant à engendrer une
obligation. Aussi le droit civil ne fournissait-il aucune action à
raison de cette affaire : *Nulla eo nomine juris civilis actio esset,*
dit Paul, L. 14, *h. t.* ; *non est contra eum civilis actio*, répète
encore Ulpien, L. 14, § 11, *De furt.* Le concédant aurait donc
été d'abord dans la nécessité de recourir à la revendication ; il

---

[1] Il est à remarquer que, si la transmission du bénéfice du *precarium* a
fait doute à l'égard de l'héritier, il n'en était pas ainsi relativement à un
autre successeur *per universitatem;* nous voulons parler de l'adrogeant.
Pomponius, L. 16, *h. t.*, décide que l'adrogeant possédera *precario* ce qui
aurait été concédé de la sorte à celui qu'il adroge, et cette décision n'est
contrariée par aucun autre texte. Faut-il dire que Pomponius penchait à
ne pas traiter l'avantage découlant d'un *precarium* comme étant rigoureusement attaché à la personne, et à le considérer comme susceptible de
transmission? Faut-il supposer, comme l'insinue Pothier, que le jurisconsulte sous-entend qu'il y a eu renouvellement tacite de la concession au
profit de l'*adrogator?*

aurait fallu établir un droit de propriété pour triompher de la possession de son adversaire.

Quand une fois un débat au possessoire fut admis, et que la possession fut protégée pour elle seule, la ressource des interdits *retin. possess.* dut être accordée au *rogatus.* Nous avons établi, en effet, que la condition d'une possession actuelle en fait n'était pas exigée pour réussir dans ces interdits, ce qui est incontestable pour l'interdit *Utrubi*, ce qui était également vrai dans l'interdit *Uti possidetis*, dès que la possession existant chez l'adversaire était vicieuse à l'égard de l'autre partie. Nous trouvons la confirmation de cette opinion dans un texte du titre *De precario*, dans la loi 17, où il est dit que le précariste peut user de l'interdit *Uti possidetis*, à l'encontre de tous, un seul excepté, savoir celui de qui il tient la chose [1]. Ne serait-il pas bizarre que le *rogatus* pût impunément harceler le *rogans* dans sa position, et qu'il ne lui fût pas permis, faute d'une possession effective, de soulever un débat judiciaire tendant à régler le point de savoir à qui appartient la possession, véritable question agitée dans l'interdit *Uti possidetis*, où le juge ayant à rechercher, ainsi que le dit Gaïus, IV, 166, *uter nec vi, nec clam, nec precario possidet*, ne doit pas tenir compte d'une possession entachée de précarité vis-à-vis l'autre plaideur [2]?

---

[1] *Qui precario fundum possidet, is interdicto Uti possidetis adversus omnes, præter eum quem rogavit, uti potest.*

[2] Certains esprits allaient même jusqu'à dire que, malgré l'investiture de la possession active au profit du concessionnaire, autorisé à exercer les interdits *retin. et recup. possess.*, le concédant n'était point dépouillé de la possession qu'il aurait conservée *animo.* Telle est l'opinion énoncée, L. 15, § 4, *h. t.*, par Pomponius, qui reconnaît que la chose est douteuse. Peut-être faut-il voir dans ce texte une trace de la controverse qui a existé entre les jurisconsultes romains sur la possibilité de l'existence d'une possession *in solidum* en faveur de plusieurs personnes. Nous savons par la loi 3, § 5, *De acq. poss.*, que les Sabiniens (et Pomponius paraît avoir appartenu à cette école) admettaient le concours d'une possession *justa* et d'une possession *injusta*, notamment en ce qui concerne le *rogatus* et le *rogans*. Mais cette doctrine ayant été repoussée, il faut, pour éviter une antinomie, restreindre la conservation de la possession au profit du *rogatus*, tant que dure le *precarium*, à la possession *ad usucapionem*, tandis que la possession *ad interdicta* ne lui reviendrait, suivant la décision d'Ulpien, L. 13, § 7, *De acq. poss.*, que *rupto precario.* Toutefois, si jusqu'à ce moment la possession *ad interdicta* manque au *rogatus* d'une manière générale, elle ne lui fait pas défaut, au moins d'une manière relative, quand il s'agit de ses rapports avec

Malgré la faculté ouverte au *rogatus* d'employer la voie des interdits *retin. possess.*, le Préteur introduisit au profit du même individu un interdit spécial, l'interdit *de precario*, qui avait pour but de faire *recouvrer* la possession abdiquée à la suite d'un *precarium*, de même que l'interdit *Unde vi* s'appliquait à la réintégration de la possession perdue par l'effet de violences. Ce nouvel interdit n'était point inutile, les interdits *retin. possess.* pouvant être insuffisants, attendu qu'ils supposent pour leur efficacité que l'adversaire est en possession. Ils ne vont pas, en effet, au delà d'un ordre qui se borne à défendre de troubler l'exercice de la possession chez l'autre partie, tandis que l'interdit *de precario* enjoint une restitution à effectuer. Sans doute le précariste qui ne possède plus n'est responsable que de la perte de la possession provenant de son dol ou de sa faute lourde : *Quod precario ab illo habes, aut dolo malo fecisti ut desineres habere*, L. 2, *pr., h. t.* Mais si le précariste a disposé de la chose dont il était comptable, et s'est mis ainsi frauduleusement dans l'impossibilité de la restituer en nature, ou s'il l'a perdue par une négligence grossière, il n'échappera pas à l'interdit *de precario*, là où un simple interdit *retin. poss.* n'aurait pas de sens, et serait inapplicable.

Suivant Puchta[1] et de Vangerow[2], il y aurait eu encore un autre motif pour imaginer l'interdit *de precario*, en ce qu'il aurait fourni un moyen d'agir au concédant, même après une année écoulée depuis qu'il avait renoncé à la possession. Cet interdit était effectivement perpétuel, comme le fait observer, L. 8, § 7, *h. t.*, Ulpien, qui ajoute que les concessions à précaire ayant habituellement une longue durée, il eût été absurde de refuser l'interdit *post annum*. Pas de possibilité, au contraire, pensent les auteurs que nous avons cités, de donner l'interdit *Uti possidetis* après plus d'une année de non-jouissance de la part du *rogatus*; car il n'était accordé que *intra annum quo primum experiendi potestas fuerit*, et cette *potestas* avait existé dès le principe chez le concédant qui était libre de révoquer le lendemain la concession qu'il avait faite la veille.

le *rogans*, puisque ce dernier, aux termes de la loi 17, *h. t.*, ne peut prétendre à faire protéger sa possession vis-à-vis le *rogatus*, qui se trouve à l'abri de l'interdit *Uti possidetis.*

[1] *Curs. der Instit.*, t. II, § 225.

[2] T. III, § 691.

— Nous avons peine à accepter cette explication. La limite
d'une année dont il était question dans l'édit du Préteur, à l'occasion de l'interdit *Uti possidetis*, n'était relative, suivant nous,
qu'à l'appréciation des dommages-intérêts dont la cause ne
devait pas remonter à une date plus qu'annale : *Neque pluris
quam quanti res erit, intra annum... agere permittam.* Rappelons-nous que l'interdit *Uti possidetis* figurait au nombre de
ceux dont on disait qu'ils étaient *in præsens relata*, expressions
que nous avons expliquées précédemment [1]. Il fallait que le
plaignant pût invoquer un état de choses actuel, qu'il justifiât
qu'au moment où l'interdit était sollicité la situation était telle
que la possession devait être reconnue en sa faveur. Or cette
condition ne faisait pas défaut après plus d'une année de jouissance exercée par le *rogans*, puisque la possession de ce dernier n'était pas opposable au *rogatus*. Il était donc toujours
recevable à dire, tant que cette possession vicieuse à son égard
se continuait, qu'un débat sur le règlement de la possession
actuelle entre les parties devait se résoudre à son avantage.

Enfin la jurisprudence romaine fit un pas de plus, et en dernière analyse le *precarium* fut introduit dans la classe des
contrats, dont il était resté pendant longtemps exclu. Ce résultat fut dû au développement qu'obtint de jour en jour l'idée
féconde propagée par l'école des Proculéiens, et dont l'initiative remonterait jusqu'au chef de cette école. Il est permis
d'applaudir ici à l'esprit d'innovation, qui, suivant Pomponius,
distinguait les Proculéiens par opposition aux Sabiniens. Sans
renverser la vieille règle, qui ne voulait pas qu'en principe une
obligation avec action se formât trop légèrement, au moyen
d'un simple pacte, les Proculéiens admirent avec raison qu'il
y avait *causa civilis obligationis* dès que le pacte avait été
accompli par l'une des parties, dès qu'il y avait eu *aliquid
datum vel factum* dans le but d'exiger *ut aliquid daretur
vel fieret*. Telle était, on le sait, la base de l'action qualifiée *præscriptis verbis*, qui ouvrait une large voie à la
liberté des transactions sérieuses suivies d'exécution *ex altera
parte*, en augmentant indéfiniment le nombre des contrats
formés *re*, sans qu'il y eût à rechercher péniblement, comme

[1] V. p. 26.

le voulaient les Sabiniens, si l'affaire se rapprochait suffisamment de quelque contrat anciennement reçu. Malgré les résistances opiniâtres que rencontra cette théorie éminemment équitable, repoussée au temps de Gaïus par beaucoup de jurisconsultes, que Paul encore paraît n'avoir acceptée qu'avec des restrictions, elle devait faire, et elle fit son chemin. La convention intervenue entre le *rogatus* et le *rogans*, à la suite de laquelle ce dernier avait été mis en possession, sous la condition de rendre à la première réquisition, fournissait naturellement une occasion d'appliquer le principe fondamental sur lequel reposait l'action *præscriptis verbis*. Il y avait eu, en effet, dans l'espèce *datio possessionis, ut vicissim eadem possessio ulterius daretur.* Aussi Ulpien, qui dans ses Commentaires sur Sabinus, L. 14, § 11, *De furt.*, s'en tenait encore au système primitif, suivant lequel il n'y avait pas d'action civile en matière de *precarium*, s'écarte-t-il de cette appréciation dans son traité sur l'Édit, liv. LXXI, et il s'exprime de la sorte, L. 2, § 2, *h. t.* : *Itaque, cum quid precario rogatum est, non solum hoc interdicto uti possumus, sed etiam præscriptis verbis actione, quæ ex bona fide oritur.* Paul lui-même, qui est considéré comme n'ayant pas adopté d'une manière générale la doctrine des Proculéiens, obéit ici à l'ascendant des considérations qui militaient en faveur de l'application de cette action; et tandis que dans la loi 14, *h. t.*, en commentant lui aussi Sabinus, il reproduit ce point de vue d'une dénégation de toute action civile, nous voyons que dans ses Sentences, liv. V, tit. 6, § 10, il autorise au profit du *rogatus,* à côté de la voie de l'interdit, la ressource d'une *civilis actio* [1]. Sans doute il ne spécifie pas quelle est cette action; mais il n'est guère douteux, comme le pense Cujas, qu'il ne fît allusion à l'action *præscriptis verbis,* qu'il accordait sans difficulté toutes les fois que l'affaire rentrait sous le type *do ut des,* conformément à la théorie qu'il expose dans la célèbre loi 5, *De præscr. verb.*

Si l'on devait prendre à la lettre un autre texte de notre matière, la loi 19, § 2, *h. t.*, il semblerait que le *precarium* aurait fourni un terrain sur lequel Sabiniens et Proculéiens se seraient

---

[1] *Redditur interdicti actio, quæ proponitur ex eo ut quis quod precario habet restituat : nam et civilis actio hujus rei, sicut commodati, competit, eo vel maxime quod ex beneficio suo unusquisque injuriam pati non debet.*

rencontrés pour proclamer le triomphe de l'action *prœscriptis verbis*. Les compilateurs de Justinien mettent en effet dans la bouche de Julien le langage suivant : *Cum quid precario rogatum est, non solum interdicto uti possumus, sed et incerti condictione, id est prœscriptis verbis.* Malgré l'autorité de Savigny, qui transforme l'*incerti condictio* en *incerti actio* [1], appellation que reçoit quelquefois l'action *prœscriptis verbis* qui serait ainsi désignée sous deux noms différents, il est impossible de croire que l'un des principaux chefs de l'école Sabinienne, antérieur à Gaïus, se fût décidé à adopter déjà l'action *prœscriptis verbis,* que Gaïus, toujours docile à ses maîtres, repoussait après Julien. D'ailleurs Julien n'était pas converti au système Proculéien ; nous le savons par le témoignage d'Ulpien, qui, dans la loi 7, § 2, *De pact.*, nous apprend que Julien avait été blâmé par un jurisconsulte postérieur, dans une hypothèse où, fidèle à l'ancienne doctrine de son école, il enseignait qu'on devait recourir à une action prétorienne *in factum,* au lieu d'accorder l'action *prœscriptis verbis* qu'un Proculéien n'aurait pas hésité à donner.

Nous tenons pour certain qu'il n'y a rien à changer dans cette partie de la loi 19, et nous estimons que Julien avait trouvé un autre expédient afin de procurer au *rogatus* la protection du droit civil. Pour y arriver, il donnait à la *condictio* une extension que nous trouvons admise dans d'autres textes, d'où il résulte que la *condictio* était autorisée toutes les fois que quelqu'un s'était enrichi *sine causa,* ou, ce qui revient au même, que la *causa* de l'enrichissement était *finita* [2]. Ce n'était pas le même procédé que celui adopté par les Proculéiens ; il n'y avait pas une action *ex contractu,* mais bien *quasi ex contractu.* Toujours est-il qu'indépendamment des voies prétoriennes l'intervention du droit civil était admise. On tenait à l'écart l'action *prœscriptis verbis ;* seulement, pour satisfaire à un besoin nouveau, on élargissait la sphère d'une action ancienne, ce qui était conforme aux habitudes des Sabiniens. — Il reste à expliquer comment l'*incerti condictio* serait présentée comme constituant sous un autre nom l'action *prœscriptis verbis.* Cette

---

[1] Cette explication que Savigny avait déjà donnée dans son *Traité de la possession,* § 42, et à l'appui de laquelle il invoque certains manuscrits des Pandectes, a été reproduite par cet auteur dans son *Système du droit romain,* t. V, p. 107 et 518 de la traduction de M. Guénoux.

[2] V. L. 23 et 32, *De reb. cred.;* L. 1, §§ 2 et 3, *De cond. sin. caus.*

identification n'est pas assurément l'œuvre de Julien. On peut l'attribuer soit à un copiste peu éclairé, soit même aux commissaires de Justinien, qui n'avaient aucune raison pour repousser l'action *præscriptis verbis*, et qui ont cru la rencontrer dans le texte qu'ils compilaient, parce qu'elle était quelquefois désignée par la qualification de *incerta actio*.

L'application au *precarium* de l'action *præscriptis verbis* ne paraît pas avoir entraîné l'abandon de l'appréciation indulgente dont on usait pour mesurer la responsabilité du précariste. Le même jurisconsulte, qui nous atteste que le *precarium* a pris place parmi les contrats, est positif pour nous dire, en approuvant cette modération, que le précariste n'est tenu que du dol et de la faute lourde, L. 8, § 3, *h. t.*; L. 23, *De reg. jur.* Il n'y avait là, en effet, rien qui répugnât à l'essence des contrats, puisque la même règle était observée à l'égard du dépôt. — Mais il est plus difficile, en admettant ce point de départ, d'exonérer l'héritier de l'obligation de réparer le dol commis par son auteur, quand l'héritier n'en a retiré aucun profit. Malgré l'assertion énoncée par les rédacteurs des Institutes, § 1, *De perp. et temp. act.*, d'après laquelle l'action dérivant d'un contrat ne pourrait être intentée contre l'héritier non enrichi par le dol de son auteur, la doctrine contraire est présentée comme constante par des textes bien formels (V. L. 18 et 49, *De oblig. et act.*; L, 157, § 3, *De reg. jur.*); et l'on connaît aujourd'hui la cause de l'erreur dans laquelle sont tombés les compilateurs, qui ont eu le tort de conserver un passage de Gaïus, où il était fait allusion aux particularités qu'offraient de son temps la *sponsio* et la *fidepromissio*. La nécessité d'un enrichissement, pour autoriser contre l'héritier une action à raison du dol du défunt, est cependant reproduite, en matière de *precarium*, par Ulpien, L. 8, § *ult.*, *h. t.*; mais nous sommes disposé à adopter l'opinion de Vangerow[1], qui restreint la décision d'Ulpien au cas où le *rogatus* recourrait à l'interdit *de precario*, tandis que la ressource de l'action *præscriptis verbis* lui permettrait, conformément aux principes généraux des contrats, de demander compte à l'héritier du dol de son auteur, abstraction faite de la circonstance d'un enrichissement.

[1] T. III, § 691, n° 5.

Du reste, tout embarras pour déterminer l'action à intenter cesserait, si lors de la concession le *rogatus* avait pris soin de se ménager une action, au moyen d'une stipulation par laquelle il se serait fait promettre la restitution. Cette précaution n'était pas sans doute inusitée. Pomponius s'en occupe dans la loi 15, § 3, *h. t.;* et il déclare qu'en pareil cas l'interdit *de precario* ne sera pas donné. Le *rogatus* éviterait ainsi en même temps de s'exposer aux doutes que soulevait l'extension contre les héritiers du *rogans* de l'action propre au *precarium.*

Nous terminerons, en faisant observer que l'ancienne jurisprudence autorisait le *rogatus* à se remettre en possession par un moyen plus expéditif. Il n'avait pas besoin de soumettre sa cause à l'examen de la justice; il pouvait user de violence afin de surmonter la résistance qu'il éprouvait de la part du *rogans*, à la condition toutefois d'éviter l'emploi des armes, suivant une distinction que nous connaissons déjà, et qui est formulée par Gaïus, IV, 154. Paul, Sent., liv. V, tit. 6, § 7, enseigne la même doctrine, et déclare que le fait d'avoir expulsé par violence celui qui n'avait à votre égard qu'une possession vicieuse doit rester impuni. Sous Justinien, au contraire, et sans doute avant lui, toute violence est prohibée, même quand elle est exercée contre un adversaire dont la possession est vicieuse, et le *dejectus* est admis dans tous les cas à se faire restituer la possession par la voie de l'interdit *Unde vi*, Instit., § 6, *De interd.* D'un autre côté, le *rogatus*, qui s'est exposé à succomber au possessoire, ne pourra ressaisir la chose au pétitoire, puisqu'il a encouru, à partir de la constitution de Valentinien, etc., la déchéance de son droit de propriété, pour avoir voulu se faire justice à lui-même.

Nous avons vu cependant que la violence était excusée, quand elle n'était de la part de son auteur que la défense de sa position actuelle, quand elle était employée immédiatement par le *dejectus vi* pour récupérer la possession qu'il venait de perdre. Ne pourrait-on pas soutenir que le *rogatus*, qui use de la force pour expulser le *rogans*, se borne à maintenir son droit contre une violence qu'il rencontre? En effet, dans ses rapports avec le *rogans*, c'est au *rogatus* que la possession appartient, dès qu'il lui convient de la réclamer. L'initiative de la violence revient donc au *rogans*, qui a le tort de recourir à la force afin de retenir ce qu'il devrait rendre. Quant au *rogatus*, il éprouve dans l'exercice de son droit un obstacle provenant d'une *vis*, qu'il devrait être autorisé à écarter de la même manière, s'il est vrai qu'il est permis *vim vi repellere*.

Il nous paraît impossible d'accepter ce système, quelque rationnel qu'il puisse être, quelque légitime que soit dans cette circonstance l'usage de la force, que ne proscrivait pas l'ancien droit romain. Sans doute on peut critiquer la réforme de cet ancien droit ; mais il n'en faut pas moins appliquer le nouveau principe, malgré l'exagération de rigueur déployée contre tout recours à la violence. Or, dans le système que nous repoussons, quelle place laisse-t-on à la règle qui ouvre toujours au *dejectus* l'interdit *Unde vi*, même quand ce *dejectus* ne posséderait que *precario ab adversario ?* En vain essayerait-on d'établir une distinction entre ces deux hypothèses. Première hypothèse : le *rogatus*, n'obtenant pas une restitution de bon gré, recourt à la violence, et réussit à se mettre en possession. Dans ce cas, l'emploi de la force serait légitime, parce qu'il a pour but de maintenir les rôles qui appartenaient aux plaideurs au moment où la lutte s'est engagée, de laisser la possession là où elle devait être dans les rapports du *rogatus* et du *rogans*. Deuxième hypothèse : le *rogatus* a fait un effort inutile pour ravoir sa chose ; il a été repoussé. Désormais le *rogans* a interverti sa position ; il possède *vi*, mais non plus *precario*. Ici le *rogatus* devrait s'abstenir d'user de violence ; il ne tendrait pas simplement à défendre une possession dont on veut le faire décheoir, il chercherait à recouvrer par la force une possession qui n'existe plus actuellement. — La dernière de ces propositions est très-exacte sous Justinien. Il n'est pas permis de reprendre par violence une possession perdue par violence, si ce n'est pour ainsi dire incontinent. Mais il est tout aussi vrai qu'on ne peut également reprendre par la force une possession perdue en fait à la suite d'un *precarium*. L'interdit *Unde vi* est, en effet, concédé au *dejectus* non-seulement contre le *dejiciens* à l'égard duquel il possédait *vi*, mais encore contre le *dejiciens* à l'égard duquel il possédait *precario*. Or, dans quel cas appliquera-t-on cette faculté d'invoquer l'interdit *Unde vi* à celui qui possédant *precario* a été expulsé par le *rogatus ?* La chose serait impossible ; car ou bien le *rogans* a succombé dans sa tentative de résistance au *rogatus*, et alors il n'y aurait pas d'interdit *Unde vi* en sa faveur ; ou bien il n'a succombé qu'après avoir d'abord résisté victorieusement au *rogatus*, et alors c'est un possesseur *vi* qui a été *dejectus*, non un possesseur *precario* [1].

§ 3. — Interdit *de clandestina possessione.*

Quand la possession d'un immeuble [2] avait été arrachée par violence, quand la possession d'un meuble ou d'un immeuble avait été abdiquée moyennant un *precarium*, nous avons rencontré pour chacune de ces hypothèses un interdit particulier accordé à l'ex-possesseur, afin de lui faire recouvrer l'avantage qu'il avait perdu, *recuperandæ possessionis causa*. Mais une possession acquise pouvait être indigne de protection pour un autre motif encore ; elle était susceptible d'un troisième vice, la clandestinité, indiqué habituellement à côté des deux autres, et ayant également un caractère relatif (*nec vi, nec clam, nec precario ab adversario*). Il semble donc qu'il y aurait défaut d'harmonie, si le droit romain n'avait pourvu d'un interdit spécial celui qui aurait été dépouillé clandestinement de la possession, à l'instar de celui qui avait été victime d'une violence, ou qui éprouvait un refus de restitution de la part du précariste.

Toutefois on ne trouve dans le *Corpus juris* qu'un seul témoignage en faveur de l'existence d'un interdit *de clandestina possessione ;* et encore cet interdit n'est-il mentionné que d'une manière incidente, à propos de la détermination des personnes qui ont le droit de provoquer un partage. Ulpien, dans la loi 7, § 5, *Comm. divid.*, en rapportant une opinion de Julien, nous dit que le possesseur, qui sollicite l'action *communi dividundo,* ne doit pas l'obtenir, si le défendeur éventuel soutient que son adversaire n'a qu'une possession infectée de violence, de pré-

---

[1] Notre travail sur l'interdit *de precario* était sous presse, quand nous avons reçu les *Textes choisis sur la théorie des obligations en droit romain,* que vient de publier M. Vernet. Nous sommes heureux de constater que les opinions auxquelles nous nous étions arrêté concordent avec celles émises par notre savant et judicieux collègue.

[2] Nous avons expliqué comment, en matière de meubles, l'interdit *Utrubi* tenait lieu à la fois d'un interdit *retinendæ* et d'un interdit *recuperandæ possessionis.*

carité, ou de *clandestinité*, attendu que dans tous ces cas la possession de celui qui réclame un partage peut être attaquée par la voie d'un interdit restitutoire : *Sed et si clam dicatur possidere qui provocat, dicendum esse ait cessare hoc judicium (communi dividundo); nam de clandestina possessione competere interdictum inquit.* Nulle part ailleurs les compilateurs de Justinien ne font allusion à l'interdit dont nous nous occupons ; et tandis que les interdits *Unde vi* et *de precario* forment chacun l'objet d'un titre particulier, l'interdit *de clandestina possessione* est complétement passé sous silence dans le livre des Pandectes consacré à la matière des interdits. Ce n'est que dans la bouche d'un défendeur que se rencontre l'allégation d'une possession clandestine imputée à son adversaire; jamais on ne suppose qu'il y ait lieu d'agir pour exiger la restitution d'une possession acquise clandestinement par un tiers, de même qu'on admet la faculté d'intenter une action pour se faire rendre une possession perdue *vi* ou *precario*. La conclusion qu'il faut tirer de cette omission, c'est que, si un interdit *de clandestina possessione* a existé d'abord dans la législation romaine, cet interdit a été supprimé, parce qu'on l'a considéré comme inutile. Cette thèse a été depuis longtemps démontrée victorieusement, à notre gré, par Savigny, au système duquel nous adhérons ; et nous n'avons qu'à reproduire les observations que nous avons déjà eu occasion [1] de présenter sur ce point de l'histoire du droit romain.

La clandestinité, de même que la *vis* et le *precarium*, était envisagée comme ne produisant qu'un vice relatif dans la possession. Ulpien, L. 6, *pr.*, *De adq. possess*, définit ainsi la *clandestina possessio :* Clam possidere *eum dicimus, qui furtive ingressus est possessionem, ignorante eo, quem sibi controversiam facturum suspicabatur, et ne faceret timebat.* Un peu plus loin, il ajoute : *Itaque, inquit Pomponius, clam nanciscitur possessionem, qui futuram controversiam metuens, ignorante eo, quem metuit, furtive possessionem ingreditur.* Cette manière subreptice de se procurer la possession d'un immeuble se présentait, lorsque quelqu'un, épiant l'éloignement du possesseur, choisissait l'instant où celui-ci s'était absenté, afin de s'emparer de

---

[1] V. nos *Textes sur la possession,* etc., p. 83 et suiv.

l'immeuble momentanément abandonné. Tel est le cas prévu au § 1 de la même loi. Le possesseur a quitté son fonds ou sa maison pour aller au marché (*ad nundinas*), et il n'a laisé personne chargé de veiller à la conservation de la possession jusqu'à son retour. Dans l'intervalle, survient un tiers qui profite de cet état de choses qu'il attendait pour réaliser son entreprise, mais qui, craignant une résistance, s'est abstenu de manifester aucune prétention tant que le possesseur était sur les lieux. Labéon décidait qu'il y avait possession acquise de la part de cet usurpateur, mais en même temps qu'elle était clandestine : *Videri eum clam possidere Labeo scribit.* Nous verrons plus loin comment Ulpien, qui rapporte l'avis de Labéon, appréciait personnellement les faits dont il s'agit. Quant à présent, nous pouvons constater qu'au siècle d'Auguste, on reconnaissait comme possesseur celui qui avait occupé clandestinement un immeuble. Sans doute il n'aurait pu réussir à maintenir sa possession par la voie de l'interdit *Uti possidetis,* s'il avait été troublé par l'ex-possesseur ; en outre, il était exposé à subir un interdit restitutoire *de clandestina possessione,* que Labéon admettait certainement, comme le faisait encore plus tard, au IIe siècle de l'ère chrétienne, le jurisconsulte Julien.

Cependant, avec le temps, il se forma une nouvelle opinion destinée à protéger les intérêts garantis autrefois par la concession de l'interdit *de clandestina possessione.* Le point de départ fut cette idée fort juste que la conservation de la possession n'exige pas un pouvoir immédiat et incessant sur la chose, et qu'il suffit d'être en position de réaliser à son gré, d'une manière prochaine et sans obstacle, des actes de maître. Ce tempérament était indispensable à l'égard des immeubles, pour lesquels la jouissance ne se répète pas toujours quotidiennement, mais parfois au contraire à d'assez longs intervalles, de telle sorte que la présence permanente du possesseur ou de ses représentants eût été fort gênante, si on l'avait jugée nécessaire pour ne pas perdre la possession *corpore.* Il n'y avait rien que de très-raisonnable, par conséquent, à admettre que l'éloignement du possesseur ne le privait pas de la possession, puisqu'il n'avait pour résultat que de rendre moins immédiate la possibilité d'agir sur l'immeuble, sans l'empêcher de subsister. Seulement, pour que cette possibilité se maintînt en réalité au profit de celui qui n'était pas resté présent, ne fallait-il pas sup-

poser que durant son absence la possession était demeurée
vacua, et que nul n'était venu occuper les lieux pour son propre
compte? Il semble, en effet, qu'à défaut de cette condition, il
ne sera plus permis à l'ancien possesseur de renouveler quand
il le voudra la détention de sa chose, puisqu'il ne pourra le
faire qu'autant qu'il parviendrait à surmonter, ce qui est douteux, la résistance opposée par l'usurpateur. Or précisément la
circonstance d'une non-occupation par un tiers fut considérée
comme indifférente, et la maintenue de la possession d'un
immeuble fut déclarée compatible avec la présence effective
d'un nouveau prétendant à la possession.

Voici la marche que paraît avoir suivie la doctrine qui a fina-
lement abouti à la suppression de l'interdit *de clandestina possessione.* Des exemples d'occupation facilitée par l'éloignement du possesseur durent d'abord se présenter pour les
immeubles dont l'exploitation n'est possible que pendant une
partie de l'année, qui, dès lors, restent abandonnés d'une manière prolongée, tels que sont les pâturages d'hiver ou d'été,
saltus hiberni œstivique. Quand, au retour de la saison favorable à l'exercice du droit de propriété, un nouveau venu se
trouvait établi en possession, anciennement on disait que
cette possession acquise à l'insu du précédent possesseur,
et grâce à son absence, était clandestine, qu'elle pouvait être
attaquée par l'interdit *de clandestina possessione.* Plus tard on
fit un pas de plus; on alla jusqu'à déclarer la condition du *corpus* inutile, et à se contenter de l'*animus* pour la conservation
de la possession, ce qui permettait de la laisser subsister
malgré la présence d'un tiers. Il ne paraissait pas juste que le
possesseur fût dépouillé sans le savoir de la position qui lui
appartenait pour des immeubles dont il avait dû rester quelque
temps éloigné; et l'on décida en conséquence que sa possession continuerait tant qu'il ne serait pas informé de l'occupation.

Cette proposition était admise, au commencement du IIIe siècle, par Papinien, qui l'énonce dans la loi 46, *De adq. possess.,*
en l'appliquant précisément aux *saltus.* Déjà, au temps de Gaïus,
la règle : *animo retineri potest possessio* aurait rallié la plupart
des suffrages; *Plerique putant,* disait cet auteur, *Comment.* IV,
§ 153, ce qui aurait été vrai particulièrement quant aux *saltus*

hiberni æstivique [1]. Paul, dans la loi 3, § 11, *De adq. poss.*, semble encore limiter à ce genre d'immeubles la règle en question : *Saltus hibernos æstivosque animo possidemus, quamvis certis temporibus eos relinquamus.* Mais déjà Ulpien, contemporain de Paul, donne plus de portée à la maxime, qu'il étend à tous les *prædia* sans distinction, bien qu'il s'exprime de façon à laisser voir que les *saltus* avaient motivé cette déviation aux anciens principes : *Quod vulgo dicitur,* ÆSTIVORUM HIBERNORUMQUE SALTUUM NOS POSSESSIONES ANIMO RETINERE, *id exempli causa didici Proculum dicere ; nam ex omnibus prædiis, ex quibus non hac mente recedimus ut omisisse possessionem vellemus.* idem est, L. 1, § 25, *De vi.*

Le point important de la nouvelle théorie, le maintien de la possession d'un immeublé même après l'occupation effectuée par un tiers, est présenté comme susceptible de controverse par un jurisconsulte de l'époque de Gaïus, par Pomponius, dans la loi 25, § 2, *De adq. poss.* Si la possession se conserve *solo animo,* faut-il admettre du moins qu'elle cessera à raison de cette circonstance qu'un tiers s'est emparé de l'immeuble, de manière que la *corporalis possessio* du survenant doive l'emporter? *Quod autem solo animo possidemus, quæritur utrumne eo usque possidemus donec alius corpore ingressus sit, ut potior sit illius corporalis possessio?* Tel était, nous l'avons vu, l'avis de Labéon, qui reconnaissait qu'une possession nouvelle pouvait s'acquérir pendant l'éloignement de l'ancien possesseur, sauf qu'il accordait la ressource de l'interdit *de clandestina possessione.* Ne faut-il pas, au contraire, ajoute Pomponius, qui nous apprend que cette seconde opinion est plus généralement approuvée, ne faut-il pas dire que l'ancienne possession subsistera jusqu'à ce que le possesseur de retour ait été repoussé? *An vero (quod quasi magis probatur) usque eo possideamus, donec revertentes non* [2] *aliquis repellat?* Ne doit-

---

[1] Le manuscrit de Vérone présentant ici une lacune, il faut admettre, pour invoquer en ce sens le témoignage de Gaïus, la restitution proposée par Lachmann, et suivie par M. Pellat dans le *Manuale synopticum*, restitution d'après laquelle le texte devrait être rétabli comme il suit : *Quinetiam plerique putant, animo quoque retineri possessionem, quod nostrorum verbi gratia æstivorum et hibernorum saltuum animo solo, quia voluerimus ex quo discessimus reverti, retinere possessionem videamur.*

[2] Telle est la leçon du manuscrit de Florence, ce qui signifie : Tant qu'on

on pas, continue le même texte, regarder l'*animus* comme efficace pour conserver la possession jusqu'à ce que le précédent possesseur renonce à se ressaisir de l'immeuble, parce qu'il craint une résistance qu'il n'ose pas provoquer? C'est le parti qu'il faut adopter suivant Pomponius : *Aut nos animo ita desinamus possidere, quod suspicemur repelli nos posse ab eo qui ingressus sit in possessionem? Et videtur utilius esse.* — La solution donnée par le jurisconsulte aux deux dernières questions qu'il s'est posées se fonde, on le voit, sur cette idée que l'usurpation d'un immeuble, accomplie au détriment de quelqu'un en son absence, ne le prive point de la possession, tant que le fait est ignoré de lui. Elle doit lui être maintenue jusqu'au moment où il sera informé de l'atteinte apportée à son droit. S'il essaye vainement de reprendre possession, il aura éprouvé une *dejectio ;* il aura perdu la possession *corpore.* S'il s'abstient de faire une tentative pour se réintégrer, s'il redoute d'inquiéter l'usurpateur, il aura abdiqué l'*animus possidendi.*

Nous savons qu'Ulpien ne partageait pas les hésitations de Pomponius, et qu'il donnait la plus grande extension à la règle suivant laquelle, en ce qui concerne les immeubles, la possession se retient *solo animo.* Dès lors, nous ne devons pas nous étonner qu'après avoir, dans la loi 6, § 1, *De adq. poss.,* rapporté l'opinion de Labéon, il la rectifie, en déclarant que la possession est demeurée à celui qui s'était absenté pour aller au marché. Puisque l'usurpation a été clandestine, puisque le nouvel occupant *clam possidet,* c'est un fait sans valeur, qui ne détruit pas la possession préexistante, conformément au nouveau principe qui avait prévalu sur ce point. Ulpien est donc fondé, en présence d'une usurpation clandestine, à dire de l'ancien possesseur : *retinet ergo possessionem*[1]. L'usurpa-

___

ne nous a pas repoussés à notre retour. Cujas et Pothier lisent, sur l'autorité de plusieurs manuscrits : *donec nos revertentes aliquis repellat,* ce qui donne un sens plus net. Dans tous les cas, comme le remarque Savigny, la pensée de Pomponius n'est pas ambiguë.

[1] Ce texte a beaucoup occupé les anciens commentateurs, et a fait dire à Cujas : *Est hic paragraphus ab Interpretibus longe lateque diffusus dumetis obsitus.* D'après Cujas, dont l'explication a été suivie par Pothier, Labéon, en attribuant à l'usurpateur une possession clandestine, aurait eu en vue uniquement le cas où le possesseur, instruit de l'occupation, renoncerait par l'effet de la crainte à essayer de rentrer sur le fonds. Telle n'était pas assurément la pensée de Labéon. Dès qu'il admettait que la possession pouvait

teur ne commencera à posséder que de l'instant où il a repoussé
le maître, qui à son retour ne consent pas à laisser l'immeuble
dans les mains de celui qui le détient : *verum si revertentem
dominum non admiserit.* Mais cette possession, qui ne se sera
constituée que dès cet instant, sera fondée sur la violence :
vi magis intelligi possidere, non clam. Elle pourra être attaquée
par la voie de l'interdit *Unde vi :* un interdit *de clandestina
possessione* est conséquemment inutile.

La disparition de l'interdit *de clandestina possessione* s'explique donc aisément par l'effet de la doctrine qui considérait
comme retenue *solo animo* la possession d'un immeuble, malgré l'occupation d'un tiers, tant que le fait restait ignoré par
le possesseur. En conservant la possession à son ancien titulaire, il aurait été contradictoire de l'accorder aussi à l'usurpateur. C'eût été méconnaître la règle qui ne permet pas que
plusieurs personnes possèdent en même temps *in solidum.*
Sans doute l'ancienne doctrine, qui admettait une mutation
dans la possession, dès que quelqu'un, profitant de l'éloignement du possesseur, s'était emparé de l'immeuble, ne créait
pas en faveur de l'occupant une possession solide, puisqu'elle
était entachée de clandestinité, et devait dès lors être restituée
par le jeu de l'interdit *de clandestina possessione.* Mais il est à
croire que, dans la pratique, l'emploi de cette voie judiciaire
pour ressaisir de fait la possession n'était guère usité. Le
mouvement le plus naturel chez celui qui à son retour trouve
son immeuble occupé par un autre n'est pas de recourir de
suite à l'autorité ; habituellement il essayera d'expulser immédiatement l'usurpateur et de se rétablir en possession effective [1].
S'il réussit dans cette entreprise, il n'aura jamais perdu la possession, et il l'aura conservée sans être obligé de faire un
procès. Sa position au possessoire sera inexpugnable, bien
qu'il ait employé la violence. Elle était permise, en effet, même

s'acquérir *clam,* il aurait été en contradiction avec ce principe, s'il eût exigé,
pour faire commencer la possession, que l'intéressé eût été averti du nouvel
état de choses.

[1] Il y avait avantage à considérer la possession comme *conservée* plutôt
que comme *recouvrée.* On échappait ainsi à l'inconvénient de l'interruption
de l'usucapion, inconvénient attaché au système d'après lequel il y aurait
perte et reprise de la possession.

dans l'opinion des jurisconsultes qui regardaient la possession comme acquise au nouveau venu ; car cette possession était clandestine, et l'on pouvait autrefois user de violence pour expulser celui *qui clam possidebat.* Il en devait être ainsi à plus forte raison aux yeux de ceux qui enseignaient que la possession était restée dans les mêmes mains nonobstant le fait de l'occupation ; que la possession retenue *animo* était *potior* à la *possessio corporalis.* En rentrant de force sur l'immeuble, malgré la résistance opposée, le possesseur ne faisait que défendre une position acquise, dont il n'était pas déchu. Or il a toujours été admis qu'il était licite de recourir à la violence pour éviter d'être dépouillé par la violence, suivant la maxime de droit naturel : *vim vi repellere licet.*

A côté de cette hypothèse où la ressource d'un interdit était inutile, si l'on suppose que la tentative faite par le possesseur a échoué, il peut se plaindre d'avoir perdu par la violence une possession qu'il avait conservée jusqu'au moment du conflit dans lequel il a succombé. L'interdit *Unde vi* lui est alors ouvert, comme le dit Ulpien, L. 6, § 1, avec tous les avantages attachés à cet interdit qui mettait à la charge de l'adversaire la responsabilité même des cas fortuits. Il n'y avait plus, par conséquent, de motifs pour conserver un interdit particulier *de clandestina possessione*, qui dut tomber en désuétude comme constituant une superfétation. — Dira-t-on que son maintien était désirable en faveur des gens timides, qu'effrayerait le danger d'une collision? Prenons garde qu'il n'est pas nécessaire, afin de se procurer la ressource de l'interdit *Unde vi*, d'en venir aux mains, d'engager une lutte proprement dite. Il suffit que le possesseur voulant rentrer sur le fonds en ait été empêché, soit lui-même, soit dans la personne de ses esclaves, pour qu'il y ait *vis* exercée à son encontre Les jurisconsultes semblent bien imposer au possesseur la nécessité de faire une démonstration afin de conserver son droit. Si l'on s'abstient d'essayer de reprendre la possession, fût-ce par crainte, on est censé avoir renoncé à la possession. Telle est la décision de Paul, dans la loi 7, *De adq. poss. : Et si nolit in fundum reverti, quod vim majorem vereatur, amisisse possessionem videbitur; et ita Neratius quoque scribit.* Il y aurait d'ailleurs, malgré la suppression de l'interdit *de clandestina possessione*, une autre voie possessoire à la disposition de celui à qui répugnerait un effort physique pour rentrer en possession. L'interdit *Uti possidetis* pourrait, dans notre doctrine, être invoqué par celui qui, ne possédant pas en fait, n'avait à triompher que d'une possession clandestine. Seulement cet interdit offrait moins d'avantages que l'interdit *Unde vi,* dont il était facile, nous l'avons vu, de se ménager l'emploi.

Le système que nous avons exposé marchait très-bien à l'époque des jurisconsultes classiques, parce qu'ils admettaient la faculté d'user de violence vis-à-vis de celui qui possédait clandestinement. Mais sous Justinien, la violence est prohibée même à l'égard d'un pareil adversaire, au profit duquel est ouvert l'interdit *Unde vi,* quand il a été *dejectus.* De là une difficulté analogue à celle que nous avons rencontrée en matière de *precarium.* Le dernier état de la législation romaine consacre à la fois ces deux principes qu'il s'agit de faire concorder : 1° Celui dont l'immeuble a été occupé à son insu continue à posséder ; par conséquent, il se borne à maintenir sa position, en ressaisissant de fait par la force la possession qui est toujours à lui ; or la force est permise pour se défendre. 2° D'un autre côté, il n'est pas licite de recourir à la violence afin d'expulser celui qui possède clandestinement. N'y a-t-il pas là deux règles contradictoires ? Le plus simple serait peut-être de répondre affirmativement, et de dire que ceux qui ont établi la dernière de ces règles en haine de la violence ne se sont pas bien rendu compte des impossibilités auxquelles ils aboutissaient. Nous essayerons cependant de présenter quelques observations pour arriver à la conciliation des deux principes qui semblent se détruire l'un l'autre.

D'abord il n'est pas douteux que, si le possesseur à son retour se contente de faire un effort pour rentrer en possession, et qu'il se retire devant la résistance qui lui est opposée, il aura mis le bon droit de son côté, et se sera ménagé la faculté de recourir à l'interdit *Unde vi.* Faut-il dire maintenant que celui qui, ayant été moins résigné et se sentant le plus fort, aura profité de cet avantage pour expulser l'occupant, devra fatalement être condamné à restituer la possession, parce qu'il a encouru l'application de l'interdit *Unde vi ?* Ce serait une décision bien rigoureuse, surtout à raison de cette conséquence que l'emploi de la violence, toutes les fois qu'elle n'est pas légitime, emporte déchéance même de la propriété. Puisque les rédacteurs de Justinien ont adopté cette idée que la possession n'est pas acquise (*retinet ergo possessionem*) à celui qui s'est emparé d'un immeuble en l'absence du possesseur, tirons les déductions naturelles qui découlent de ce point de vue. Celui qui s'est absenté reste possesseur tant qu'il n'est pas informé de l'occupation. A son retour, il est donc en présence de quelqu'un qui n'est pas un possesseur; car la possession ne peut appartenir à deux personnes à la fois. En s'efforçant de rentrer aussitôt sur l'immeuble, il ne s'attaque donc qu'à une situation de fait, qui ne mérite aucune protection. Assurément, si quelqu'un tentait d'expulser un possesseur qui jouit *de facto*, il est constant que celui-ci ne serait pas blâmé pour avoir résisté, et qu'en cas de triomphe, il n'aurait pas à rendre compte de sa conduite à la justice. On en dirait autant volontiers, si le possesseur, sorti de sa maison le matin, la trouvait, quand il revient, occupée depuis quelques heures par un usurpateur; en écartant cet intrus par la force, il défendrait incontestablement une possession actuelle. Eh bien! la doctrine qui met obstacle à l'acquisition de toute possession pendant l'éloignement un peu prolongé du possesseur, équivaut à dire que, malgré la durée de l'occupation, la présence de l'occupant doit être considérée comme un fait récent, qui vient de se produire à l'instant où cet état de choses se manifeste aux yeux de la partie lésée; il y a en quelque sorte une entreprise nouvelle sur une possession encore persistante, d'où il suit que l'emploi de la force doit être autorisé, puisqu'il ne s'agit que de conserver ce que l'on a [1].

Cependant la négation de la possession au profit de celui *qui fundum clam ingressus est* ne subsiste que jusqu'au moment où l'intéressé est instruit de ce qui s'est passé en son absence (*quamdiu possessionem ab alio occupatam ignoraret*).

---

[1] C'est bien là le point de vue qui fait dire à Ulpien, L. 1, § 24, *De vi*, que celui qui, possédant *animo tantum*, et ayant laissé sans gardien son champ ou sa maison, serait empêché d'y rentrer, subirait une *vi dejectio*. Triompher de cet obstacle par une force supérieure constitue donc uniquement une application de la maxime : *Vim vi repellere licet.* Aussi le même Ulpien ajoute-t-il un peu plus loin, § 28, *in fine*, que celui-là ne possède point *vi*, qui use de la force pour retenir la possession : *Sed qui per vim possessionem suam retinuerit, Labeo ait non vi possidere.*

Une fois informé de l'atteinte apportée à son droit, s'il se résout sur-le-champ à opérer sa réintégration, il n'aura usé de la force que contre un individu qui ne possédait pas encore. Au contraire, si au lieu d'attaquer immédiatement l'usurpateur, il hésite à prendre un parti, il laisse sciemment se maintenir sur les lieux celui qui s'est emparé de l'immeuble. Dès lors, sauf une limite de temps à apprécier par le juge, dès lors commence pour le rival une possession, qui sera toutefois entachée de clandestinité, parce que, comme le dit la loi 6, *pr.*, *De. adq. poss.*, la possession doit toujours être caractérisée d'après le mode employé pour se la procurer. Sans doute il est possible de demander judiciairement, par la voie de l'interdit *Uti possidetis, intra annum utilem*, un règlement de la posession, dans lequel l'ancien possesseur triomphera, la possession adverse étant vicieuse dans son origine. Mais comme l'agression ne se justifie plus par le premier sentiment qu'éprouve celui qui se voit dépouillé, sentiment naturel qui est d'empêcher la spoliation, on n'admet plus d'excuse en faveur de celui qui s'est fait justice lui-même. Un état de possession s'est formé, qui a pris une certaine assiette, qui désormais ne peut plus être dérangé par des voies de fait, mais seulement par l'intervention des tribunaux. La violence arrive tardivement, de même qu'elle était condamnée de la part de celui qui ayant subi une *dejectio vi* n'essayait que *ex intervallo* de prendre sa revanche. L'interdit *Unde vi* trouvera sa place, parce que la violence a été exercée contre quelqu'un qui à la vérité possédait *clam*, mais duquel on peut dire qu'il possédait.

Si cette distinction peut se défendre quand il s'agit d'un possesseur dépouillé clandestinement, n'y a-t-il pas inconséquence à ne point l'étendre à la matière du *precarium*, pour laquelle nous l'avons repoussée précédemment? Les raisons de différence qui peuvent être données nous semblent les suivantes. — La possession était reconnue en faveur du précariste, qui en recueillait tous les émoluments. Quand elle lui est reprise violemment, il y a, par l'emploi de la force, privation de la possession chez quelqu'un qui possédait, tandis qu'on était arrivé à dire que l'usurpateur clandestin n'avait pas de possession, qu'elle était restée à l'ancien possesseur, bien qu'il n'eût plus la détention. — D'un autre côté, le *rogatus* qui n'obtient pas une restitution volontaire a tort de recourir à la violence, puisqu'il est armé d'un interdit *recuperandæ possessionis*. Quant à celui dont le fonds a été occupé grâce à son éloignement, on lui supprime la ressource de l'interdit *de clandestina possessione*, qui paraît bien avoir disparu. On lui dit : « Vous êtes demeuré possesseur, rentrez hardiment chez vous ; si vous êtes repoussé, vous aurez l'interdit *Unde vi*. » Évidemment on lui tendrait un piége, s'il ne pouvait se présenter sur son fonds qu'à la condition de déguerpir dès qu'il rencontrerait une résistance. Il faudrait donc essayer de vouloir réoccuper l'immeuble uniquement pour la forme. Dans ce conflit entre les deux prétendants à la possession, le plus habile serait celui qui se retirerait devant l'autre ; car celui-là s'assurerait la ressource de l'interdit *Unde vi*. Tant mieux pour l'usurpateur, si le véritable ayant droit met quelque obstination à reprendre en fait la possession qui, dit-on, lui appartient : en cédant la place à son adversaire, comme y étant contraint par la violence, l'usurpateur réussirait à prendre le rôle de *dejectus* pour lequel sont réservées toutes les faveurs. — Enfin, pour trouver l'application de l'interdit *Unde vi* donné contre le *rogatus* au profit du *rogans* qui a été *dejectus* alors qu'il possédait *precario*, il faut supposer que la *dejectio* a été accomplie tandis que subsistait encore une possession *precaria*. Or, dès que le *rogans* refuse de restituer, il intervertit sa possession ; il ne possède plus grâce à des prières ; il s'arroge un droit absolu à la possession, et la prescription trentenaire à l'effet de repousser la revendication courrait à partir de ce moment. Il n'y a pas, au contraire, interversion de possession chez celui qui s'étant emparé clandestinement d'un immeuble est laissé quelque temps en possession par son adversaire instruit de l'usurpation. Seulement il se fonde alors une possession qui, bien qu'entachée de clandestinité, ne peut plus impunément, dans le dernier état du droit, être détruite au moyen du recours à la violence.

Nous avons inutilement cherché dans les auteurs qui ont traité notre sujet la discussion de cette difficulté. En nous arrêtant à l'explication que nous avons tentée, nous sommes loin de penser qu'elle est à l'abri de critiques. Si nous avons vainement essayé de concilier ce qui est inconciliable, il faut

dire que la règle qui défend absolument l'emploi de la violence
doit prévaloir comme étant la plus récente et la plus en harmonie avec l'esprit qui anime la législation du Bas-Empire.
La *vis non armata* ayant été assimilée à la *vis armata* et enve-
loppée dans la même proscription, il faut appliquer à la première ce que les jurisconsultes enseignaient autrefois quant à
vis armata, laquelle était prohibée même contre un adversaire dont la possession était vicieuse. Mais alors les rédacteurs de Justinien, qui autorisent encore l'emploi de la violence pour résister à la violence, ont eu tort d'admettre les
decisions qui présentent la possession comme existant toujours en faveur de celui qui a été victime d'une spoliation
clandestine.

Il nous reste à indiquer les limites dans lesquelles doit être
entendue la règle qui, en matière d'immeubles, maintient la
possession *solo animo* jusqu'au moment où le possesseur est
informé de l'occupation qui est survenue, *quamdiu possessionem
ab alio occupatam ignoraret*, L. 46. *De adq. possess.* Si l'on
appliquait ces expressions d'une manière absolue, il s'ensui-
vrait qu'aucune possession *utile* ne s'établirait sur un immeuble, tant que le précédent possesseur n'aura pas été instruit de
l'état des choses. Dès lors, on pourrait négliger impunément
de veiller à la conservation de ses possessions immobilières,
et s'absenter sans risque aussi longtemps qu'on le voudrait;
pourvu qu'on ne connaisse pas les entreprises qui auront été
accomplies grâce à cette négligence ou à cette absence, la
perte de la possession ne sera pas à redouter. Il est difficile de
concilier cette doctrine avec l'institution bien connue de la
rescision de l'usucapion, que pouvaient invoquer seulement les
absents *ex justa causa*, ce qui suppose que, malgré l'absence
d'un individu, par suite de laquelle il aura généralement ignoré
les usurpations commises sur ses biens, il a pu néanmoins
être dépouillé par une usurpation dont la condition première
est celle d'une possession efficace de la part de l'acquéreur.
L'opinion qui donne une pareille portée à la règle : *animo retinetur possessio*, tendrait à rendre habituellement inutile toute
restitution au profit des absents, quant à l'usucapion des immeubles; elle aurait en outre le grave inconvénient de jeter
une grande incertitude sur la propriété immobilière, contrai-

rement aux principes qui dirigeaient les Romains en cette matière, et qui leur faisaient dire qu'on ne devait pas laisser un trop long temps aux propriétaires *ad inquirendas res suas.*

Le reproche d'inconséquence, qu'on pourrait être tenté d'adresser à la législation romaine, s'évanouit, si l'on prend garde aux circonstances de fait dans lesquelles se plaçaient les jurisconsultes pour déclarer la possession d'un immeuble conservée, nonobstant l'invasion effectuée par un tiers. La règle *animo retinetur possessio* n'avait été introduite que pour protéger le possesseur, vigilant d'ailleurs, par lequel l'immeuble aurait été momentanément abandonné. Elle avait été faite uniquement afin de déjouer les calculs de celui qui, pour s'emparer d'un immeuble, épierait l'instant où la chose aurait été délaissée sans gardien. Si quelqu'un agissait au grand jour, s'il ne craignait pas de manifester ses prétentions en expulsant les personnes à qui était confiée la conservation de la possession, celui-là devenait possesseur, malgré l'ignorance où aurait été laissé le *dominus* par la faute des gens qui auraient dû l'instruire [1]. L'occupation eût-elle été clandestine, la dénégation de possession ne concernait d'ailleurs que l'auteur de cet acte frauduleux, et la tradition faite par lui pouvait parfaitement constituer chez l'*accipiens* une possession utile à l'usucapion.

Ce qu'il faut surtout remarquer, c'est que le principe nouveau, qui maintient la possession indépendamment de la condition du *corpus*, suppose qu'il n'y a aucun reproche de négligence imputable au possesseur ; on a voulu seulement parer à l'incommodité qui eût été fort gênante, si une présence permanente avait été exigée pour conserver la possession d'un immeuble. Tous les textes des Pandectes ont uniquement en vue le cas où le possesseur s'est éloigné avec l'intention de revenir bientôt. Labéon et Ulpien, dans la loi 6, § 1, nous parlent d'un individu qui est parti pour aller au marché. Ulpien, loi 1, § 24, *De vi,* maintient la possession à celui *qui de agro suo, vel de domo processisset, nemine suorum relicto, mox revertens.* Celse, loi 18, § 3, *De adq. poss.,* suppose que le possesseur est sur une partie de son fonds tandis qu'un tiers s'empare d'une autre partie, et il décide que la possession n'est pas acquise *illico* pour le nouveau venu, qui ne doit pas jouir longtemps de

[1] L. 44, § 2, *De adq. poss.;* L. 1, § 22, *De vi.*

son usurpation, *facile expulsurus finibus.* Pomponius, loi 25, § 2, *De adq. poss.*, ne propose la nouvelle doctrine qu'en faveur d'un possesseur qui s'est absenté avec la pensée de revenir prochainement. C'est avec la même restriction que la règle est exposée, IV, 154, par Gaïus, dont le texte ne nous est point parvenu complet, mais qu'il est facile de rétablir avec les Institutes de Justinien, où nous lisons, § 5, *De interd. : Si non derelinquendæ possessionis animo, sed postea reversurus, inde discesserit.* L'indulgence dont on use envers le possesseur se comprend, quand il est excusable de ne pas se trouver sur les lieux à l'instant même pour repousser l'usurpation. Il fallait rendre la conservation de la possession des immeubles compatible avec les nécessités de la vie sociale. Mais on ne doit pas oublier que la possession est surtout un état de fait, comme le disent souvent les Romains, et que, dès lors, il est impossible de la maintenir à celui qui reste dans l'inertie, qui ne manifeste pas en fait sa prétention à la propriété. Sans doute quelques intervalles de non-jouissance ne suffiront pas pour faire considérer la possession comme abandonnée. La durée que pourra avoir l'inaction du possesseur, en demeurant inoffensive pour lui, devra varier suivant la nature des immeubles. C'est ainsi que, pour les *saltus hiberni æstivique,* une saison entière écoulée sans actes de jouissance ne devra pas être interprétée comme une renonciation à la possession [1].

Quand, au contraire, un immeuble reste improductif entre les mains qui devraient le faire fructifier, quand le possesseur ne se soucie pas de mettre à profit sa position, il serait contraire à l'intérêt général de défendre à toute personne d'utiliser la chose ainsi négligée. La possession devient alors *vacua;* elle

---

[1] Notre législation n'exige pas, pour qu'il y ait dépossession, la connaissance de l'occupation effectuée par un tiers; mais en revanche elle autorise l'action possessoire tant que l'adversaire n'a pas acquis la possession *annale.* Cette disposition a l'avantage de préciser l'époque après laquelle il y aura perte de la possession, en cas d'occupation nouvelle. Le droit romain présente l'inconvénient de ne poser à ce sujet aucune règle fixe; mais, on le voit, il ne tenait pas pour perdue la possession d'un immeuble dès que la détention ne s'exerçait plus actuellement. La faculté d'user de l'interdit *Uti possidetis* n'exigeait donc pas rigoureusement qu'il y eût possession de fait chez celui qui devait triompher. S'il en était autrement, on aurait peine à comprendre que la possession des meubles survécût à la cessation de la détention, tandis qu'il n'en aurait pas été de même quant aux immeubles.

est abdiquée tacitement, à raison de l'incurie de celui qui y avait droit. Si cet abandon de l'immeuble se justifie par une absence prolongée qu'a dû faire la partie intéressée, il ne lui sera permis d'écarter le préjudice résultant d'une usucapion consommée qu'autant que cette absence serait fondée sur une *justa causa*, ce que le magistrat devra apprécier. Aussi voyons-nous que, si la possession est devenue *vacans*, soit par la négligence du possesseur, soit par son éloignement prolongé (*longo tempore* [1] *abfuerit*), un tiers peut s'emparer de l'immeuble sans avoir besoin de recourir à la violence, L. 37, § 1, *De usurp.* Il ne peut être question en pareil cas non plus de clandestinité. Qu'est-il besoin de se cacher, de choisir un instant favorable pour accomplir ses projets, quand il s'agit d'un fonds abandonné d'une manière continue, ouvert aux entreprises du premier occupant? Celui-là possède *clàm*, disent les textes, qui s'introduit secrètement sur l'immeuble, *qui furtive ingressus est*, qui prend ses précautions afin d'éviter une résistance qu'il redoute. Tout artifice, tout calcul est inutile à qui veut s'approprier une possession *vacua*. Au retour de l'ancien possesseur, il est permis de repousser les efforts qu'il ferait pour se remettre en possession : *Item si occupaveris vacuam possessionem, deinde venientem dominum prohibueris, non videberis vi possedisse*, L. 4, § 28, *De usurp.* Si l'on considérait la possession comme retenue indéfiniment *solo animo*, tant que l'intéressé n'est pas informé de l'occupation, il faudrait dire que l'obstacle apporté à sa réintégration entache de violence la possession de l'occupant, comme on le disait dans le cas où quelqu'un avait profité, pour s'emparer d'un immeuble, de l'éloignement momentané du possesseur.

Cette théorie se confirme par l'examen de la loi 11, C., *Unde vi*, qui, on doit l'avouer, est venue modifier la doctrine des anciens jurisconsultes, telle qu'elle nous paraît résulter des

---

[1] Il faut se garder d'entendre ici, à l'exemple de certains auteurs, l'expression *longum tempus* comme synonyme de dix ou vingt ans. La vacance de la possession se produit, quand celui qui en était investi s'abstient de tirer parti de l'immeuble, de lui demander les émoluments que peut donner cette chose. Le droit romain, nous l'avons fait observer, n'avait pas déterminé un temps précis au bout duquel la possession dût toujours être considérée comme vacante; c'était une question abandonnée à l'appréciation du juge.

divers fragments des Pandectes. Justinien se demande (cette question avait embarrassé l'*Illyriciana advocatio*) comment on devra venir au secours des absents qui auraient laissé une *possessio vacua,* lorsque des tiers l'auront occupée de leur chef, *sine judiciali sententia.* Il convient que les anciennes lois ne fournissaient aucune ressource pour attaquer au possessoire cette usurpation exempte de vice, et qu'il ne restait à l'*absens* que la voie du pétitoire. Mais l'empereur s'indigne contre de pareils possesseurs, qu'il qualifie de *prœdones,* et il décide qu'ils seront tenus de restituer la possession, sans indiquer précisément le moyen qui devra être employé. La pensée de Justinien est probablement d'autoriser l'absent auquel la restitution serait refusée à se présenter comme étant *vi dejectus,* et à user de la voie de l'interdit *Unde vi.* Il résulte donc de cette constitution que, malgré le laps de temps qui a pu s'écouler sans jouissance, tant que la prescription trentenaire n'est pas accomplie, le simple possesseur sera toujours recevable à se faire rendre l'immeuble qu'il possédait, en prouvant uniquement qu'il était possesseur. Seulement, c'est là une innovation de Justinien, puisqu'il déclare lui-même que l'ancienne législation laissait le possesseur désarmé.

CHAPITRE IV.

INTERDITS DOUBLES,

TAM RECUPERANDÆ QUAM ADIPISCENDÆ POSSESSIONIS.

Le jurisconsulte Paul, à la fin de la loi 2, § 3, *De interd.*, nous apprend que le droit romain connaissait des interdits qualifiés *doubles* (*duplicia*) dans un autre sens que celui donné à cette expression par Gaïus, IV, 156 et suiv., et reproduit aux Institutes de Justinien, § 7, *De interd.* Il ne s'agit plus du caractère *mixte* appartenant à certains interdits, de même qu'à certaines actions, et consistant en ce que les parties litigantes jouent à la fois le rôle de demandeur et celui de défendeur, de façon que chacune d'elles indistinctement peut obtenir ou subir une condamnation, ce qui entraînait, nous le savons, la nécessité d'une *sponsio* et d'une *restipulatio* pour chaque plaideur. C'est à un autre point de vue, en ce qui concerne le but qui peut être atteint au moyen de l'interdit, que celui-ci était quelquefois appelé double, parce que, suivant les circonstances, il avait pour résultat tantôt de faire acquérir pour la première fois la possession, tantôt de faire recouvrer une possession perdue. « *Sunt interdicta, ut dicimus, duplicia, tam recuperandæ quam adipiscendæ possessionis.* »

Ce passage de Paul avait fort exercé les anciens auteurs, qui avaient inutilement cherché des exemples d'interdits jouissant de cette double puissance. Cujas, Obs. IV, 11 [1], tenait pour certaine une altération dans le texte, et il déclarait qu'un

---

[1] *Tum vero, quis hoc fando unquam audivit, aut quis hoc animo concepit unquam, dari posse interdicta tam reciperandæ quam adipiscendæ possessionis? Non est difficile studioso omnia juris prætorii interdicta colligere. Colligat igitur omnia, percurrat, excutiat. Unum si invenerit, quod tam ad recuperandam quam adipiscendam possessionem pertineat, nolo posthac mihi credi quicquam de jure civili affirmanti, in quo tot jam annos ita me exerceo, ut adsecutus aliquam mihi videar, et docendi, et interpretandi, et respondendi facultatem.*

pareil interdit serait une monstruosité, parce qu'il entendait
la proposition énoncée dans les termes que nous avons rapportés
comme signifiant que la même personne, grâce à un interdit
double, pourrait à la fois acquérir originairement et recouvrer
la possession. Aussi mettait-il les savants au défi de découvrir
un interdit qui fût *tam adipiscendæ quam recuperandæ possessionis*, et il consentait, si quelqu'un y réussissait, à perdre désormais tout crédit, malgré l'autorité de jurisconsulte et d'interprète du droit qu'il lui semblait avoir acquise après tant
d'années de travaux. Dans son opinion, le texte de Paul devait
se terminer avec le mot : *duplicia*, et il fallait rejeter le surplus dans la loi suivante, après ces mots : *In interdictis*.

Le problème, dont la solution avait été vainement tentée
par d'autres commentateurs [1], a cessé de constituer une des
énigmes du droit romain depuis la publication faite en 1836
de quelques lambeaux des *Institutiones* d'Ulpien, retrouvés
par M. Endlicher, bibliothécaire à Vienne. Dans ces fragments
dits ordinairement : *ex laciniis Vindobonensibus,* figure comme
appartenant au livre II des *Institutiones* d'Ulpien, la phrase
suivante :

(Sunt etiam interdicta duplicia tam) [2] *adipiscendæ quam recuperandæ possessionis, qualia sunt interdicta* Quem fundum *et*
quam hereditatem : *nam, si fundum vel hereditatem ab aliquo
petam , nec lis defendatur, cogitur ad me transferre possessionem, sive nunquam possedi, sive antea possedi, deinde amisi
possessionem...*

On voit qu'Ulpien ne se borne pas à mentionner l'existence
d'interdits *doubles, tam adipiscendæ quam recuperandæ possessionis;* il en cite des exemples, et répond ainsi à la question qui
formait l'un des *desiderata* de la science. Sont indiqués comme
ayant ce caractère de duplicité les interdits *Quem fundum* et
Quam hereditatem, dont l'application est en même temps signalée. Quelqu'un voulait intenter une revendication ou une péti-

---

[1] Ces divers essais ont été relevés par Rudorff, *Zeitsch. für gesch. Rechtsw.*,
t. IX, p. 7 et suiv.

[2] Cette première partie du texte manque dans les débris de parchemin
rassemblés par les soins de M. Endlicher; mais il est facile de les suppléer
comme ayant dû former le commencement de ce qui avait été écrit par
Ulpien.

tion d'hérédité, actions qui régulièrement sont dirigées contre celui qui possède. Si l'adversaire ne défend pas au procès (*nec lis defendatur*), il sera obligé de transférer la possession à celui qui se proposait d'agir en revendication ou en pétition d'hérédité ; et cette translation de possession aura lieu au moyen de l'interdit *Quem fundum* ou *Quam hereditatem*. Or l'individu qui obtiendra ainsi la possession n'avait peut-être jamais possédé ; c'était un légataire *per vindicationem*, investi de la propriété, indépendamment de toute possession, par l'effet du testament ; c'était un héritier qui, on le sait, ne succède pas à la possession du défunt, et qui en fait n'avait pas encore appréhendé les choses héréditaires. Dans ce cas, l'interdit *Quem fundum* ou *Quam hereditatem* fera fonction d'un interdit *adipiscendæ possessionis*. Peut-être, au contraire, le demandeur éventuel en revendication ou en pétition d'hérédité avait-il déjà possédé ; mais ayant perdu la possession, il ne se trouvait pas en mesure de recourir à un interdit simple *recuperandæ possessionis*. Grâce à l'attitude prise par son adversaire lors de la comparution *in jure*, la voie projetée de la revendication ou de la pétition d'hérédité pourra être abandonnée, et l'avantage de la possession sera ici obtenu au moyen de l'interdit *Quem fundum* ou *Quam hereditatem*, qui produira alors le second effet dont il est susceptible, et remplira le rôle d'un interdit *recuperandæ possessionis*.

Pour comprendre le jeu des interdits *doubles*, il faut se rappeler que, sous le système formulaire, le défendeur à une action réelle devait fournir au demandeur une *satisdatio*, c'est-à-dire des fidéjusseurs, qui, à défaut de restitution ou de payement de la *litis-æstimatio* de la part du vaincu, pouvaient être attaqués par le demandeur qui avait gagné son procès[1]. En

---

[1] Gaï., IV, 89; Inst., *pr.*, *De satisd.*, liv. IV, tit. 11. Gaïus, § 91, distingue, au point de vue de cette *satisdatio*, quelle était la forme employée pour l'exercice de l'action réelle. Si l'on procédait *per formulam petitoriam*, il y avait lieu à la stipulation dite *judicatum solvi ;* si l'on procédait *per sponsionem*, la stipulation était qualifiée *pro præde litis et vindiciarum*. Ce dernier nom venait, dit Gaïus, § 94[a], de ce que cette stipulation avait pris la place des *prædes* ou répondants qui, sous le système des actions de la loi, étaient donnés par le possesseur au demandeur à raison de l'objet du litige et des fruits intérimaires, *pro lite et vindiciis*.

fournissant cette *satisdatio*, le possesseur actuel était autorisé à conserver la possession intérimaire, et s'assurait ainsi la position commode de défendeur, qui dispense de prouver tout droit à la chose litigieuse. Mais, s'il ne voulait pas se soumettre à cette obligation, ou qu'il fût dans l'impossibilité d'y satisfaire, on disait qu'il ne voulait pas *défendre*, qu'il ne *défendait* pas, puisqu'il n'acceptait point ou ne pouvait point remplir les charges inhérentes au rôle de défendeur. L'avantage de la possession devait alors appartenir à l'adversaire, qui se trouvait ainsi débarrassé du fardeau de la preuve, et dispensé de la nécessité de recourir à la voie du pétitoire, avec ses inconvénients, nécessité qui incombait désormais à l'autre partie, parce qu'elle n'avait voulu ou pu *defendere* sur l'action réelle sollicitée à son encontre. Ce changement de rôles, conséquence du changement qui se produisait dans la possession, était effectué au moyen d'un ordre du magistrat, par suite duquel le possesseur, *qui non defendebat*, était obligé de livrer la chose litigieuse à son adversaire. L'ordre était émis sous la forme d'un interdit restitutoire ; et au cas d'infraction à cet ordre, un juge était nommé, suivant l'usage, pour assurer l'observation de l'interdit, soit par la prononciation d'une condamnation pécuniaire, soit par l'intervention de la *manus militaris*. Celle-ci pouvait en effet être employée pour l'exécution du *jussus judicis* dans les formules arbitraires, qui étaient usitées à l'occasion des interdits restitutoires [1].

La loi *un.*, C., *Uti possid.*, contient une allusion à cette doctrine sur la translation de la possession par suite du refus de *satisdare*. Voici les termes de cette constitution :

Impp. Dioclet. et Maxim. AA. et CC. Cyrillo.

« *Uti possidetis fundum, de quo agitur, cum ab altero nec vi, nec clam, nec precario possidetis, Rector provinciæ vim fieri*

---

[1] La nécessité de la caution *judicatum solvi*, quand le défendeur à une action réelle était poursuivi *suo nomine*, ayant été supprimée (V. § 2, Instit., liv. IV, tit. 11) sous Justinien, où l'on se contente de faire promettre au défendeur qu'il restera *in judicio* jusqu'à la fin du procès, la privation de la possession, faute de fournir *satisdatio*, qui était mise en pratique autrefois par nos interdits *doubles*, ne se présentait plus dans le dernier état du droit. C'est pourquoi les compilateurs des Pandectes, tout en reproduisant la notion de ces interdits, ont effacé les exemples que Paul avait dû ajouter, et qui se référaient à des hypothèses devenues sans application.

prohibebit : ac satisdationis, vel transferendæ possessionis Edicti perpetui forma servata, de proprietate cognoscet. »

Ce rescrit des Empereurs Dioclétien et Maximien, qui ne porte pas de date, est probablement postérieur à la suppression de l'*ordo judiciorum*. Il semble bien, en effet, que c'est le magistrat qui est chargé de maintenir en possession celle des parties en faveur de laquelle il reconnaîtra l'existence d'une possession exempte de vices, de même qu'il doit statuer sur la propriété, *de proprietate cognoscet*. Les auteurs du rescrit supposent qu'un double débat s'élèvera, dont l'un serait consécutif à l'autre, d'abord un débat au possessoire, puis un débat au pétitoire; et ils tracent les règles qui devront être suivies à l'égard des deux procès qu'ils prévoient. Au possessoire, celui-là triomphera qui possédera, sans que sa possession soit vicieuse relativement à son adversaire. Une fois la possession fixée, quand il s'agira de vider la question de propriété, le vainqueur au possessoire jouera sans doute le rôle de défendeur; mais cet avantage ne lui appartiendra qu'autant qu'il fournira la *satisdatio judicatum solvi;* sinon, il sera dépouillé de la possession, conformément aux principes contenus dans l'Édit perpétuel. La possession sera alors transférée à celui qui a succombé au possessoire, et la preuve de la propriété incombera à la partie qui, après avoir réussi au possessoire, refuserait de se soumettre à la charge de la *satisdatio* [1].

Doit-on voir également une application des interdits doubles qui nous occupent, dans la loi 80, *De rei vind.* [2]? L'affirmative est enseignée [3] par Rudorff, suivant lequel l'allégation d'un défaut de possession de la part de celui contre qui la formule de la revendication est sollicitée, équivaudrait, si en fait il est constant qu'il possède, à dire qu'il ne veut pas défendre à

---

[1] Il n'y a, on le voit, aucun argument à tirer de ce texte, pour imposer une *cautio* à la partie qui perd son procès sur l'interdit *Uti possidetis;* V. plus haut, p. 207. C'est, au contraire, le vainqueur au possessoire qui se trouve tenu de *satisdare*, s'il veut conserver l'avantage de la possession, quand il est attaqué en revendication.

[2] *In rem actionem pati non compellimur, quia licet alicui dicere se non possidere; ita ut, si possit adversarius convincere rem ab adversario possideri, transferat ad se possessionem per judicem, licet suam esse non adprobaverit.*

[3] *Loc. cit.*, p. 29 et suiv.

l'action projetée. Quand le demandeur se fait fort de prouver
que la déclaration de son adversaire est mensongère, il devrait
obtenir la translation de la possession en sa faveur, pourvu qu'il
démontrât l'existence de la possession déniée. Le juge chargé
de statuer sur la réalité de la possession devrait être en ce cas
le juge nommé à la suite de l'émission de l'interdit *Quem fundum*, en supposant que l'objet litigieux consistât en un *fundus*.
Il ne s'agirait donc pas ici d'une véritable revendication, le
débat ne portant que sur la possession, ce qui serait en harmonie avec cette observation faite par le jurisconsulte que la
conduite tenue par le défendeur lui permet d'échapper à une
action *in rem*.

Cette explication a été critiquée par notre honorable doyen,
M. Pellat[1], qui, sans repousser absolument le système défendu
par Rudorff, incline cependant à admettre que le procès qui va
s'engager constitue une revendication, et que le *judex* dont il
est question dans la loi 80 doit être le juge d'une action *in
rem*, et non d'une instance *ex possessorio interdicto*. Si le jurisconsulte, auteur de ce texte, entendait parler d'une instance au
possessoire, il serait fort inutile, dit M. Pellat, de remarquer
que le demandeur est dispensé de prouver sa propriété, ce qui
va de soi dans une action possessoire, et n'a besoin d'être re-
levé comme une particularité exceptionnelle que parce qu'il
s'agit précisément d'une *rei vindicatio*.

Quelque hésitation que nous éprouvions toutes les fois que
nous nous écartons des doctrines de notre savant collègue, nous
ne pouvons partager les scrupules qui l'empêchent de se rallier
à l'interprétation proposée par Rudorff. Il nous semble impossible d'apprécier comme un débat au pétitoire celui qui ne met
nullement en jeu une question de droit, mais qui roule uniquement sur le point de savoir si le défendeur possède ou non.
Nous ne saurions dès lors admettre qu'il y ait ici rien de jugé
en dehors de la possession, qui, si elle est constatée exister
chez le défendeur, sera perdue pour lui à raison de son mensonge. Il se trouve déchu de cette possession, parce qu'il n'a
pas voulu l'avouer en justice, et subir les charges qui accompagnent la possession, notamment la charge de la défendre
contre les attaques des prétendants à la propriété. Mais n'est-

---

[1] Commentaire sur le titre *De rei vind.*, p. 411 et suiv.

ce pas assez de le priver des avantages de la possession? Supposez qu'après avoir été dépouillé de la possession en punition de sa conduite, il soit en mesure d'établir son droit de propriété, qu'il offre de satisfaire aux conditions exigées de la part d'un revendiquant, de prouver qu'il est bien propriétaire de cette chose, dont il a eu le tort de ne pas avouer la possession. Peut-on dire qu'il sera repoussé par l'exception *rei judicatæ?* Évidemment ce serait une rigueur dépassant la mesure de la faute, puisqu'il n'y a eu mensonge que quant à la possession. L'autorité de la chose jugée ne saurait trouver place ici, dès qu'il s'agit d'une *alia res*. Ce qui a été examiné se bornait à une question de possession; aujourd'hui c'est la question de propriété qui est soulevée.

Nous ajouterons un mot en réponse à une distinction proposée par Hartmann [1], d'après lequel un interdit double ne serait admissible qu'autant que l'objet litigieux serait un meuble, parce qu'alors le fait de la possession peut être facilement dissimulé, tandis qu'à l'égard d'un immeuble, on ne concevrait pas que celui qui possède risquât une allégation dont la fausseté sera aisément démontrée et s'exposât à un procès où l'attend un échec infaillible. Cette observation est sans doute assez raisonnable. Mais, d'une part, la loi 80 ne dit pas que la chose dont la revendication était projetée fût un *fundus;* et l'on doit supposer que le refus de défendre à la revendication d'un meuble devait entraîner la perte de la possession mensongèrement niée, au moyen d'un interdit analogue, qui serait, par exemple, l'interdit *Quem servum*, s'il s'agissait d'un esclave. D'une autre part, il n'est pas impossible, bien que le fait soit plus rare, que le possesseur d'un immeuble essaye de tromper la justice, en soutenant que la possession n'est pas à lui, mais à un tiers, tandis que le demandeur offre de prouver qu'il ne s'abuse point et que son véritable adversaire est bien celui auquel il s'est adressé. Il ne faut donc point repousser absolument l'application de l'interdit *Quem fundum* à l'occasion d'un immeuble que prétendrait ne pas posséder celui qui en a peut-être en réalité la possession.

Hartmann a essayé, suivant le rapport de M. Pellat, de démontrer d'une autre façon l'inutilité de l'interdit *Quem fun-*

[1] V. M. Pellat, p. 414.

dum dans l'hypothèse prévue par la loi 80. En effet, dit-il, ou le demandeur s'est trompé, et le défendeur ne possède réellement pas; ou le demandeur a raison, et le défendeur a menti. Dans le premier cas, l'interdit ne servirait à rien au demandeur; car il perdrait le procès auquel cet interdit donnerait ouverture. Dans le second cas, le défendeur, par sa déclaration en justice, a renoncé formellement à la possession; et cette *possessio* qu'il avait réellement devient *possessio vacua* vis-à-vis du demandeur. L'interdit *Quem fundum* serait ici tout à fait superflu; le demandeur peut, sans forme de procès, prendre possession de son fonds. — Si nous ne nous trompons, il est facile de faire justice de cette objection. Nous supposons que le défendeur possède en réalité; le demandeur en revendication, qui peut convaincre son adversaire de mensonge, a intérêt à obtenir l'auxiliaire du *jussus judicis* pour se faire mettre en possession. Il y avait lieu effectivement, dans l'espèce, à la délivrance d'une formule arbitraire, par suite de laquelle l'ordre du juge pouvait être exécuté *manu militari*. Sans doute le défendeur, en déclarant *in jure* qu'il ne possède pas, a abandonné la possession qu'il pouvait avoir; mais cet abandon ne doit profiter au demandeur qu'autant qu'il sera constant que la possession appartenait bien à son adversaire. Il faudra, par conséquent, établir que la possession du fonds revendiqué était exercée par le défendeur ou par des individus qui agissaient en son nom. De là un débat, entraînant l'appréciation des faits de possession qui seront allégués, débat qui par sa nature ne rentre point dans la pratique habituelle de la *cognitio prætoria*, et dont l'examen sera confié beaucoup plus opportunément à un *judex* désigné à la suite de l'émission de l'interdit *Quem fundum*.

L'interdit *Quam hereditatem* jouait en matière de pétition d'hérédité le rôle que nous avons vu assigné à l'interdit *Quem fundum* à l'occasion de la revendication. Déjà un texte de Paul (*Sent.*, liv. I, tit. 11, § 1) indiquait la nécessité de fournir une satisdation de la part du défendeur à la pétition d'hérédité, ainsi que la sanction de cette obligation, dont l'inaccomplissement entraînait la translation de la possession au profit du demandeur. *Quoties hereditas petitur, satisdatio jure desideratur; et si non detur, in petitorem satisdantem hereditas trans-*

fertur. Seulement le texte de Paul gardait le silence sur le moyen employé pour opérer cette translation, moyen qui se trouve précisé dans le *fragmentum Vindobonense.*

Il est à remarquer que le bénéfice de l'acquisition de la possession au profit du *petitor,* en cas de refus de *satisdatio* de la part du défendeur, était ici subordonné à la condition que le *petitor* accepterait la charge que son adversaire n'avait pas voulu subir. Cette obligation, qui ressort de la première partie déjà citée du fragment de Paul (*in petitorem satisdantem hereditas transfertur*), est développée dans la suite du texte, où l'on voit qu'à défaut de *satisdatio* fournie par le *petitor,* le possesseur actuel ne doit pas être dépouillé de la possession. La raison en serait que là où il y a parité de position entre deux parties, la préférence doit appartenir à celle qui possède. *Si petitor satisdare noluerit, penes possessorem possessio remanet : in pari enim causa potior est possessor.*

Cette observation doit-elle être généralisée, et le refus de la caution *judicatum solvi* n'entraînait-il dans toute action réelle la perte de la possession qu'autant que le demandeur s'exécutait lui-même en fournissant *satisdatio?* Pour soutenir l'affirmative, on peut dire que le motif allégué par Paul n'a rien de spécial à la pétition d'hérédité, et qu'il a la même valeur à l'occasion d'une action restreinte à un objet particulier. Telle n'est pas cependant l'opinion de Rudorff[1], qui pense que le débat roulant sur une hérédité était trop grave pour que l'on imposât au défendeur qui ne pouvait *satisdare,* la nécessité d'abandonner un patrimoine entier, sans qu'il reçût aucune garantie pour la restitution éventuelle de ce patrimoine. La difficulté de trouver des fidéjusseurs était moindre quand il ne s'agissait que d'une action *de singula re,* et les mêmes précautions n'auraient pas été prises alors pour sauve-garder les intérêts du défendeur par lequel la *satisdatio* n'était pas fournie. Ce qui est certain, c'est que, en dehors du cas de la pétition d'hérédité, la charge d'une *satisdatio* exigée de la part de celui qui obtient la possession par la voie d'un interdit *double* n'est mentionnée par aucun des textes, peu nombreux il est vrai, qui nous sont parvenus sur cette matière. La loi 80, *De rei vind.,* est muette sur cette circon-

[1] *Loc. cit.,* p. 38.

stance, et nous ne la trouvons pas non plus indiquée dans les autres fragments des jurisconsultes, qui traitent des conséquences du refus de la caution *jud. solv.*, à l'occasion d'actions réelles n'ayant pas trait à une *universitas*, ainsi que nous le verrons tout à l'heure. L'obligation d'une *satisdatio* pour celui qui acquiert la possession grâce à un interdit *double* ne commence en général, dit Rudorff, que du jour où il sera attaqué par l'individu qu'il a précédemment dépouillé de la possession; s'il veut alors jouer le rôle de défendeur, il devra à son tour satisfaire à la charge déclinée par son adversaire. Pour la pétition d'hérédité, il y aurait cette particularité que la charge d'une *satisdatio* est préalable à l'obtention de la possession [1].

Il pouvait donc arriver qu'à l'occasion d'une hérédité disputée entre deux parties le procès s'engageât sans qu'il y eût eu prestation de la caution *jud. solv.*, qui n'aurait été fournie par aucun des plaideurs. C'est à cette situation que ferait allusion la loi 5, pr., *De her. pet.*, qui prévoit d'abord le cas où le défendeur aurait donné des fidéjusseurs *pro omni quantitate*

---

[1] La loi 6, § 6, *De Carbon. edict.*, contient encore, à propos de la pétition d'hérédité, une trace de la doctrine qui soumettait autrefois le possesseur à la charge de donner caution, afin de conserver les avantages du rôle de défendeur; et le même texte signale l'obligation imposée ici incontestablement au demandeur de fournir la *satisdatio* refusée par son adversaire, s'il désirait obtenir la translation de la possession. On sait que l'édit Carbonien avait pour but de différer jusqu'à l'époque de la puberté l'examen d'une question d'état soulevée contre un impubère dont la filiation était contestée. Dans l'intervalle qui devait s'écouler jusqu'au moment où le procès pourrait être agité, l'édit Carbonien autorisait au profit de l'impubère un envoi en possession des biens auxquels il n'aurait un droit définitif qu'en triomphant de l'attaque dirigée contre sa filiation. La faveur de cet envoi en possession n'était pas rigoureusement subordonnée à la nécessité d'une *satisdatio* de la part du pupille; seulement, à défaut de *satisdatio*, l'adversaire était admis à participer au bénéfice de l'envoi en possession, voir L. 1, § 1, *h. t.* Mais, une fois la puberté arrivée, les règles ordinaires reprenaient leur empire; c'était à celle des deux parties qui fournissait *satisdatio* que devait appartenir le rôle de défendeur dans la pétition d'hérédité. C'est ce que décide notre loi 6, § 6 : « *Post pubertatem quæritur, an actoris partes sustinere debeat, qui ex Carboniano missus est in possessionem? Et responsum est, rei partes eum sustinere debere : maxime si cavit; sed et si non caverat, si nunc paratus sit cavere, quasi possessor conveniendus est. Quod si nunc non caveat, possessio transfertur adversario satis offerente, perinde atque si nunc primum ab eo peteretur hereditas.* »

hereditatis, vel rerum ejus restitutione. Dans cette hypothèse, le pouvoir d'aliéner les objets héréditaires est reconnu au profit du défendeur; il est *interim domini loco,* dit la loi 15, § 2, *De quæst.* [1]. Sa position est tout autre, ajoute le texte, *si non talis data sit satisdatio, sed solita cautio,* c'est-à-dire s'il a promis seulement *se in judicio sisti,* ce qui serait suffisant pour jouer le rôle de défendeur, quand l'adversaire de son côté n'a pas fourni la caution *jud. solv.* Ici le possesseur ne peut pas se comporter comme un propriétaire; et si les circonstances rendent nécessaire l'aliénation de quelque objet héréditaire, il faudra s'adresser au magistrat pour obtenir l'autorisation d'aliéner.

Les actions réelles relatives aux servitudes mettaient en jeu les mêmes règles; l'avantage de la possession, la jouissance du rôle de défendeur, avec la prérogative importante qui y est attachée (dispense du fardeau de la preuve), ne pouvaient être conservés qu'à la condition de fournir caution. Le § 92, *Vat. frag.* [2], nous fait connaître l'existence d'un interdit analogue à l'interdit *Quem fundum,* applicable à l'hypothèse où celui qui voudrait intenter l'action confessoire quant à un usufruit n'obtiendrait pas *satisdatio* de la part du possesseur; il pouvait alors, au moyen d'un interdit appelé *Quem usumfructum,* se faire mettre en possession à titre d'usufruitier. L'interdit *Quem usumfructum* était un interdit restitutoire, ordonnant au possesseur de l'objet sur lequel était prétendu le *jus ususfructus* de mettre son adversaire en jouissance, pour le cas où il n'y aurait pas prestation de la caution *jud. solv.,* à l'instar de ce qui se passait lorsque la revendication portait sur la chose entière (*sicut corpora vindicanti, ita et jus*). Il y aura restitution de l'usufruit et exécution de l'interdit, ajoute le § 93, quand le prétendant à l'usufruit aura été mis en possession du fonds (*in fundum admissus*), de manière à pouvoir user

---

[1] *Cum possessor hereditatis, qui petitori satisdedit, interim domini loco habeatur.*

[2] Ulp., lib. IV, *De interdictis, sub titulo « A quo ususfructus petetur, si rem nolit defendere. » Sicut corpora vindicanti, ita et jus, satisdari oportet; et ideo necessario, ad exemplum interdicti « Quem fundum » proponi etiam interdictum « Quem usumfructum vindicare velit » de restituendo usufructu.*

contre quiconque l'expulserait de l'interdit *Unde vi,* tel qu'il était donné *utilement* à l'usufruitier qui aurait subi une *dejectio.*

Des auteurs modernes ont conjecturé avec raison qu'il était fait allusion à l'interdit *Quem usumfructum* dans les derniers termes de la loi 60, § 1, *De usuf. et quemad.,* dont voici la teneur :

« *Si fundus, cujus ususfructus petitur, non a domino possidetur, actio redditur. Et ideo si de fundi proprietate inter duos quæstio sit, fructuarius nihilominus in possessione esse debet; satisque ei a possessore cavendum est, quod non sit prohibiturus frui eum, cui ususfructus relictus est quamdiu de jure suo probet. Sed, si ipsi usufructuario quæstio moveatur, interim ususfructus ejus offertur* [1] *: sed caveri de restituendo eo quod ex his fructibus percepturus est, vel si satis non detur, ipse frui permittitur.* »

Il est dit, on le voit, à la fin de ce texte, que faute d'une *satisdatio* fournie par celui qui conteste l'existence d'un droit d'usufruit, le prétendant à l'usufruit obtiendra la permission de jouir. Le moyen de lui procurer la possession n'est pas indiqué; mais aujourd'hui, comme nous savons que telles étaient les fonctions de l'interdit *Quem usumfructum,* il semble légitime d'admettre qu'il y avait lieu à faire l'application de cet interdit. Remarquons d'abord qu'un débat entre le possesseur et un usufruitier n'est supposé qu'en dernier lieu dans la loi 60, § 1. Le jurisconsulte s'occupe en première ligne de déterminer la portée de l'action confessoire *de usufructu.* Peu importe que l'usufruitier rencontre pour contradicteur le nu-propriétaire ou un *non dominus.* L'action réelle qui lui appartient est accordée, à l'instar de la revendication proprement dite, contre tout possesseur. Après avoir énoncé cette proposition, qui ne souffre aucune difficulté, notre texte indique la procédure à laquelle donnerait lieu une revendication où ne serait pas compromis l'usufruitier; les contendants ne se disputent que la nue propriété, chacun d'eux reconnaissant l'existence du droit d'usufruit. En pareil cas, le débat s'agite au-dessus de la tête de l'usufruitier, dont la jouissance ne doit pas être empêchée pendant la durée de la contestation. Cette jouissance, de l'aveu des deux parties,

---

[1] Lisez *differtur.* Nous expliquons plus loin la nécessité de cette correction.

devant appartenir à un tiers, ce n'est pas le revendiquant, désintéressé dans la question, qui recevra caution du défendeur,
au point de vue de l'émolument intérimaire de la possession ;
cet avantage revient à l'usufruitier. —Paul arrive, en terminant,
à l'hypothèse qui doit particulièrement attirer notre attention.
Si c'est l'usufruitier lui-même qui rencontre une dénégation
de son droit de la part du possesseur, il ne peut, comme tout
à l'heure, obtenir de suite sa mise en jouissance; elle sera différée jusqu'à ce qu'il ait établi la légitimité de sa prétention.
Il faut lire, en effet, comme l'avaient déjà proposé Godefroy et
Pothier : *ususfructus* DIFFERTUR et non pas *offertur*, ce qui est
confirmé par le texte des Basiliques[1]. Toutefois le demandeur
sur l'action confessoire n'éprouvera un retard dans sa jouissance effective qu'autant que le défendeur lui donnera caution
de restituer les fruits perçus intérimairement, pendant le litige. Si une *satisdatio* ne lui est pas fournie, l'usufruitier aura
la faculté de se faire mettre immédiatement en jouissance, et
il deviendra ainsi défendeur à l'action négatoire que sera obligé
d'intenter l'adversaire déchu de sa possession[2]. Cette interversion de rôles devait s'opérer au temps des jurisconsultes
classiques par la mise en vigueur de l'interdit *Quem fundum.*

La perte de la possession, infligée à celui qui refuse de défendre à une action réelle, nous est apparue dans les textes
étrangers aux compilations de Justinien, comme s'effectuant au
moyen d'interdits spéciaux. Les Pandectes nous fournissent
aussi quelques passages où nous trouvons mentionnée, dans
des circonstances analogues, une translation de la possession,
sans que la voie suivie pour opérer cette translation soit mise
en relief. Nous citerons d'abord la loi 45, *De damn. inf.*

[*A quo fundus petetur, si rem nolit*[3]]. *Ædificatum habes :*

---

[1] V. le supplément d'Heimbach, t. II, p. 89.

[2] Notre interprétation est conforme à la paraphrase de Stéphane sur la
loi 60, § 1. V. Schol. 114, édit. des Basiliques d'Heimbach, t. II, p. 88.

[3] Les mots placés entre crochets n'appartiennent point, ainsi que l'avait
remarqué Cujas, t. I, c. 1518, au texte de la décision de Scævola. Ils ne
sont que la reproduction d'une rubrique ou d'un *titulus* de l'Édit, rubrique
sous laquelle le Préteur indiquait les mesures à observer contre celui qui
ne se soumettait pas aux charges inhérentes à la qualité de défendeur. La
rubrique est d'ailleurs incomplète, et l'on doit y ajouter le mot *defendere,*

ago, tibi jus non esse habere : non defendis. Ad me possessio transferenda est : non quidem ut protinus destruatur opus : [iniquum enim est demolitionem protinus fieri]; sed ut id fiat, nisi intra certum tempus egeris, jus tibi esse œdificatum habere.

L'hypothèse est celle-ci : Quelqu'un, Titius, par exemple, a élevé des constructions sur son terrain ; le propriétaire d'un fonds voisin, Mævius, veut intenter une action confessoire, afin de faire décider que le terrain sur lequel les constructions ont été élevées est grevé de la servitude *non œdificandi.* Titius ne défend pas, *non defendit,* expression dont le sens nous est aujourd'hui bien connu ; il ne fournit point la *satisdatio* due par le possesseur à celui *qui servitutem vindicat* de même qu'à celui qui revendique un objet corporel. La conséquence de cette *non defensio* est que la possession doit être transférée à Mævius. Cela ne signifie pas toutefois, ajoute le jurisconsulte, qu'il y aura lieu à démolir immédiatement, mesure qui est cependant indispensable en définitive pour que le fonds de Mævius jouisse effectivement de la servitude de ne pas bâtir qui serait une charge du fonds de Titius. Il y aurait quelque chose de trop rigoureux à procéder aussi sommairement, et à se comporter dès à présent comme s'il était déjà jugé que Mævius a raison et que la servitude négative par lui prétendue existe en réalité. Seulement, si la démolition ne doit pas être opérée sur-le-champ, elle n'est que différée, et elle devra s'effectuer dans un certain délai (*intra certum tempus*), à moins que Titius ne mette à profit cet intervalle en intentant avec succès l'action négatoire, et en établissant qu'il a le droit de garder les constructions qu'il a faites.

Quelle sera la procédure suivie pour assurer à Mævius l'avantage qui doit résulter pour lui de cette circonstance que Titius a décliné la lutte sur l'action confessoire ? Cujas, en interprétant la loi 15, *De op. nov. nunt.,* estimait qu'il appartenait au juge de l'action confessoire de prescrire la démolition à l'expiration du délai fixé par lui, et qui n'aurait pas été utilisé par Titius pour établir son droit. Cette opinion ne nous paraît pas exacte, l'instance sur l'action confessoire n'ayant pu s'organiser, faute par le défendeur éventuel d'accepter les charges de

conformément à ce que nous lisons dans le § 92 des *Vat. Fragm.* précédemment cité.

ce rôle. Le règlement de la translation de la possession rentre dans l'office du magistrat, puisque c'est au moment de la comparution *in jure* que se manifeste le refus de défendre. D'après Rudorff[1], il y aurait lieu de la part du magistrat de faire promettre à Titius qu'il démolira, s'il n'intente point dans un temps limité l'action négatoire, et s'il n'y triomphe pas. Il nous semble que l'expédient d'un interdit devait être ici employé, suivant l'usage observé généralement toutes les fois qu'il s'agissait de statuer sur la possession. C'est le cas d'un interdit restitutoire, tempéré par la concession d'un délai. Le Préteur, croyons-nous, ordonnera à Titius de rétablir les lieux dans leur ancien état (*restituas*), en lui impartissant un délai, pendant lequel il devra, pour éviter de se conformer à cet ordre, prouver par la voie de l'action négatoire qu'il est fondé à conserver ses constructions. Le délai écoulé, Mævius pourra faire nommer un juge chargé de vérifier s'il a été obéi à l'interdit, et, en cas de négative, d'en assurer l'exécution. On voit, de la sorte, que, pour échapper à l'interdit, Mævius sera obligé d'intenter une action négatoire, dans laquelle il aura à prouver l'*intentio* suivante : *jus sibi esse ædificatum habere*. Il sera contraint à prendre le rôle de demandeur, et à faire, comme tel, la preuve qui incombe à tout demandeur. Son adversaire sera considéré comme ayant en droit la possession de la servitude *non ædificandi*, possession qui en fait ne lui appartient pas. Ce n'est qu'à la condition de réussir sur l'action négatoire que Titius parviendra à conjurer la nécessité d'une démolition résultant de cet état de possession[2].

Les rédacteurs des Pandectes y ont inséré un autre fragment

[1] *Loc. cit.*, p. 33.

[2] Nous laissons de côté la question depuis longtemps controversée, relative au point de savoir jusqu'où doit s'étendre la preuve imposée au demandeur dans l'action négatoire. Quel que soit le parti que l'on adopte, que l'on se contente de la preuve d'un droit de propriété, ou que l'on exige la preuve que le fonds est libre de la servitude alléguée, toujours est-il que Titius devra fournir une preuve dont il eût été dispensé, s'il avait fourni *satisdatio* au moment où l'action confessoire a été sollicitée contre lui. — Nous ferons en outre observer que Scævola accorde le bénéfice de la translation de la possession à raison du simple refus de *defendere*, sans laisser entendre que Mævius, pour obtenir la possession, devra de son côté donner une *cautio* à son adversaire.

qui roule dans le même ordre d'idées, et qui s'occupe également des effets du refus de *satisdare* de la part du défendeur à une action confessoire ou à une action négatoire. Ce fragment, emprunté à Africain, forme la loi 15, *De op. nov. nunt.* Il prévoit deux hypothèses, dont la première est celle où l'action confessoire serait réclamée pour faire juger que le voisin n'a pas le droit d'élever plus haut ses constructions, et cela à une époque où l'état de choses conforme à la servitude prétendue subsisterait encore.

Si priusquam œdificatum esset, ageretur, jus vicino non esse œdes altius tollere, nec res ab eo defenderetur : partes judicis non alias futuras fuisse ait, quam ut eum, cum quo ageretur, cavere juberet non prius se œdificaturum quam ultro egisset, jus sibi esse altius tollere.

Mævius veut agir pour établir que Titius n'a pas le droit de bâtir au delà de telle hauteur. Si Titius acceptait le débat, en se comportant comme doit le faire un défendeur, il serait en possession de la liberté du fonds, et son adversaire serait tenu de prouver l'existence de la servitude alléguée. Titius refuse-t-il la *satisdatio* ordinaire, ne veut-il point défendre régulièrement à l'action confessoire (*nec res ab eo defenderetur*), la possession de la servitude passera à Mævius. Titius devra donner caution de respecter cette possession, en s'engageant à ne point bâtir jusqu'au moment où par l'exercice de l'action négatoire il aura reconquis la liberté de son héritage.

Ici se présente de nouveau la difficulté de déterminer comment Mævius sera mis en possession de la servitude négative en question. Nous lisons dans la loi 15 que la promesse de ne point bâtir doit être exigée de Titius par le juge (*partes judicis non alias...*). Cujas voit dans ce juge celui de l'action confessoire. On peut reproduire à ce sujet l'objection indiquée plus haut, savoir que l'action confessoire a avorté parce que Titius n'a pas voulu y défendre. Rudorff[1], qui critique par ce motif l'explication de Cujas, repousse aussi l'opinion d'Hollweg, d'après lequel les compilateurs auraient substitué le *judex* au magistrat ; il n'y a, en effet, aucune raison de suspecter la sincérité du texte d'Africain tel qu'il nous est parvenu. Rudorff conclut, et nous partageons son avis, en disant que le juge dont il s'agit

____
[1] P. 36.

est celui d'un interdit possessoire. Le refus de *satisdare* faisant perdre à Titius la possession qui désormais doit appartenir à Mævius, le Préteur, sous la forme d'un interdit, enjoint à Titius de transférer la possession à son adversaire. Le moyen de constituer cette possession consiste, nous le savons, dans la prestation d'une *cautio*. Ce sera l'affaire du juge nommé à la suite de cet interdit d'exiger cette *cautio*, grâce à laquelle sera réglé entre les parties l'état nouveau de possession; à défaut de fournir *cautio*, Titius subira une condamnation.

Africain s'occupe ensuite de l'hypothèse où, Titius se proposant d'intenter l'action négatoire pour établir qu'il a le droit d'élever ses constructions, Mævius ne se prêterait pas à défendre contre cette action. La conséquence de ce refus doit être de procurer à Titius la possession de la liberté de son fonds. Pour lui garantir cette possession, il faudra que Mævius s'engage à s'abstenir d'user de la *nuntiatio novi operis* et d'apporter aucun obstacle de fait pour le cas où Titius élèverait ses constructions. Il est dit encore que l'exécution du règlement nécessaire pour constituer la possession à laquelle a droit Titius sera confiée à un juge (*officio judicis continebitur*). Le procédé sera le même que précédemment. Il y aura émission d'un interdit; et un juge sera chargé d'en assurer l'observation au moyen de la prestation d'une *cautio*.

Itemque e contrario, si cum quis agere vellet, jus sibi esse invito adversario altius tollere: eo non defendente, similiter, inquit, officio judicis continebitur, ut cavere adversarium juberet, nec opus novum se nuntiaturum, nec ædificanti vim facturum.

Le jurisconsulte termine en tirant la conclusion attachée en droit romain au refus de défendre sur une action réelle. Celui qui, en fournissant la *satisdatio* voulue, aurait pu jouer le rôle de défendeur, et se trouver dispensé de faire aucune preuve, sera contraint, s'il veut sortir de la position amenée par sa *contumacia*, à intenter une action qui lui imposera la nécessité de démontrer que sa prétention est bien fondée : *Eaque ratione hactenus is, qui rem non defenderet, punietur, ut (de) jure suo probare necessee haberet; id enim esse petitoris partes sustinere.*

Ici s'arrête l'analyse de l'ensemble des leçons que nous avons faites à la Faculté de Paris, dans le cours de l'année 1864, comme chargé de la conférence de Doctorat. Le temps nous a manqué pour apprécier avec quelque détail le rôle que jouaient les interdits au point de vue de la quasi-possession, afin de protéger l'exercice des démembrements de la propriété, des servitudes personnelles ou réelles. Divers systèmes ont été proposés à cet égard; et il est assez délicat, à raison du peu d'abondance des documents que fournissent les sources, d'asseoir d'une manière certaine la théorie consacrée par la législation romaine, en ce qui concerne les servitudes prédiales. Nous nous proposons d'ajouter à notre travail quelques observations sur ce sujet, afin d'offrir au public un traité complet sur les interdits romains relatifs à la possession.

Notre intention est aussi de jeter un coup d'œil sur le sort qu'ont éprouvé les doctrines romaines dans la législation française, de voir sur quels points elles ont été acceptées ou répudiées, et dans quelle mesure elles ont contribué à former les règles qui sont suivies dans les actions possessoires de notre droit actuel.

TABLE DES MATIÈRES.

21

TABLE

DES TEXTES EXPLIQUÉS DANS L'OUVRAGE.

FIN DES TABLES.

ERRATA.

Page 15, ligne 12, au lieu de : Gaï., IV, 144, lisez : Gaï., IV, 141.

Page 31, ligne 5, au lieu de : tantôt *nullius*, tantôt *alicujus*, lisez : tantôt *de rebus nullius*, tantôt *de rebus alicujus*.

— ligne 6, au lieu de : sont *nullius*, lisez : sont *de rebus nullius*.

— ligne 10, au lieu de : interdits *alicujus*, lisez : interdits *de rebus alicujus*.

Page 47, ligne 2, au lieu de : indiqués, lisez : indiquée.

Page 82, ligne 26, au lieu de : L. 3, lisez : L. 4.

Page 85, ligne 14, au lieu de : § 4, lisez : § 24.

Page 88, ligne 11, au lieu de : L. 37, lisez : L. 33.

Page 141, ligne 29, au lieu de : L. 2, § 11, lisez : L. 11, § 2.

Page 160, ligne 8, au lieu de : Au point de vue de la seconde condition de l'*animus*, lisez : Au point de vue de la seconde condition, celle de l'*animus*.

Page 163, ligne 17, au lieu de : L. 1, § 5, lisez : L. 1, § 4.

Page 172, ligne 34, au lieu de : L. 4, *pr.*, lisez : L. 4, § 1.

Page 219, ligne 1, au lieu de : § 9, lisez : § 5.

— ligne 22, au lieu de § 4, lisez : § 5.

Paris. — Imprimé par E. Thunot et Ce, 26, rue Racine.

BLONDEAU et **BONJEAN**, sénateur. — Institutes de l'empereur Justinien, traduites en français, avec le texte en regard ; suivies d'un choix de textes juridiques relatifs à l'histoire externe du droit romain et du droit privé antéjustinien. 2 vol. in-8. . . . , ... 8 »

La traduction des Institutes se vend séparément. . . . . 3 »

DESJARDINS (Albert), agrégé à la Faculté de droit de Nancy, docteur ès lettres. — De la Compensation et des demandes reconventionnelles dans le droit romain et dans le droit français ancien et moderne. 1864, in-8. . . . . 6 »

Ouvrage couronné par la Faculté de droit de Paris.

LABOULAYE (Éd.). — Flores juris antejustinianei (*Gaius, Ulpianus, Fragmenta Vaticana, de jure fisci*). 1839, in-32. . . . . 1 50

— D. Justiniani Institutionum lib. IV. 1854-55, in-32. . . . . . . 1 50

Le texte est celui de la célèbre édition donnée par Schrader, Clossius, Tafel et Meier, en 1832, et résulte de la comparaison patiente de tous les manuscrits et de toutes les éditions connues : on y a joint les variantes principales de l'édition de Cujas.

— Juris civilis promptuarium ad usum prælectionum. 1855, 1 gros vol. in-32. . . . . 3 »

Ce volume renferme les deux ouvrages précédents.

MACHELARD (E.), professeur de droit romain à la Faculté de Paris. — Étude sur la Règle catonienne, en droit romain. 1862, in-8. . . . 2 »

— Des Obligations naturelles, en droit romain. 1860, 1 fort vol. in-8. 7 »

— Dissertation sur l'Accroissement entre les héritiers testamentaires et colégataires aux diverses époques du droit romain. — Étude sur les lois Julia et Papia, en ce qui concerne la caducité. 1860, in-8. . . . . 5 »

MACKELDEY, professeur. — Manuel de droit romain, contenant la théorie des Institutes, précédée d'une Introduction à l'étude du droit romain ; traduit de l'allemand, par J. Beving. 3e édit. 1846. gr. in-8. 9 »

MASSOL, professeur de droit romain à la Faculté de Toulouse. — De l'Obligation naturelle et de l'Obligation morale en droit romain et en droit français. 2e édition, considérablement augmentée. 1862, grand in-8. 6 »

MAYNZ (Ch.), professeur à l'Université de Bruxelles. — Éléments du droit romain. 2e édition. 1857-59, 2 vol. gr. in-8. . . . . 18 »

— Traité des Obligations, d'après le droit romain (tome II de l'ouvrage précédent). 1859, gr. in-8. 9 »

NAMUR (P.), professeur à l'Université de Gand. — Cours d'Institutes et d'histoire du droit romain, à l'usage des élèves de candidature en droit. 1864, 2 vol. gr. in-8. : . . . . 12 »

PELLAT (C. A.), membre de l'Institut, doyen de la Faculté de droit de Paris. — Précis d'un Cours sur l'ensemble du droit privé des Romains, traduit de l'allemand de Marezoll. 2e édit. 1852, in-8. . . . . . . 8 »

— Textes choisis des Pandectes, traduits et commentés. 1860, in-8. 6 »

SAVIGNY (de). — Le Droit des Obligations, trad. de l'allemand par MM. C. Gérardin et P. Jozont. 1863, 2 vol. in-8. . . . . 15 »

THÉZARD (Léop.), docteur en droit, avocat à la Cour impériale de Poitiers. — Répétitions écrites sur le droit romain. 1864, in-8. . . . 6 »

VERNET (Prosper), agrégé de la Faculté de droit de Paris. — Textes choisis sur la théorie des Obligations en droit romain. Conférence pour le doctorat, professée dans le second semestre de l'année scolaire 1863-64 à la Faculté de droit de Paris. 1865, in-8. . . . . 5 »

Paris. — Imprimé par E. Thunot et Cie, rue Racine, 26.